大数据与业财税行业产教融合共同体

会计教育产教融合新形态教材

QIYE CAIWU KUAIJI

企业财务会计

曹永平　张子文　苏　迪　主　编

秦艳芬　赵丽昀　副主编

东北财经大学出版社
Dongbei University of Finance & Economics Press
大连

图书在版编目（CIP）数据
企业财务会计 / 曹永平，张子文，苏迪主编．—大连：东北财经大学出版社，2025.8.—（会计教育产教融合新形态教材）．—ISBN 978-7-5654-5685-5
Ⅰ.F 275.2
中国国家版本馆CIP数据核字第2025AW8394号

企业财务会计
QIYE CAIWU KUAIJI
东北财经大学出版社出版
（大连市黑石礁尖山街217号　邮政编码　116025）
网　　址：http://www.dufep.cn
读者信箱：dufep@dufe.edu.cn
大连永盛印业有限公司印刷　　东北财经大学出版社发行
幅面尺寸：185mm×260mm　字数：657千字　印张：22.25　插页：1
2025年8月第1版　　2025年8月第1次印刷
责任编辑：张旭凤　赵宏洋　　责任校对：那　欣
封面设计：原　皓　　版式设计：原　皓
书号：ISBN 978-7-5654-5685-5　　定价：49.80元

教学支持　售后服务　联系电话：（0411）84710309

如有印装质量问题，请联系营销部：（0411）84710711

会计教育产教融合新形态教材编写委员会

大数据与业财税行业产教融合共同体（以下简称“共同体”）由天津神州浩天科技有限公司、天津职业技术师范大学、天津轻工职业技术学院牵头成立。共同体聚焦京津冀协同发展，辐射全国。下设数智财税培训中心、教材开发组等八大项目组，致力于财会人才培养、岗位培训、教学装备研发及技术创新等建设。自2023年成立以来，通过构建产教供需对接机制、联合开展创新型人才培养、深度推进产学研协同技术攻关以及协同开发高质量教学资源，实现了跨区域汇聚产教资源，促进了产教布局高度匹配、服务高效对接，为行业高质量发展提供了有力支撑。

为深入落实教育部提出的“产教融合、岗课赛证协同育人”战略部署，锚定“衔接职业准入、服务产业升级”的专业人才培养核心方位，共同体以育人使命为纲，凝聚天津市院校教学资源与行业智慧，联合开发会计教育产教融合新形态系列教材。首次出版的是全国会计专业技术资格考试（初级）的系列教材，包含《会计基础》《财经法规与会计职业道德》《企业财务会计》《经济法基础》四本教材。本套教材紧扣初级会计职称考试大纲，秉持“书证融通为纲、能力培养为核、价值塑造为魂”的编写逻辑，既服务学生高效突破初级会计职业准入壁垒，更致力于培育业财税融合背景下“守法规、懂核算、精实务、会工具”的高素质技能人才，紧密呼应新时代财务会计的改革方向。

本系列教材全面覆盖初级会计职称考试知识点，内容编排科学合理，具有以下显著特点：

（1）岗课赛证融通，创新教学模式

本系列教材紧跟教育教学改革步伐，秉持“以实践为导向、以能力为本位”的教学理念，构建“岗位需求→课程内容→竞赛标准→证书考核”四位一体育人体系，推动课程教学向“职业能力培养”全面升级。教材采用项目任务式编写模式，精心设计了“价值引领→任务情景→任务准备→任务实施→巩固与提升”多环节任务学练体系，任务设计层次分明、逐步进阶，通过实际工作任务驱动，引导学生自主探究、合作交流，在完成任务过程中深入理解会计知识，熟练掌握会计技能，着重提升学生实践操作与解决实际问题的能力，切实提高教育教学质量，为教育教学改革注入新动力。

（2）紧贴考试大纲，助力职业发展

本系列教材紧密对接初级会计职称考试大纲要求，精准把握考试重点和难点，在任务准备、任务实施及巩固与提升环节，精心配套了大量初级会计职称考试真题及仿真模拟题，使学生在学习过程中能够充分熟悉考试题型、掌握答题技巧，破解“学考脱节”痛点，彰显“做中学、学中用”的实践育人本质。这不仅为学生的职业发展奠定了坚实基础，更是在学生个人成长成才方面迈出了坚实的一步。

（3）丰富数字资源，赋能高效学习

为适应新时代教育教学的发展需求，本系列教材积极探索数字化转型，注重数字资源的开发与整合。在传统纸质教材的基础上，配备了包括在线课程、教学视频、习题库等多种形式的数字化教学资源，借助神州浩天数字化教辅平台实现线上线下融合互动和个性高效学习，为学生提供了更加丰富、便捷的学习途径，也为教育教学模式的创新提供了有益的探索和实践。

（4）深化产教融合，实现协同育人

对接行业需求，本系列教材采用校企合作的编写模式，深度整合院校与企业优质资源。教材内容涵盖会计学科前沿理论的同时，广泛融入大量企业真实案例与实际操作流程，使学生能够深入了解行业现状与发展趋势，推动学校教育与企业需求的无缝对接，实现校企协同育人，切实提升学生的就业竞争力与职业发展能力，为其未来发展奠定坚实基础。

本系列教材由大数据与业财税行业产教融合共同体教材开发项目组精心策划与组织编写，旨在打造一套高质量、贴合教育需求的初级会计职称考试系列教材。在编写过程中，各参与院校充分发挥自身优势，积极调配优秀师资力量，确保教材的高质量完成。《会计基础》《财经法规与会计职业道德》《企业财务会计》《经济法基础》四本教材分别由天津天狮学院、天津石油职业技术学院、天津渤海职业技术学院、天津轻工职业技术学院牵头编写。教材编写过程中得到了众多行业专家和天津神州浩天科技有限公司的大力支持。在此，项目组向所有支持和参与教材编写的单位及个人致以诚挚的感谢。

教学改革持续推进，教材开发是一个持续迭代、不断完善的过程。囿于编写团队的时间和能力，本系列教材难免存在疏漏和不足之处，恳请广大读者批评指正，以便我们在今后的修订工作中不断完善，精益求精。

大数据与业财税行业产教融合共同体

教材开发项目组

2025年6月

前 言

当下数字化浪潮已席卷全球，大数据技术正在深刻改变财务管理领域的运作模式与发展方向，人工智能等前沿技术正全方位重塑企业运营模式。党的二十大报告提出，要坚持以推动高质量发展为主题。企业财务会计作为企业运营的核心环节，不仅承担着记录、核算与监督企业经济活动的重任，更是企业决策层制定战略规划、把控发展方向的重要依据。然而，当下海量、高速且多样化的财务数据，对传统财务会计模式构成严峻挑战，财务人员亟须提升数据处理与分析能力，以精准洞察数据背后的经济实质，为企业运营决策提供有力支持，助力企业高质量发展。

为适应企业数字化转型对高素质财务会计人才的迫切需求，我们依托大数据与业财税行业产教融合共同体，整合多方优质资源，精心编写了本教材。在编写过程中，我们始终秉持理论与实践深度融合的理念，紧密围绕教学实际需求与企业实践前沿，在体例设计与内容编排上呈现出以下鲜明特色。

1. 强化思政育人融合

本教材以习近平新时代中国特色社会主义思想为指导，全面落实立德树人根本任务，通过设置“价值引领”“职业课堂”，融入思政教育案例、数据及资料，如企业诚信纳税案例、财务人员职业道德故事等，引导学生在系统掌握企业财务会计专业知识与技能的同时，筑牢职业道德底线，树立正确的职业观，为未来投身财务行业、助力行业健康发展奠定坚实思想基础。

2. 遵循认知学习规律

在学习目标设定方面，依据最新的专业教学标准，对标职业技能标准，紧扣课程定位与功能，清晰划分素养目标、知识目标与技能目标，使学生在学习伊始便能明确重点，有的放矢。在内容编排上，逻辑严谨、层次分明，助力学生循序渐进地构建知识体系，扎实掌握专业技能。

3. 深耕职业能力培养

编者深入调研企业财务会计岗位的实际工作流程与核心任务，将企业真实业务场景的实践训练项目以“任务情景—任务准备—任务实施”及“技能锤炼”为主线进行呈现，紧密贴合企业实际岗位需求，全方位强化学生对岗位核心能力与关键技能的掌握。

4. 推进课证融通落地

为提升学生就业竞争力，设置“课证融通练习”，深度对接初级会计专业技术资格考试大纲。学生在完成课程学习的同时，能够有效对接考试要求，为考取证书筑牢知识根基，增强就业竞争力。

5. 满足多元拓展需求

教材配有丰富的微课视频、课证融通习题等数字化资源，以二维码形式供读者随时扫取，满足拓展学习的需要。此外，教材精心设计的丰富多样的习题能够满足不同层次学生的学习需求，为学生提供充足的自主学习与拓展提升空间，助力其持续锤炼专业技能。

6. 紧扣企业实践前沿

教材高度强调内容的时效性与实用性，编写团队紧密跟踪会计准则最新变化，广泛收集、选用最新的会计准则解读、税收政策调整以及企业财务会计实践中的创新方法与成功案例，结合企业实际业务案例进行分析和讲解，确保学生能够掌握最新会计核算规范，为未来从事财会工作奠定坚实基础。

本教材为校企深度合作的结晶。由天津渤海职业技术学院的曹永平、张子文，天津天狮学院经济管理学院的苏迪担任主编；天津渤海职业技术学院的秦艳芬、赵丽昀担任副主编。编写分工如下：曹永平负责项目六、项目七、项目十一的编写；张子文负责项目一、项目八、项目九、项目十的编写；苏迪负责项目四、项目五的编写；秦艳芬负责项目二、项目十三的编写；赵丽昀负责项目三、项目十二的编写。天津华信天瑞税务师事务所有限公司注册会计师孙丽对教材的职业素养融入、岗位能力分析、实践项目设计、内容素材审定等方面给予了全方位指导，确保教材内容紧密贴合企业实际需求。

在教材编写过程中，我们参考了众多学者的经典教材、权威论著以及研究成果，同时引用了大量翔实的网络素材与实际案例。在此，谨向所有为本书编写提供帮助的专家、学者、出版者以及相关资料提供者表示诚挚的感谢！

我们衷心期望本教材能够成为广大院校财会类专业师生教学与学习的得力助手，为培养适应新时代需求的高素质财务会计人才贡献力量；同时，也期待它能为企业财务人员的日常工作与专业学习提供有益借鉴。由于编者水平有限，书中难免存在不足之处，恳请广大读者批评指正。

编　者

2025 年 4 月

目 录

数字资源目录

续表

续表

项目一　货币资金的核算

素养目标

1. 帮助学生树立社会主义核心价值观（法治、诚信）。
2. 严格按照企业会计准则开展工作，对工作内容严谨认真，具有良好的职业道德。
3. 培养会计人员日清月结、遵守内部控制的工作作风。

知识目标

1. 熟悉现金管理制度。
2. 熟悉银行转账结算方式及有关规定。
3. 熟悉其他货币资金的核算。
4. 掌握各种货币资金的账务处理方法。
5. 掌握货币资金清查的方法及财务处理。

技能目标

1. 能够判断违反库存现金使用规定的情形。
2. 能够进行库存现金的账务处理。
3. 掌握不同结算方式下的账务处理及“银行存款余额调节表”的编制方法。

项目导图

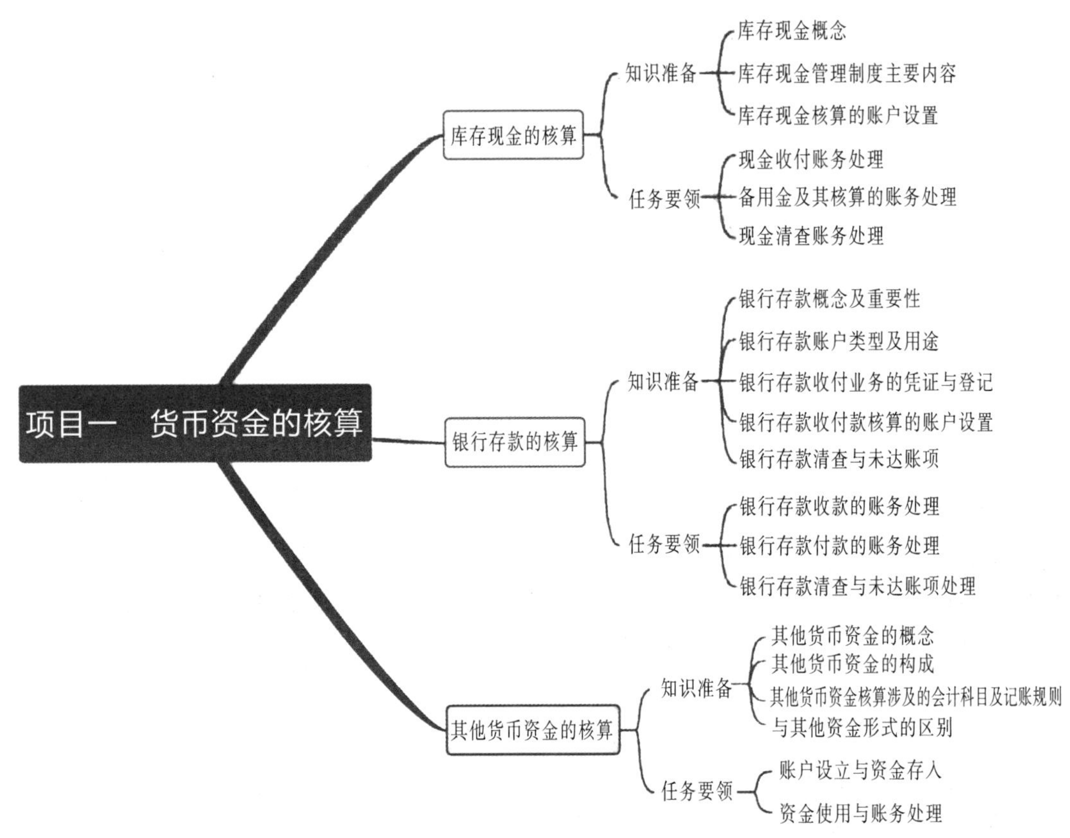

价值引领

陈云同志的家风：公家的钱一分都不能动

领导干部的家风不是个人小事，直接影响到党风和社会风气的好坏，关系党的形象。陈云束身自重，对自己要求很严，从不把手中的权力用在为自己或家人谋好处上。他常说，权力是人民给的，必须用于人民，要为人民谋福利。他常告诫家人和身边工作人员："无论你到哪里工作，都要记住一条，就是公家的钱一分都不能动。国家今天不查，明天不查，早晚都要查的。记住这一条，你就不会犯错误。"不搞特殊化，以普通的劳动者标准严格要求自己，是陈云家风的一大特色。陈云给家人定下"三不准"：不准搭乘他的车、不准接触他看的文件、子女不准随便进出他的办公室。他特别交代，孩子上下学不许接送，不许搞特殊，要让他们从小就像一般人家的子女一样学习和生活。在这种家风的熏陶下，他的外孙女上小学时周围同学都不知道她的家庭情况。1984年6月，《中国少年报》刊登了陈云和外孙女在一起练毛笔字的照片，这才引起学校师生的注意。班主任老师很感慨地对陈云的外孙女说："从你身上我看到了朴实，看到了老一辈无产阶级革命家的好传统。"

资料来源：佚名.陈云同志的家风［EB/OL］.［2017-02-22］. https://mp.weixin.qq.com/s?__biz=MzAwMzExNjY0OA==&mid=2650728688&idx=5&sn=cba00f28a643e0932ac98d70f952b6d0&chksm=82ca53f7b5bddae17fecc6f33454b0d74ec6c30fc4d8359e99a75acffa9001ca7605856bd641&scene=0#rd.

请思考：出纳人员应该具有怎样的职业道德？

【解析】老一辈无产阶级革命家的崇高品格和优良作风值得认真学习、继承、发扬。出纳人员必须严守财务纪律，秉持廉洁自律、诚实守信的价值观，坚守法律红线与道德底线，洁身自好，不贪不占，时刻谨记"公家的钱一分都不能动"，具备良好的职业道德修养。

动画1 认识财务会计

任务一　库存现金的核算

一、任务情景

（一）任务场景

海风股份有限公司是一家工业生产企业，在其日常运营过程中，库存现金的收支与管理是财务管理的重要环节。2024年，该公司发生了多起与库存现金密切相关的业务事项，这些业务不仅涉及现金的提取、使用，还包括现金清查过程中出现的特殊情况及相应处理。

（1）1月1日，公司出纳依据公司日常运营资金需求，签发现金支票一张，从银行提取2 000元作为备用金。这一操作旨在确保公司在日常小额支付时有足够的现金储备，以应对诸如办公用品采购、小额费用报销等临时性支出。

（2）2月3日，生产车间管理人员由于工作安排需要出差公干，按照公司财务制度，预借1 000元差旅费。此笔借款将用于支付出差期间的交通、住宿、餐饮等相关费用，待出差结束后，该管理人员须按照公司规定进行报销结算，多退少补。

（3）7月30日，公司按照既定的财务清查计划，对库存现金进行全面清查盘点。在清查过程中，意外发现现金长款50元，即库存现金实际数比账面记录多出50元。此时，长款原因尚未明确，需要进一步深入核查。

（4）7月31日，经过财务人员反复、细致地核查，包括对近期所有现金收支凭证、账目记录以及相关业务流程的追溯与核对，仍无法查明这50元长款的具体原因。鉴于此情况，经单位领导批准，按照财务会计准则，将这50元长款转为公司的营业外收入，纳入公司当期损益核算。

（二）任务布置

1. 针对公司1月1日提取备用金的业务，进行相应的账务处理，以清晰反映该笔现金流入企业的财务记账方式，体现库存现金与银行存款两个会计科目的变动关系。

2. 对于2月3日生产车间管理人员预借差旅费的业务，进行相应的账务处理，明确该笔借款在财务账目中的记录形式，即如何在其他应收款与库存现金科目之间进行借贷记账，以准确反映企业资金的暂支情况。

3. 就7月30日现金清查时出现的未查明原因的现金长款情况，进行相应的账务处理，展示在长款原因待查阶段，库存现金与待处理财产损溢科目之间的对应记账关系，为后续查明原因后的处理奠定基础。

4. 依据7月31日无法查明现金长款原因的最终处理结果，正确进行账务处理，体现将待处理财产损溢科目余额结转至营业外收入科目的会计操作，确保公司财务报表能够准确反映这一特殊事项对企业财务状况的影响。

二、任务准备

（一）知识准备

1. 库存现金概述

微课1.1 库存现金管理与核算

库存现金是指存放于企业财会部门、由出纳人员经管的货币，是企业流动性最强的资产，能够随时用于满足企业的各种即时支付需求，在企业的资金流转中起着基础性作用。它的管理对企业资金安全和运营效率至关重要，企业必须严格遵循国家现金管理制度，正确进行现金收支的核算，确保现金使用的合法性与合理性。

库存现金核算涵盖了现金的收付、备用金以及清查的管理等方面。

现金收付涉及企业日常经营中所有现金流入和流出业务的记录，如销售商品收到现金、支付供应商货款等。

备用金是库存现金的一种特殊形式，企业通过定额备用金制度和非定额备用金制度，对拨付给内部各部门或工作人员用于零星开支、零星采购等用途的款项进行核算与管理。

现金清查是指定期或不定期对库存现金进行实地盘点，核对账实是否相符，以确保现金的安全完整。

【学中做1-1】某企业地处市区，日常零星开支平均每天600元。银行核定其库存现金限额为3 000元。该企业本月发生以下业务：支付员工小李的差旅费3 000元；支付办公用品采购款1 200元（供应商接受现金支付）；支付本月水电费4 000元。请判断哪些业务的现金使用符合规定。

【解析】支付员工小李的差旅费3 000元，属于现金使用范围，符合规定；办公用品采购款1 200元，虽超过结算起点，但供应商接受现金支付，也符合规定；支付本月水电费4 000元，金额较大且不属于现金使用范围，不符合现金支付规定，应通过银行转账支付。通过这个案例，能够清晰地理解现金使用范围和库存现金限额在实际业务中的应用。

2.库存现金管理制度主要内容

企业现金管理制度主要包括以下四个方面的内容。

（1）现金的使用范围

企业可以使用现金的范围：❶职工工资、津贴；❷个人劳务报酬；❸根据国家规定颁发给个人的科学技术、文化艺术、体育等各种奖金；❹各种劳保、福利费用以及国家规定的对个人的其他支出等；❺向个人收购农副产品和其他物资的价款；❻出差人员必须随身携带的差旅费；❼结算起点（现行规定为1 000元）以下的零星支出；❽中国人民银行确定需要支付现金的其他支出。在上述情况下可以使用现金支付，其他款项的支付应通过银行转账进行。

（2）库存现金限额

企业库存现金限额是保障日常零星开支的最高现金留存数额，由开户银行根据企业实际运营情况核定。一般按企业3~5天日常零星开支所需确定，如某中型制造企业限额为5 000元，用于水电费、小额材料采购等。边远和交通不便地区企业，限额可按多于5天但不超过15天的日常零星开支确定。企业须严格控制现金结余量，超限额部分应于当日营业终了前存入银行。若要调整限额，需向开户银行提交书面申请，由银行重新核定。

（3）现金日常收支管理

❶现金收入应当日送存银行，当日送存有困难的，如偏远山区企业，由银行确定送存时间并书面约定。

❷企业可在现金使用范围内收支现金，但不得坐支。特殊情况需要坐支的，应事先报经开户银行批准，由银行核定范围和限额，企业定期报送坐支金额和使用情况。

❸企业从银行提取现金，须在取款凭证中写明用途，如“支付员工工资”等，经财会部门负责人签字盖章，银行审核后支付。

❹因特殊情况必须使用现金的，企业应向开户银行申请，经财会部门负责人签字盖章，银行审核后支付。

（4）现金账目管理

企业需建立健全现金账目管理体系，详细记录现金支付信息。遵循日清月结原则，出纳每日营业终了应全面梳理核对现金收支，保证现金日记账余额与实际库存现金数额相符。企业必须设置现金日记账，采用三栏式订本账格式，由出纳根据审核后的收付款凭证，按业务发生顺序逐笔序时登记，每日计算收入、支出及结存额并与实存额核对。月末，现金日记账余额要与现金总账余额核对，以此确保现金账目准确完整，防范错误与舞弊。

3.库存现金核算的账户设置

（1）库存现金收付的账户设置

库存现金收付是指企业在日常经营活动中，因销售商品、提供劳务、收取押金、收回借款等业务而产生的现金流入，以及因购买办公用品、支付差旅费、发放工资、支付货款等活动导致的现金流出。企业进行库存现金收付活动，旨在满足日常运营中各类小额资金的使用需求，确保交易的即时性与灵活性。

企业通过设置“库存现金”账户进行库存现金的分类核算。该账户属于资产类账户，借方登记库存现金的增加数，如从银行提取现金、收取客户现金款项等；贷方登记库存现金的减少数，如支付日常费用、发放工资等；期末余额在借方，表示企业实际持有的库存现金数额。

现金收入业务：当企业收到现金时，无论是销售商品收入、提供劳务收入，还是收到押金等，都应借记“库存现金”账户。

现金支出业务：企业发生现金支出，如支付差旅费、购买办公用品等，都应贷记“库存现金”账户。

【学中做1-2】某企业发生以下业务：销售产品收到现金800元；用现金支付员工小王的市内交通费50元。请分析这两笔业务在“库存现金”账户中的登记情况。

【解析】销售产品收到现金800元，应借记“库存现金”800元，反映库存现金的增加；用现金支付员工市内交通费50元，应贷记“库存现金”50元，反映库存现金的减少。通过这个案例，明确“库存现金”账户在现金收付业务中的具体登记方法。

（2）备用金核算的账户设置

备用金是企业拨付给内部各部门或工作人员备作零星开支、零星采购、售货找零或差旅费等用途的款项。企业备用金制度主要是为了方便内部单位或个人在日常业务活动中能够及时、便捷地使用现金进行小额支付，提高工作效率，同时也便于对这些小额现金支出进行有效的管理与控制。企业对备用金的核算可以采用两种方式，相应地设置不同账户。

第一，设置“备用金”总账账户：适用于备用金业务较多的企业，可直接通过“备用金”账户进行总分类核算。在拨付备用金时，借记“备用金——具体部门或人员”，贷记“库存现金”或“银行存款”；使用部门或人员报销费用时，根据实际报销金额，借记相关费用账户，贷记“备用金——具体部门或人员”。

第二，在“其他应收款”科目下设置明细账户：对于备用金业务较少的企业，可在“其他应收款”账户下设置“备用金”明细账户进行核算。拨付备用金时，借记“其他应收款——备用金——具体部门或人员”，贷记“库存现金”或“银行存款”；报销时，借记相关费用账户，贷记“其他应收款——备用金——具体部门或人员”。

【学中做1-3】某企业的销售部门申请备用金2 000元，用于日常业务拓展的零星开支。该企业备用金业务较少，采用在“其他应收款”账户下设置明细账户的方式核算。请分析该业务涉及的账户设置及登记情况。

【解析】企业在拨付备用金时，应借记“其他应收款——备用金——销售部门”2 000元，贷记“库存现金”2 000元。当销售部门使用备用金购买办公用品花费500元并报销时，应借记“管理费用——办公费”500元，贷记“其他应收款——备用金——销售部门”500元。通过这个案例，理解备用金核算账户的设置及应用。

备用金的核算通常采用两种方式：定额备用金制度和非定额备用金制度，具体账务处理流程见任务要领部分。

定额备用金与非定额备用金核算的对比见表1-1：

表1-1　**定额备用金与非定额备用金核算的对比**

对比项目	定额备用金	非定额备用金
备用金设立	一次性核定固定金额拨付	根据临时需求拨付
使用与报销	定期报销，补足定额	业务完成后一次性报销，多退少补
会计科目余额变化	其他应收款余额相对固定（为定额）	其他应收款余额随业务进展而变化

（3）库存现金清查和溢缺核算的账户设置

现金清查是企业确保库存现金安全、完整以及账实相符的重要手段。企业应定期或不定期地对库存现金进行全面盘点与核对，以发现可能存在的现金短缺、溢余或其他账务差错等问题，并及时进行处理与调整。

❶现金清查的方法

现金清查一般采用实地盘点法，即由企业的出纳人员和清查人员共同对库存现金进行现场清点，并与现金日记账的账面余额进行核对。在清查过程中，需要注意以下几点：

A. 清查人员应在出纳人员的陪同下进行清查，以确保清查过程的真实性与公正性。

B. 对库存现金的清点应包括所有的现金币种、票面金额，无论是完整的纸币、硬币，还是残破币等都应逐一清点并记录。

C. 清查人员还需要检查现金的存放是否符合企业的现金管理制度规定，如是否存在白条抵库、挪用现金等违规现象。

【学中做 1-4】在一次现金清查中，清查人员与出纳人员共同对企业的库存现金进行盘点。现金日记账显示账面余额为 8 500 元。

【解析】经过仔细清点，实际库存现金情况如下：100 元纸币 50 张，共计 5 000 元；50 元纸币 30 张，共计 1 500 元；20 元纸币 40 张，共计 800 元；10 元纸币 60 张，共计 600 元；5 元纸币 20 张，共计 100 元；1 元硬币 50 枚，共计 50 元；5 角硬币 40 枚，共计 20 元；1 角硬币 30 枚，共计 3 元。实际库存现金总计 8 073 元。

为了保证库存现金的安全与完整，企业需要定期和不定期地进行现金清查。在清查过程中，如果发现账实不符，应先通过“待处理财产损溢——待处理流动资产损溢”账户进行过渡核算。

❷现金短缺的处理

应由责任人赔偿：如果查明现金短缺是由责任人造成的，如出纳人员失误、员工借款未及时归还等，将应由责任人赔偿的部分记入“其他应收款——责任人姓名”账户。

保险公司赔偿：若企业投保了现金相关保险，因保险事故导致的现金短缺，由保险公司赔偿的部分记入“其他应收款——保险公司”账户。

无法查明原因：对于无法查明原因的现金短缺，根据谨慎性原则，记入“管理费用”账户。

❸现金溢余的处理

应支付给有关人员或单位：当查明现金溢余是因为应支付给有关人员或单位的款项，如多收客户款项、应付未付的押金等，应记入“其他应付款——相关人员/单位名称”。

无法查明原因：对于无法查明原因的现金溢余，按照规定记入“营业外收入”。

【学中做 1-5】某企业在月末进行现金清查时，发现现金短缺 400 元，经调查，其中 200 元是出纳人员小张在支付款项时多付，100 元是员工小赵借款未及时归还，100 元无法查明原因；又发现现金溢余 300 元，经核查，其中 150 元是应支付给客户的退款，150 元无法查明原因。请分析该企业应如何进行账务处理。

【解析】对于现金短缺的 400 元，借记“其他应收款——小张”200 元，借记“其他应收款——小赵”100 元，借记“管理费用”100 元，贷记“待处理财产损溢——待处理流动资产损溢”400 元；对于现金溢余的 300 元，贷记“其他应付款——客户”150 元，贷记“营业外收入”150 元，借记“待处理财产损溢——待处理流动资产损溢”300 元。通过这个案例，掌握现金清查中现金溢缺情况的具体账务处理方法。

（二）任务要领

1. 现金收付账务处理

（1）现金收入账务处理要点

❶从银行提取现金

当企业因日常运营资金周转需求，从银行提取现金时，按照实际提取的金额，借记“库存现金”科目，这是因为企业可直接支配使用的现金资产增加了。同时，贷记“银行存款”科目，表明企业的银行存款相应减少，资金从银行账户转移到了企业的现金库存中。

【做中学 1-1】企业签发现金支票从银行提取 5 000 元现金，请编制会计分录。

【解析】编制会计分录如下：

借：库存现金　5 000

　贷：银行存款　5 000

❷收取小额销货款

企业销售商品或提供劳务过程中，如果收到客户以现金支付且金额未超过企业规定的转账起点的销货款，应根据销售业务的性质，借记“库存现金”科目，贷记“主营业务收入”科目（销售主营产品）或“其他业务收入”科目（销售非主营的其他商品或劳务），同时按照相关税法规定，贷记“应交税费——应交增值税（销项税额）”科目（一般纳税人适用），以准确反映企业的销售收入以及应缴纳的增值税情况。

【做中学1-2】某零售商店销售一批商品，收到现金800元（含税价，适用税率13%），不含税销售额为707.96元［800÷（1+13%）］，增值税销项税额为92.04元（707.96×13%），请作账务处理。

【解析】编制会计分录如下：

借：库存现金　800

　贷：主营业务收入　707.96

　　　应交税费——应交增值税（销项税额）　92.04

❸职工交回多余出差借款

职工出差前向企业预借差旅费，出差结束后，如果有未用完的款项交回企业，企业应借记“库存现金”科目，贷记“其他应收款——职工姓名（差旅费）”科目，以冲减之前暂借给职工的款项，同时反映企业现金资产的增加。

【做中学1-3】职工小王出差前预借差旅费3 000元，出差回来后报销2 500元，交回多余现金500元，请作账务处理。

借：管理费　2 500

　贷：其他应收款——小王（差旅费）　2 500

借：库存现金　500

　贷：其他应收款——小王（差旅费）　500

（2）现金支出账务处理要点

❶支付采购款

企业以现金购买原材料、库存商品或其他物资时，如果符合现金使用范围规定且金额在限额之内，应借记“原材料”“库存商品”等科目（根据所采购物资的性质确定），贷记“库存现金”科目，同时，如果涉及增值税进项税额且符合抵扣条件（一般纳税人），还应借记“应交税费——应交增值税（进项税额）”科目。

【做中学1-4】企业以现金购买原材料一批，价款2 000元，增值税进项税额260元，请作账务处理。

【解析】编制会计分录如下：

借：原材料　2 000

　　应交税费——应交增值税（进项税额）　260

　贷：库存现金　2 260

❷支付费用

企业在日常运营过程中，以现金支付各种费用时，如支付办公用品费用，借记“管理费用——办公费”科目；支付水电费，根据使用部门不同，借记“制造费用——水电费”（生产车间使用）或“管理费用——水电费”（管理部门使用）等科目；支付员工差旅费，借记“管理费用——差旅费”（管理人员出差）或“销售费用——差旅费”（销售人员出差）等科目，然后贷记“库存现金”科目，以准确记录费用的发生以及现金的流出情况。

【做中学1-5】企业以现金支付本月管理部门水电费500元，请作账务处理。

【解析】编制会计分录如下：

借：管理费用——水电费 500

贷：库存现金 500

❸支付职工薪酬

企业以现金形式向职工发放工资、奖金、津贴等薪酬时，应借记“应付职工薪酬——工资”“应付职工薪酬——奖金”等科目，贷记“库存现金”科目，以反映企业对职工劳动报酬的支付以及现金资产的减少。

【做中学1-6】企业以现金发放本月职工工资100 000元，请作账务处理。

【解析】编制会计分录如下：

借：应付职工薪酬——工资 100 000

贷：库存现金 100 000

❹支付借款及利息

企业归还短期借款或长期借款本金时，借记“短期借款”或“长期借款——本金”科目，贷记“库存现金”科目；如果同时支付借款利息，根据利息费用的归属，借记“财务费用——利息支出”（费用化利息）或“在建工程”（资本化利息，用于符合资本化条件的固定资产建造等项目）等科目，贷记“库存现金”科目。

【做中学1-7】企业以现金归还短期借款本金50 000元及当月利息300元，请作账务处理。

【解析】编制会计分录如下：

借：短期借款 50 000

财务费用——利息支出 300

贷：库存现金 50 300

2.备用金及其核算的账务处理

（1）定额备用金账务处理要点

❶定额备用金的设立

企业根据内部各部门或员工日常零星开支的实际需求，预先核定一个固定金额的备用金数额，拨付备用金时，借记“其他应收款——具体使用部门或人员（备用金）”科目，明确这笔备用金是企业对相应部门或人员的一项债权，同时贷记“库存现金”科目，表示现金资产的减少，因为现金已经拨付出去作为备用金了。

【做中学1-8】为销售部门核定3 000元的定额备用金，请作账务处理。

【解析】编制会计分录如下：

借：其他应收款——销售部门（备用金） 3 000

贷：库存现金 3 000

❷备用金的日常使用与报销

使用部门或人员在使用备用金支付符合规定的现金后，应定期持相关合法有效的费用凭证到财务部门报销。报销时，如果报销金额等于备用金定额，那么财务人员只需要根据费用性质借记相应的费用科目（如“销售费用——办公费”等），贷记“库存现金”科目，补充备用金；若报销金额小于定额，财务人员应按费用实际发生额借记费用科目，贷记“库存现金”科目补充已使用部分，备用金定额保持不变；若报销金额超过定额，在按实际费用借记费用科目后，除了贷记“库存现金”科目补足定额部分外，还需要额外支付超出定额的部分，同时对超出定额的费用可根据情况决定是否调整备用金定额。

【做中学1-9】销售部门报销本月办公用品费用800元（备用金定额3 000元），请作账务处理。

【解析】编制会计分录如下：

借：销售费用——办公费 800

贷：库存现金 800

❸备用金的收回或调整

当企业因业务调整等原因不再需要某个部门或人员使用备用金，或者要改变备用金定额时，若收回备用金，借记“库存现金”科目，贷记“其他应收款——具体部门或人员（备用金）”科目，将之前拨付出去的备用金收回来，现金资产增加，对该部门或人员的债权减少。

【做中学1-10】收回销售部门的备用金（备用金定额3 000元），请作账务处理。

【解析】编制会计分录如下：

借：库存现金　3 000

　贷：其他应收款——销售部门（备用金）　3 000

若要调整备用金定额，比如将销售部门备用金从3 000元调减为2 000元，会计分录为：

借：库存现金　1 000

　贷：其他应收款——销售部门（备用金）　1 000

（2）非定额备用金账务处理要点

❶备用金的拨付

根据业务需要临时向部门或个人拨付备用金时，借记“其他应收款——具体使用部门或人员（备用金）”科目，贷记“库存现金”科目，记录对其债权以及现金的支出情况。

【做中学1-11】行政部门小李因临时组织活动申请备用金2 500元，请作账务处理。

【解析】编制会计分录如下：

借：其他应收款——小李（备用金）　2 500

　贷：库存现金　2 500

❷备用金的报销与结算

业务完成后，使用备用金的部门或人员应凭相关费用凭证到财务部门报销。如果实际花费金额小于备用金拨付金额，在报销时，借记相应的费用科目（根据费用用途确定），同时将多余的备用金收回，借记“库存现金”科目，贷记“其他应收款——具体部门或人员（备用金）”科目，冲减对其债权。

【做中学1-12】小李活动结束后实际花费2 000元，退回500元备用金，请作账务处理。

【解析】编制会计分录如下：

借：管理费用——活动经费　2 000

　　库存现金　500

　贷：其他应收款——小李（备用金）　2 500

如果实际花费超过备用金拨付金额，除了按实际费用借记相应费用科目外，还需要额外支付超出部分，贷记“库存现金”科目，同时冲减对其的债权，贷记“其他应收款——具体部门或人员（备用金）”科目。

【做中学1-13】小李实际花费3 000元，需补付500元，请作账务处理。

【解析】编制会计分录如下：

借：管理费用——活动经费　3 000

　贷：其他应收款——小李（备用金）　2 500

　　　库存现金　500

3.现金清查账务处理

（1）现金清查发现长款时的账务处理步骤

❶未查明原因前

在现金清查中，发现实际库存现金比账面余额多，这种情况就被称为现金长款（或现金溢余）。首先要按照实际长款的金额，借记“库存现金”科目，这是因为实际可支配的现金数量增加了，需要在账面上如实反映现金资产的增多。同时，贷记“待处理财产损溢——待处理流动资产损溢”科目，将这笔长款金额先通过该过渡科目进行暂挂，等待后续进一步查明原因，确定其具体归属后再作相应处理。

【做中学1-14】清查发现现金溢余200元，请作账务处理。

【解析】编制会计分录如下：

借：库存现金　200

贷：待处理财产损溢——待处理流动资产损溢　200

❷查明原因后

若属于应支付给其他单位或个人的款项：经核实，溢余是因为之前代收了某单位的款项还未支付出去等情况，此时应将暂挂在“待处理财产损溢”科目的金额转出，借记“待处理财产损溢——待处理流动资产损溢”科目，贷记“其他应付款——具体单位或个人名称”科目，表明这笔溢余其实是企业对其他方的一项负债，需要后续进行支付。

【做中学1-15】确定该200元长款是应付给合作单位的往来款，请作账务处理。

【解析】编制会计分录如下：

借：待处理财产损溢——待处理流动资产损溢　200

贷：其他应付款——合作单位名称　200

❸若无法查明原因

如果经过多番核查，仍不清楚长款的来源，按照规定，经单位相关领导批准后，应将这笔长款转为企业的营业外收入，即借记“待处理财产损溢——待处理流动资产损溢”科目，贷记“营业外收入——现金长款收入”科目，把这笔意外的长款作为企业非经常性的收益纳入财务核算。

【做中学1-16】上述200元长款最终无法查明原因，请作账务处理。

【解析】编制会计分录如下：

借：待处理财产损溢——待处理流动资产损溢　200

贷：营业外收入——现金长款收入　200

（2）现金清查发现短款时的账务处理步骤

❶未查明原因前

若现金清查结果显示实际库存现金少于账面余额，出现短款情况（即现金短缺），要先按照短款的金额，借记“待处理财产损溢——待处理流动资产损溢”科目，这是对现金短缺情况的暂记，等待后续查清楚原因后进行相应的责任认定和账务处理。同时，贷记“库存现金”科目，以体现实际现金资产的减少。

【做中学1-17】发现现金短款150元，请作账务处理。

【解析】编制会计分录如下：

借：待处理财产损溢——待处理流动资产损溢　150

贷：库存现金　150

❷查明原因后

若属于责任人赔偿的情况：比如是出纳人员的疏忽导致现金短少，且确定由出纳进行赔偿时，就应借记“其他应收款——出纳姓名”科目，将这笔应收款项记录下来，要求出纳补足短款金额，贷记“待处理财产损溢——待处理流动资产损溢”科目，把之前暂记在待处理财产损溢科目的短款金额进行转出。

【做中学1-18】确定150元短款由出纳小李赔偿，请作账务处理。

【解析】编制会计分录如下：

借：其他应收款——小李　150

贷：待处理财产损溢——待处理流动资产损溢　150

若属于企业自身管理不善等原因造成的损失：经分析是因为企业现金管理制度存在漏洞等情况导致现金短少，在经过相关审批流程后，需将短款金额作为企业的管理费用列支，借记“管理费用——现金短缺损失”科目，贷记“待处理财产损溢——待处理流动资产损溢”科目，反映这笔损失由企业自行承担，并在利润表中体现对企业经营成果的影响。

【做中学1-19】上述150元短款确定为管理不善造成，请作账务处理。

【解析】编制会计分录如下：

借：管理费用——现金短缺损失　150

贷：待处理财产损溢——待处理流动资产损溢　150

通过现金清查及其相应的账务处理，企业能够及时发现和纠正现金管理中的问题，保证库存现金的安全与准确核算，维护企业财务秩序的稳定与健康，以上要领总结见表1-2：

表1-2　**现金清查的账务处理**

情况	现金长款（溢余）账务处理	现金短款（短缺）账务处理
发现时	借：库存现金 　贷：待处理财产损溢	借：待处理财产损溢 　贷：库存现金
批准后	借：待处理财产损溢 　贷：其他应付款（应支付给有关人或单位） 　　　营业外收入（无法查明原因的部分）	借：其他应收款（应由责任人赔或保险公司赔） 　　管理费用（无法查明原因的部分） 　贷：待处理财产损溢

三、任务实施

步骤1：编制公司提取现金的会计分录

当公司于1月1日因日常运营资金周转需求，安排出纳签发现金支票从银行提取2 000元现金时，在账务处理上，需要清晰反映库存现金的增加与银行存款的减少。库存现金作为企业流动性最强的资产，其增加应借记“库存现金”科目，金额为2 000元，表明企业可直接支配使用的现金数量增多。银行存款相应减少，贷记“银行存款”科目2 000元，意味着资金从银行账户转移至企业内部的现金库存，用于满足诸如小额采购、费用报销等日常现金支出需求。此笔账务处理的会计分录如下：

借：库存现金　2 000

　贷：银行存款　2 000

这样的记录不仅遵循了会计的借贷记账规则，也准确体现了企业资金在不同形态之间的转换，为企业财务信息的准确呈现奠定了基础，方便后续对现金收支及银行存款变动情况进行追踪与分析，有助于财务人员进行资金管理与财务报表编制工作。

步骤2：编制预借差旅费的会计分录

在2月3日，生产车间管理人员因工作安排需要出差，按照公司财务制度预借1 000元差旅费。此时，从财务角度看，这笔款项是企业暂时借给员工的特定用途的资金，形成了企业对员工的一项债权。因此，应借记“其他应收款”科目，明确记录这一债权关系，金额为1 000元，具体可在“其他应收款”科目下设置明细科目“生产车间管理人员姓名（差旅费）”，以便详细追踪每一笔预借款项的去向与回收情况。同时，由于现金实际流出企业，贷记“库存现金”科目1 000元，反映企业库存现金资产的减少。其会计分录如下：

借：其他应收款　1 000

　贷：库存现金　1 000

通过这样的账务处理，企业能够有效监控员工预借款项的情况，在员工出差结束后进行报销结算时，便于财务人员核对账目，确定是否存在多借少报或其他异常情况，保障企业资金的安全与合理使用，也有助于规范企业内部的财务管理流程，提高财务管理的效率与准确性。

步骤3：编制未查明原因情况下，现金长款的会计分录

7月30日公司进行现金清查时，发现实际库存现金比现金日记账的账面余额多出50元，即出现现金长款现象。在未查明原因之前，为保证库存现金账实相符且遵循会计核算的谨慎性原则，需要对这一异常情况进行账务处理。首先，由于实际的现金数量增加了，应按照长款金额借记“库存现金”科目50元，在账面上如实反映现金资产的增加。同时，贷记“待处理财产损溢——待处理流动资产损溢”科目50元，将这笔长款金额暂时记入待处理财产损溢账户，作为过渡性记录，等待进一步深入调查与核实，以确定其具体来源或归属。其会计分录如下：

借：库存现金　50

贷：待处理财产损溢——待处理流动资产损溢 50

这样的账务处理方式使得企业在面对现金长款这一不确定性情况时，能够在财务账目中进行合理的暂记与过渡，既不贸然将长款确认为收入或其他权益变动，也确保了库存现金账目的准确性，为后续查明原因后的进一步处理提供了清晰的财务数据基础与操作依据，有助于财务人员有条不紊地开展后续工作，维护企业财务信息的真实性与可靠性。

步骤4：编制无法查明现金长款原因时的会计分录

经过财务人员全面、细致且深入的核查，包括对近期所有现金收支凭证的逐一核对、与相关业务部门及人员的沟通询问、对现金保管及操作流程的回溯审查等一系列工作后，仍然无法确定这50元现金长款的具体原因。在此情况下，根据企业会计准则及相关财务制度规定，经企业领导审慎批准，可将这笔长款作为企业的一项非经常性收益进行处理。此时，在账务处理上，需要将之前暂挂在“待处理财产损溢——待处理流动资产损溢”科目的50元进行转出，借记“待处理财产损溢——待处理流动资产损溢”科目50元，意味着结束该长款的待处理状态。同时，贷记“营业外收入——现金长款收入”科目50元，将其纳入营业外收入核算范畴，作为企业在正常经营活动之外的意外收益，在利润表中得以体现，进而影响企业当期的利润总额与净利润指标。其会计分录如下：

借：待处理财产损溢——待处理流动资产损溢 50

贷：营业外收入——现金长款收入 50

这种处理方式符合会计核算对于特殊事项的规范要求，在无法确定现金长款确切原因时，以合理的方式将其纳入企业财务报表体系，确保财务信息能够如实反映企业的财务状况与经营成果，也为企业管理层、投资者、债权人等财务信息使用者提供了全面、准确且符合会计准则的财务数据，有助于他们基于这些信息做出合理的决策与判断，如评估企业的盈利能力、资金管理水平以及财务风险状况等。

1.1 课证融通练习题

任务二 银行存款的核算

一、任务情景

（一）任务场景

××股份有限公司在日常经营活动中，银行存款的收付业务频繁发生。2024年，公司涉及多种与银行存款相关的经济事项，这些业务对公司的资金流转和财务管理至关重要。

（1）3月5日，公司销售一批产品给A企业，价税合计56 500元。A企业通过银行转账的方式支付了该笔款项。公司财务部门在收到银行收款通知后，确认了该笔销售收入的到账，此笔款项将用于公司后续的生产经营活动，如原材料采购、设备维护等。

（2）4月10日，公司为了拓展业务，与B供应商签订原材料采购合同，合同金额为30 000元。公司按照合同约定，通过银行转账的方式向B供应商支付了预付款项，以确保原材料能够按时、足额供应，保障公司生产活动的顺利进行。

（3）6月15日，公司收到银行通知，本季度银行存款利息收入为800元。这部分利息收入是公司银行存款在本季度内产生的收益，将增加公司的财务收益，影响公司的利润。

（4）9月20日，公司发现银行对账单上有一笔1 000元的支出，公司财务账目中却没有相关记载。经与银行沟通核实，发现是银行误将其他公司的一笔支出记录到了本公司账户上。银行承诺会尽快纠正错误，调整账目。

（二）任务布置

1. 对公司3月5日收到销售产品款项的业务，做出相应的账务处理，清晰展示银行存款增加以及销售收入确认的财务记账方式，体现银行存款、主营业务收入和应交税费等会计科目的变动关系。

2. 对4月10日支付原材料预付款项的业务，做出相应的账务处理，明确该笔预付款在财务账目中的记录形式，即如何在预付账款与银行存款科目之间进行借贷记账，以准确反映企业资金的预先支付情况。

3. 对6月15日收到银行存款利息收入的业务，做出相应的账务处理，展示银行存款增加以及财务费用减少（利息收入冲减财务费用）的记账关系，确保准确记录这一财务收益事项对公司财务状况的影响。

4. 对9月20日发现银行对账单与公司账目不符的情况，在等待银行调整错误期间，做出相应的账务处理（假设进行备查登记等相关操作），并说明在银行完成账目调整后，公司需要进行的后续账务处理，以保证公司银行存款账目与实际情况相符。

二、任务准备

（一）知识准备

1. 银行存款的概念及重要性

企业大部分的资金往来，无论是大额的采购付款、销售收款，还是与金融机构的资金融通等，都通过银行存款账户进行结算。

微课 1.2 银行存款管理与核算

（1）银行存款的概念

银行存款是企业存放在银行或其他金融机构的货币资金，是企业最主要的货币资金形态之一。它是企业进行各种经济活动的重要资金来源和支付手段，其核算的准确性对于企业的财务管理至关重要。企业可以通过多种方式将资金存入银行，如现金存入、销售收入的存入、收到投资款存入、取得借款存入等，同时也会通过银行存款账户支付各种款项，如采购原材料、支付员工工资、偿还债务等。

（2）银行存款的重要性

在现代企业经营活动中，银行存款扮演着至关重要的角色，见表1-3。

表1-3 银行存款对企业运营的重要性

银行存款的作用	具体业务场景	对企业运营的影响
采购付款	购买原材料、设备等	保障生产活动正常开展，缺乏资金可能导致生产停滞
销售收款	销售产品或服务	实现利润，为企业发展提供资金来源
资金融通	向银行贷款或还款	提供资金支持或解决债务负担，影响企业的资金结构和偿债能力
利息收入	资金在银行产生的利息	增加企业收益，提升资金使用效率
资金使用安排	支付工资、投资项目等	优化企业资源配置，保障企业各项事务有序进行

从企业日常运营角度来看，银行存款是保障企业经营活动顺利开展的关键。企业采购原材料、支付员工工资、缴纳水电费等各项费用，都依赖银行存款来完成。例如，一家制造业企业需要定期购买生产所需的零部件，只有账户中有足够的银行存款，才能及时支付货款，确保生产不间断。

从财务安全角度而言，银行存款为企业提供了资金储备。当企业面临突发情况，如市场需求骤变、供应链断裂等，充足的银行存款可作为应急资金，帮助企业渡过难关。在经济下行期，不少企业凭借丰厚的银行存款维持运营，等待市场复苏。

从投资和发展角度来说，银行存款也是企业进行战略布局的基础。企业有了一定的银行存款积累，才能有资金投入研发创新、购置先进设备，实现规模扩张，提升自身竞争力。银行存款的稳定是企业向金融机构贷款时的重要信用支撑，能助力企业获得更多发展资源。

2. 银行存款账户的类型及用途

企业通常开设基本存款账户、一般存款账户、专用存款账户和临时存款账户。基本存款账户是企业主办账户，用于日常转账结算和现金收付，工资、奖金的支取必须通过该账户。一般存款账户因借款或其他结算需要在基本账户开户银行以外机构开立，可转账和现金缴存，但不能支取现金，如接收贷款资金用于支付采购款。专用存款账户用于特定用途资金专项管理，如厂房扩建时用于支付建设费用。临时存款账户因临时需要开立，有效期不得超过2年，如外地展销会期间用于资金收付。企业应依据业务需求和管理规定合理选择使用。

3.银行存款收付业务的凭证与登记

（1）银行存款收付业务的凭证

在企业日常财务管理中，银行存款收付业务以审核无误的原始凭证为依据编制记账凭证。

常见收款凭证有银行进账单和银行收款通知。银行进账单记录资金流入，如餐厅、电商公司收到款项时的凭证；银行收款通知告知资金入账，如企业定期存款到期、收到租金或捐赠款时的通知。

常见付款凭证有支票存根、电汇凭证和银行付款通知。支票存根记录付款信息，如建筑公司付材料款、广告公司付制作费等；电汇凭证用于跨地区、跨国业务支付，如跨国贸易公司付货款、总公司向分公司调拨资金；银行付款通知常见于代扣协议，如代扣社保、水电费后向企业发送的通知。

（2）银行存款日记账的登记

企业为了清晰记录银行存款的每一笔收支情况，专门设置银行存款日记账，由出纳人员负责登记和管理。

银行存款日记账采用订本式账簿。这种形式的账簿可以保证账页的连续性和完整性，避免账页散失或被随意抽换，增强了账簿的安全性和可靠性。

【学中做1-6】三栏式结构：银行存款日记账一般为三栏式，分别为“收入”“支出”“结余”。以一个简单的业务周为例，假设一家小型企业在周一收到一笔销售款3 000元，出纳人员会在“收入”栏登记3 000元；周二支付水电费200元，就在“支出”栏登记200元。每日结束时，会对“收入”和“支出”栏进行合计，并根据公式“结余=上日结余+当日收入合计-当日支出合计”计算当日的结余金额。例如，上日结余为5 000元，周一收入3 000元，周二支出200元，请计算周二的结余。

【解析】周二的结余为7 800元（5 000+3 000-200）。

这样，银行存款日记账可以清晰地展现企业每天的资金流入、流出和最终的资金结余情况。每日结束时，出纳人员要结出当日银行存款收入、支出合计数和结余数，并定期与银行对账单进行核对，保证账实相符。

（3）账实核对

账实核对是保障银行存款核算准确的关键，主要通过编制银行存款余额调节表实现。编制原理基于“企业银行存款日记账余额+银行已收企业未收款项——银行已付企业未付款项 =银行对账单余额+企业已收银行未收款项——企业已付银行未付款项”这一公式。编制步骤如下：先核对账目，找出未达账项；再将未达账项分类整理；然后根据公式计算调整后双方余额，列出未达账项详情；最后验证余额是否相等，若不等须重新检查，以此确保企业银行存款账目的准确与完整。

4.银行存款收付款核算的账户设置

（1）银行存款收款核算的账户设置

在企业财务管理体系中，银行存款收款账务处理是极为关键的基础环节，不仅是企业资金流管理的重要体现，也是反映企业经济活动的关键信息记录方式。企业银行存款增加的情况多种多样，深入理解这一过程，对于准确把握企业财务状况和经营成果至关重要。

❶销售业务收款

销售产品或提供劳务是企业盈利主途，银行转账是常见收款方式。企业收到客户银行转账款项，依据银行收款通知等凭证，遵循会计信息真实性和可靠性原则进行账务处理。借记“银行存款”，表示企业货币资金增加，有利于保障资金链稳定和经营活动。贷记“主营业务收入”，体现收入实现，方便管理层分析销售情况、制定营销策略。贷记“应交税费——应交增值税（销项税额）”，体现纳税义务，保证增值税链条完整，避免重复征税。

❷接受投资收款

企业收到其他单位或个人的投资款并存入银行，这一行为属于企业的筹资活动。筹资活动是企业获取外部资金以支持自身发展的重要途径，对于企业的生存和扩张具有关键作用。

账务处理时，借记“银行存款”，表示企业可用于经营发展的资金增加，这些资金能投入生产设备购置、技术研发、市场拓展等关键环节，助力企业提升竞争力与影响力。贷记“实收资本”（或“股本”），“实收资本”核算投资者实际投入资本数额，是企业产权结构重要部分，反映投资者权益份额。股份有限公司用“股本”核算。新投资者加入会改变股权结构，影响治理与决策，该账务处理反映所有者权益增加，为企业股权管理和财务决策提供依据。

❸其他收入收款

企业收到除销售业务收入和接受投资以外的其他收入存入银行时，应根据收入性质不同进行相应账务处理。如收到罚款收入，借记“银行存款”，贷记“营业外收入——罚款收入”；收到利息收入时，借记“银行存款”，贷记“财务费用——利息收入”（或用红字借记“财务费用”）。假设某企业收到一笔罚款收入2 000元，存入银行，账务处理为：借记“银行存款”2 000元，贷记“营业外收入——罚款收入”2 000元。

【学中做1-7】企业向客户销售一批商品，价税合计11 300元，客户通过银行转账付款，企业收到款项后，请作账务处理。

【解析】编制会计分录如下：

借：银行存款	11 300	
贷：主营业务收入		10 000
应交税费——应交增值税（销项税额）		1 300

（2）银行存款付款核算的账户设置

银行存款付款账务处理是企业财务管理的重要组成部分，紧密关联着企业的各项经济活动，精准地反映了企业资金的流向和用途。正确处理银行存款付款账务，对于企业清晰把握财务状况、有效控制成本、合理规划资金具有重要意义。

❶采购付款

采购原材料、固定资产等物资是企业维持生产经营和实现发展的基础活动。在实际业务中，企业采用银行存款支付货款是极为常见的支付形式。当企业完成采购并通过银行存款支付相应款项时，账务处理遵循严谨的会计规则。

借记“原材料”“固定资产”等，明确资产增加。借记“应交税费——应交增值税（进项税额）”，因增值税可进项抵扣，企业需准确核算。贷记“银行存款”，表明资金流出，影响资金流动性，企业要合理安排付款，准确记录支出，便于资金管理与分析。

❷费用支付

企业日常运营需要支付员工工资、水电费等各类费用，常用银行存款支付。根据费用归属部门，借记“管理费用”“销售费用”“制造费用”等。管理费用涉及行政管理支出，销售费用用于销售环节花费，制造费用归集生产车间间接费用。准确划分归集，有利于成本核算与控制，以及企业找出成本控制点，优化运营策略。贷记“银行存款”，体现资金减少，用于支付费用。费用支付及时准确很关键，既能稳定员工、保障运营，又能为财务报表提供数据，助力管理层了解运营成本，制定合理预算和决策。

❸偿债付款

企业经营中常通过借款或赊购形成债务，偿还银行借款或应付账款等债务时，多通过银行存款支付。账务处理上，借记“短期借款”等，表明负债减少，及时偿债能减轻压力、维护信用、维持合作。贷记“银行存款”，体现资金用于偿债。企业偿债需综合考量资金状况和财务规划，合理安排偿债时间与金额，避免资金链紧张。同时，准确记录偿债情况，有助于掌握债务结构和进度，为财务决策提供依据。

5.银行存款清查与未达账项

在企业财务管理中，银行存款清查至关重要。为确保账目准确，企业至少每月要将银行存款日记账与银行对账单核对。但因企业与银行记账时间等差异，常出现账目不相符的未达账项，主要可分为4类：

（1）企业已收款入账，银行尚未收款入账

企业销售产品后，收到客户的转账支票并已在企业银行存款日记账中记录收款，但银行因尚未完成款项的实际到账确认，所以还未在对账单中体现这笔收款。

（2）企业已付款入账，银行尚未付款入账

企业开出一张支付货款的转账支票，在日记账中已记录支付，但银行还未完成支票的兑付流程，未在对账单中扣除这笔款项。

（3）银行已收款入账，企业尚未收款入账

企业的客户通过银行电汇支付货款，银行已经收到款项并记账，但由于信息传递的延迟，企业还未收到银行的收款通知，所以未在银行存款日记账中记录这笔收款。

（4）银行已付款入账，企业尚未付款入账

银行扣除了企业的季度账户管理费，银行已在对账单中体现该笔支出，但企业尚未收到扣费通知，所以未在银行存款日记账中记录这笔付款。

当企业发现未达账项后，应编制银行存款余额调节表进行调整。银行存款余额调节表只是为了核对账目，不能作为调整银行存款账面余额的记账依据。经过调节后，银行存款日记账余额与银行对账单余额应相等，若仍不相等，则表明可能存在记账错误，需要进一步查找原因并进行更正。

（二）任务要领

1.银行存款收款的账务处理

（1）销售收款存入银行

企业销售产品或提供劳务后，客户通过银行转账等方式支付款项。此时，企业应依据银行收款通知，按实际收到的款项金额，借记“银行存款”科目，表示企业银行存款资金的增加。如果是一般纳税人，还需要根据销售业务的具体情况，贷记“主营业务收入”或“其他业务收入”科目，同时贷记“应交税费——应交增值税（销项税额）”科目；若是小规模纳税人，则贷记“应交税费——应交增值税”科目，以此明确销售收入与确认增值税。

【做中学1-20】某一般纳税人企业销售一批货物，价税合计56 500元，款项已通过银行收讫。该批货物不含税销售额为50 000元，增值税销项税额为6 500元。请编制会计分录。

【解析】编制会计分录如下：

	借方	贷方
借：银行存款	56 500	
贷：主营业务收入		50 000
应交税费——应交增值税（销项税额）		6 500

（2）接受投资存入银行

当企业收到投资者投入的资金并存入银行时，按实际收到的金额，借记“银行存款”科目，表示企业可支配的银行存款增加；贷记“实收资本”（有限责任公司）或“股本”科目（股份有限公司）。若投入资本超过注册资本份额，超出部分贷记“资本公积——资本溢价（或股本溢价）”科目，准确记录企业所有者权益的增加情况。

【做中学1-21】A有限责任公司收到股东追加投资100 000元，款项已存入银行。请编制会计分录。

【解析】编制会计分录如下：

	借方	贷方
借：银行存款	100 000	
贷：实收资本		100 000

（3）收到利息收入存入银行

企业的银行存款在银行会产生利息收益。当收到银行通知的利息收入时，按收到的利息金额，借记“银行存款”科目，这使得企业银行存款余额增加。利息收入是企业资金运作产生的收益，贷记“财务费用——利息收入”科目（实务中，也可在借方用红字登记财务费用，以方便财务软件进行费用统计）。

【做中学1-22】企业收到本季度银行存款利息收入300元，已存入银行。请编制会计分录。

【解析】编制会计分录如下：

借：银行存款 300

　贷：财务费用——利息收入 300

2.银行存款付款的账务处理

（1）采购付款

企业采购原材料、商品或接受劳务等，通过银行存款支付款项时，根据采购业务的性质和取得的相关发票等凭证，按应计入采购成本或费用的金额，借记“原材料”“库存商品”“固定资产”“管理费用”等科目；如果是一般纳税人，取得增值税专用发票时，按可抵扣的增值税进项税额，借记“应交税费——应交增值税（进项税额）”科目；按实际支付的款项金额，贷记“银行存款”科目，清晰反映企业资金的支出和资产、费用的增加情况。

【做中学1-23】企业购入一批原材料，价款30 000元，增值税税额3 900元，款项已通过银行转账支付。请编制会计分录。

【解析】编制会计分录如下：

借：原材料 30 000

　　应交税费——应交增值税（进项税额） 3 900

　贷：银行存款 33 900

（2）支付费用

企业使用银行存款支付各项费用，如水电费、办公费、广告费等，应根据费用所属部门和性质，借记“管理费用”“销售费用”等科目，按实际支付的金额，贷记“银行存款”科目，准确记录费用的发生和银行存款的减少。

【做中学1-24】企业通过银行支付当月办公费2 000元。请编制会计分录。

【解析】编制会计分录如下：

借：管理费用——办公费 2 000

　贷：银行存款 2 000

（3）偿还债务

企业用银行存款偿还之前的借款或应付账款等债务时，按偿还的金额，借记“短期借款”“长期借款”“应付账款”等科目，贷记“银行存款”科目，表明企业负债的减少和银行存款的支出。

【做中学1-25】企业用银行存款偿还到期的短期借款50 000元。请编制会计分录。

【解析】编制会计分录如下：

借：短期借款 50 000

　贷：银行存款 50 000

3.银行存款清查与未达账项处理

（1）定期核对账目

企业应每月至少一次将银行存款日记账与银行对账单进行核对。核对时，仔细比对每一笔银行存款的收支记录，包括日期、金额、业务内容等，确保双方记录一致。

（2）识别未达账项

在核对过程中，若发现企业银行存款日记账与银行对账单余额不一致，应查找是否存在未达账项。常见的未达账项有四种类型：企业已收款入账，银行尚未收款入账；企业已付款入账，银行尚未付款入账；银行已收款入账，企业尚未收款入账；银行已付款入账，企业尚未付款入账。例如，企业开出一张转账支票支付货款，企业已登记银行存款减少，但持票人尚未到银行办理转账手续，这就属于企业已付款入账，银行尚未付款入账的情况。

（3）编制银行存款余额调节表

发现未达账项后，企业应编制银行存款余额调节表。以企业银行存款日记账余额和银行对账单余额为基础，分别加上对方已收、本单位未收的款项，减去对方已付、本单位未付的款项，计算出调整后的余额。若调整后的双方余额相等，通常说明企业和银行的账目记录基本正确；若不相等，则需要进一步检查是否存在记账错误。需要注意的是，银行存款余额调节表只是为了核对账目，不能作为调整银行存款账面余额的原始凭证。

【做中学1-26】假设企业银行存款日记账余额为10 000元，银行对账单余额为12 000元，企业已收银行未收款项为1 500元，企业已付银行未付款项为500元，银行已收企业未收款项为2 000元，银行已付企业未付款项为1 000元。请编制银行存款余额调节表。

【解析】编制的银行存款余额调节表见表1-4：

表1-4　银行存款余额调节表　单位：元

项目	金额	项目	金额
企业银行存款日记账余额	10 000	银行对账单余额	12 000
加：银行已收企业未收	2 000	加：企业已收银行未收	1 500
减：银行已付企业未付	1 000	减：企业已付银行未付	500
调节后余额	11 000	调节后余额	11 000

注意事项：一是及时编制，每月收到银行对账单后尽快编制，防止问题积累。二是跟踪未达账项，及时跟进款项入账或支付情况，与银行沟通处理。三是分析差异原因，若因银行结算流程问题，尽快与银行协调；若是企业内部问题，应及时纠正错误并完善管理制度。通过准确编制银行存款余额调节表，企业可有效管理资金，提升财务管理水平。

后续跟进与处理：编制银行存款余额调节表后，企业应关注未达账项的后续情况。对于银行已收、企业未收和银行已付、企业未付的款项，及时与银行沟通，确认款项的到账或支付情况；对于企业已收、银行未收和企业已付、银行未付的款项，督促相关人员尽快办理手续，确保银行存款账目及时准确更新，保证企业资金核算的准确性和安全性。

三、任务实施

步骤1：处理3月5日销售产品款项的账务

公司在3月5日完成了一笔销售业务，将产品销售给A企业，收到价税合计56 500元的款项，该款项已通过银行转账到账。此业务涉及银行存款的增加、主营业务收入的确认以及应交税费（增值税）的计算。

已知价税合计为56 500元，增值税税率假设为13%。

不含税收入= 56 500÷（1+13%）=50 000（元）

应交增值税税额=50 000×13%=6 500（元）

编制会计分录如下：

借：银行存款　56 500

　贷：主营业务收入　50 000

　　　应交税费——应交增值税（销项税额）　6 500

“银行存款”科目增加56 500元，反映了公司因销售业务收到的款项，该款项存入银行，增加了公司的银行存款余额。“主营业务收入”科目增加50 000元，确认了公司通过销售产品实现的收入。“应交税费——应交增值税（销项税额）”科目增加6 500元，记录了公司对该笔销售业务应向国家缴纳的增值税税额。

步骤2：处理4月10日支付原材料预付款项的账务

4月10日，公司为确保原材料供应，与B供应商签订合同并支付了30 000元的预付款项，这是公司预先支付的资金，将在未来收到原材料时进行结算，目前形成公司的一项债权。

编制会计分录如下：

借：预付账款——B供应商　　30 000

　贷：银行存款　　30 000

“预付账款——B供应商”科目增加30 000元，表明公司对B供应商的预付款项增加，这是公司的一项资产，代表公司有权在未来收到相应的原材料或服务。“银行存款”科目减少30 000元，反映了公司银行存款的流出，即公司将资金支付给了B供应商，用于保障原材料的采购。

步骤3：处理6月15日银行存款利息收入的账务

6月15日，公司收到银行通知，本季度银行存款利息收入为800元，这是公司银行存款产生的收益，应作为财务费用的抵减项。

编制会计分录如下：

借：银行存款　　800

　贷：财务费用——利息收入　　800

“银行存款”科目增加800元，表明公司银行存款因利息收入而增加。“财务费用——利息收入”科目在贷方增加800元，这是将利息收入冲减财务费用，因为利息收入会增加公司的利润，所以作为财务费用的抵减，在财务费用账户中体现为负数或贷方发生额，以减少公司的财务费用，从而增加公司的利润。

步骤4：处理9月20日银行对账单与公司账目不符的账务

9月20日发现银行对账单有一笔1 000元的支出记录，但公司账目中无此记录，经核实为银行误记。在等待银行调整错误期间，公司需要进行备查登记，以确保不会遗漏该事项，并且为后续账目调整做准备。

首先，进行备查登记。

公司财务人员在专门的备查账簿中记录该事项，详细说明日期（9月20日）、差异金额（1 000元）、原因（银行误记）等信息。

其次，进行银行调整错误后的后续账务处理。

当银行完成账目调整后，公司无须进行额外的账务处理，因为该错误是银行方面的，且公司的银行存款实际上并未发生真实的支出。但公司需要再次核对银行存款日记账和银行对账单，确保两者的余额相符。

最后，重新核对步骤。

将银行存款日记账和银行对账单上的各项收支记录重新逐笔核对，确保无其他未达账项或错误。

如存在其他未达账项，根据未达账项的性质，参考银行存款余额调节表的编制方法进行处理（如企业已收银行未收、企业已付银行未付、银行已收企业未收、银行已付企业未付等情况），以保证银行存款账目与实际情况相符。

通过以上四个步骤，我们完成了该公司在不同银行存款相关业务下的账务处理任务，包括销售收款、预付款项支付、利息收入处理以及银行账目不符的处理，确保了公司财务信息的准确性和完整性。在实际操作中，要严格遵循会计准则和企业内部财务制度，确保每一笔账务处理都有明确的依据和合理的解释，同时注意后续的账目核对工作，以保障企业财务工作的有序进行。

1.2课证融通练习题

任务三　其他货币资金的核算

一、任务情景

（一）任务场景

××科技有限公司专注于电子产品的研发与销售，在企业运营过程中，涉及多种资金形态的运用，其中其他货币资金的核算尤为关键。2024年，该公司发生了一系列与其他货币资金紧密相关的业务事项，涵盖了其他货币资金的存入、使用及后续结算等环节。

（1）3月5日，公司因拓展外地市场，需要在采购地开设临时采购专户。财务人员按照规定向开户银行申请并存入100 000元，设立外埠存款账户。此账户主要用于支付在外地采购原材料的款项，确保采购业务顺利进行。

（2）4月10日，公司为了支付一批重要的电子元器件采购款，向银行申请开具银行汇票，票面金额为50 000元。银行受理申请后，从公司的银行存款账户中划出相应款项，并开具银行汇票。公司将此汇票交付给供应商，用于结算采购货款。

（3）5月15日，公司收到采购员从外地寄回的采购原材料的发票账单等报销凭证，共计80 000元，经审核无误后，财务人员对3月5日设立的外埠存款账户进行结算处理。同时，将多余的外埠存款20 000元转回公司的基本存款账户。

（4）6月20日，公司之前申请的银行汇票使用完毕，实际结算金额为48 000元，银行将多余的2 000元款项退回公司的银行存款账户。

（二）任务布置

1. 针对公司3月5日设立外埠存款账户的业务，进行相应的账务处理，清晰展示“其他货币资金——外埠存款”与“银行存款”两个会计科目的变动情况，体现资金从银行存款转为外埠存款的过程。

2. 对于4月10日申请开具银行汇票的业务，编制账务处理分录，明确该笔业务在“其他货币资金——银行汇票存款”与“银行存款”科目之间的借贷记账关系，以准确反映企业资金形态的转换。

3. 就5月15日收到外埠存款采购报销凭证及结算多余款项的业务，进行相应的账务处理，展示采购业务完成后，外埠存款的使用、结算以及多余款项转回银行存款账户的账务处理过程。

4. 依据6月20日银行汇票结算完毕并退回多余款项的情况，进行相应的账务处理，体现“其他货币资金——银行汇票存款”科目余额的结转以及“银行存款”科目余额的增加，确保公司账目准确反映这一业务对企业财务状况的影响。

二、任务准备

（一）知识准备

1. 其他货币资金的概念及重要性

（1）定义阐述

微课1.3 其他货币资金的核算

其他货币资金是指企业除库存现金、银行存款以外的各种货币资金，它同样具备货币资金的支付和流通属性，但其存放地点和用途与常规的现金及银行存款有所不同。在企业的资金管理体系中，其他货币资金有着特定的业务指向和使用场景。

（2）其他货币资金核算的重要性

对于企业而言，准确核算其他货币资金至关重要。它能如实反映企业资金的分布状态和使用情况，为企业的资金决策提供关键依据。例如在企业制订采购计划、安排资金预算时，对其他货币资金的清晰把握有助于合理调配资源，确保企业运营顺畅。

2. 其他货币资金的构成

（1）外埠存款

外埠存款，是指企业为了到外地进行临时或零星采购，而汇往采购地银行采购专户的款项。该账户的资金专款专用，只付不收，付完清户，主要用于满足企业在外地采购原材料、设备等物资时的资金支付需求。

（2）银行汇票存款

银行汇票存款，是指企业为取得银行汇票按照规定存入银行的款项。银行汇票是一种由出票银行签发，由其在见票时按照实际结算金额无条件支付给收款人或者持票人的票据。企业申请银行汇票存款，用于支付采购货款等，具有使用灵活、结算迅速的特点。

（3）银行本票存款

银行本票存款，是指企业为取得银行本票按规定存入银行的款项。银行本票是银行签发的，承诺自己在见票时无条件支付确定的金额给收款人或持票人的票据，适用于在同一票据交换区域需要支付各种款项的企业，具有信誉度高、支付能力强等优点。

（4）信用卡存款

信用卡存款，是指企业为取得信用卡而存入银行信用卡专户的款项。企业可以使用信用卡进行日常的小额费用支付，如办公用品采购、差旅费支付等，方便快捷，同时有助于企业对费用支出进行有效管理和监控。

（5）信用证保证金存款

信用证保证金存款，是指采用信用证结算方式的企业为开具信用证而存入银行信用证保证金专户的款项。在国际贸易中，信用证是一种重要的结算方式，企业存入保证金以确保履行支付义务，保障交易的顺利进行。

（6）存出投资款

存出投资款，是指企业已存入证券公司但尚未进行短期投资的现金。当企业有闲置资金并计划进行证券投资时，先将资金存入证券公司指定账户，后续根据投资决策进行股票、债券等投资操作。

3.其他货币资金核算涉及的会计科目及记账规则

（1）会计科目设置

其他货币资金核算主要设置"其他货币资金"总账科目，同时在其下按照其他货币资金的具体种类设置明细科目，如"其他货币资金——外埠存款""其他货币资金——银行汇票存款"等，以便清晰反映各类其他货币资金的收支和结存情况。

（2）记账规则

增加其他货币资金时，借记"其他货币资金"及相应明细科目，贷记"银行存款"等科目，表明资金从银行存款等形态转换为其他货币资金。减少其他货币资金时，借记相关成本费用、资产等科目，贷记"其他货币资金"及相应明细科目，体现资金的使用和流出。

4.与其他资金形式的区别

（1）与库存现金的区别

库存现金是企业直接持有的可随时用于支付的现金，存放于企业内部，流动性最强，使用最为便捷，主要用于日常小额的现金交易。而其他货币资金存放于特定的银行账户或金融机构，有特定的用途和支付范围，使用时需要遵循相应的规定和流程。

（2）与银行存款的区别

银行存款是企业存放在银行或其他金融机构的货币资金，可通过支票、转账等方式进行常规的资金收付结算。其他货币资金则是因特定业务需求而形成的具有专门用途的资金，如外埠存款用于外地采购，银行汇票存款用于特定的票据结算等，在使用和管理上更为专项化。

（二）任务要领

1.账户设立与资金存入

（1）外埠存款

开户准备：企业计划进行外地临时采购，须携带营业执照副本、法定代表人身份证原件及复印件、详细的采购申请书前往开户银行。申请书应明确采购地点、预计采购金额、采购时间等关键信息。

资金存入：依据采购预算，将款项存入新开立的外埠存款账户。存款时，仔细核对存款金额、账户信息，确保资金准确存入。

【学中做1-8】企业存入50 000元用于外地采购原材料，请编制会计分录。

【解析】编制会计分录如下：

借：其他货币资金——外埠存款　　50 000

　贷：银行存款　　50 000

（2）银行汇票存款

申请流程： 填写银行汇票申请书，清晰注明申请金额、收款人全称、账号、开户银行以及具体用途，如支付某供应商的货款。加盖企业预留银行印鉴后提交银行。

存入资金： 按照申请金额足额存入银行指定账户，获取存款回单作为入账依据。

【做中学1-27】企业申请金额为30 000元的银行汇票，请编制会计分录。

【解析】编制会计分录如下：

借：其他货币资金——银行汇票存款　　30 000

　贷：银行存款　　30 000

（3）银行本票存款

办理步骤： 向银行提交本票申请书，写明申请金额、支付对象名称及在同一票据交换区域内的具体业务用途。同时存入相应款项，银行审核后签发银行本票。

领取本票： 领取银行本票时，仔细检查出票日期、金额大小写、收款人名称等信息，确保准确无误。

【做中学1-28】企业申请金额为10 000元的银行本票，请编制会计分录。

【解析】编制会计分录如下：

借：其他货币资金——银行本票存款　　10 000

　贷：银行存款　　10 000

（4）信用卡存款

申请手续： 企业向银行提交信用卡申请表，以及营业执照副本、近期财务报表等资料。银行审核企业信用状况后确定信用额度并发卡。申请时详细了解信用卡的年费、利息计算方式、还款期限等规则。

存入资金： 根据银行要求存入一定金额作为备用金，用于日常小额费用支付。

【做中学1-29】企业存入5 000元作为信用卡备用金，请编制会计分录。

【解析】编制会计分录如下：

借：其他货币资金——信用卡存款　　5 000

　贷：银行存款　　5 000

（5）信用证保证金存款

开立信用证： 企业与合作方确定采用信用证结算后，向银行提交开证申请书、贸易合同原件及复印件。申请书须准确反映合同中的关键条款，如货物规格、数量、价格、交货期等。银行审核后，企业按规定存入保证金。

保证金存入： 根据信用证金额和银行规定的保证金比例，足额存入保证金，确保信用证顺利开立。

【做中学1-30】企业存入80 000元作为信用证保证金，请编制会计分录。

【解析】编制会计分录如下：

借：其他货币资金——信用证保证金存款　　80 000

　贷：银行存款　　80 000

（6）存出投资款

选择机构： 企业对多家证券公司进行调研，评估其信誉、交易系统稳定性、服务质量以及交易手续费等因素。选择一家合适的证券公司，签订证券投资服务协议，开设证券投资账户。

存入资金： 将闲置资金存入证券公司指定的银行账户，完成存出投资款操作。

【做中学1-31】企业存入100 000元存出投资款，请编制会计分录。

【解析】编制会计分录如下：

借：其他货币资金——存出投资款　　100 000

　贷：银行存款　　100 000

2.资金使用与账务处理

(1)外埠存款

支付采购款：采购人员在外地使用外埠存款采购原材料，取得增值税专用发票、运输发票、入库验收单等原始凭证，回到企业后应及时提交财务部门。财务人员须审核发票真伪、内容与采购业务一致性等。

账务处理要点：确保原始凭证合法、有效，采购业务真实发生，发票内容与合同、入库单相符。

【做中学1-32】企业采购原材料，价款40 000元，增值税进项税额5 200元，请编制会计分录。

【解析】编制会计分录如下：

	借方	贷方
借：原材料	40 000	
应交税费——应交增值税（进项税额）	5 200	
贷：其他货币资金——外埠存款		45 200

(2)银行汇票存款

支付货款：持票人在汇票有效期内将银行汇票交付给收款人支付货款。收款人收到汇票后，审核汇票真实性、有效性。付款方根据实际结算金额进行账务处理。

多余款项处理：若汇票实际结算金额小于票面金额，多余款项退回企业银行账户。企业及时进行账务处理。

【做中学1-33】企业支付货款25 000元，汇票金额30 000元，请编制会计分录。

【解析】编制会计分录如下：

支付货款时：

	借方	贷方
借：库存商品	25 000	
应交税费——应交增值税（进项税额）	3 250	
贷：其他货币资金——银行汇票存款		28 250

收到退回多余款项时：

	借方	贷方
借：银行存款	1 750	
贷：其他货币资金——银行汇票存款		1 750

(3)银行本票存款

结算款项：在同一票据交换区域内，企业使用银行本票进行款项结算。付款时，付款人将银行本票交付给收款人，取得相关原始凭证，财务人员据此进行账务处理。

本票兑付：收款人持银行本票到银行兑付，企业须关注本票兑付情况，确保资金流转正常。

【做中学1-34】企业使用银行本票支付办公用品款8 000元，请编制会计分录。

【解析】编制会计分录如下：

	借方	贷方
借：管理费用——办公费	8 000	
贷：其他货币资金——银行本票存款		8 000

(4)信用卡存款

费用支付：企业使用信用卡支付办公用品采购、差旅费等小额费用。持卡人消费后及时取得消费凭证，按规定流程报销。财务人员根据报销凭证进行账务处理。

还款操作：在信用卡还款期限内，企业应按时将还款金额存入信用卡账户。

【做中学1-35】企业使用信用卡支付差旅费3 000元，请编制会计分录。

【解析】编制会计分录如下：

消费时：

	借方	贷方
借：管理费用——差旅费	3 000	
贷：其他货币资金——信用卡存款		3 000

还款时：

	借方	贷方
借：其他货币资金——信用卡存款	3 000	
贷：银行存款		3 000

(5) 信用证保证金存款

履行信用证义务：企业按照信用证规定按时发货、提供合格单据。银行根据信用证条款和单据进行审核支付。企业根据业务实际情况进行账务处理。

保证金退回：信用证业务结束后，若有多余保证金，银行退回企业账户。企业应及时进行账务处理。

【做中学1-36】企业完成信用证结算，实际支付货款70 000元，请编制会计分录。

【解析】编制会计分录如下：

收到货物时：

借：库存商品　　70 000

　贷：其他货币资金——信用证保证金存款　　70 000

收到退回保证金10 000元时：

借：银行存款　　10 000

　贷：其他货币资金——信用证保证金存款　　10 000

(6) 存出投资款

投资操作：企业根据市场行情和投资策略，使用存出投资款购买股票、债券等金融资产。购买时，按实际支付金额进行账务处理。

投资收益处理：在持有金融资产期间，根据投资收益情况进行账务处理。出售金融资产时，按实际收到款项进行账务处理。

【做中学1-37】企业购买股票支付50 000元，请编制会计分录。

【解析】编制会计分录如下：

借：交易性金融资产——股票　　50 000

　贷：其他货币资金——存出投资款　　50 000

股票上涨，确认投资收益8 000元时：

借：其他货币资金——存出投资款　　8 000

　贷：投资收益　　8 000

出售股票收到60 000元时：

借：其他货币资金——存出投资款　　60 000

　贷：交易性金融资产——股票　　50 000

　　　投资收益　　10 000

三、任务实施

步骤1：3月5日设立外埠存款账户

获取原始凭证：财务人员取得银行开具的外埠存款账户开户证明以及存款回单，上面明确显示存入金额为100 000元。

审核原始凭证：仔细检查开户证明和存款回单，确认开户银行、账户信息、存款金额、日期等关键信息准确无误，确保凭证的真实性和完整性。

根据审核后的原始凭证，编制会计分录如下：

借：其他货币资金——外埠存款　　100 000

　贷：银行存款　　100 000

步骤2：4月10日申请开具银行汇票

获取原始凭证：从银行取得银行汇票申请书存根联以及银行开具的银行汇票，申请书存根联记载申请金额50 000元，银行汇票上注明票面金额50 000元。

审核原始凭证：审核申请书存根联和银行汇票，核对申请金额、票面金额、出票日期、申请人、收款人等信息，确保汇票的有效性和凭证内容的一致性。

依据审核通过的原始凭证，编制会计分录如下：

借：其他货币资金——银行汇票存款　　50 000

　　贷：银行存款　　50 000

步骤3：5月15日收到外埠存款采购报销凭证及结算多余款项

获取原始凭证：收到采购员寄回的采购原材料发票账单等报销凭证，金额共计80 000元，同时收到银行转回多余款项的回单，金额为20 000元。

审核原始凭证：对发票账单进行严格审核，检查发票的真伪、内容是否与采购业务相符、报销手续是否完备；审核银行回单，确认收款账户、金额、日期等信息准确。编制会计分录如下：

采购业务发生时：

借：原材料　　80 000

　　贷：其他货币资金——外埠存款　　80 000

转回多余款项时：

借：银行存款　　20 000

　　贷：其他货币资金——外埠存款　　20 000

步骤4：6月20日银行汇票结算完毕并退回多余款项

获取原始凭证：取得银行汇票实际结算的凭证以及退回多余款项的进账单，实际结算金额48 000元，退回金额2 000元。

审核原始凭证：审核结算凭证和进账单，确认结算金额、退回金额、付款方、收款方等信息准确无误，确保资金流转记录的真实性。编制会计分录如下：

支付采购款时：

借：库存商品（或相关成本费用科目）　　48 000

　　贷：其他货币资金——银行汇票存款　　48 000

收到退回多余款项时：

借：银行存款　　2 000

　　贷：其他货币资金——银行汇票存款　　2 000

1.3课证融通练习题

【职业课堂】艾爱国：一把焊枪铸出匠心精神

汲取“勤学苦练，追求卓越”的求知力量，做勤学善思的“钻研者”，谈到自己成功的秘诀，艾爱国说“志于学，更要善于学，不断地去学习、提升自己才能跟上这个时代发展的步伐。”50多年前，刚当上工人的艾爱国就立志要做最高级别的工人，每天晚上都练得很晚，火花、溶液粘在身上是常事，但他从没有放弃过，因为他内心太渴望把这门手艺学好。不光学手艺，艾爱国还钻图书馆去学习相关理论，学习焊枪技术。多年来艾爱国一直保持着求知的热情，单位举办电脑培训班，艾爱国是那一届学员中年龄最大的，但在结业考试时他却是第一名。对于广大党员干部而言，要继承和发扬我们党重视学习、善于学习的优良传统，以“知之者不如好之者，好之者不如乐之者”的态度对待学习，做到自觉学习、主动学习、终身学习。要稳扎稳打，舍得吃苦，敏于求知，发扬“钻”的精神，不能心浮气躁、浅尝辄止、不求甚解，要做到立足实际、专攻博览，如饥似渴地学习，努力提高各方面综合能力。勤于学习业务知识，善于从实践中学习，做到学用、学知相结合；要放下架子，俯下身子，虚心向群众学习，问政于民，问计于民，问需于民；要学习政治理论知识，进一步提升思想政治素养和道德水平，坚定理想信念，不断将所学所做转化为能力所需，挑好交给自己的担子。

资料来源：周婧.艾爱国：一把焊枪铸出匠心精神［EB/OL］.［2023-04-08］. https://tougao.12371.cn/gaojian.php?tid=5120895.

请思考：财务人员应当如何传承工匠精神？

【解析】对待工作要有“工匠精神”，善于在精细中出彩。财务人员与数字为伍，而数字最讲求精准。财务人员应当不忘初心、牢记使命、爱岗敬业、精益求精，以不断追求、永不满足的“工匠精神”对待工作，确保账簿中每一个小数点都准确无误，每一份财务报告都客观公正。

项目小结

在企业的财务报表中，货币资金项目作为流动性最强的资产，其管理和核算至关重要。货币资金主要包括库存现金、银行存款以及其他货币资金。企业应当严格遵守国家现金管理制度，正确进行现金收支的核算，监督现金使用的合法性与合理性，定期或不定期地对库存现金进行全面盘点与核对。银行存款的收付必须使用银行统一规定格式的结算凭证，对于带息存款，企业应按期计提利息收入，企业应定期与银行进行对账，及时发现并处理未达账项，确保银行存款核算的准确性。其他货币资金主要是银行汇票存款、银行本票存款、信用卡存款、信用证保证金存款、外埠存款和存出投资款等。

技能锤炼

业务处理题（一）

2024年3月，甲公司发生了以下与库存现金相关的业务。

（1）3月5日，从银行提取现金3 000元备用。

（2）3月10日，办公室职员李明预借差旅费1 500元，以现金支付。

（3）3月15日，李明出差归来，报销差旅费1 200元，剩余现金300元交回。

（4）3月20日，用现金支付行政管理部门的办公用品费800元。

要求：根据上述资料，编制甲公司各项业务的会计分录。

业务处理题（二）

2024年4月，乙公司发生了以下与银行存款相关的业务。

（1）4月3日，销售产品一批，开出的增值税专用发票上注明价款为20 000元，增值税税额为2 600元，款项已存入银行。

（2）4月12日，用银行存款支付前欠丙公司的货款15 000元。

（3）4月18日，从银行取得短期借款30 000元，款项存入银行账户。

（4）4月25日，用银行存款支付本月水电费2 000元。

要求：根据上述资料，编制乙公司各项业务的会计分录。

业务处理题（三）

2024年5月，丙公司发生了以下与其他货币资金相关的业务。

（1）5月8日，向银行申请开具银行汇票，将款项50 000元交存银行，取得银行汇票。

（2）5月15日，使用银行汇票购买原材料，取得的增值税专用发票上注明价款为40 000元，增值税税额为5 200元，材料已验收入库。

（3）5月20日，收到银行转来的银行汇票多余款收账通知，多余款项已退回银行账户。

要求：根据上述资料，编制丙公司各项业务的会计分录。

项目综合评价

项目一综合评价参考表见表1-5：

表1-5　　项目一综合评价参考表

项目名称	货币资金的核算		
评价内容		学生自评（50%）	教师评价（50%）
素质目标	1. 帮助学生树立社会主义核心价值观（法治、诚信）（10分）		

续表

项目名称	货币资金的核算		
素质目标	2.严格按照企业会计准则开展工作，对工作内容严谨认真，具有良好的职业道德（10分）		
	3.培养会计人员日清月结、遵守内部控制的工作作风（10分）		
知识目标	1.熟悉现金管理制度（5分）		
	2.熟悉银行转账结算方式及其有关规定（10分）		
	3.熟悉其他货币资金的核算（10分）		
	4.掌握各种货币资金的账务处理方法（10分）		
	5.掌握货币资金清查的方法及账务处理（10分）		
技能目标	1.能够判断违反库存现金使用规定的情形（5分）		
	2.能够进行库存现金的账务处理（10分）		
	3.掌握不同结算方式下的账务处理及“银行存款余额调节表”的编制方法（10分）		
项目评价成绩（100分）			
项目综合评价： 教师签名： 日期：			

项目二　应收及预付款项的核算

素养目标

1. 树立法治观念，财务核算严守道德与法律底线。
2. 遵循会计准则，养成严谨的职业态度。
3. 重视应收及预付款项的风险评估与防范。

知识目标

1. 熟悉应收票据分类及核算方法，了解票据贴现含义。
2. 理解应收账款的确认、入账价值及核算方法。
3. 掌握预付账款的内容及核算方法。
4. 了解应收股利和应收利息的内容及核算方法。
5. 明确其他应收款的内容及核算方法。
6. 掌握应收款项减值核算，以及坏账准备的核算方法。

技能目标

1. 能准确识别应收票据，合理判断贴现时机与方式，计算贴现利息与净额。
2. 能熟练进行应收账款的核算。
3. 能熟练进行预付账款的核算。
4. 能熟练进行应收股利和应收利息的核算。
5. 能熟练进行其他应收款的核算。
6. 能熟练进行应收账款减值的核算。

项目导图

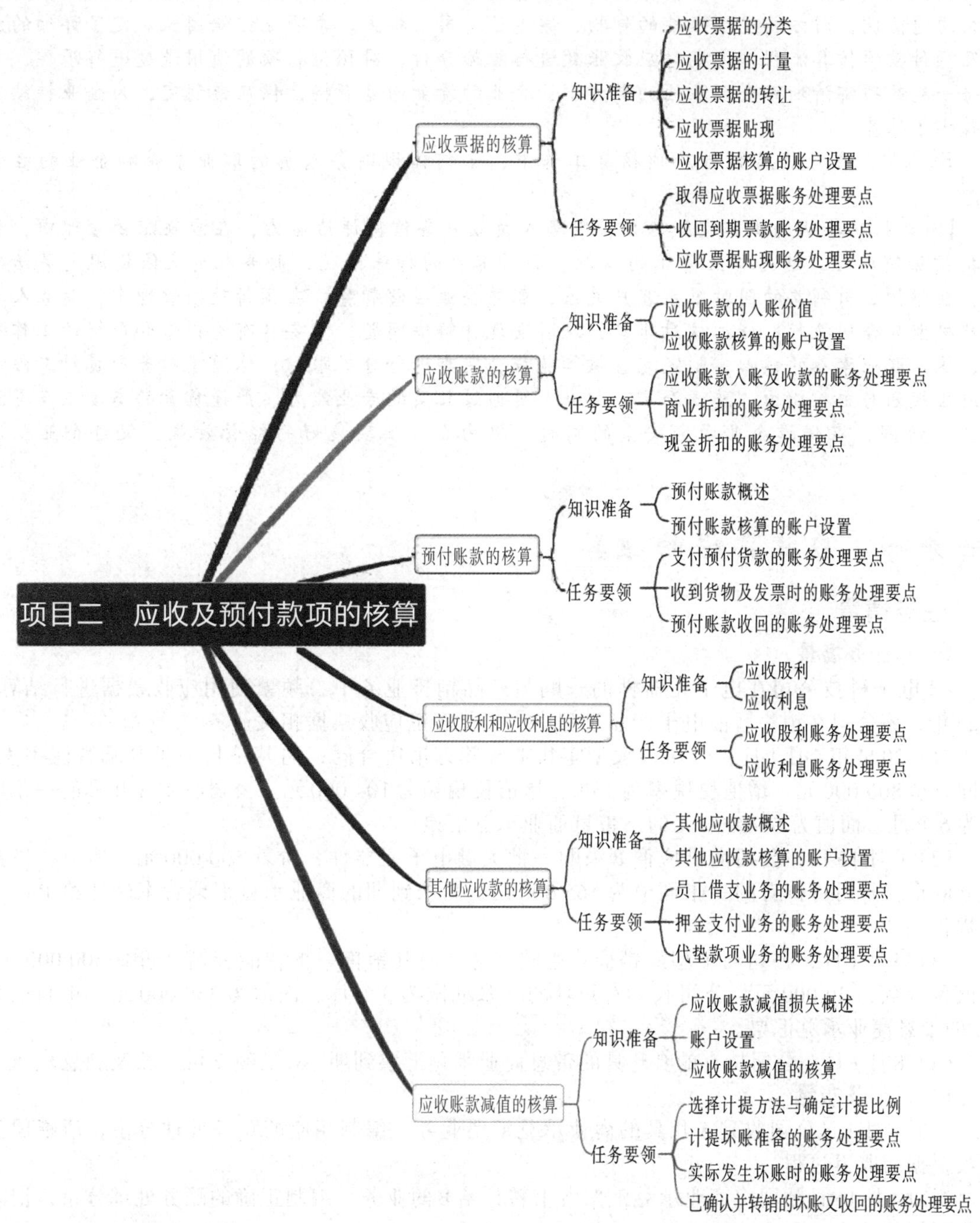

价值引领

应收预付管理密码：诚信、审慎与沟通

××商贸公司是一家有着多年经营历史的企业，在行业内口碑颇佳。随着业务拓展，应收及预付款项的规模不断扩大，管理难度也随之增加。财务经理李明深知这项工作的重要性，丝毫不敢懈怠。在应收账款管理上，对于每一笔赊销业务，李明都仔细审查客户信用资料，根据信用状况合理确定赊销额度与期限，从源头上降低坏账风险。有一次，一位老客户因资金周转困难，希望延长还款期限，李明在核实情况后，依照公司规定，经过与客户耐心沟通，达成了合理的还款协议，既维护了客户关系，又保障了公司资金的安全回收。

在预付款项方面，企业向供应商预付货款采购原材料时，李明严格监督合同执行情况，定期与供应商核对账目。有一回，供应商在发货数量上出现差错，李明及时发现。通过与供应商积极沟通协调，对方补发了短缺的货物，避免了公司的损失。李明还组织团队制定了详细的应收及预付款项核算流程，定期对应收账款进行账龄分析，对预付款项的使用进度进行跟踪，确保每一笔款项都清晰可查。在他的努力下，企业的资金回笼顺畅，供应链稳定，为企业持续发展筑牢了根基。

请思考：在应收及预付款项核算工作中，如何体现财务人员的职业素养和企业的经营智慧？

【解析】从李明的工作实践可知，财务人员须具备信用评估能力，在应收账款管理中，合理把控赊销风险，这是职业素养的体现。面对客户的特殊情况，财务人员应依据规定灵活处理，在维护公司利益的同时维系客户关系，彰显企业经营智慧。在预付款项管理中，财务人员应严格监督合同执行，仔细核对账目，及时发现并解决问题，需要具有责任心和严谨的工作态度，这是职业素养的核心。制定完善核算流程，定期进行分析跟踪，体现了财务人员对工作的系统性规划与把控能力。整体而言，财务人员通过扎实的专业能力、严谨负责的态度以及灵活的沟通协调，在保障企业资金安全的同时，助力企业实现良好的经营效益，促进企业长远发展。

任务一　应收票据的核算

一、任务情景

（一）任务场景

××电子科技公司在电子元器件的采购与产品销售业务中，频繁使用应收票据进行结算。2024年，该公司在销售智能电子产品过程中产生了多笔应收票据相关业务。

（1）2024年4月1日，公司与大型零售商A签订销售合同，向其销售一批高端智能手表，合同总价800 000元，增值税税率为13%，增值税税额为104 000元。公司收到A开具的一张期限为6个月、面值为904 000元的不带息商业承兑汇票。

（2）4月15日，公司向供应商B采购一批关键电子元器件，价款500 000元，增值税税额65 000元。公司将持有的一张面值为565 000元、尚未到期的商业承兑汇票背书转让给B以支付货款。

（3）5月1日，公司与中型经销商C达成交易，向其销售一批智能音箱，价款300 000元，增值税税额为39 000元。公司收到C开具的一张期限为3个月、面值为339 000元、年利率为4%的带息商业承兑汇票。

（4）8月1日，公司持有的C开具的带息商业承兑汇票到期，C足额支付票款及利息。

（二）任务布置

1. 对4月1日公司收到A开具的商业承兑汇票业务，编制相应的账务处理分录，清晰展现应收票据的取得过程。

2. 对4月15日公司将商业承兑汇票背书转让给B的业务，编制正确的账务处理分录，记录应收票据的减少。

3. 对5月1日公司收到C开具的带息商业承兑汇票业务，计算票据利息（要求利息计算结果为整数），并编制取得票据时的账务处理分录，以及中期期末计提利息的账务处理分录（假设公司中期期末为6月30日）。

4. 对8月1日公司持有的C开具的带息商业承兑汇票到期收款业务，进行相应的账务处理，体现票据到期收回款项及利息的情况。

二、任务准备

（一）知识准备

微课2.1 应收票据业务核算

应收票据是指企业持有的、尚未到期兑现的因销售商品、提供劳务等而收到的商业票据。商业汇票是出票人签发的、委托付款人在指定日期无条件支付确定金额给收款人或者持票人的票据。企业在进行应收票据的管理和决策时，需要充分考虑票据的信用度、承兑期限、承兑人和付款人的信用状况等因素，以确保企业的资金安全和稳健运营。商业汇票的付款期限不得超过6个月。

1.应收票据的分类

商业汇票可以按不同标准进行分类。

（1）按照票据承兑人的不同，可以分为银行承兑汇票和商业承兑汇票

承兑是指汇票付款人承诺在汇票到期日支付汇票金额的行为。银行承兑汇票的承兑人是承兑申请人的开户银行，商业承兑汇票的承兑人是付款人。

银行承兑汇票是由在承兑银行开立存款账户的存款人签发，向开户银行申请并经银行审查同意承兑的，保证在指定日期无条件支付确定的金额给收款人或持票人的票据。银行承兑汇票的承兑人是承兑申请人的开户银行。这种票据因为有银行的信用背书，所以相对具有较高的信用度和流通性。

商业承兑汇票是由出票人或其指定的付款人在票据到期时支付票面金额的票据。这种票据的信用度和流通性通常取决于出票人或付款人的信用状况。

（2）按照票据是否带息，可以分为不带息商业汇票和带息商业汇票

不带息商业汇票是指商业汇票到期时，承兑人只按票据面值向收款人或持票人支付款项的票据。这种汇票的特点是，购买方在承诺支付货款时并不产生额外的利息负担，销售方接受这种汇票也相当于接受了一种延期支付的方式，但并不期望通过利息收入获得额外收益。不带息商业汇票的主要功能在于延期支付的信用工具，而非投资工具。

带息商业汇票是指商业汇票到期时，承兑人除向收款人或被背书人支付票面金额外，还应按票面金额和票据规定的利率支付自票据生效日起至票据到期日止利息的商业汇票。这种汇票的特点是：持票人在票据到期时，除了可以收到票面金额，还可以收到额外的利息。

2.应收票据的计量

初始取得应收票据时，按照票据的面值入账。如果是带息票据，应按权责发生制计提利息，并计入应收票据的账面价值。

（1）应收票据到期日的确定

商业汇票持票人在票据到期日可向承兑人收取票据款项。商业汇票自签发日起生效。票据期限的确定一般有按月计算和按日计算两种。

❶按月计算方式下票据到期日的确定

若应收票据期限按月计算，票据的到期日不考虑各月份实际天数的多少，统一按到期月份的对应日计算。例如，4月10日签发的期限为1个月的商业汇票，其到期日为5月10日；4月10日签发的期限为4个月的商业汇票，其到期日为8月10日。若签发汇票的日期为某月月末，无论月份天数多少，均以到期月份的最后一日为到期日。

【学中做2-1】请问，6月30日签发的期限为1个月和2个月的商业汇票，到期日为哪一天？

【解析】6月30日签发的期限为1个月的商业汇票，其到期日为7月31日；期限为2个月的商业汇票，到期日为8月31日。

❷按日计算方式下票据到期日的确定

若应收票据期限按日计算，票据的到期日不考虑月数，统一按票据的实际日历天数计算。在票据签发日和票据到期日这两天中，只算其中的一天，称为“算头不算尾”或“算尾不算头”。

【学中做2-2】8月10日签发的期限为120天的商业汇票，请确定到期日。

【解析】到期日的确定过程如下：

8月份剩21天（即31-10）（8月10日这天未算进去）；

9月份为30天；

10月份为31天；

11月份为30天；

12月份还需8天（120-21-30-31-30）。

因此，该票据到期日为12月8日，12月8日这天已计算在内。

（2）应收票据利息的计算

应收票据有带息票据和不带息票据两种。对于带息票据，就有一个计算利息的问题，应收票据利息计算公式为：

应收票据利息＝应收票据面值×利率×期限

式中：应收票据面值是指商业汇票记载的金额；利率是指票据所规定的利率，一般以年利率表示；期限是指票据的有效期限，即从票据的签发日到票据到期日的间隔时间。

当票据期限按月计算时，带息票据的利息计算公式为：

应收票据利息=应收票据面值×年利率×应收票据月数÷12

【学中做2-3】一张面值为30万元、年利率为4%、期限为6个月的商业汇票。请计算票据到期日的应计利息。

【解析】票据到期日的应计利息=300 000×4%×6÷12 =6 000（元）

当票据期限按日计算时，带息票据的利息的计算公式为：

应收票据利息=应收票据面值×年利率×应收票据天数÷360

【学中做2-4】一张面值为20万元、年利率为6%、期限为120天的商业汇票。请计算票据到期日的应计利息。

【解析】票据到期日的应计利息=200 000×6%×120÷360 = 4 000（元）

3.应收票据的转让

实务中，企业可以将自己持有的商业汇票背书转让。背书是指在票据背面或者粘单上记载有关事项并签章的票据行为。背书转让的，背书人应当承担票据责任。通常情况下，企业将持有的商业汇票背书转让以取得所需物资时，按应计入取得物资成本的金额，借记“材料采购”或“原材料”“库存商品”等账户，按照增值税专用发票上注明的可抵扣的增值税税额，借记“应交税费——应交增值税（进项税额）”账户，按商业汇票的票面金额，贷记“应收票据”账户，如有差额，借记或贷记“银行存款”等账户。

4.应收票据贴现

（1）应收票据贴现的概念

应收票据贴现是指企业将未到期的商业汇票背书转让给银行，银行受理后，从票据到期值中扣除按银行贴现率计算确定的贴现利息，将余额付给企业的融资行为。它实际上是企业融通资金的一种形式，使得企业在应收票据到期前就能够获得所需资金，加速资金周转。

（2）应收票据贴现的特点

❶ 票据贴现是一种票据的买卖关系，是银行融资的一种方式，实质上是银行对贴现申请人发放的一种短期贷款。

❷ 贴现票据到期时由付款人（承兑人）承兑票款。

❸ 贴现利息实行预扣，即银行在向贴现申请人支付贴现金额时预先将贴现利息（实质是贷款利息）扣除。

❹ 贴现追索涉及多方面关系。因为商业汇票贴现至少涉及贴现申请人、贴现银行和汇票承兑人，所以贴现汇票至少涉及两个债务人；汇票到期时，如承兑人无款支付，可以向贴现申请人追索。

（3）应收票据贴现的计算

❶ 计算贴现期。贴现期是指贴现日至到期日的天数，按银行规定，承兑人在异地的，贴现日的计算应加三天的划款日期。

❷ 计算票据到期值。不带息票据的到期值等于面值；带息票据的到期值等于其面值加利息。

❸ 计算票据贴现利息。计算公式如下：

票据贴现利息 = 票据到期值×贴现率×贴现期

=票据到期值×贴现率÷360×贴现日数

5.应收票据核算的账户设置

为了反映应收票据的取得和收回情况，企业应设置“应收票据”账户。应收票据账户主要用于核算企业因销售商品、提供劳务等而收到的商业汇票，主要包括银行承兑汇票和商业承兑汇票。设置应收票据账户的要点如下：从账户性质看，应收票据是资产类账户，用于记录企业因票据业务而拥有的债权。在账户结构上，其借方登记应收票据的取得金额，贷方登记到期收回或到期前向银行贴现的金额，期末余额在借方，表示企业持有的商业汇票的票面金额。应收票据账户可以按商业汇票的种类及其开出、承兑商业汇票的单位设置明细分类账户。为便于分类管理和账目核对，企业通常按出票人或债务人设置明细账户，如“应收票据—— ××公司”。这样能清晰追踪每张票据对应的出票人或债务人，有利于企业准确掌握债权情况，合理安排资金流转以适时收取票据款项，维护企业的资金流动性和商业信用。

（二）任务要领

1.取得应收票据账务处理要点

（1）不带息应收票据

企业实现销售，收到不带息商业汇票时，按票据的面值借记“应收票据”账户，按应确认的收入贷记“主营业务收入”账户，按应支付的增值税贷记“应交税费——应交增值税（销项税额）”账户。如果企业所收票据是因债务人抵偿前欠货款而取得的应收票据，则应借记“应收票据”账户，贷记“应收账款”账户。

【做中学2-1】A公司向B公司销售产品一批，货款为100 000元，尚未收到，已办妥托收手续，适用增值税税率为13%。10日后，A公司收到B公司寄来一张期限为3个月的商业承兑汇票，面值为113 000元，抵付产品货款。请编制会计分录。

【解析】编制会计分录如下：

❶销售产品时账务处理。

科目	借方	贷方
借：应收账款——B公司	113 000	
贷：主营业务收入		100 000
应交税费——应交增值税（销项税额）		13 000

❷收到商业承兑汇票时的账务处理。

科目	借方	贷方
借：应收票据	113 000	
贷：应收账款——B公司		113 000

（2）带息应收票据

企业实现销售，收到带息商业汇票时，按票据的面值借记“应收票据”账户，按应确认的收入贷记“主营业务收入”账户，按增值税税额贷记“应交税费——应交增值税（销项税额）”账户。

【做中学2-2】A公司销售一批产品给C公司，价款为200 000元，增值税税率为13%，收到C公司开具的一张期限为6个月、年利率为6%的商业承兑汇票。请编制会计分录。

【解析】编制会计分录如下：

科目	借方	贷方
借：应收票据	226 000	
贷：主营业务收入		200 000
应交税费——应交增值税（销项税额）		26 000

2.收回到期票款账务处理要点

（1）不带息应收票据

应收票据到期收回票款时，借记“银行存款”账户，贷记“应收票据”账户。

【做中学2-3】承【做中学2-1】，A公司持有的商业承兑汇票到期，收回款项113 000元，存入银行。请编制会计分录。

【解析】编制会计分录如下：

借：银行存款　　113 000

　贷：应收票据　　113 000

（2）带息应收票据

带息应收票据到期收回时，应按实际收到的金额，借记“银行存款”账户，按应收票据的账面余额，贷记“应收票据”账户，按其差额（未计提利息部分），贷记“财务费用”账户。

【做中学2-4】承【做中学2-2】，A公司持有的商业承兑汇票到期，收回款项。请计算票据到期值，并编制会计分录。

【解析】票据到期值=226 000+226 000×6%×6÷12=232 780（元）

借：银行存款　　232 780

　贷：应收票据　　226 000

　　财务费用　　6 780

3.应收票据贴现账务处理要点

企业将未到期的应收票据向银行贴现，应按实际收到的金额（即减去贴现息后的净额），借记“银行存款”账户，按贴现利息，借记“财务费用”账户，按应收票据的票面余额，贷记“应收票据”或“短期借款”账户。如为带息应收票据，按实际收到的金额，借记“银行存款”账户，按应收票据的账面余额，贷记“应收票据”或“短期借款”账户，按其差额，借记或贷记“财务费用”账户。

【做中学2-5】2024年6月13日，某企业持一张出票日期为5月10日、期限为4个月（到期日为9月10日）、面值为150 000元的不带息商业承兑汇票到银行贴现，银行年贴现率为12%。假定该企业与票据承兑企业处于同一票据交换区域内，且票据到期若债务人无法按时还款，根据协议本企业不负有还款责任（不附追索权贴现）。请计算其贴现净额并编制会计分录。

【解析】贴现天数= 17+31+31+10=89（天）

贴现利息=150 000×12%÷360×89 = 4 450（元）

贴现净额=150 000−4 450=145 550（元）

借：银行存款　　145 550

　　财务费用　　4 450

　贷：应收票据　　150 000

【做中学2-6】承【做中学2-5】，如果票据到期，债务人不能按时还款，根据协议本企业负有还款责任（附追索权贴现），请编制会计分录。

【解析】票据贴现附追索权意味着企业在票据到期债务人无法还款时须承担偿还责任，该贴现业务本质上是以应收票据为质押的融资行为，不应终止确认应收票据，而应将其作为短期借款核算。编制会计分录如下：

借：银行存款　　145 550

　　财务费用　　4 450

　贷：短期借款　　150 000

【做中学2-7】承【做中学2-5】，假设贴现的票据为带息应收票据，票面年利率为6%，且该企业与票据承兑企业不在同一票据交换区域内。票据到期若债务人无法按时还款，根据协议本企业不负有还款责任（不附追索权贴现）。请计算贴现净额。

【解析】票据到期值=150 000×（1+6%÷12×4）=153 000（元）

贴现天数=89+3=92（天）

贴现利息=153 000×12%÷360×92 =4 692（元）

贴现净额=153 000 - 4 692=148 308（元）

如果企业向银行贴现的票据是银行承兑汇票，这种汇票到期时不会发生银行收不回票款的情况。贴现的是商业承兑汇票，汇票到期时有可能出现承兑人银行账户余额不足支付的情况，这时，如果协议规定企业负有还款责任，那么贴现银行会将已贴现的应收票据退回申请贴现的企业，同时从贴现企业的账户中将票据本息划回；若贴现企业的银行账户余额不足，银行将该款项作为逾期贷款处理。

如果是附追索权的应收票据贴现，进行贴现时，企业不应该注销应收票据。因为附追索权贴现意味着企业在票据到期债务人无法还款时须承担偿还责任，该贴现业务本质上是以应收票据为质押的融资行为，应收票据的风险和报酬并未完全转移，所以不应终止确认应收票据。

【做中学2-8】沿用【做中学2-6】的资料，若企业贴现的商业承兑汇票到期，因承兑人的银行账户余额不足支付，贴现银行将已贴现的票据退回给企业，同时从企业的银行账户中划回本金150 000元。企业收到银行退回应收票据、支款通知和拒绝付款理由书和付款人未付票款通知书。请编制会计分录。

【解析】编制会计分录如下：

借：应收账款　　150 000

　贷：应收票据　　150 000

同时：

借：短期借款　　150 000

　贷：银行存款　　150 000

由上可见，企业以应收票据向银行贴现时，可能要承担因背书而在法律上负有的连带偿还责任，如果票据到期后，承兑人不予如期付款，贴现企业有责任向贴现银行兑付。这种可能发生的特殊现时义务，是企业的一项或有负债。按照《企业会计准则第13号——或有事项》的规定，企业因贴现而形成的或有负债应在财务报表附注中予以披露。

为加强对应收票据的管理，企业应专门设置“应收票据备查簿”，逐笔登记每一张应收票据的资料。

三、任务实施

步骤1：2024年4月1日收到A公司开具的商业承兑汇票的账务处理

借：应收票据——A公司　　904 000

　贷：主营业务收入　　800 000

　　　应交税费——应交增值税（销项税额）　　104 000

步骤2：4月15日将商业承兑汇票背书转让给B公司的账务处理

借：原材料　　500 000

　　应交税费——应交增值税（进项税额）　　65 000

　贷：应收票据　　565 000

步骤3：收到C公司开具的带息商业承兑汇票的账务处理

5月1日，公司收到C开具的带息商业承兑汇票。

票据利息= 339 000×4%×3÷12 = 3 390（元）

取得票据时，会计分录如下：

借：应收票据——C公司　　339 000

　贷：主营业务收入　　300 000

　　　应交税费——应交增值税（销项税额）　　39 000

6月30日，中期期末计提利息时会计分录如下：

借：应收票据——C公司（3 390×2÷3）　2 260

　贷：财务费用　2 260

步骤4：C开具的带息商业承兑汇票到期收款的账务处理

到期值= 339 000 + 3 390 = 342 390（元）

会计分录如下：

借：银行存款　342 390

　贷：应收票据——C公司（339 000 + 2 260）　341 260

　　财务费用（3 390 - 2 260）　1 130

2.1 课证融通练习题

任务二　应收账款的核算

一、任务情景

（一）任务场景

××家具制造公司不仅在原材料采购方面有诸多业务，在产品销售环节也十分活跃。2024年，该公司在销售高端家具过程中产生了多笔应收账款相关业务。

（1）2024年3月1日，公司与大型家具卖场C签订销售合同，向其销售一批定制的高端实木沙发，合同总价600 000元。为了促进销售，公司给予C卖场10%的商业折扣，实际销售金额为540 000元，增值税税率为13%，增值税税额为70 200元。商品已发出并办妥托收手续，根据合同约定，C卖场应在收货后30天内付款。

同时，为了鼓励C卖场提前付款，公司给出了“2/10，1/20，N/30”的现金折扣条件（现金折扣不考虑增值税）。

（2）3月8日，公司与小型家具店D达成交易，向其销售一批普通实木桌椅，价款为200 000元，增值税税额为26 000元，商品已交付，款项尚未收到。

（3）3月15日，C卖场支付了货款，享受了相应的现金折扣。

（4）3月20日，收到D家具店支付的款项226 000元。

（二）任务布置

1. 对3月1日公司向C卖场销售商品的业务，考虑商业折扣，准确计算应收账款的入账价值，并编制相应的账务处理分录，清晰展现销售业务发生时应收账款的形成。

2. 对3月8日公司向D家具店销售商品的业务，编制正确的账务处理分录，记录应收账款的增加。

3. 对3月15日C卖场支付货款并享受现金折扣的业务，进行相应的账务处理，体现现金折扣对实际收款金额和财务费用的影响。

4. 对3月20日公司收到D家具店款项的业务，编制账务处理分录。

二、任务准备

（一）知识准备

应收账款是指企业因销售商品、提供劳务等经营活动，应向购货单位或接受劳务单位收取的款项，主要包括企业销售商品或提供劳务等应向有关债务人收取的价款及代购货单位垫付的包装费、运杂费等。

微课2.2 应收账款业务核算

1. 应收账款的入账价值

应收账款的入账价值包括销售商品或提供劳务的价款、增值税税额，以及代购货单位垫付的包装费、运杂费等。在有商业折扣的情况下，应按扣除商业折扣后的金额入账；在有现金折扣的情况下，应按未扣除现金折扣前的金额入账，实际发生现金折扣时，将现金折扣计入财务费用。

（1）商业折扣

商业折扣是指企业为促进销售而在商品标价上给予的扣除，即在销售商品或提供劳务时直接给予客户的价格优惠，企业按照扣除商业折扣后的金额确认应收账款。例如，企业销售商品，原价每件100元，购买100件，给予10%的商业折扣，那么购买100件商品应收账款的入账金额为9 000元。

（2）现金折扣

现金折扣是指企业为鼓励客户在规定的期限内付款，而给予的价格扣除。现金折扣一般用符号“折扣/付款期限”表示。例如，“2/10，1/20，N/30”表示买方在10天内付款可给予2%的折扣；在10天至20天内付款给予1%的折扣；在20天至30天内付款，则没有折扣；超过30天则超过信用期。如企业销售商品一批，价款10 000元，增值税税额1 300元，给予客户“2/10，N/30”的现金折扣。销售时，应收账款按11 300元入账。若客户在10天内付款，享受现金折扣226元（11 300×2%），企业实际收到款项11 074元，此时应收账款的账面价值减少11 300元，其中11 074元通过现金或银行存款收回，226元记入“财务费用”账户。

对应收账款的入账价值的确认，现金折扣有两种处理方法：

❶总价法

总价法是将未扣除现金折扣前的金额作为应收账款的入账价值。现金折扣在客户按照协议支付款项时予以确认，给予客户的现金折扣记入“财务费用”账户。

❷净价法

净价法是将扣除最大现金折扣后的金额作为应收账款的入账价值，待实际收款时再进行调整。

2.应收账款核算的账户设置

为了核算企业因销售商品、提供劳务等经营活动，应向购货单位或接受劳务单位收取的款项，企业应设置“应收账款”账户进行核算。“应收账款”账户的借方登记应收账款的增加，如企业销售商品、提供劳务等应向购货单位收取的购买商品、材料等账款，代垫的包装费、运杂费，已冲减坏账准备又收回的坏账损失，已贴现的承兑汇票因承兑企业无力支付的票款。贷方登记企业收回购货单位支付的款项，收回代垫的包装费、运杂费。企业的应收账款改用商业承兑汇票结算，收到承兑的商业汇票，以及已转销而又收回的坏账损失，同样登记在贷方。期末余额一般在借方，表示企业尚未收回的应收账款金额。

不设“预收账款”账户的企业，发生预收账款业务时可记入“应收账款”账户，此时“应收账款”属于双重性质的账户，它的余额可能在借方也可能在贷方。借方余额反映应收账款和预收账款抵销后的净债权；贷方余额反映应收账款和预收账款抵销后的净债务。期末编制资产负债表时，应分析“应收账款”和“预收账款”账户所属明细账户余额的方向，确定应填入“应收账款”项目还是“预收款项”项目。

（二）任务要领

1.应收账款入账及收款的账务处理要点

在确认应收账款入账价值时，要准确判断是否存在商业折扣和现金折扣，并按照规定进行处理。商业折扣直接在收入确认时扣除，现金折扣则在收款时根据实际情况进行核算。在记录收款业务时，要严格按照收款时间和现金折扣条件进行账务处理，确保财务费用的计算和记录准确无误，清晰反映企业实际收到的款项和因现金折扣产生的财务成本。

企业实现了销售或提供了劳务，尚未收到货款时，按应收账款的全部金额借记“应收账款”账户，按应确认的收入贷记“主营业务收入”账户，按应收取的增值税贷记“应交税费——应交增值税（销项税额）”账户。收到货款时，借记“银行存款”账户，贷记“应收账款”账户。

因购货单位资金困难，企业同意对方用商业承兑汇票抵付时，则借记“应收票据”账户，贷记“应收账款”账户。

【做中学2-9】D公司向E公司销售产品一批，货款为150 000元，尚未收到，已办妥托收手续，适用增值税税率为13%。请编制会计分录。

【解析】编制会计分录如下：

借：应收账款——E公司　　169 500

　贷：主营业务收入　　150 000

　　　应交税费——应交增值税（销项税额）　　19 500

2.商业折扣的账务处理要点

企业在确认应收账款入账价值时，要准确判断是否存在商业折扣，并按照规定进行处理。商业折扣直接在收入确认时扣除。企业按照扣除商业折扣后的金额，借记"应收账款""银行存款"等账户；按照扣除商业折扣后的金额，贷记"主营业务收入"账户；按增值税销项税额，贷记"应交税费——应交增值税（销项税额）"账户。

【做中学2-10】某企业销售一批商品，标价为80 000元，给予客户15%的商业折扣。增值税税率为13%。请作账务处理。

【解析】商品销售价格 = 80 000×（1 − 15%）= 68 000（元）

增值税税额 = 68 000×13% = 8 840（元）

借：应收账款　　76 840

　贷：主营业务收入　　68 000

　　　应交税费——应交增值税（销项税额）　　8 840

3.现金折扣的账务处理要点

如果企业为对方提供了现金折扣，企业应选择总价法或净价法入账。在总价法下，若在折扣期内收到货款，则借记"财务费用"账户，根据收到的实际款项，借记"银行存款"账户，同时，贷记"应收账款"账户。

【做中学2-11】某企业销售商品一批，价款为50 000元，增值税税额为6 500元，现金折扣条件为"2/10，1/20，N/30"。企业选择总价法进行现金折扣核算，请作销售时的账务处理。

【解析】账务处理如下：

借：应收账款　　56 500

　贷：主营业务收入　　50 000

　　　应交税费——应交增值税（销项税额）　　6 500

当客户在折扣期限内付款时，企业需要根据实际情况进行账务处理。若客户在10天内付款，享受2%的现金折扣，现金折扣金额为1 130元（56 500×2%），实际收到款项为55 370元（56 500−1 130）。

【做中学2-12】承【做中学2-11】，若客户在10天内付款，请作账务处理。

【解析】账务处理如下：

借：银行存款　　55 370

　　财务费用　　1 130

　贷：应收账款　　56 500

若客户在11~20天内付款，享受1%的现金折扣，现金折扣金额为565元（56 500×1%），实际收到款项为55 935元（56 500−565）。

【做中学2-13】承【做中学2-11】，若客户在11~20天内付款，请作账务处理。

【解析】账务处理如下：

借：银行存款　　55 935

　　财务费用　　565

　贷：应收账款　　56 500

若客户超过20天付款，则不享受现金折扣，全额支付货款。

【做中学2-14】承【做中学2-11】，若客户超过20天付款，请作账务处理。

【解析】账务处理如下：

借：银行存款　　56 500

贷：应收账款　56 500

通过这些案例可以清晰地看到，现金折扣影响了企业收款时的实际金额和财务费用的核算，企业须根据客户的付款时间准确进行账务处理，以反映真实的财务状况。

三、任务实施

步骤1：计算3月1日向C卖场销售商品的应收账款入账价值并进行账务处理

实际销售金额=600 000×（1－10%）= 540 000（元）

增值税税额=540 000×13% = 70 200（元）

应收账款入账价值=540 000 + 70 200 = 610 200（元）

会计分录如下：

借：应收账款——C卖场　610 200

　贷：主营业务收入　540 000

　　　应交税费——应交增值税（销项税额）　70 200

步骤2：3月8日向D家具店销售商品的账务处理

会计分录如下：

借：应收账款——D家具店　226 000

　贷：主营业务收入　200 000

　　　应交税费——应交增值税（销项税额）　26 000

步骤3：3月15日C卖场支付货款并享受现金折扣的账务处理

现金折扣金额=540 000×2%=10 800（元）

实际收到的款项=610 200−10 800=599 400（元）

会计分录如下：

借：银行存款　599 400

　　财务费用　10 800

　贷：应收账款——C卖场　610 200

步骤4：3月20日收到D家具店款项的账务处理

3月20日，D家具店按时支付货款，公司顺利收回之前销售业务产生的应收账款。此时，公司应确认银行存款的增加，同时冲减已记录的应收账款。

会计分录如下：

借：银行存款　226 000

　贷：应收账款 ——D家具店　226 000

2.2课证融通练习题

任务三　预付账款的核算

一、任务情景

（一）任务场景

××家具制造公司专注于高端家具生产，原材料采购是其生产环节的关键部分。2024年，该公司在原材料采购过程中产生了多笔预付账款相关业务。

（1）2024年5月1日，公司与优质木材供应商A签订采购合同，计划采购一批用于制作高端实木家具的进口木材，合同总价800 000元。根据合同约定，公司须在合同签订后5个工作日内预付40%的货款，即320 000元，以便供应商安排木材采伐、运输等事宜。该批木材对公司即将推出的新品家具至关重要，其质量和供应及时性直接影响新品上市计划。

（2）6月15日，公司收到A供应商发来的木材，并收到增值税专用发票，发票显示木材价款800 000元，增值税税额104 000元。

（3）经检验，木材质量符合合同标准，公司于6月18日以银行存款补付所欠款项584 000元。

（4）7月，公司与皮革供应商B达成合作意向，准备采购一批用于制作沙发的优质皮革。由于皮革市场供应波动较大，B供应商要求公司先预付150 000元作为定金，确保优先为公司供货。公司于7月10日支付了这笔定金。然而，到了8月初，B供应商告知公司因原材料供应问题，无法按时交付皮革，双方正在协商解决方案，公司需要考虑后续是继续等待供货还是收回预付款项。

（二）任务布置

1. 对5月1日公司向A供应商预付货款的业务，准确编制账务处理分录，清晰展现预付账款的形成及资金的流动情况。

2. 对6月15日公司收到A供应商货物及发票的业务，进行相应的账务处理，明确如何将预付账款转为原材料采购成本，并正确核算增值税。

3. 对6月18日公司支付剩余货款的业务，进行相应的账务处理，体现该款项支付对预付账款和银行存款的影响。

4. 对7月10日公司向B供应商预付定金的业务，编制账务处理分录；同时，对B供应商未能按时供货的情况，假设公司在8月15日决定收回预付款项，编制相应的账务处理分录。

二、任务准备

（一）知识准备

1. 预付账款概述

预付账款是企业按照合同约定预先支付给供应单位的款项。企业在交易尚未完全实现时，提前支付部分款项，这是基于商业合作中的信任以及对资源获取的保障需求。与预收账款不同，预付账款具有资产性质，它代表企业在未来有权利获取相应的货物、劳务或服务。在企业支付预付款项后，虽然尚未实际获得所购的商品或接受服务，但已经拥有了对供应方的一项债权。例如，企业为确保生产所需原材料的稳定供应，提前支付货款给供应商，或者为获取某项长期服务而预先支付费用等。只有当供应方按照合同规定履行义务，企业收到所购货物、接受相应劳务或服务时，这笔预付账款才会随着业务的推进而逐步转化为成本或费用。它体现了企业在采购环节中的资金安排，以及对未来经济利益流入的预期，对企业的生产经营活动起着重要的支持和保障作用。

2. 预付账款核算的账户设置

为了核算企业按照购货合同规定预付给供货单位的款项，企业应设置“预付账款”账户，从账户性质而言，该账户属于资产类账户，借方登记已预付的金额及补付的金额，贷方登记收到货物后按价款结转的金额及收回多付款项的金额。预付账款期末如为借方余额，反映企业预付的款项；期末如为贷方余额，则反映企业尚未补付的款项。本科目应按供应单位设置明细科目进行明细核算。预付账款不多的情况下，企业也可以不设置“预付账款”账户，将预付的款项直接记入“应付账款”账户的借方。

（二）任务要领

1. 支付预付货款的账务处理要点

企业按照合同约定向供应方预付账款时，按照实际支付的金额，借记“预付账款”科目，贷记“银行存款”科目。这一操作如实反映了企业资金的流出，以及对供应方债权的形成。

【做中学2-15】××服装公司与布料供应商C签订采购合同，采购一批高档面料用于制作秋冬新款服装，合同总价款500 000元，按合同要求预付30%货款，即150 000元。请作账务处理。

【解析】账务处理如下：

借：预付账款——C供应商　　150 000

　贷：银行存款　　150 000

2.收到货物及发票时的账务处理要点

企业采购货物或服务实际发生时，按应计入货物或服务成本的金额，借记“在途物资”“原材料”“库存商品”等科目；按照增值税专用发票上注明的增值税税额，借记“应交税费——应交增值税（进项税额）”科目（一般纳税人适用）；按照之前预付的款项金额，贷记“预付账款”科目。如果所购货物的价款大于预付账款金额，还需补付差额，补付时借记“预付账款”科目，贷记“银行存款”科目；若所购货物的价款小于预付账款金额，供应方应退还多付的款项，企业收到退款时，借记“银行存款”科目，贷记“预付账款”科目。

【做中学2-16】承【做中学2－15】，××服装公司收到C供应商发来的面料及增值税专用发票，发票注明价款500 000元，增值税税额65 000元，公司于当日支付剩余货款。请作账务处理。

【解析】账务处理如下：

❶收到货物时：

借：原材料——高档面料　　500 000

　　应交税费——应交增值税（进项税额）　　65 000

　贷：预付账款——C供应商　　565 000

❷支付剩余货款时：

借：预付账款——C供应商　　415 000

　贷：银行存款　　415 000

【做中学2-17】承【做中学2－16】，假设在这个业务场景中，之前预付给C供应商的款项为600 000元，在完成上述业务后，C供应商应退回多余款项。请作账务处理。

【解析】企业收到退回的多余款项，银行存款增加，记借方；而之前预付账款是与C供应商的往来科目，现在款项退回，预付账款减少，记贷方。

计算应退回款项=600 000–（500 000+65 000）=35 000（元）。

借：银行存款　　35 000

　贷：预付账款——C供应商　　35 000

3.预付账款收回的账务处理要点

当企业因各种原因，如供应方无法履行合同、采购计划变更等，决定收回预付账款时，按照实际收回的金额，借记“银行存款”科目，贷记“预付账款”科目。这一操作冲销了之前形成的预付账款债权，使企业的资金回流到银行存款账户，准确反映企业的资金变动情况。

【做中学2-18】××食品公司向D供应商预付80 000元用于采购一批特色食材。后因市场需求变化，公司不再需要该批食材，与D供应商协商后，D供应商同意于9月10日退还预付款项。请编制会计分录。

【解析】编制会计分录如下：

支付预付款项时：

借：预付账款——D供应商　　80 000

　贷：银行存款　　80 000

收回预付款项时：

借：银行存款　　80 000

　贷：预付账款——D供应商　　80 000

三、任务实施

步骤1：2024年5月1日公司向A供应商预付货款的账务处理

会计分录如下：

借：预付账款——A供应商　　320 000

贷：银行存款　320 000

步骤2：6月15日收到A供应商货物及发票的账务处理

会计分录如下：

借：原材料——进口木材　800 000

应交税费——应交增值税（进项税额）　104 000

贷：预付账款——A 供应商　904 000

步骤3：6月18日支付剩余货款的账务处理

会计分录如下：

借：预付账款——A供应商　584 000

贷：银行存款　584 000

步骤4：向B供应商预付定金及收回预付款项的账务处理

❶7月10日，会计分录如下：

借：预付账款——B供应商　150 000

贷：银行存款　150 000

❷8月15日，会计分录如下：

借：银行存款　150 000

贷：预付账款——B 供应商　150 000

这一系列账务处理，全面、准确地反映了企业与B供应商之间预付账款业务的全过程，符合企业会计准则对特殊业务情况下预付账款核算的要求，保障了企业财务信息的准确性和完整性。

2.3课证融通练习题

任务四　应收股利和应收利息的核算

一、任务情景

（一）任务场景

XYZ投资有限公司是一家专注于证券投资和长期股权投资的企业。在其投资活动中，涉及大量应收股利和应收利息的业务。在证券投资方面，公司于2024年3月1日购入A上市公司股票100万股，每股购入价为15元，支付交易费用5万元。该公司计划长期持有这些股票，以获取稳定的股息收益。A公司于2024年6月30日宣告每10股派发现金股利2元，股权登记日为7月15日，除权除息日为7月16日，现金股利发放日为7月20日。在长期股权投资领域，XYZ公司于2023年1月对B公司进行投资，取得了B公司30%的股权，对B公司具有重大影响。B公司2024年实现净利润500万元，经董事会决议，拟向股东分配现金股利100万元。此外，XYZ公司还持有C公司发行的债券。该债券的期限为3年，面值为1 000万元，票面年利率为5%，每年付息一次，到期还本。XYZ公司于2024年1月1日购入该债券，购入时支付价款1 020万元（含已到付息期但尚未领取的利息50万元），另支付交易费用10万元。2024年12月31日为该债券的付息日。

（二）任务布置

1. 对XYZ公司购入A上市公司股票后应收股利的相关业务，编制从宣告股利到收到股利全过程的账务处理分录，清晰展示应收股利的形成、确认和收回的过程。

2. 对XYZ公司对B公司长期股权投资应收股利的业务，编制从B公司宣告分配股利到XYZ公司收到股利时的账务处理分录，体现长期股权投资下应收股利核算的特点。

3. 对XYZ公司持有C公司债券应收利息的业务，编制购入债券时、期末计提利息以及收到利息时的账务处理分录，反映债券投资应收利息在不同阶段的核算方式。

二、任务准备

（一）知识准备

1. 应收股利

（1）应收股利概述

应收股利是指企业因股权投资而应收取的现金股利以及应收其他单位的利润，包括企业购入股票实际支付的款项中所包含的已宣告但尚未领取的现金股利和企业因对外投资应分得的现金股利或利润等，但不包括股票股利。根据最新企业会计准则，企业应在被投资单位宣告分派现金股利或利润时，确认应收股利。这一规定体现了权责发生制原则，确保企业准确反映其在投资活动中应享有的收益权利。

（2）应收股利的入账时间与价值

应收股利的入账时间为被投资单位宣告发放现金股利或利润的日期。其入账价值按照被投资单位宣告分派的现金股利或利润中本企业应享有的份额确定。例如，企业持有某公司20%的股权，该公司宣告发放现金股利100万元，那么企业应确认的应收股利20万元（100×20%）。

（3）应收股利核算的账户设置

应收股利账户用于核算企业应收取的现金股利和应收取其他单位分配的利润。从账户性质看，它属于资产类账户。在账户结构上，借方登记应收股利的增加，即被投资单位宣告发放现金股利或利润时企业应享有的份额；贷方登记收到的现金股利或利润。期末余额一般在借方，反映企业尚未收到的现金股利或利润。为便于明细核算，企业应按被投资单位设置明细账户，如“应收股利——A公司”，这样能清晰追踪来自不同投资对象的应收股利情况，方便企业进行投资收益的核算和管理。

2. 应收利息

（1）应收利息概述

应收利息是指企业根据合同或协议规定应向债务人收取的利息。它主要产生于企业的债权投资，如债券投资、贷款业务等。企业应在资产负债表日，按照合同约定的名义利率计算确定的应收未收利息，确认应收利息。对于购入的一次还本付息的债权投资，应于资产负债表日按票面利率计算确定的应收未收利息，记入“债权投资——应计利息”科目，而不记入“应收利息”科目；对于分期付息、一次还本的债权投资，通过应收利息科目核算。

（2）应收利息的入账时间与价值

应收利息的入账时间为资产负债表日（对于分期付息的债权投资）。其入账价值根据债权投资的票面金额、票面利率以及持有期限来计算。比如，企业持有一张面值为500万元、票面年利率为4%的债券，每年付息一次，持有期限为1年，那么在资产负债表日应确认的应收利息为20万元（500×4%）。

（3）应收利息核算的账户设置

应收利息账户用于核算企业交易性金融资产、债权投资、其他债权投资、发放贷款等应收取的利息。属于资产类账户，借方登记应收利息的增加，即按照合同约定计算的应收未收利息；贷方登记实际收到的利息，代表应收利息的减少。期末余额一般在借方，反映企业尚未收到的利息。企业通常按借款人或被投资单位设置明细账户，如“应收利息——C公司债券”，有助于企业准确核算不同债权投资产生的应收利息，合理规划资金的流入和流出。

（二）任务要领

1. 应收股利账务处理要点

（1）被投资单位宣告发放股利时

企业应根据持股比例计算应享有的份额，借记“应收股利”科目，贷记“投资收益”科目（成本法核算的长期股权投资）或“长期股权投资——损益调整”科目（权益法核算的长期股权投资）。

【做中学2－19】甲公司持有乙公司60%的股权，采用成本法核算。乙公司宣告发放现金股利50万元。甲公司应编制会计分录如下：

借：应收股利——乙公司（500 000×60%） 300 000

贷：投资收益 300 000

（2）收到股利时

企业实际收到现金股利时，借记“银行存款”科目，贷记“应收股利”科目。

【做中学2-20】承【做中学2-19】，当甲公司收到乙公司发放的现金股利时，应编制会计分录如下：

借：银行存款 50 000

贷：应收股利——乙公司 50 000

2.应收利息账务处理要点

（1）购入债券含已到付息期但尚未领取的利息时

企业购入债券时，如果支付的价款中包含已到付息期但尚未领取的利息，应单独确认为应收利息。

【做中学2-21】丙公司购入丁公司发行的债券，支付价款205万元，其中包含已到付息期但尚未领取的利息5万元，另支付交易费用2万元。该债券面值200万元，票面年利率为5%。丙公司应编制会计分录如下：

借：债权投资——成本 2 000 000

——利息调整 20 000

应收利息——丁公司债券 50 000

贷：银行存款 2 070 000

（2）期末计提利息时

对于分期付息、一次还本的债券投资，在资产负债表日，企业应按票面利率计算确定的应收未收利息，借记“应收利息”科目，按摊余成本和实际利率计算确定的利息收入，贷记“投资收益”科目，按其差额，借记或贷记“债权投资——利息调整”科目（若债券为平价发行，不涉及利息调整科目）。

【做中学2-22】假设【做中学2-21】中债券为分期付息，实际利率为4.5%，丙公司在资产负债表日计提利息，编制会计分录如下：

应收利息 = 面值 × 票面利率 =2 000 000×5% = 100 000（元）

投资收益 = 摊余成本 × 实际利率 = 2 020 000 × 4.5% = 90 900（元）

利息调整摊销 = 应收利息 – 投资收益 = 100 000 – 90 900 = 9 100（元）

编制会计分录：

借：应收利息——丁公司债券 100 000

贷：投资收益 90 900

债权投资——利息调整 9 100

（3）收到利息时

企业实际收到利息时，借记“银行存款”科目，贷记“应收利息”科目。

【做中学2-23】承【做中学2-22】，丙公司收到丁公司债券利息时，编制会计分录如下：

借：银行存款 100 000

贷：应收利息——丁公司债券 100 000

三、任务实施

步骤1：应收股利（A上市公司股票）的账务处理

（1）宣告股利时

收集A公司宣告股利的公告文件，确认公告的真实性和有效性。根据公告，计算XYZ公司应享有的股利。

XYZ公司购入100万股，因此应享有的股利为20万元（100÷10×2）。编制会计分录：

借：应收股利——A公司　　200 000
　贷：投资收益　　200 000

（2）收到股利时

获取银行收款回单，确认收款金额、收款时间和付款方等信息。编制会计分录：

借：银行存款　　200 000
　贷：应收股利——A公司　　200 000

步骤2：应收股利（B公司长期股权投资）的账务处理

（1）B公司宣告分配股利时

取得B公司董事会关于分配股利的决议文件，审核文件内容。根据持股比例30%计算XYZ公司应享有的股利，即30万元（100×30%），编制会计分录：

借：应收股利——B公司　　300 000
　贷：长期股权投资——B公司（损益调整）　　300 000

（2）收到股利时

以银行收款回单为依据，编制会计分录：

借：银行存款　　300 000
　贷：应收股利——B公司　　300 000

步骤3：应收利息（C公司债券）的账务处理

（1）购入债券时

整理债券购入的相关合同、付款凭证等资料，分析支付价款中包含的已到付息期但尚未领取的利息，确定应收利息金额为50万元。编制会计分录：

借：债权投资——成本　　10 000 000
　　应收利息——C公司　　500 000
　贷：银行存款　　10 300 000
　　　债权投资——利息调整　　200 000

（2）期末计提利息时

债券的年票面利息为5%，每年付息一次。需要确认应收利息和利息收入，并摊销折价（利息调整）。

应收利息 = 面值 × 票面利率 = 10 000 000 × 5% = 500 000（元）

投资收益 = 摊余成本 × 实际利率

假设实际利率为5.5%（假设值，实际需计算）

投资收益 = 9 800 000 × 5.5% = 539 000（元）

利息调整摊销 = 投资收益 − 应收利息 = 539 000 − 500 000 = 39 000（元）

编制会计分录：

借：应收利息——C公司　　500 000
　　债权投资——利息调整　　39 000
　贷：投资收益　　539 000

（3）收到利息时

根据银行收款回单，编制会计分录：

借：银行存款　　500 000
　贷：应收利息——C公司　　500 000

2.4课证融通练习题

任务五　其他应收款的核算

一、任务情景

（一）任务场景

×× 股份有限公司在日常经营活动中，存在多种涉及其他应收款的业务往来。2024年，该公司发生了一系列典型的其他应收款相关业务，这些业务涵盖员工借支、押金收付以及为其他单位代垫款项等方面。

（1）3月5日，公司销售部门员工小张因拓展业务需要，向公司预借业务招待费3 000元。此笔借款将用于与客户洽谈业务期间的餐饮、礼品等招待性支出，待业务活动结束后，小张需要按照公司规定凭有效票据进行报销，多退少补。

（2）5月10日，公司租入设备支付押金20 000元，租赁期满时收回押金。

（3）7月15日，公司为合作单位代垫了一笔水电费，金额为8 000元。合作单位水电缴费系统出现故障，公司基于合作关系先行垫付，后续合作单位会归还此笔款项。

（二）任务布置

1. 对3月5日销售部门员工小张预借业务招待费的业务，进行相应的账务处理，清晰反映该笔借款在财务账目中的记录形式，明确其他应收款与库存现金科目之间的借贷记账关系。

2. 对5月10日公司租入设备支付押金的业务，进行相应的账务处理，当租赁期满公司收回押金时，再次编制相应的会计分录。

3. 对7月15日公司为合作单位代垫水电费的业务，进行相应的账务处理，体现其他应收款与相关费用科目之间的记账操作，确保公司财务报表能够准确反映这一特殊事项对企业财务状况的影响。

二、任务准备

（一）知识准备

1. 其他应收款概述

其他应收款是指企业除应收票据、应收账款、预付账款、应收股利和应收利息等以外的其他各种应收及暂付款项。其主要内容包括：应收的各种赔款、罚款，如因企业财产等遭受意外损失而应向有关保险公司收取的赔款等；应收的出租包装物租金；应向职工收取的各种垫付款项，如为职工垫付的水电费、应由职工负担的医药费、房租费等；存出保证金，如租入包装物支付的押金；其他各种应收、暂付款项。其他应收款作为企业的一项债权，对企业的资金流动性和财务状况有着重要影响，准确核算其他应收款有助于企业加强资金管理，保障资产安全。

2. 其他应收款核算的账户设置

企业应设置“其他应收款”账户，核算除应收票据、应收账款、预付账款、应收股利、应收利息、长期应收款等以外的其他各种应收及暂付往来款项。该账户属于资产类账户，通常按照其他应收款的项目和对方单位（或个人）进行明细核算。该账户期末借方余额反映企业尚未收回的其他应收款项。

（二）任务要领

1. 员工借支业务的账务处理要点

当企业员工因业务需要向公司借支款项时，企业形成了对员工的一项债权。此时，应借记“其他应收款”科目，明确记录这一债权关系，同时贷记“库存现金”或“银行存款”科目，反映企业资金的实际流出。在员工完成业务并报销时，根据实际报销金额借记相应的费用科目，如“管理费用”“销售费用”等科目，同时贷记“其他应收款”科目。若员工报销金额小于借支金额，多余款项应收回，借记“库存现金”科目，贷记“其他应收款”科目；若报销金额大于借支金额，企业需补付差额，借记“管理费用”等科目，贷记“其他应收款”科目和“库存现金”或“银行存款”科目。

【做中学2-24】××有限公司是一家专注于软件开发的企业。2024年11月，公司业务繁忙，销售部门和研发部门均有员工因工作需要进行借支。11月5日，销售部门员工李明为参加外地的一个重要行业展会，向公司预借差旅费5 000元，以现金形式借取。请编制会计分录。

【解析】编制会计分录如下：

借：其他应收款——李明　　5 000

　　贷：库存现金　　5 000

【做中学2-25】11月20日，李明参加完展会归来，实际发生差旅费4 500元。他填写了差旅费报销单并附上相关发票进行报销，多余的500元以现金形式交回公司。根据实际报销金额，请编制会计分录。

【解析】编制会计分录如下：

借：销售费用　　4 500
　　库存现金　　500
　　贷：其他应收款——李明　　5 000

【做中学2-26】假设11月20日李明参加完展会归来，经过仔细整理票据和核算，实际发生差旅费共计5 300元。他填写了详细的差旅费报销单，并附上所有相关发票向公司进行报销。请编制会计分录。

【解析】由于实际报销金额5 300元大于之前的借支金额5 000元，企业需要补付差额300元给李明。按照账务处理要点，应根据实际发生的差旅费借记"销售费用——差旅费"科目，贷记"其他应收款——李明"科目来冲减之前的借支，同时贷记"库存现金"科目来支付补付的差额。

借：销售费用——差旅费　　5 300
　　贷：其他应收款——李明　　5 000
　　　　库存现金　　300

2.押金支付业务的账务处理要点

企业支付的押金属于其他应收款核算范畴。支付押金时，借记"其他应收款"科目，贷记"银行存款"或"库存现金"科目；收回押金时，借记"银行存款"或"库存现金"科目，贷记"其他应收款"科目。若押金无法收回，经批准后作为坏账损失处理，借记"坏账准备"科目，贷记"其他应收款"科目。

【做中学2-27】8月5日，××科技有限公司为了包装产品租入一批包装物，支付包装物押金5 000元，以现金形式支付。8月20日，公司用完包装物并归还，供应商退还包装物押金5 000元现金。请编制会计分录。

【解析】编制会计分录如下：

租入包装物时：

借：其他应收款　　5 000
　　贷：库存现金　　5 000

归还包装物时：

借：库存现金　　5 000
　　贷：其他应收款　　5 000

【做中学2-28】××制造有限公司主要从事机械制造业务。在日常生产经营中，公司因租赁设备和租入包装物等业务涉及押金支付。2024年7月1日，该公司租入一台高精度加工设备，按照租赁合同约定，向出租方支付设备租赁押金30 000元，通过银行转账支付。请编制会计分录。

【解析】编制会计分录如下：

借：其他应收款　　30 000
　　贷：银行存款　　30 000

【做中学2-29】承【做中学2－28】2025年1月1日，设备租赁期满，公司归还设备并经出租方验收合格后，收回设备租赁押金30 000元存入银行。请编制会计分录。

【解析】编制会计分录如下：

借：银行存款　　30 000
　　贷：其他应收款　　30 000

【做中学2-30】假设上述出租设备的单位在租赁期内突然破产，××制造有限公司无法收回设备租赁押金30 000元。经公司管理层批准后，将其作为坏账损失处理。请编制会计分录。

【解析】编制会计分录如下：

借：坏账准备　　30 000

　贷：其他应收款　　30 000

3.代垫款项业务的账务处理要点

企业为其他单位代垫款项时，应借记“其他应收款”科目，贷记“银行存款”或相关费用科目。当企业收回代垫款项时，应借记“银行存款”科目，贷记“其他应收款”科目。若代垫款项无法收回，经批准后作为坏账损失处理，应借记“坏账准备”科目，贷记“其他应收款”科目。

【做中学2-31】××贸易有限公司是一家从事商品贸易的企业，与多家合作伙伴有业务往来。在合作过程中，会出现为其他单位代垫款项的情况。2024年9月10日，该公司的合作伙伴A公司因财务系统升级，暂时无法支付一批货物的运输费用。该公司为其代垫了运输费800元，通过银行转账支付。请编制会计分录。

【解析】根据账务处理要点，代垫款项时应借记“其他应收款”，贷记“银行存款”。编制会计分录如下：

借：其他应收款　　800

　贷：银行存款　　800

【做中学2-32】承【做中学2－31】9月25日，A公司财务系统升级完成后，通过银行转账归还了××贸易有限公司代垫的运输费800元。请编制会计分录。

【解析】编制会计分录如下：

借：银行存款　　800

　贷：其他应收款　　800

【做中学2-33】假设后续A公司由于市场竞争激烈、经营策略失误等原因，陷入了严重的财务危机。到了2024年11月，A公司宣告破产清算，经过多方了解和评估，××贸易有限公司确认之前为其代垫的800元运输费无法收回。请编制会计分录。

【解析】当企业确定某项其他应收款无法收回时，应将其作为坏账损失处理。该公司已经按照规定计提了坏账准备，此时应借记“坏账准备”科目，贷记“其他应收款”科目。编制会计分录如下：

借：坏账准备　　1 200

　贷：其他应收款　　1 200

三、任务实施

步骤1：员工借支业务的账务处理

❶3月5日，销售部门员工小张预借业务招待费3 000元，会计分录如下：

借：其他应收款　　3 000

　贷：库存现金　　3 000

❷假设小张业务活动结束后，实际报销业务招待费2 500元，交回多余现金500元，会计分录如下：

借：管理费用　　2 500

　　库存现金　　500

　贷：其他应收款　　3 000

❸若小张实际报销业务招待费3 200元，企业需补付200元，会计分录如下：

借：管理费用　　3 200

　贷：其他应收款　　3 000

　　库存现金　　200

步骤2：押金支付业务的账务处理

❶公司租入设备支付押金20 000元，会计分录如下：

借：其他应收款　　20 000

　贷：银行存款　　20 000

❷租赁期满收回押金，会计分录如下：

借：银行存款　　20 000

　贷：其他应收款　　20 000

步骤3：代垫款项业务的账务处理

❶7月15日，公司为合作单位代垫水电费8 000元，会计分录如下：

借：其他应收款　　8 000

　贷：银行存款　　8 000

❷公司收回代垫的水电费8 000元，会计分录如下：

借：银行存款　　8 000

　贷：其他应收款　　8 000

❸若合作单位破产，该笔代垫水电费无法收回，经批准作为坏账损失处理，会计分录如下（假设公司已计提坏账准备）：

借：坏账准备　　8 000

　贷：其他应收款　　8 000

2.5课证融通练习题

任务六　应收账款减值的核算

一、任务情景

（一）任务场景

A建材有限公司是一家从事建筑材料生产与销售的企业，主要客户为各类建筑工程公司和建材经销商。在日常业务往来中，公司积累了大量应收账款。2024年，公司业务规模持续扩大，但部分客户的经营状况出现波动，使得应收账款面临减值风险。

在2024年上半年，A建材有限公司与B建筑工程公司签订了一系列建材供应合同，累计形成应收账款150万元。然而，在下半年，B建筑工程公司因承接的多个项目出现资金周转困难，付款进度明显滞后，部分账款逾期未付。与此同时，A建材有限公司对其他客户的应收账款也进行了梳理，发现部分中小客户由于市场竞争压力，经营效益下滑，还款能力存在不确定性。

（二）任务布置

1. 对于A建材有限公司对B建筑工程公司的150万元应收账款，采用账龄分析法进行减值测试。已知截至2024年12月31日，账龄在0～30天的有30万元，31～60天的有50万元，61～90天的有40万元，90天以上的有30万元。公司根据以往经验确定的坏账损失率为：0～30天1%，31～60天3%，61～90天5%，90天以上10%。计算应计提的坏账准备金额，进行相应的账务处理，确保财务报表能够准确反映该笔应收账款的减值情况。

2. 对于其他中小客户的应收账款，公司决定采用应收账款余额百分比法进行减值测试。经统计，其他中小客户应收账款余额总计80万元，公司根据历史经验和市场情况，确定坏账准备计提比例为4%。计算应计提的坏账准备金额，并编制相应的账务处理分录，以合理预估这些应收账款的减值损失。

3. 2024年12月，A建材有限公司发现之前已确认为坏账损失的一笔5万元应收账款（属于C建材经销商），因该经销商经营状况好转，偿还了该笔欠款。编制收回已确认坏账损失的完整账务分录，准确反映公司资产的变动情况。

二、任务准备

（一）知识准备

1.应收账款减值损失概述

企业应当在资产负债表日对应收账款的账面价值进行检查，应收账款可能会因购货人拒付、破产、死亡等原因而无法收回，无法收回的应收账款就是坏账。企业因坏账而遭受的损失为坏账损失。企业应当将该应收账款的账面价值减记至预计未来现金流量的现值，减记的金额确认为减值损失。

一般应收账款符合下列条件之一的，可以判断该应收账款发生了减值。

（1）债务人发生严重财务困难。

（2）债务人违反了合同条款，如偿付利息或本金发生违约或逾期等。

（3）债权人出于经济或法律等方面因素的考虑，对发生财务困难的债务人做出让步。

（4）债务人很可能倒闭或进行财务重组。

（5）无法辨认一组应收款项中的某项资产的现金流量是否已经减少，但根据公开的数据对其进行总体评价后发现，该组应收款项自初始确认以来的预计未来现金流量确已减少且可计量，如债务人所在国家或地区失业率提高、担保物在其所在地区的价格明显下降、所处行业不景气等。

（6）其他表明应收账款发生减值的客观证据。

2.账户设置

（1）“坏账准备”账户

“坏账准备”账户是企业为应对可能发生的应收账款、其他应收款等款项无法收回的情况而设置的，在设置时，有以下要点：从账户性质来看，它属于资产类备抵账户。资产类账户通常核算企业拥有的经济资源，但坏账准备是用来抵减相应资产（如应收账款、其他应收款）账面价值的，其作用是反映资产可能发生的减值情况，以更准确地体现资产的实际可收回金额。账户结构上，贷方登记提取的应收款项减值准备金额以及收回前已确认并核销的坏账金额；借方登记实际已经确认为坏账并注销的应收款项金额和冲销多提的应收款项减值准备金额；期末余额在贷方，反映企业已计提但尚未转销的应收款项减值准备。为便于明细核算，企业一般按应收款项的类别设置明细账户，如“坏账准备——应收账款”“坏账准备——其他应收款”等。这样设置有助于企业分别核算不同类型应收款项的坏账情况，清晰了解各类资产的减值程度，便于进行风险管理和财务分析，同时也能更准确地在财务报表中列示各项应收款项的净额。

坏账准备可按以下公式计算：

当期应计提的坏账准备=当期按应收款项计算应计提坏账准备金额-或（+）“坏账准备”账户的贷方（或借方）余额

（2）“信用减值损失”账户

“信用减值损失”账户主要用于核算企业计提各项金融工具减值准备所形成的预期信用损失，在设置时，有以下要点：从账户性质来看，它属于损益类账户。损益类账户用于核算企业在一定会计期间的收入、费用、利得和损失等，而信用减值损失是企业客户信用问题导致资产价值下降而产生的损失，会直接影响企业的当期利润。账户结构上，借方登记计提的坏账准备，贷方登记冲减的坏账准备以及期末转入本年利润的金额。会计期末，为了计算当期的净利润，需要将信用减值损失账户的余额全部结转到“本年利润”账户，结转后该账户无余额。为便于明细核算，企业通常按照金融工具的类别设置明细账户，如“信用减值损失——应收账款减值损失”“信用减值损失——债权投资减值损失”等。这样的明细设置，能够清晰地反映不同金融工具所产生的信用减值损失情况，便于管理层分析各项业务的信用风险程度，制定相应的风险管理策略，同时也有利于财务报表使用者准确理解企业信用风险对利润的影响。

3.应收账款减值的核算

应收账款减值的核算有直接转销法和备抵法两种。我国企业会计准则规定，企业只能采用备抵法核算应收账款的减值损失。

（1）直接转销法

直接转销法是指在实际发生坏账时，将坏账损失直接计入当期损益，同时冲销应收账款的一种方法。也就是说，只有当企业确定某笔应收账款无法收回时，才确认坏账损失。

直接转销法通常适用于规模较小、应收账款金额不大、坏账损失发生频率较低的企业。这些企业的应收账款业务相对简单，采用直接转销法不会对企业的财务状况和经营成果产生重大影响，而且简单的账务处理方法可以降低企业的会计核算成本。

（2）备抵法

备抵法是指在坏账损失实际发生前，依据权责发生制原则估计损失，同时形成坏账准备，待坏账损失实际发生时再冲减坏账准备。

备抵法下估计坏账损失的方法主要有应收账款余额百分比法、账龄分析法、销货百分比法和个别认定法等。

❶应收账款余额百分比法是按照应收账款余额的一定百分比来估计坏账损失的方法。该百分比是根据企业以往的经验和当前的市场情况等因素确定的。

计算方法：首先确定一个合适的坏账准备计提比例，然后用期末应收账款的余额乘以该比例，得出应计提的坏账准备金额。例如，企业根据以往经验确定坏账准备计提比例为5%，期末应收账款余额为100万元，则本期应计提的坏账准备为5万元。

【学中做2-5】××科技有限公司主要从事电子产品的销售业务，与众多客户存在应收账款往来。公司采用应收账款余额百分比法计提坏账准备，计提比例为5%。2024年年末，公司应收账款余额为500 000元，“坏账准备”账户期初无余额。请计算应计提的坏账准备金额并编制会计分录。

【解析】

应计提坏账准备金额=500 000×5%=25 000（元）

由于“坏账准备”账户期初无余额，所以当期应计提的坏账准备就是25 000元。编制会计分录如下：

借：信用减值损失　　25 000

　贷：坏账准备　　25 000

此分录反映了公司根据应收账款余额和计提比例，预计可能发生的坏账损失，增加了坏账准备的金额，同时将该损失计入信用减值损失，影响当期利润。

❷账龄分析法是根据应收账款账龄的长短来估计坏账损失的方法。一般来说，账龄越长，应收账款收回的可能性越小，发生坏账的风险越大。

计算方法：企业将应收账款按照账龄进行分类，如0～30天、31～60天、61～90天、90天以上等，然后为每个账龄段确定相应的坏账损失率。例如，0～30天账龄段的坏账损失率为1%，31～60天账龄段的坏账损失率为3%等。最后，用每个账龄段的应收账款余额乘以相应的坏账损失率，再将各账龄段计算出的坏账损失金额相加，得出应计提的坏账准备总额。

【学中做2-6】××贸易有限公司从事服装批发业务，2024年年末对应收账款进行账龄分析，相关数据见表2-1：

表2-1　**2024年年末应收账款账龄分析表**

账龄段	应收账款余额（元）	坏账损失率
0～30天	300 000	1%
31～60天	200 000	3%
61～90天	100 000	5%
90天以上	50 000	10%

请计算应计提的坏账准备金额并编制会计分录。

【解析】各账龄段应计提的坏账准备金额计算如下：

0～30天：300 000×1%=3 000（元）

31～60天：200 000×3%=6 000（元）

61～90天：100 000×5%=5 000（元）

90天以上：50 000×10%=5 000（元）

应计提的坏账准备总额= 3 000+6 000+5 000+5 000=19 000（元）

假设"坏账准备"账户期初无余额，编制会计分录如下：

借：信用减值损失　　19 000

　　贷：坏账准备　　19 000

❸销货百分比法是以赊销金额的一定百分比来估计坏账损失的方法。它是根据企业过去的经验，确定一个合理的坏账损失百分比，然后用当期的赊销金额乘以该百分比来计算本期应计提的坏账准备。

计算方法：假设企业确定的坏账损失百分比为2%，本期赊销金额为200万元，则本期应计提的坏账准备为4万元。

【学中做2-7】××家具制造公司主要采用赊销方式销售产品。根据以往经验，确定坏账损失百分比为1.5%。2024年度公司赊销金额为800 000元。请计算应计提的坏账准备金额并编制会计分录。

【解析】应计提的坏账准备金额=800 000×1.5%=12 000（元）

假设"坏账准备"账户期初无余额，编制会计分录如下：

借：信用减值损失　　12 000

　　贷：坏账准备　　12 000

❹个别认定法是指对每一笔应收账款进行单独分析，根据其特定情况来确定是否可能发生坏账以及坏账的金额。这种方法需要对每一笔应收账款的债务人的财务状况、经营情况、信用记录等进行详细调查和评估。

计算方法：针对每一笔应收账款，根据对债务人的具体评估情况来确定坏账损失金额。

【学中做2-8】××软件公司有两笔重要的应收账款。其中对A公司的应收账款为60 000元，经调查，A公司经营状况良好，信用记录优秀，预计能够全额收回；对B公司的应收账款为80 000元，B公司近期因资金链断裂，陷入财务困境，经评估预计只能收回30 000元，则对B公司这笔应收账款应确认的坏账损失为50 000元。请编制会计分录。

【解析】编制会计分录如下：

借：信用减值损失　　50 000

　　贷：坏账准备　　50 000

（二）任务要领

在企业的日常经营中，应收账款面临着无法收回的风险，为了更准确地反映企业的财务状况，企业通常采用备抵法来核算应收账款减值损失。备抵法的核心是提前估计可能发生的坏账损失，计入当期损益，同时建立坏账准备。

1.选择计提方法与确定计提比例

在采用备抵法计提坏账准备时，企业首先要合理选择计提方法，常见的有应收账款余额百分比法、账龄分析法等。并根据企业的历史经验、客户信用状况和市场环境等因素，确定合适的计提比例。

【做中学2-34】××公司采用余额百分比法计提坏账准备，根据以往经验，确定坏账准备的计提比例为5%。年末应收账款余额为200 000元。请计算应计提坏账准备金额。

【解析】年末应计提的坏账准备金额=200 000×5% =10 000（元）

2.计提坏账准备的账务处理要点

当企业根据选定的方法和比例计算出应计提的坏账准备后，应进行相应的账务处理。计提坏账准备时，借记"信用减值损失"科目，贷记"坏账准备"科目。

【做中学2-35】承【做中学2-34】，请编制××公司计提坏账准备的会计分录。

【解析】编制会计分录如下：

借：信用减值损失　　10 000

　贷：坏账准备　　10 000

这一步账务处理的意义在于，将预计的坏账损失计入当期损益，使企业的利润表更准确地反映经营成果，同时在资产负债表中通过“坏账准备”抵减“应收账款”，以反映应收账款实际的可收回金额。

3.实际发生坏账时的账务处理要点

当有客观证据表明应收账款确实无法收回时，即实际发生坏账，企业应冲减已计提的坏账准备和相应的应收账款。此时，借记“坏账准备”科目，贷记“应收账款”科目。

【做中学2-36】甲企业发现有一笔应收账款3 000元，因客户破产无法收回，经批准作为坏账损失处理。请作相关账务处理。

借：坏账准备　　3 000

　贷：应收账款　　3 000

这笔账务处理表明，企业已经确认该笔应收账款无法收回，通过减少“坏账准备”和“应收账款”，准确反映了企业资产的减少。

4.已确认并转销的坏账又收回的账务处理要点

如果已确认并转销的坏账以后又收回，企业应先恢复应收账款的账面价值，借记“应收账款”科目，贷记“坏账准备”科目；同时，借记“银行存款”科目，贷记“应收账款”科目。

【做中学2-37】承【做中学2-36】，后来甲企业又收到该客户偿还的3 000元欠款。请做出相应的账务处理。

（1）恢复应收账款账面价值

借：应收账款　　3 000

　贷：坏账准备　　3 000

这一步的目的是将之前核销的应收账款重新在账面上体现，同时增加坏账准备的金额。

（2）记录收款

借：银行存款　　3 000

　贷：应收账款　　3 000

通过这两步账务处理，完整地记录了已核销坏账又收回的过程，既反映了企业资产的增加，又保证了坏账准备和应收账款的账务记录准确无误。

综上所述，应收账款减值的账务处理要点涵盖了计提、实际发生坏账以及已核销坏账收回等多个环节，企业需要严格按照规定进行账务处理，以准确反映应收账款的真实价值和企业的财务状况。

三、任务实施

步骤1：计算对B建筑工程公司应收账款应计提的坏账准备并进行账务处理

（1）计算应计提的坏账准备金额：

账龄0～30天部分应计提坏账准备=300 000×1% = 3 000（元）

账龄31～60天部分应计提坏账准备=500 000×3% = 15 000（元）

账龄61～90天部分应计提坏账准备=400 000×5% = 20 000（元）

账龄90天以上部分应计提坏账准备=300 000×10% = 30 000（元）

应计提的坏账准备总额 = 3 000 + 15 000 + 20 000 + 30 000 = 68 000（元）

（2）计提坏账准备的账务处理：

计提坏账准备时，根据备抵法，借记“信用减值损失——应收账款减值损失”科目，贷记“坏账准备——应收账款（B建筑工程公司）”科目。会计分录如下：

借：信用减值损失——应收账款减值损失　　68 000

贷：坏账准备——应收账款（B建筑工程公司） 68 000

此账务处理将预计的坏账损失计入当期损益，在利润表中体现为费用增加，同时在资产负债表中，“坏账准备”作为“应收账款”的备抵科目，抵减了与B建筑工程公司应收账款的账面价值，使财务报表能更准确反映该笔应收账款的可收回金额，符合会计核算谨慎性原则，为公司财务决策提供可靠依据。

步骤2：计算其他中小客户应收账款应计提的坏账准备并做出账务处理

（1）计算应计提的坏账准备金额：

其他中小客户应收账款余额为80万元，坏账准备计提比例为4%。

应计提的坏账准备金额=800 000×4% = 32 000（元）

（2）计提坏账准备，会计分录为：

借：信用减值损失——应收账款减值损失 32 000

贷：坏账准备——应收账款（其他中小客户） 32 000

这一账务处理将预估的坏账损失计入当期损益，调整了利润表，同时在资产负债表中合理抵减了其他中小客户应收账款的账面价值，有助于公司准确把握资产状况，合理评估财务风险。

步骤3：收回已确认坏账损失的账务处理

（1）收回C建材经销商已确认坏账损失的5万元账款时，恢复应收账款账面价值。根据备抵法，会计分录如下：

借：应收账款——C建材经销商 50 000

贷：坏账准备——应收账款（C建材经销商） 50 000

（2）实际收到款项时，会计分录如下：

借：银行存款 50 000

贷：应收账款——C建材经销商 50 000

以上账务处理完整记录了已核销坏账又收回的过程。恢复应收账款账面价值，保证了账务记录的完整性；记录收款反映了公司货币资金的增加，同时调整了坏账准备金额，确保财务数据准确一致，为公司财务分析提供了准确信息。

2.6 课证融通练习题

【职业课堂】深度把控应收及预付款项管理，保障企业资金安全与高效流转

在一家快速扩张的电子科技企业中，随着业务的拓展，市场竞争愈发激烈。为了扩大销售份额，企业采用赊销的方式向客户提供产品，同时在采购原材料等环节也会预先支付部分款项，应收及预付款项的管理变得至关重要。财务经理王强负责这部分业务。

在应收账款方面，客户群体多样，付款期限和信用状况各不相同，有的客户还会提出特殊的付款条件。王强带领团队详细梳理了每一笔应收账款，根据客户的信用评级制定不同的催收策略。对于信用良好但偶尔延迟付款的客户，以友好的方式提醒；对于信用较差的客户，则加强跟进力度；同时，准确预估应收账款可能发生的坏账损失，合理计提坏账准备。

在预付款项管理上，企业为了确保原材料的稳定供应，往往会提前向供应商支付部分货款。王强要求团队严格审核采购合同，跟踪预付款项的使用情况，确保供应商按约履行合同。当供应商出现交付延迟或质量问题时，及时与相关部门沟通，协商解决方案，最大程度减少企业损失。

为保证数据的准确性和及时性，每一笔应收及预付款项业务都经过仔细核对，建立了完善的跟踪台账。在与客户和供应商的沟通中，王强始终保持真诚和专业，及时反馈企业的需求和问题，积极协商解决分歧。

最终，王强团队通过有效的应收及预付款项管理，加速了企业的资金回笼，合理安排了资金的使用，为企业的持续发展提供了有力的财务支持。

请思考：在应收及预付款项管理业务中会计人员应具备何种素养？

【解析】会计人员在应收及预付款项管理中，需要具备专业素养，能够准确核算各项业务，合理预估坏账损失，熟悉采购和销售合同条款；同时要有较强的沟通能力，在与客户、供应商沟通时，清晰表达企业诉求，积极协商；还要具备风险意识，提前预判可能出现的账款回收风险和预付损失风险，制定应对策略；并且要保持严谨细致的工作态度，认真核对每一笔业务数据，建立完善的管理台账，以保障企业资金的安全和有效运转。

项目小结

在企业财务报表中，应收及预付款项是重要的流动资产项目，其核算与管理影响企业资金周转和财务状况。一般情况下应收票据不论是否带息，均按票面价值入账。带息应收票据应于期末按票面价值和确定的利率计提利息。应收票据可以背书转让和贴现。应收款项应按实际发生的金额入账。应收账款、应收票据等应收款项，源于销售商品或提供劳务，企业应合理确认计量，采用备抵法计提坏账准备以应对可能的坏账风险。预付账款是为获取商品或劳务预先支付的款项，企业须关注交易进展，确保款项合理使用。应收股利和应收利息分别核算应收取的股利与利息。其他应收款包含多种应收暂付款项，应明确范围准确核算。应收款项减值核算通过合理估计减值损失，保证资产价值计量的准确性。企业应加强对应收及预付款项的监控与分析，准确核算，防范坏账风险，保障资产安全，提高资金使用效率。

技能锤炼

业务处理题（一）

江苏瑞兴科技有限公司（简称“瑞兴公司”）为增值税一般纳税人，部分应收票据业务如下：

（1）2024年8月31日销售一批商品给B单位，销售价款为350 000元，增值税税额为45 500元，商品已发出。根据双方合同约定，B单位交付一张票面金额为395 500元、期限4个月、票面利率5%的商业承兑汇票。

（2）2024年11月30日，瑞兴公司对该带息商业承兑汇票进行计息。

（3）2024年12月31日，商业承兑汇票到期，B单位无款支付，转为应收账款。

（4）2024年10月31日，瑞兴公司持上述票面金额为395 500元、期限4个月、票面利率5%的商业承兑汇票到银行申请贴现，贴现利率7%，贴现所得款项存入银行。

要求：（1）根据上述（1）-（3）业务，编制瑞兴公司有关会计分录。

（2）根据上述（4）业务，编制商业汇票贴现的会计分录。

业务处理题（二）

广东启新科技有限公司采用余额百分比法计提坏账准备，2024年11月初，各类应收款项科目借方余额合计2 800 000元，“坏账准备”科目贷方余额为140 000元。11月发生如下应收款业务：

（1）“其他应收款——创智公司”800 000元确认为坏账，按规定程序予以转销。

（2）上年度已作为坏账核销的“应收账款——联科公司”603 000元重新收回。

（3）除上述两笔有关应收款业务外，本月其余应收款共增加1 900 000元，收回1 600 000元。资产负债表日，要求按照5%计提坏账准备。

要求：（1）根据业务资料，编制业务（1）和业务（2）的会计分录。

（2）根据业务资料，编制该公司年末坏账准备计提的会计分录（列出必要计算步骤）。

业务处理题（三）

2024年5月1日，广东瑞达科技有限公司（简称“瑞达公司”）向东江公司租入一批办公设备，租赁期1个月，通过网上银行支付押金3 000元。

（1）假设6月1日，瑞达公司归还办公设备，押金全款退回。

（2）假设6月1日，瑞达公司无法归还办公设备，押金被全额没收。

要求：请编制瑞达公司支付押金、押金全款退回、押金被全额没收业务的会计分录。

项目综合评价

项目二综合评价参考表见表2-2：

表2-2 项目二综合评价参考表

项目名称	应收及预付款项的核算		
评价内容		学生自评（50%）	教师评价（50%）
素养目标	1.树立法治观念，财务核算严守道德与法律底线（5分）		
	2.遵循会计准则，养成严谨的职业态度（5分）		
	3.重视应收及预付款项风险评估与防范（5分）		
知识目标	1.熟悉应收票据分类及核算方法，了解票据贴现含义（10分）		
	2.理解应收账款的确认、入账价值及核算方法（10分）		
	3.掌握预付账款的内容及核算方法（10分）		
	4.了解应收股利和应收利息的内容及核算方法（5分）		
	5.明确其他应收款的内容及核算方法（5分）		
	6.掌握应收款项减值核算，以及坏账准备的核算方法（5分）		
技能目标	1.能准确识别应收票据，合理判断贴现时机与方式，计算贴现息与净额（10分）		
	2.能熟练地进行应收账款的核算（10分）		
	3.能熟练地进行预付账款的核算（5分）		
	4.能熟练地进行应收股利和应收利息的核算（5分）		
	5.能熟练地进行其他应收款的核算（5分）		
	6.能熟练地进行其应收账款减值的核算（5分）		
项目评价成绩（100分）			
项目综合评价： 教师签名： 日期：			

项目三　存货的核算

素养目标

1. 培育严谨细致的态度，树立对存货核算高度负责的职业精神。
2. 增强交流沟通，培养合作意识，共同突破存货核算难关。
3. 激发主动求知欲，鼓励创新思维，开拓存货核算全新视角。

知识目标

1. 理解存货的概念、特征及分类，构建存货知识体系。
2. 掌握原材料核算方法，熟知账务处理流程。
3. 掌握周转材料的摊销方法及核算要点，明确账务处理流程。
4. 掌握委托加工物资成本构成及核算步骤，明确账务处理流程。
5. 掌握库存商品核算方法，熟知账务处理流程。
6. 熟悉存货清查流程及减值核算原理，熟知账务处理流程。

技能目标

1. 能够熟练处理各类存货账务，确保凭证编制无误。
2. 能够运用成本核算方法，合理选择计价方式，为企业决策提供依据。
3. 能够掌握存货清查实操，准确判断并处理盘盈、盘亏及减值情况。

项目导图

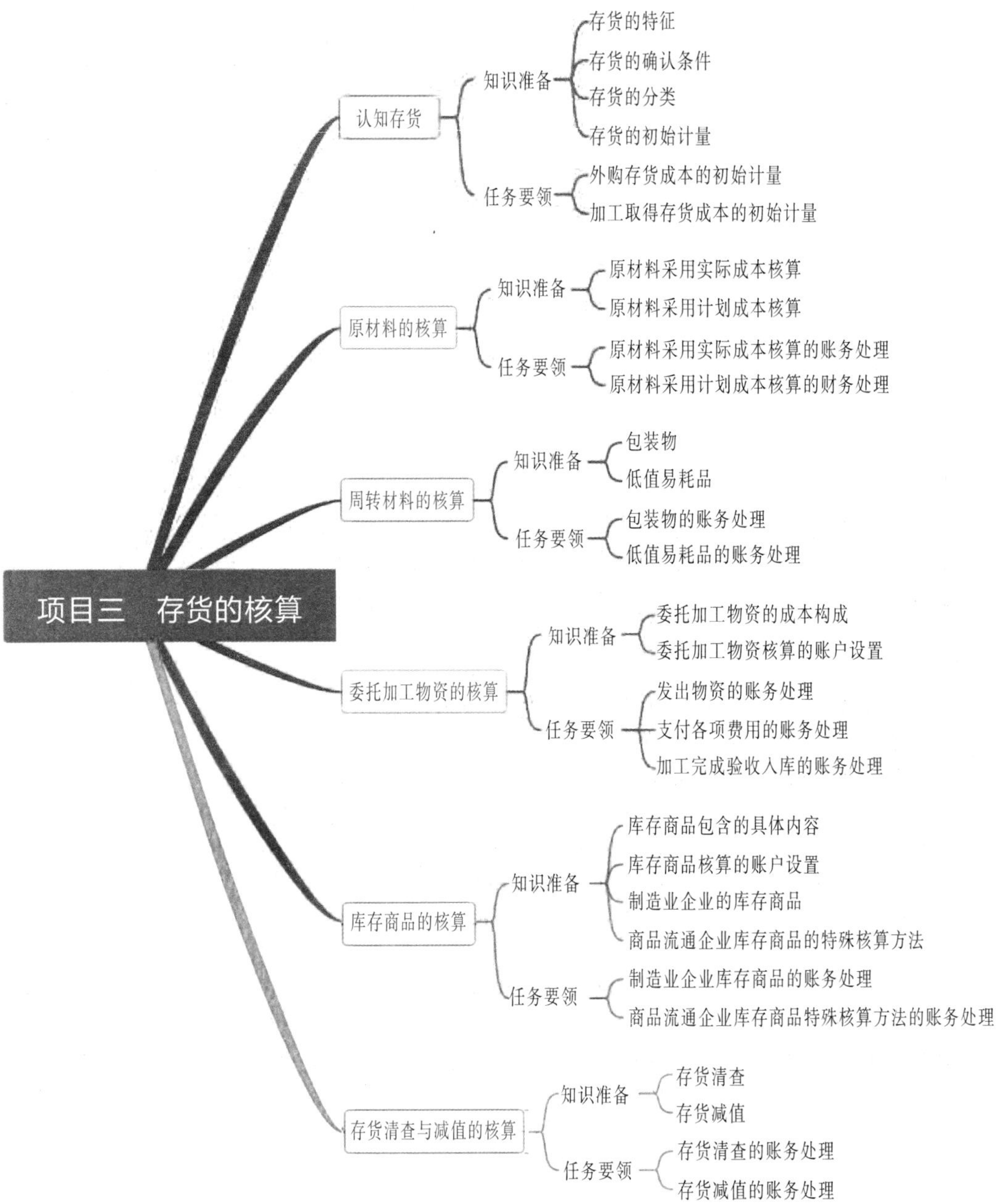

项目三 存货的核算

- 认知存货
  - 知识准备
    - 存货的特征
    - 存货的确认条件
    - 存货的分类
    - 存货的初始计量
  - 任务要领
    - 外购存货成本的初始计量
    - 加工取得存货成本的初始计量
- 原材料的核算
  - 知识准备
    - 原材料采用实际成本核算
    - 原材料采用计划成本核算
  - 任务要领
    - 原材料采用实际成本核算的账务处理
    - 原材料采用计划成本核算的财务处理
- 周转材料的核算
  - 知识准备
    - 包装物
    - 低值易耗品
  - 任务要领
    - 包装物的账务处理
    - 低值易耗品的账务处理
- 委托加工物资的核算
  - 知识准备
    - 委托加工物资的成本构成
    - 委托加工物资核算的账户设置
  - 任务要领
    - 发出物资的账务处理
    - 支付各项费用的账务处理
    - 加工完成验收入库的账务处理
- 库存商品的核算
  - 知识准备
    - 库存商品包含的具体内容
    - 库存商品核算的账户设置
    - 制造业企业的库存商品
    - 商品流通企业库存商品的特殊核算方法
  - 任务要领
    - 制造业企业库存商品的账务处理
    - 商品流通企业库存商品特殊核算方法的账务处理
- 存货清查与减值的核算
  - 知识准备
    - 存货清查
    - 存货减值
  - 任务要领
    - 存货清查的账务处理
    - 存货减值的账务处理

价值引领

新疆自贸试验区首笔存货质押贷款落地

1月1日，中国农业银行新疆自由贸易试验区乌鲁木齐经济技术开发区支行成功为新疆红圣彤彩印包装有限公司投放新疆自贸试验区首笔存货质押贷款，这标志着新疆自贸试验区金融服务创新又探索出新模式。

存货质押贷款是指融资企业将自有的原材料、半成品、产成品等库存货物存入物流机构仓库，并以物流机构出具的仓单或直接利用存货为质押物，从金融机构融资的方式。物流机构在质押期间对质押物承担监管和赔偿责任。存货质押贷款可以有效解决中小企业的融资难题，提高其资金周转率和市场竞争力。

新年伊始是节日包装需求旺季，也是新疆红圣彤彩印包装有限公司的生产旺季。为确保节日供应，该公司需要大量周转资金生产包装纸箱，但公司无法提供房产等传统抵、质押物作为融资担保。

面对企业融资难题，农业银行乌鲁木齐分行协同下辖新疆自由贸易试验区乌鲁木齐经济技术开发区支行，以新疆自贸试验区内的乌鲁木齐综保区恒盛国际物流有限公司为监管人，依据新疆红圣彤彩印包装有限公司经营状况、库存商品价值为其核定授信额度并办理了存货质押贷款，有效缓解了企业资金短缺问题，确保企业能及时交付产品，满足市场需求。

资料来源：冉虎.新疆自贸试验区首笔存货质押贷款落地［EB/OL］.［2025-01-02］. https：//article.xuexi.cn/articles/index.html？ art_id=14388187675523377058&t=1735809662115&showmenu=false&cdn=https% 3A% 2F% 2Fregion-xinjiang-resource&study_style_id=feeds_opaque&source=share&share_to=dd&item_id14388187675523377058&ref_read_id=77efac0d-6450-4ded-8856-722f9372395e_1737612956378.

请思考：作为一名财务人员，怎样看待存货质押贷款这种融资方式？

【解析】存货质押贷款能够盘活企业库存，让存货转化为现金流，解决中小企业融资难的问题，例如新疆红圣彤彩印包装公司借此渡过旺季资金难关，同时还能优化资金周转，降低融资成本。在财务核算方面，须精准核算存货价值与贷款利息，关注存货状况并及时调整账务，还要考虑存货价值波动，确保财务数据准确、风险可控。

任务一　认知存货

一、任务情景

（一）任务场景

远智公司是一家深耕电子产品制造领域的企业，凭借其卓越的技术研发和产品质量，在激烈的市场竞争中占据了一席之地。随着5G技术的普及和消费者对智能穿戴设备需求的井喷式增长，公司敏锐捕捉到市场机遇，成功与一家知名科技品牌达成合作，承接了一批智能手环的生产订单。为确保产品性能达到行业领先水平，公司决定采购高品质的原材料并投入生产。

2月1日，公司从长期稳定合作的供应商处采购了一批特种铝合金材料。这种特种铝合金材料具有质量轻、强度高、散热性能好等特性，能够完美满足智能手环对材料轻量化、坚固耐用以及良好散热性能的严苛要求。原材料购买价格为3 000 000元，取得的增值税专用发票上注明税额为390 000元。由于供应商地处外地，为保障原材料能够按时、安全送达公司，公司委托专业的运输公司进行运输，发生运输费用20 000元，取得的运输公司增值税专用发票上注明税额为1 800元。在原材料抵达公司仓库的过程中，发生装卸费10 000元，保险费5 000元，这些费用的支出都是为了确保原材料在运输和装卸过程中不受损坏，完整地进入公司仓库，为后续生产提供可靠保障。

供应商为了加快资金回笼，同时激励公司尽早付款，特别约定了付款条件为“2/10，N/30”，现金折扣仅适用于不含税金额部分。公司基于自身的资金运营状况和成本效益分析，考虑到资金的时间价值以及与供应商长期合作的良好关系，决定在第8天支付款项，以获取2%的现金折扣。

在成功采购原材料后，公司迅速组织生产力量，将这批特种铝合金加工为智能手环。在加工过程中，为确保产品质量达到行业顶尖标准，严格把控生产流程，发生人工成本600 000元，制造费用350 000元，其中制造费用涵盖了生产设备的折旧费用、生产车间的水电费以及其他与生产直接相关的费用等。

（二）任务布置

1. 采购成本的计算对于企业成本核算至关重要，请依据实际业务发生情况，明确采购成本包含的具体费用，计算该批原材料的采购成本。

2. 在购入原材料时，应当准确记录原材料的入账价值。在支付货款时，须考虑现金折扣的处理，正确反映公司因提前付款获得的现金折扣收益。请完整、规范地编制购入原材料和支付货款时的会计分录，并解释会计账户的使用原因，帮助理解账务处理背后的财务逻辑。

3.产品加工成本是衡量产品生产过程中投入的重要指标，请明确产品加工成本涵盖的具体内容，计算产品的加工成本。并在此基础上，计算产品的加工成本以及最终的总存货成本。同时，请阐述存货成本在财务报表中的体现方式。

二、任务准备

（一）知识准备

存货，指企业在日常活动中持有以备出售的产成品或商品、处在生产过程中的在产品、在生产过程或提供劳务过程中耗用的材料和物料等。存货质量高低、周转快慢直接影响甚至决定企业的盈利能力、偿债能力和资金周转效率乃至企业经营的成败。

动画 2 认识了解存货

1.存货的特征

（1）存货是有形资产

存货是各类具有物质实体的材料物资，包括原材料、在产品、产成品及商品、周转材料等。

（2）存货具有较强的流动性

存货通常都会在一年或超过一年的一个营业周期内被销售或耗用，并不断地被重置，具有较强的变现能力和较强的流动性，属于流动资产。

（3）存货持有的最终目的是出售

存货出售既有直接出售又有经过进一步加工后出售，如准备在正常经营过程中出售的商品、产成品等，仍处在生产过程中、待制成产成品后再出售的在产品、半成品等，以及将在生产过程或提供劳务过程中被耗用的材料和物料、周转材料等。

（4）存货具有价值损耗的风险性

存货可能会因市场价格波动、供需关系变化、技术进步导致的替代产品出现等而贬值，或者因自然灾害、盗窃等意外事件而损失，因此存货的持有伴随着一定的风险。

2.存货的确认条件

根据《企业会计准则第1号——存货》的规定，存货同时满足下列两个条件，才能予以确认：一是与该存货有关的经济利益很可能流入企业；二是该存货的成本能够可靠地计量。

（1）与该存货有关的经济利益很可能流入企业

某一项目能否被视为企业资产，关键在于其预期是否能为企业带来经济利益。而判断存货包含的经济利益是否很可能流入企业的一个重要标志是存货的所有权。

（2）该存货的成本能够可靠地计量

资产确认的一项基本条件是成本能够可靠地计量。存货作为资产的重要组成部分，在确认时也必须符合这一条件。成本能够可靠地计量，是指成本的计量必须以取得的确凿、可靠的证据为依据，并且具有可验证性。如企业承诺购买但尚未实际购买的货物，无法取得证实其成本的确凿、可靠的证据，则不能确认为购买企业的存货。

【学中做3-1】在售后回购交易中，购货方能否将所购商品确认为存货？

【解析】在售后回购交易中，销货方在销售商品时，商品的所有权已经转移给了购货方，但按照合同约定，销货方将来需要购回其所售商品，因此购货方并没有真正取得对商品的控制权，交易的实质是购货方向销货方租赁资产，或销货方以商品为质押向购货方融通资金，购货方不应将所购商品确认为存货。

3.存货的分类

企业所处的行业不同，持有的存货也有所不同。为了加强存货的管理，提供有用的会计信息，应当对存货进行适当的分类。存货主要包括以下类别：

（1）原材料

原材料是指企业在生产过程中经加工改变其形态或性质并构成产品主要实体的各种原料及主要材料、辅助材料、外购半成品（外购件）、修理用备件（备品备件）、包装材料、燃料等。为建造固定资产等各项工程而储备的各种材料，虽然同属于材料，但由于用于建造固定资产等各项工程，不符合存货的定义，因此不能作为企业的存货进行核算。

（2）在产品

在产品是指企业正在制造尚未完工的产品，包括正在各个生产工序加工的产品和已加工完毕但尚未检验或已检验但尚未办理入库手续的产品。

（3）半成品

半成品是指经过一定生产过程并已检验合格交付半成品仓库保管，但尚未制造完工成为产成品，仍需进一步加工的中间产品。

（4）产成品

产成品是指工业企业已经完成全部生产过程并验收入库，可以按照合同规定的条件送交订货单位，或者可以作为商品对外销售的产品。企业接受外来原材料加工制造的代制品和为外单位加工修理的代修品，制造和修理完成验收入库后，应视同企业的产成品。

（5）商品

商品是指商品流通企业外购或委托加工完成验收入库用于销售的各种商品。

（6）周转材料

周转材料是指企业能够多次使用，但不符合固定资产定义的材料，如为了包装本企业商品而储备的各种包装物，各种工具、管理用具以及在经营过程中周转使用的容器等低值易耗品等。

（7）委托代销商品

委托代销商品是指企业委托其他单位代销的商品。

【学中做3-2】存货还有其他的分类方式吗?

【解析】如果将存货按取得方式进行分类，可分为外购取得的存货、加工制造取得的存货（含委托外单位加工的存货）和其他方式取得的存货（如投资者投入、接受捐赠、通过债务重组取得、盘盈取得等）。如果将存货按照存放地点进行分类，可分为在途存货、在库存货、在制存货和在售存货。

4.存货的初始计量

企业取得存货应当按照成本进行计量。存货成本包括采购成本、加工成本和使存货达到目前场所和状态所发生的其他成本三个组成部分。企业存货由于取得方式不同，其成本构成也有所不同。

（1）外购存货的成本

企业的外购存货主要包括原材料和商品。存货的采购成本，包括购买价款、相关税费、运输费、装卸费、保险费以及其他可归属于存货采购成本的费用。

❶ 购买价款，指企业购入的材料或商品的发票账单上列明的价款，但不包括按照规定可以抵扣的增值税进项税额。

❷ 相关税费，指企业购买存货发生的进口关税、消费税、资源税和不能抵扣的增值税进项税额以及相应的教育费附加等应计入存货采购成本的税费。

❸ 其他可归属于存货采购成本的费用，指采购成本中除上述各项以外的可归属于存货采购的费用，如在存货采购过程中发生的仓储费、包装费、运输途中的合理损耗、入库前的挑选整理费用等。其中，运输途中的合理损耗，是指商品在运输过程中，因商品性质、自然条件及技术设备等因素，所发生的自然的或不可避免的损耗。

❹ 商品流通企业在采购商品过程中发生的运输费、装卸费、保险费以及其他可归属于存货采购成本的费用等进货费用，应当计入所购商品成本。

（2）加工取得存货的成本

企业通过进一步加工取得的存货，主要包括产成品、在产品、半成品、委托加工物资等，其成本由采购成本、加工成本构成。加工取得存货的成本中采购成本是由所使用或消耗的原材料采购成本转移而来的，因此，计量加工取得的存货成本，重点是要确定存货的加工成本。存货的加工成本是指在存货的加工过程中发生的追加费用，包括直接人工以及按照一定方法分配的制造费用。

❶ 直接人工，指企业在生产产品过程中，直接从事产品生产的工人的职工薪酬。直接人工和间接人工的划分依据通常是生产工人是否与所生产的产品直接相关（即可否直接确定其服务的产品对象）。

❷ 制造费用，指企业为生产产品和提供劳务而发生的各项间接费用。制造费用是一项间接生产成本，包括企业生产部门（如生产车间）管理人员的职工薪酬、折旧费、办公费、水电费、机物料消耗、劳动保护费、车间固定资产的修理费用、季节性和修理期间的停工损失等。

企业委托外单位加工完成的存货，包括加工后的原材料、包装物、低值易耗品、半成品、产成品等，其成本包括实际耗用的原材料或者半成品、加工费、装卸费、保险费、委托加工的往返运输费等费用以及按规定应计入存货成本的税费。

（3）接受投资者投入的存货

投资者投入存货的成本，应当按照投资合同或协议约定的价值确定，但合同或协议约定价值不公允的除外。在投资合同或协议约定价值不公允的情况下，以该项存货的公允价值作为其入账价值。

（4）接受捐赠的存货

如果捐赠方提供了有关发票，以发票上注明的金额加上支付的相关税费（不包含准予抵扣的进项税额）作为实际成本；如果捐赠方未提供有关发票，则以其市价或同类、类似存货的市场价格的估计金额，加上支付的相关税费（不包含准予抵扣的进项税额）作为实际成本。

（5）盘盈存货的成本

盘盈的存货应以其重置成本作为入账价值，并通过“待处理财产损溢”科目进行账务处理，按管理权限报经批准后，冲减当期管理费用。

（二）任务要领

1.外购存货成本的初始计量

❶外购存货成本的确认

外购存货的成本是指存货从采购到入库前所发生的全部支出，即采购成本，一般包括购买价款、相关税费、运输费、装卸费、保险费以及其他可归属于存货采购成本的费用。

【做中学3-1】某企业为增值税一般纳税人，适用的增值税税率为13%。本月从供应商处购入一批原材料，用于生产产品。取得的增值税专用发票上注明的价款为20 000元，增值税税额为2 600元；支付运输费用1 090元（含税，税额为90元），已取得运输公司开具的增值税专用发票；购入过程中发生装卸费800元，保险费400元。原材料已验收入库，且运输过程中未发生任何损耗。请计算该批原材料的采购成本。

【解析】原材料采购成本=20 000+1 000+800+400=22 200（元）

❷运输途中发生合理损耗

运输途中的合理损耗，是指商品在运输过程中，因商品性质、自然条件及技术设备等因素，所发生的自然的或不可避免的损耗。应当属于存货采购的费用。

【做中学3-2】某企业为增值税一般纳税人，本月购进原材料100千克，单价80元，货款为8 000元，增值税税额为1 040元；发生保险费350元，入库前的挑选整理费用为200元；验收入库时发现数量短缺5%，经查属于运输途中的合理损耗。请计算该批原材料的采购总成本和实际单位成本。

【解析】原材料采购总成本=8 000+350+200=8 550（元）

原材料单位成本=8 550÷［100×（1−5%）］=90（元）

2.加工取得存货成本的初始计量

加工取得的存货的成本由采购成本、加工成本构成。其中加工成本是指在存货的加工过程中发生的追加费用，包括直接人工以及按照一定方法分配的制造费用。

【做中学3-3】某制造企业本月采购了一批原材料，用于生产特定的产品。该批原材料的购买价格为10 000元（不含增值税），运输费用为800元（不含增值税）。在产品加工过程中发生人工成本4 000元，制造费用2 500元。请计算这批原材料加工成产品后的总存货成本。

【解析】原材料采购成本=10 000+800=10 800（元）

产品加工成本=4 000+2 500=6 500（元）

总存货成本=10 800+6 500=17 300（元）

三、任务实施

步骤 1：计算原材料的采购成本

原材料的采购成本，包括购买价格、运输费、装卸费和保险费等，增值税税额不计入采购成本，而是作为进项税额单独处理。在不考虑现金折扣的情况下，

原材料的采购成本=购买价格+运输费+装卸费+保险费

供应商约定的付款条件为“2/10，N/30”，由于公司在10天内付款，享受2%的现金折扣，所以实际支付的购货金额会减少。但需要注意的是，现金折扣通常是在确认应付账款时作为财务费用处理，而不是直接减少采购成本。因此，在计算采购成本时，不考虑现金折扣。

原材料的采购成本=3 000 000+20 000+10 000+5 000=3 035 000（元）

步骤 2：编制购入原材料和支付货款时的会计分录

“财务费用”核算企业为筹集生产经营所需资金等而发生的筹资费用，现金折扣可视为企业提前付款获得的理财收益。

❶购入原材料时：

借：原材料	3 035 000	
应交税费——应交增值税（进项税额）	391 800	
贷：应付账款		3 426 800

❷支付货款时：

现金折扣=3 000 000×2% =60 000（元）

实际支付金额=3 426 800−60 000=3 366 800（元）

借：应付账款	3 426 800	
贷：银行存款		3 366 800
财务费用		60 000

步骤 3：计算产品的加工成本以及最终的总存货成本

加工成本既包括在存货的加工过程中发生的追加费用，又包括直接人工以及按照一定方法分配的制造费用，即加工成本为直接人工和制造费用之和。加工后产品的总成本包括采购成本和加工成本。

加工成本=600 000+350 000=950 000（元）

总存货成本=3 035 000+950 000=3 985 000（元）

存货成本在财务报表中的体现方式：在资产负债表中，存货以成本价3 985 000元列示。存货作为企业的一项重要资产，反映了企业在生产经营过程中为销售或耗用而储备的物资价值，其金额的大小影响企业的资产结构和短期偿债能力。同时，存货成本也是计算销售成本的基础，对企业的利润计算和盈利能力分析有着重要影响。

3.1 课证融通练习题

任务二　原材料的核算

一、任务情景

（一）任务场景

星辰科技有限公司是一家专注于智能音箱制造的企业，目前智能音箱市场需求持续增长。为满足市场需求，提升产品性能，公司决定从两个不同的供应商处分别采购一批S材料，用于新产品的试生产，若试生产产品达到预期目标，再进行大批量生产。S材料是一种新型的声学

材料，具备出色的声音传导和降噪性能，非常适合用于制造智能音箱的发声组件。星辰科技有限公司采用实际成本对原材料进行核算。

3月20日，公司自供应商京慧公司处采购了一批S材料。取得的增值税专用发票上显示价款为300 000元，增值税税额为39 000元。京慧公司与星辰科技有限公司位于同一城市，为确保原材料按时、安全送达公司，公司委托专业的运输公司进行运输，取得的增值税专用发票上标明运输价款为2 000元，增值税税额为180元。在原材料抵达公司仓库的过程中，还发生了包装及装卸费用780元。相关的发票及结算单据均已收到，所有款项已通过银行存款完成支付，原材料也已通过质量检验并入库。

3月28日，公司自供应商宁维公司处采购了一批S材料。采购材料的规格、数量与从京慧公司采购的一致。目前该批材料已验收入库。月末相关发票账单尚未收到，无法确定其实际成本，暂估价值为300 000元。其他费用的发票及结算单据均已收到。

自供应商京慧公司处采购的S材料，其中一部分本月已投入生产，根据“发料凭证汇总表”的记录，3月份S材料领用情况如下：基本生产车间领用原材料60 000元，辅助生产车间领用原材料20 000元。

（二）任务布置

1. 针对3月20日公司自供应商京慧公司处采购的S材料的业务，请阐述账务处理的步骤，明确如何准确记录这笔采购业务，为企业的财务核算提供规范的操作方法。

2. 针对自供应商宁维公司处采购的S材料，月末发票账单尚未收到也无法确定其实际成本，暂估价值为30 000元的情况，说明暂估入账的会计分录编制方法，以及下月初冲回暂估分录的操作。结合公司采购S材料的业务，展示在这种特殊情况下如何进行账务处理，确保企业财务信息的准确性和及时性。

3. 按照“发料凭证汇总表”记录的3月份S材料领用情况，根据领用业务的成本归属，正确编制会计分录，展示如何准确核算原材料领用对企业成本和费用的影响，为企业成本核算和财务分析提供准确的数据支持。

二、任务准备

（一）知识准备

原材料，指企业在生产过程中经加工改变其形态或性质并构成产品主要实体的各种原料及主要材料、辅助材料、燃料、修理用备件（备品备件）、包装材料、外购半成品（外购件）等。原材料的日常收入、发出及结存可采用实际成本核算，也可采用计划成本核算。

1. 原材料采用实际成本核算

原材料采用实际成本核算，对于材料的收入、发出及结存，无论总分类核算还是明细分类核算，均按照实际成本计价，不存在成本差异的计算与结转等问题，方法简单、核算程序简便易行。但日常不能直接反映材料成本的节约或超支情况，不便于对材料等及时实施监督管理，不便于反映和考核材料物资采购、储存及其耗用等业务对经营成果的影响。因此这种方法通常适用于材料收发业务较少的企业。

（1）账户设置

原材料采用实际成本核算，须设置“原材料”“在途物资”等账户。

❶“原材料”账户

“原材料”账户属于资产类账户，核算企业库存各种材料的收入、发出与结存情况，借方登记入库材料的实际成本，贷方登记发出材料的实际成本，期末余额在借方，反映企业库存材料的实际成本。“原材料”账户可按照材料的种类、规格、保管地点等设置明细账。

❷“在途物资”账户

“在途物资”账户属于资产类账户，核算采用实际成本核算、货款已付但尚未验收入库材料或商品的采购成本，借方登记企业购入的在途物资的实际成本，贷方登记验收入库的在途物资的实际成本，期末余额在借方，反映企业在途物资的采购成本。“在途物资”账户可按照物资品种、供应单位设置明细账。

（2）取得原材料的方式

外购原材料，可能会由于采购地点远近不同、货款结算方式不同等原因，形成货款和存货验收入库不是同步完成的情形。

微课 3.1 外购原材料取得的核算

❶结算凭证与材料同时到达

结算凭证等单据与材料同时到达的采购业务。

❷结算凭证先到，材料后到

已收到结算凭证、发票，并支付货款和采购费用或已开出、承兑商业汇票，但材料尚未到达或未验收入库。

❸材料先到，结算凭证后到

材料已到达并已验收入库，但发票账单等结算凭证未到，货款尚未支付。

除外购原材料外，企业还可能通过自制原材料、委托外单位加工原材料、提供劳务取得原材料、投资者投入原材料、盘盈原材料等方式取得原材料。原材料的来源不同，其成本的构成内容也不同。除特别规定外，企业以相同方式取得的各种存货，其取得的成本计价原则应保持一致。

（3）发出原材料的计价方法

由于企业同一种原材料取得的时间、地点不同，采用实际成本核算时，发出原材料的单位成本也不同，成本的确定主要取决于采用的计价方法。根据《企业会计准则第 1 号——存货》的规定，企业应当采用先进先出法、加权平均法或者个别计价法确定发出存货的实际成本，其中加权平均法又包括移动加权平均法和月末一次加权平均法。

微课 3.2 实际成本法下原材料发出的方法

❶先进先出法

先进先出法，指以先购入的存货应先发出（销售或耗用）这样一种存货实物流转假设为前提，对发出存货进行计价。采用这种方法，先购入的存货成本在后购入存货成本之前转出，据此确定发出存货和期末存货的成本。

先进先出法可以随时结转存货发出成本，但较繁琐。存货收发业务较多，且存货单价不稳定时，其工作量较大。一般而言，经营活动受存货形态影响较大或存货容易腐烂变质的企业可采用先进先出法。

【学中做 3-3】如果企业发出原材料的计价方法采用的是先进先出法，当原材料的市场价格上升或下降时，分别对发出材料的成本、利润和库存存货价值有什么影响？

【解析】当原材料的市场价格持续上升时，期末存货成本接近于市价，而发出成本偏低，会高估企业当期利润和库存存货价值；当原材料的市场价格持续下降时，则会低估企业当期利润和库存存货价值。

❷移动加权平均法

移动加权平均法，指以每次进货的成本加上原有库存存货的成本，除以每次进货数量与原有库存存货的数量之和，据以计算加权平均单位成本，作为在下次进货前计算各次发出存货成本的依据。计算公式如下：

$$存货单位成本=\frac{原有库存存货的实际成本+本次进货的实际成本}{原有库存存货数量+本次进货数量}$$

本次发出存货成本=本次发出存货数量×本次发货前的存货单位成本

本月月末库存存货成本=月末库存存货的数量×本月月末存货单位成本

采用移动加权平均法，存货发出时，可以随时结转，能够使企业管理层及时了解存货成本的结存情况，同时存货成本核算工作可分散在平时进行，减少了月末工作量，此外一定程度上避免了任意挑选存货成本以调整当期利润的行为，计算结果较客观。但由于每次收入存货都要重新计算一次加权平均单位成本，平时计算工作量较大，对收发货较频繁的企业不适用。

❸月末一次加权平均法

月末一次加权平均法，指以当月全部进货数量加上月初存货数量作为权数，去除当月全部进货成本加上月初存货成本，计算出存货的加权平均单位成本，以此为基础计算当月发出存货成本和期末存货成本的一种方法。

$$存货单位成本=\frac{月初库存存货的实际成本+\sum(本月某批进货的实际单位成本\times本月某批进货的数量)}{月初库存存货数量+本月各批进货数量之和}$$

本月发出存货成本=本月发出存货的数量×存货单位成本

本月月末库存存货成本=月末库存存货的数量×存货单位成本

或　　=月初库存存货成本+本月收入存货成本-本月发出存货成本

采用月末一次加权平均法，只在月末一次计算加权平均单价，简化了成本计算工作，计算方法较简单，同时企业不能任意挑选进货成本以调整当期利润。但是由于平时无法从账上提供发出和结存存货的单价及金额，只有在期末才能计算出加权平均单价，从而确定发出存货成本和结存存货成本，平时无法从账上反映发出存货、结存存货的单价和金额，因此不利于对存货成本的日常管理与控制。

❹个别计价法

个别计价法，亦称个别认定法、具体辨认法、分批实际法，其特征是注重所发出存货具体项目的实物流转与成本流转之间的联系，逐一辨认各批发出存货和期末存货所属的购进批别或生产批别，分别按其购入或生产时所确定的单位成本计算各批发出存货和期末存货的成本。

采用个别计价法，成本计算比较准确、符合实际情况，但应用的前提是必须能够对发出和结存存货的批次进行具体辨认，以确认其所属的收入批次，在存货收发频繁的情况下，其发出成本分辨的工作量较大。这种方法适用于一般不能替代使用的存货、为特定项目专门购入或制造的存货以及提供的劳务，如珠宝、名画等贵重物品。

2.原材料采用计划成本核算

原材料采用计划成本核算，指企业对库存的各种原材料的收、发、存均按预先确定的计划成本在其总账和明细账中予以登记。企业须先制定各种存货的计划成本目录，规定存货的分类及各种存货的名称、规格、编号、计量单位和计划单位成本，计划单位成本在年度内一般不作调整。日常核算中，原材料收入、发出、结存均按计划成本记账，材料实际成本与计划成本的差异，通过“材料成本差异”账户核算。月末，计算本月发出材料应负担的成本差异并进行分摊，根据领用材料的用途计入相关资产的成本或者当期损益，从而将发出材料的计划成本调整为实际成本。

（1）账户设置

原材料采用计划成本核算，材料的收入、发出及结存，无论是总分类核算还是明细分类核算，均按照计划成本计价。需要设置的会计账户有“原材料”“材料采购”“材料成本差异”等。材料实际成本与计划成本的差异，通过“材料成本差异”账户核算。月末，计算本月发出材料应负担的成本差异并进行分摊，根据领用材料的用途计入相关资产的成本或者当期损益，从而将发出材料的计划成本调整为实际成本。

❶“原材料”账户

“原材料”账户，借方登记入库材料的计划成本，贷方登记发出材料的计划成本，期末余额在借方，反映企业库存材料的计划成本。本账户可按照材料的保管地点、类别、品种和规格设置明细账。

❷“材料采购”账户

“材料采购”账户属于资产类账户，借方登记采购材料的实际成本，贷方登记入库材料的计划成本。借方金额大于贷方金额表示超支，从“材料采购”科目贷方转入“材料成本差异”科目的借方；贷方金额大于借方金额表示节约，从“材料采购”科目借方转入“材料成本差异”科目的贷方；期末余额在借方，反映企业在途材料的实际采购成本。本账户可按照供货单位及存货类别设置明细账。

❸“材料成本差异”账户

“材料成本差异”账户，反映企业已入库各种材料的实际成本与计划成本的差异，借方登记超支差异及发出材料应负担的节约差异，贷方登记节约差异及发出材料应负担的超支差异。期末余额在借方，反映企业库存材料的实际成本大于计划成本的差异（即超支差异）；期末余额在贷方，反映企业库存材料实际成本小于计划成本的差异（即节约差异）。该账户可以按照类别或品种设置明细账户进行明细核算，其口径应同材料采购明细账户一致。企业也可以不设置“材料成本差异”科目，而是在“原材料”“周转材料”等科目下设置“成本差异”明细科目。

（2）取得原材料的方式

同采用实际成本核算相同，原材料采用计划成本核算时，材料的来源不同，其成本的构成也不同，如外购原材料、委托外单位加工原材料、投资者投入原材料等，要根据来源、采用的结算方式等不同情况进行相应账务处理。

（3）发出原材料的核算

原材料采用计划成本核算，在材料发出时不需要计算发出材料单位成本，只需按事先制定的计划单位成本乘以发出材料数量来计算发出材料的计划成本。但月末需要将发出材料的计划成本调整为实际成本，即将材料成本差异额在发出材料和结存材料之间进行分配，计算出发出材料应负担的成本差异。因此，原材料采用计划成本核算，在日常发出材料时核算主要分两步：一是根据材料领用部门和用途，结转发出材料的计划成本；二是计算发出材料应负担的成本差异，即根据材料成本差异率将发出材料的计划成本调整为实际成本。相关计算公式如下：

$$材料成本差异率=\frac{月初结存材料的成本差异+本月验收入库材料的成本差异}{月初结存材料的计划成本+本月验收入库材料的计划成本}\times100\%$$

发出材料应负担的成本差异=本月发出材料的计划成本×材料成本差异率

发出材料的实际成本=发出材料的计划成本±发出材料应负担的成本差异

结存材料应分摊的成本差异=结存材料的计划成本×材料成本差异率

结存材料的实际成本=结存材料的计划成本±结存材料应分摊的成本差异

上述公式中本月验收入库原材料的计划成本不包括暂估入账原材料的计划成本。其中，材料成本差异超支额应用正号（+）表示，节约额应用负号（-）表示。

一般来说，发出材料应负担的材料成本差异，须按月分摊，不得按季分摊或在年末一次分摊。

【学中做3-4】如果企业的原材料采用计划成本核算，在计算发出材料应负担的成本差异时，是否必须采用当月的实际差异率？

【解析】一般来说，除委托外单位加工发出材料可按上月的材料成本差异率计算外，均应使用当月的实际差异率；但如果企业的材料成本差异率各期之间比较均衡，月初成本差异率与本期成本差异率相差不大，也可采用期初材料成本差异率分摊本期的材料成本差异。计算公式如下：

期初材料成本差异率=期初结存材料的成本差异÷期初结存材料的计划成本×100%

发出材料应负担的成本差异=发出材料的计划成本×期初材料成本差异率

（二）任务要领

1.原材料采用实际成本核算的账务处理

（1）外购原材料的账务处理要点

❶结算凭证与材料同时到达

结算凭证与材料同时到达，是指结算凭证等单据与材料同时到达的采购业务。企业在支付货款或开出商业承兑汇票，同时材料验收入库后，应根据结算凭证、发票、账单和收料单等确定材料成本，借记“原材料”账户，根据取得的增值税专用发票上注明的增值税税额，借记“应交税费——应交增值税（进项税额）”账户，按照实际支付的款项，贷记“银行存款”“应付票据”“其他货币资金”等账户。按实际成本计价核算的原材料，在结算凭证与材料同时到达的情况下，由于购进的同时原材料验收入库，因此，不需要通过“在途物资”账户来核算购进的原材料。

小规模纳税人或购入物资不能取得增值税专用发票的企业购入原材料时，按购入原材料应支付的金额，借记“原材料”账户，贷记“银行存款”“应付账款”“应付票据”等账户。

【做中学3-4】某企业采购一批原材料，增值税专用发票上注明的价款为45 000元，增值税税额为5 850元（税率为13%），全部款项已通过银行转账方式支付，且材料已经过验收并入库。请作账务处理。

【解析】账务处理如下：

借：原材料　45 000
　　应交税费——应交增值税（进项税额）　5 850
　贷：银行存款　50 850

【做中学3-5】某企业为增值税一般纳税人，采用实际成本进行原材料日常核算。该企业持银行汇票21 696元购入原材料一批，增值税专用发票上注明的价款为19 200元，增值税税额为2 496元（税率为13%），材料已验收入库。请作账务处理。

【解析】账务处理如下：

借：原材料　19 200
　　应交税费——应交增值税（进项税额）　2 496
　贷：其他货币资金——银行汇票　21 696

【做中学3-6】某企业为增值税小规模纳税人，采购一批原材料，购买价款为1 000元（价税合计金额），款项已通过银行转账方式支付，且材料已经过验收并入库。请作账务处理。

【解析】账务处理如下：

借：原材料　1 000
　贷：银行存款　1 000

❷结算凭证先到，材料后到

结算凭证先到，材料后到，是指已收到结算凭证、发票，并支付货款和采购费用或已开出、承兑商业汇票，但材料尚未到达或未验收入库。按应计入材料成本的金额，借记“在途物资”账户，按当月已认证的可抵扣增值税进项税额，借记“应交税费——应交增值税（进项税额）”账户，按实际支付的款项，贷记“银行存款”“其他货币资金”等账户。待材料到达并验收入库后，再根据入库单，借记“原材料”账户，贷记“在途物资”账户。

【做中学3-7】2月3日，某企业采购涂料，货物尚未到达。取得的增值税专用发票上注明的价款为30 000元，增值税税额为3 900元（税率为13%），全部款项已通过转账支票支付完毕。请作账务处理。

【解析】账务处理如下：

借：在途物资——涂料　30 000
　　应交税费——应交增值税（进项税额）　3 900
　贷：银行存款　33 900

【做中学3-8】沿用【做中学3-2】，若该批涂料在2月9日到达，并验收入库，请作账务处理。

【解析】账务处理如下：

借：原材料——涂料　30 000
　贷：在途物资——涂料　30 000

❸材料先到，结算凭证后到

实务中，材料已到达并已验收入库，但发票账单等结算凭证未到，货款尚未支付的采购业务，暂不做任何账务处理，等到发票、账单到达后，再按第一种情况“结算凭证与材料同时到达”进行账务处理。月末，如果已入库材料仍未收到发票账单，无法确定材料实际成本，则应按材料的暂估价值，借记“原材料”账户，贷记“应付账款——暂估应付账款”账户，下月初，用红字冲销原暂估入账金额，以便下月付款或开出商业汇票后，按正常程序处理，即借记

“原材料”“应交税费——应交增值税（进项税额）”账户，贷记“银行存款”“应付票据”等账户。

【做中学3-9】3月3日，某企业采用异地托收承付结算方式采购原材料，材料已验收入库。3月10日，收到发票和账单，增值税专用发票上注明的价款为30 000元，增值税税额为3 900元（税率为13%），价税合计33 900元。款项已通过银行转账支付。请作账务处理。

【解析】3月3日，原材料验收入库，由于发票、账单等结算凭证未到，不作任何账务处理。

3月10日，编制会计分录如下：

借：原材料　　30 000
　　应交税费——应交增值税（进项税额）　　3 900
　贷：银行存款　　33 900

【做中学3-10】假设【做中学3-9】中3月31日该企业购入原材料的发票和账单等结算凭证尚未收到，货款尚未支付。请作账务处理。

【解析】账务处理如下：

❶3月31日，按照暂估价入账，假设其暂估价为40 000元。

借：原材料　　40 000
　贷：应付账款——暂估应付账款　　40 000

❷4月初用红字冲销原暂估入账金额。

借：原材料　　[40 000]
　贷：应付账款——暂估应付账款　　[40 000]

❸假设4月10日，收到发票和账单，增值税专用发票上注明的价款为30 000元，增值税税额为3 900元（税率为13%），价税合计33 900元，款项已通过银行转账支付。

借：原材料　　30 000
　　应交税费——应交增值税（进项税额）　　3 900
　贷：银行存款　　33 900

❹购进材料短缺与溢余

企业购进材料在验收入库时可能会发生短缺，这种情况下应及时查明原因，根据不同的情况进行处理。如果是定额内的合理损耗，应计入材料的采购成本。如果是超定额损耗，能确定由供货单位、保险公司或其他过失人赔偿的，应向有关单位或责任人索赔，自“在途物资”账户转入“应付账款”或“其他应收款”账户。如果是尚待查明原因或需报经批准才能转销处理的损失，应先从“在途物资”账户转入“待处理财产损溢”账户，查明原因后再分别处理：应由供货单位、运输单位、保险公司或其他过失人赔偿的损失，从“待处理财产损溢”账户转入“应付账款”或“其他应收款”账户；属于自然灾害造成的损失的，应将扣除保险公司赔偿和残料价值后的净损失，从“待处理财产损溢”账户转入“营业外支出”账户；属于无法收回的其他损失的，报经批准后，从“待处理财产损溢”账户转入“管理费用”账户。对于定额内合理损耗以外的短缺或毁损，材料所负担的增值税进项税额按规定不准予抵扣，应予以转出，随同“在途物资”账户转入相应账户。

企业购进原材料发生溢余，因为计量误差导致的溢余记入“管理费用”账户，自然升溢记入“营业外收入”账户。发生购进原材料溢余，未查明原因的，按实收材料的实际成本，借记“原材料”账户，按购进凭证上记载的材料实际成本，贷记“在途物资”账户，按溢余部分的实际成本，贷记“待处理财产损溢”账户；待查明原因后再转入“管理费用”“营业外收入”等有关账户。

【做中学3-11】某企业为增值税一般纳税人，采用实际成本法进行原材料的日常核算。3月3日，外购原材料40千克，单价为250元/千克，款项已用银行存款支付。4月10日，材料到达，验收入库时为36千克，短缺的4千克经查明为合理损耗。

【解析】❶3月3日，编制会计分录如下：

借：在途物资　　10 000

　　应交税费——应交增值税（进项税额）　　1 300

　贷：银行存款　　11 300

❷4月10日，根据收料单编制会计分录如下：

借：原材料　　10 000

　贷：在途物资　　10 000

如果短缺的4千克原材料原因待查，则根据收料单编制会计分录如下：

借：原材料　　9 000

　　待处理财产损溢——待处理流动资产损溢　　1 000

　贷：在途物资　　10 000

经查明，短缺的4千克属于运输公司的责任，运输公司同意赔偿。编制会计分录如下：

借：其他应收款——运输公司　　1 130

　贷：待处理财产损溢——待处理流动资产损溢　　1 000

　　　应交税费——应交增值税（进项税额转出）　　130

收到运输公司赔款时，编制会计分录如下：

借：银行存款　　1 130

　贷：其他应收款——运输公司　　1 130

（2）其他方式取得原材料的账务处理要点

❶接受投资者投入原材料

企业接受投资者投入原材料时，应按投资合同或协议约定的价值（合同或协议约定价值不公允的除外）确定材料实际成本，借记“原材料”“应交税费——应交增值税（进项税额）”等账户，贷记“实收资本”或“股本”等账户。

【做中学3-12】某企业接受投资人投入的原材料一批，已验收入库。投资合同约定的原材料价值为50 000元，取得了增值税专用发票，增值税进项税额为6 500元。请作账务处理。

【解析】账务处理如下：

借：原材料　　50 000

　　应交税费——应交增值税（进项税额）　　6 500

　贷：实收资本　　56 500

❷接受捐赠原材料

企业接受捐赠原材料，应以捐赠方提供的发票上注明的金额或按市价、同类、类似存货的市场价格的估计金额，加上支付的相关税费（不含准予抵扣的进项税额）作为材料的实际成本，借记“原材料”“应交税费——应交增值税（进项税额）”账户，贷记“营业外收入”账户。

【做中学3-13】某企业接受一批捐赠的原材料，材料已验收入库。捐赠方提供的增值税专用发票上注明的价款为20 000元，增值税进项税额为2 600元。请作账务处理。

【解析】账务处理如下：

借：原材料　　20 000

　　应交税费——应交增值税（进项税额）　　2 600

　贷：营业外收入　　22 600

（3）发出原材料计价方法的运用

❶先进先出法

采用先进先出法，收入存货时要逐笔登记每一批存货的数量、单价和金额；发出存货时，按照先进先出的原则确定单价，逐笔登记存货的发出金额和结存金额。若领用的存货属于前后不同批次，单价又不相同，应分别采用各个单价计算。

【做中学3-14】3月份，某企业S商品的收入、发出数量及购进单位成本，见表3-1。

表3-1　　S商品购销明细账　　金额单位：元

日期		凭证编号	摘要	收入			发出			结存		
月	日			数量	单价	金额	数量	单价	金额	数量	单价	金额
3	1	（略）	期初余额							200	100	20 000
	5		购入	100	110	11 000				300		
	12		销售				150			150		
	19		购入	200	120	24 000				350		
	22		销售				200			150		
	27		购入	50	140	7 000				200		
	31	本月发生额及月末余额		350	—	42 000	350			200		

如采用先进先出法，3月12日发出的150件存货，按先进先出法的流转顺序，应先发出期初库存存货150件，即15 000元（150×100）；3月22日发出的200件存货，应先发出期初库存存货50件，即5 000元（50×100），其次发出3月5日购入的100件，即11 000元（100×110），最后发出3月19日购入的50件，即6 000元（50×120）。请计算该企业3月份S商品的发出成本和期末成本。

【解析】该企业3月份S商品的发出成本和期末成本见表3-2。

表3-2　　S商品购销明细账　　金额单位：元

日期		凭证编号	摘要	收入			发出			结存		
月	日			数量	单价	金额	数量	单价	金额	数量	单价	金额
3	1	（略）	期初余额							200	100	20 000
	5		购入	100	110	11 000				200 100	100 110	20 000 11 000
	12		销售				150	100	15 000	50 100	100 110	5 000 11 000
	19		购入	200	120	24 000				50 100 200	100 110 120	5 000 11 000 24 000
	22		销售				50 100 50	100 110 120	5 000 11 000 6 000	150	120	18 000
	27		购入	50	140	7 000				150 50	120 140	18 000 7 000
	31	本月发生额及月末余额		350	—	42 000	350	—	37 000	150 50	120 140	18 000 7 000

根据表3-2，S商品期初结存存货200件，成本为20 000元；本期购入存货3批，共350件，成本分别为11 000元、24 000元、7 000元，合计42 000元；本期发出存货350件，发出存货两批，成本分别为15 000元、22 000元，合计37 000元；期末存货200件，成本为

25 000元。

❷移动加权平均法

采用移动加权平均法，需要以每次进货的成本加上原有库存存货的成本，除以每次进货数量与原有库存存货的数量之和，计算加权平均单位成本，并以此单位成本计算下次进货前发出存货成本。

【做中学3-15】沿用【做中学3-14】的资料，假设某企业采用移动加权平均法核算存货成本。请计算S商品本期收入、发出和结存情况。

【解析】S商品本期收入、发出和结存情况见表3-3。

表3-3 S商品购销明细账 金额单位：元

日期		凭证编号	摘要	收入			发出			结存		
月	日			数量	单价	金额	数量	单价	金额	数量	单价	金额
3	1	（略）	期初余额							200	100	20 000
	5		购入	100	110	11 000				300	103.33	31 000
	12		销售				150	103.33	15 499.5	150	103.33	15 500.5
	19		购入	200	120	24 000				350	112.86	39 500.5
	22		销售				200	112.86	22 572	150	112.86	16 928.5
	27		购入	50	140	7 000				200	119.64	23 928.5
	31	本月发生额及月末余额		350	—	42 000	350	—	38 071.5	200	119.64	23 928.5

3月5日购入存货：存货单位成本=（20 000+11 000）÷（200+100）=103.33（元/千克）

3月12日发出存货：发出存货成本=150×103.33=15 499.5（元）

3月19日购入存货：存货单位成本=（15 500.5+24 000）÷（150+200）=112.86（元/千克）

3月22日发出存货：发出存货成本=200×112.86=22 572（元）

3月27日购入存货：存货单位成本=（16 928.5+7 000）÷（150+50）=119.64（元/千克）

根据表3-3，S商品期初结存存货200件，成本为20 000元；本期购入存货3批，共350件，成本合计42 000元；本期发出存货为350件，发出存货两批，成本分别为15 499.5元、22 572元，合计38 071.5元；期末存货200件，成本为23 928.5元。

❸月末一次加权平均法

月末一次加权平均法，以当月全部进货数量加上月初存货数量为权数，去除当月全部进货成本加上月初存货成本，计算出加权平均单位成本，并以此单位成本为基础计算当月发出存货成本和期末存货成本。

【做中学3-16】沿用【做中学3-14】的资料，假设某企业采用月末一次加权平均法核算存货成本，请计算该企业3月份S商品的发出存货成本和期末库存存货成本。

【解析】根据表3-1，计算过程如下：

$$存货单位成本=\frac{20\,000+(110\times100+120\times200+140\times50)}{200+100+200+50}=112.73\ （元/千克）$$

本月发出存货成本=（150+200）×112.73=39 455.5（元）

月末库存存货成本=20 000+（11 000+24 000+7 000）−39 455.5=22 544.5（元）

❹个别计价法

个别计价法，需要逐一辨认各批发出存货和期末存货所属的购进批别或生产批别，分别按其购入或生产时所确定的单位成本计算各批发出存货和期末存货的成本。

【做中学3-17】沿用【做中学3-14】的资料，假设某企业采用个别计价法核算存货成本。假设经过逐一辨认，确认各批发出存货的成本如下：3月12日发出的200件存货中，50件属于期初结存存货，单位成本为100元，另外100件为3月5日购入的存货，单位成本为110元，总成本为16 000元；3月22日发出的200件存货属于3月19日购入的存货，单位成本为120元，总成本为24 000元。按照个别计价法，计算S商品本期收入、发出和结存情况。

【解析】S商品本期收入、发出和结存情况见表3-4。

表3-4　**S商品购销明细账**　金额单位：元

日期		凭证编号	摘要	收入			发出			结存		
月	日			数量	单价	金额	数量	单价	金额	数量	单价	金额
3	1	（略）	期初余额							200	100	20 000
	5		购入	100	110	11 000				200 100	100 110	20 000 11 000
	12		销售				50 100	100 110	5 000 11 000	150	100	15 000
	19		购入	200	120	24 000				150 200	100 120	15 000 24 000
	22		销售				200	120	24 000	150	100	15 000
	27		购入	50	140	7 000				150 50	100 140	15 000 7 000
	31	本月发生额及月末余额		350	—	42 000	350	—	40 000	150 50	100 140	15 000 7 000

根据表3-4，S商品期初结存存货200件，成本为20 000元；本期购入存货3批，共350件，成本分别为11 000元、24 000元、7 000元，合计42 000元；本期发出存货为350件，发出存货两批，成本分别为16 000元、24 000元，合计40 000元；期末存货200件，成本为22 000元。

（4）发出原材料的账务处理要点

实务中，企业各生产单位及有关部门领用的材料具有种类多、业务频繁等特点。为了简化核算，企业可以在月末根据“领料单”或“限额领料单”中有关领料的单位、部门等加以归类，编制“发料凭证汇总表”，据以编制记账凭证、登记入账。

企业材料领用单位不同，用途不同，核算时应根据材料用途和领料单位，分别按照受益对象记入有关账户。属于生产车间领用直接用于产品生产的，借记“生产成本”账户；用于车间一般耗用的，借记“制造费用”账户；企业管理部门耗用的，借记“管理费用”账户；企业销售机构耗用的，借记“销售费用”账户；建造工程耗用的，借记“在建工程”账户；福利部门领用的，借记“应付职工薪酬”账户；委托加工发出的，借记“委托加工物资”账户；出售材料结转成本，按出售材料的实际成本，借记“其他业务成本”账户。需要注意的是，领用原材料用于非增值税应税项目时，增值税进项税额不得抵扣，需要将进项税额转出。

【做中学3-18】某企业为增值税一般纳税人，采用实际成本进行材料日常核算。根据“发料凭证汇总表”的记录，3月份原材料领用情况如下：基本生产车间领用原材料6 000元，辅助生产车间领用原材料4 800元，车间管理部门领用原材料600元，销售机构领用原材料800元，行政管理部门领用原材料400元，共计12 600元。请作账务处理。

【解析】账务处理如下：

借：生产成本——基本生产成本　　6 000
　　　　　　——辅助生产成本　　4 800
　　制造费用　　600
　　销售费用　　800
　　管理费用　　400
　贷：原材料　　12 600

【做中学3-19】某企业为增值税一般纳税人，采用实际成本进行原材料日常核算。该企业出售一批闲置的原材料，收到购买方通过银行转账支付的价款113 000元，出售时开具的增值税专用发票上注明的购买价款为100 000元，增值税税额为13 000元（税率为13%）。该批原材料的成本为80 000元。请作账务处理。

【解析】账务处理如下：

❶销售原材料，收到价款并存入银行。

借：银行存款　　113 000
　贷：其他业务收入　　100 000
　　　应交税费——应交增值税（销项税额）　　13 000

❷结转出售原材料的实际成本。

借：其他业务成本　　80 000
　贷：原材料　　80 000

2.原材料采用计划成本核算的账务处理

（1）外购原材料的账务处理要点

微课3.3 计划成本法相关账务处理

原材料采用计划成本核算，企业外购原材料时，不论材料是否入库，都必须先通过“材料采购”账户进行核算，材料验收入库后，再转入“原材料”账户，同时结转材料成本差异。对于企业外购的原材料，由于材料采购地点和结算方式不同，材料入库时间和货款支付时间不一定相同，具体的账务处理也不相同。

❶结算凭证与材料同时到达

如果结算凭证与材料同时到达，应根据结算凭证、发票账单等，按材料的实际采购成本，借记“材料采购”账户，按应支付的增值税，借记“应交税费——应交增值税（进项税额）”账户，按两者合计金额，贷记“银行存款”“应付票据”“其他货币资金”等账户。同时，材料验收入库，按计划成本借记“原材料”账户，贷记“材料采购”账户，并结转材料成本差异。超支差异借记“材料成本差异”账户，贷记“材料采购”账户；节约差异借记“材料采购”账户，贷记“材料成本差异”账户。为简化工作，实务中材料入库及差异结转的账务处理，也可集中在月末进行。

【做中学3-20】某企业为增值税一般纳税人，采用计划成本进行材料日常核算。该企业购入S材料一批，取得增值税专用发票，发票上注明购买价款为50 000元，增值税税额为6 500元（增值税税率为13%），发票、账单已收到，且材料已验收入库，全部款项以银行存款支付。该批原材料计划成本为51 000元，请作账务处理。

【解析】❶支付货款时。

借：材料采购——S材料　　50 000
　　应交税费——应交增值税（进项税额）　　6 500
　贷：银行存款　　56 500

❷材料验收入库时。

借：原材料——S材料　　51 000
　贷：材料采购——S材料　　51 000

❸结转材料成本差异。

借：材料采购——S材料　　1 000
　贷：材料成本差异——S材料　　1 000

❷结算凭证先到，材料后到

如果结算凭证先到，材料后到，应根据结算凭证、发票、账单等，按实际结算的款项，借记“材料采购”“应交税费——应交增值税（进项税额）”账户，贷记“银行存款”“应付票据”“其他货币资金”等账户；待材料到达验收入库时，根据收料单按计划成本借记“原材料”账户，贷记“材料采购”账户，并结转入库材料的材料成本差异额。

【做中学3-21】某企业为增值税一般纳税人，采用计划成本进行材料日常核算。3月12日，该企业购买S材料一批，收到的增值税专用发票上注明的数量为2 000件，单价为80元，不含税金额为160 000元，增值税税额为20 800元。材料尚未运达企业，款项已支付。该材料的单位计划成本为76元/件。假设3月18日，该企业所购上述材料到达企业并验收入库。请作账务处理。

【解析】❶3月12日。

借：材料采购——S材料　　160 000

　　应交税费——应交增值税（进项税额）　　20 800

　贷：银行存款　　180 800

❷3月18日。

原材料计划成本=2 000×76=152 000（元）

借：原材料——S材料　　152 000

　贷：材料采购——S材料　　152 000

借：材料成本差异——S材料　　8 000

　贷：材料采购——S材料　　8 000

❸材料先到，结算凭证后到

对于尚未收到发票、结算凭证等单据的已入库材料，通常在验收入库材料时暂不作账务处理。若月末结算凭证仍未收到，则月末应按计划成本暂估入账，借记“原材料”等科目，贷记“应付账款——暂估应付账款”科目，下月月初，用红字予以冲回，借记“原材料”科目（红字），贷记“应付账款——暂估应付账款”科目（红字）。待发票账单到达时，再按“结算凭证与材料同时到达”进行相应的账务处理。

【做中学3-22】某企业为增值税一般纳税人，购入S材料一批，材料已验收入库，但发票和账单尚未到达。由于该企业采用计划成本进行材料日常核算，在月末时，财务部门决定按照计划成本850 000元对该批材料进行估价入账。请作账务处理。

【解析】账务处理如下：

借：原材料——S材料　　850 000

　贷：应付账款——暂估应付款项　　850 000

下月初，为了处理上月的暂估入账，用红字冲销原暂估入账金额：

借：原材料——S材料　　[850 000]

　贷：应付账款——暂估应付款项　　[850 000]

（2）其他方式取得原材料的账务处理要点

除外购原材料外，其他方式取得原材料不通过“材料采购”科目核算。企业自制并已验收入库的材料，按计划成本借记“原材料”科目，按实际成本贷记“生产成本”科目；按超支或节约差异，借记或贷记“材料成本差异”科目。委托外单位加工入库的原材料，按计划成本借记“原材料”科目，按实际成本贷记“委托加工物资”科目；按超支或节约差异，借记或贷记“材料成本差异”科目。投资者投入原材料，按计划成本借记“原材料”科目，按投入原材料确认的实际价值贷记“实收资本”等科目，按确认的实际价值与计划成本的差异，借记或贷记“材料成本差异”科目。涉及增值税的，同时需要进行相应的账务处理。

【做中学3-23】某企业为增值税一般纳税人，采用计划成本进行材料日常核算。该企业接受投资人投入的原材料一批，已验收入库。取得了增值税专用发票，发票上注明的不含税金额为10 000元，增值税进项税额为1 300元。该批原材料计划成本为9 000元，请作账务处理。

【解析】账务处理如下：

借：原材料　9 000
　　应交税费——应交增值税（进项税额）　1 300
　　材料成本差异　1 000
　贷：实收资本　11 300

（3）发出原材料的账务处理要点

原材料采用计划成本核算，在日常发出材料时，应区别不同的材料用途，进行不同的账务处理。如果是生产、经营管理领用材料，按照领用材料的用途和计划成本，借记“生产成本”“制造费用”“销售费用”“管理费用”等账户，贷记“原材料”账户。如果是出售材料结转成本，按出售材料计划成本，借记“其他业务成本”账户，贷记“原材料”账户。如果是发出委托外单位加工的材料，按发出委托加工材料计划成本，借记“委托加工物资”账户，贷记“原材料”账户。

实务中为简化核算，企业平时发出原材料一般不编制会计分录，而是月末时根据领料单等编制“发料凭证汇总表”结转发出材料的计划成本，按计划成本分别记入“生产成本”“制造费用”“销售费用”“管理费用”“其他业务成本”“委托加工物资”等账户，贷记“原材料”账户；同时结转材料成本差异，按实际成本大于计划成本的差额，借记“生产成本”“制造费用”“销售费用”“管理费用”“其他业务成本”“委托加工物资”等账户，贷记“材料成本差异”账户；实际成本小于计划成本的，做相反的会计分录。

【做中学3-24】某企业为增值税一般纳税人，采用计划成本进行材料日常核算。该企业3月月初结存S材料的计划成本为150 000元，成本超支5 000元；当月入库S材料的计划成本为450 000元，成本节约17 000元。根据“发料凭证汇总表”的记录，3月份S材料的消耗（计划成本）为：基本生产车间领用300 000元，辅助生产车间领用90 000元，车间管理部门领用35 000元，企业行政管理部门领用6 000元，销售部门领用1 000元。请作账务处理。

【解析】❶当月发出S材料。

借：生产成本——基本生产成本　300 000
　　　　　　——辅助生产成本　90 000
　　制造费用　35 000
　　管理费用　6 000
　　销售费用　1 000
　贷：原材料——S材料　432 000

❷结转发出材料的成本差异。

首先，计算发出材料应负担的成本差异。

材料成本差异率=（5 000−17 000）÷（150 000+450 000）×100% =−2%

基本生产成本应分摊的材料成本差异额=300 000×（−2%）=−6 000（元）

辅助生产成本应分摊的材料成本差异额=90 000×（−2%）=−1 800（元）

制造费用应分摊的材料成本差异额=35 000×（−2%）=−700（元）

管理费用应分摊的材料成本差异额=6 000×（−2%）=−120（元）

销售费用应分摊的材料成本差异额=1 000×（−2%）=−20（元）

其次，结转发出材料的成本差异并作账务处理如下：

借：材料成本差异——S材料　8 640
　贷：生产成本——基本生产成本　6 000
　　　　　　　——辅助生产成本　1 800
　　　制造费用　700
　　　管理费用　120
　　　销售费用　20

三、任务实施

步骤1：结算凭证与材料同时到达的采购业务的账务处理

3月20日，公司自供应商京慧公司处采购的S材料，结算凭证与材料同时到达，首先应根据结算凭证、发票等确定材料成本，包括材料购买价款、运输费、包装及装卸费用，共计302 780元，借记“原材料”账户，根据取得的增值税专用发票上注明的增值税税额，共计39 180元，借记“应交税费——应交增值税（进项税额）”账户，按照实际支付的款项，共计341 960元，贷记“银行存款”账户。此笔账务处理的会计分录如下：

借：原材料——S材料　　302 780
　　应交税费——应交增值税（进项税额）　　39 180
　贷：银行存款　　341 960

步骤2：材料先到，结算凭证后到的账务处理

自供应商宁维公司处采购的S材料，材料已到达并已验收入库，但发票账单等结算凭证未到，月末应暂估入账，“原材料”科目增加反映企业实际拥有的材料资产，“应付账款——暂估应付账款”记录暂估的负债；下月初冲回暂估分录，避免重复记账，待收到发票账单后，再按实际金额进行正常账务处理，确保企业财务信息准确及时。此笔账务处理的会计分录如下：

3月末，按照暂估价入账，假设其暂估价为300 000元：

借：原材料——S材料　　300 000
　贷：应付账款——暂估应付账款　　300 000

4月初，用红字冲销原暂估入账金额：

借：原材料——S材料　　[300 000]
　贷：应付账款——暂估应付账款　　[300 000]

步骤3：发出材料的账务处理

根据原材料的用途，分别按照受益对象记入有关账户。此笔账务处理的会计分录如下：

借：生产成本——基本生产成本　　60 000
　　　　　　——辅助生产成本　　20 000
　贷：原材料　　80 000

3.2课证融通练习题

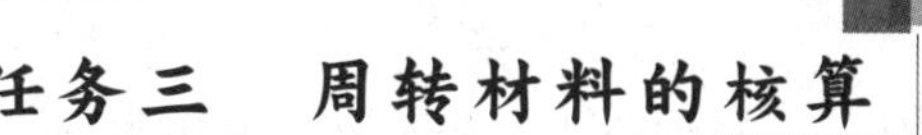

任务三　周转材料的核算

一、任务情景

（一）任务场景

威弘公司是一家在竞争激烈的家电制造行业中不断发展的企业，专注于智能冰箱的研发、生产与销售。随着市场份额的逐步扩大，订单量持续增加，公司对生产运营中各类材料的管理愈发重视。周转材料作为生产经营活动中不可或缺的一部分，其合理使用与准确核算对公司成本控制和财务状况有着重要影响。3月份，公司开展了一系列与周转材料相关的业务：

3月2日，销售部门领用了一批全新的高强度塑料包装箱，实际成本为400 000元，将其出租给长期合作的大型家电经销商，用于智能冰箱的运输包装。随着公司产品销量的增长，为了降低包装成本，同时为客户提供更灵活的包装解决方案，公司决定开展包装物出租业务。客户需要支付押金800 000元，租金将于客户退还包装物时收取，共计565 000元（含增值税65 000元），并从押金中扣除。

3月5日，基本生产车间领用专用修理工具一批，该批工具为高精度电动螺丝刀套装，成本为4 000元，可使用次数为2次，不符合固定资产定义，采用分次摊销法进行摊销。智能冰箱生产工艺复杂，对零部件的安装精度要求极高，这些专用修理工具用于日常生产线上的零部件安装与调试。3月12日，基本生产车间第二次领用该批专用修理工具，继续服务于生产活动。

3月18日，基本生产车间报废一批低值易耗品，主要是一些使用频繁且已损坏的小型扳手、钳子等。这些低值易耗品在长期的生产过程中，因频繁使用已无法满足生产需求。收回残料价值2 000元作为辅助材料入库，用于其他简单维修工作。

（二）任务布置

1. 请分析出租包装物业务中，出租包装物时如何确认资产的转移和成本的核算；收取押金时，如何准确反映负债的增加；收取租金时，怎样正确进行价税分离并确认收入；退回押金时，又该如何进行账务调整。结合本案例中公司出租高强度塑料包装箱的实际情况，明确每一步账务处理的具体过程，包括会计科目的使用、金额的确定以及相关的税务处理，为企业准确记录此类业务提供规范方法。

2. 请针对3月5日和3月12日领用专用修理工具的业务，采用分次摊销法进行摊销，计算每次摊销成本，编制领用工具、摊销成本的账务处理分录。

3. 请针对3月18日报废低值易耗品的业务，明确收回残料价值时如何进行账务处理。

二、任务准备

（一）知识准备

周转材料，指企业能够多次使用，不符合固定资产定义，逐渐转移其价值但仍保持原有形态的材料物品。周转材料包括包装物和低值易耗品。

微课3.4 周转材料相关账务处理

周转材料可以按照实际成本计价核算，也可按照计划成本计价核算，其方法与原材料相似。这里主要介绍周转材料采用实际成本计价的核算。

1.包装物

包装物，指为了包装商品而储备的各种包装容器，如桶、箱、瓶、坛、袋等。

（1）包装物的核算范围

包装物的核算内容主要包括：生产过程中用于包装产品作为产品组成部分的包装物；随同商品出售而不单独计价的包装物；随同商品出售单独计价的包装物；出租或出借给购买单位使用的包装物。

（2）包装物核算的账户设置

企业应设置“周转材料——包装物”账户，用于核算包装物的增减变动、价值损耗、结存等情况。该账户借方登记包装物的增加，贷方登记包装物的减少，期末余额在借方，反映企业期末结存包装物的金额。

2.低值易耗品

低值易耗品，指不能作为固定资产的各种用具物品，一般划分为一般工具、专用工具、替换设备、管理用具、劳动保护用品和其他用具等。

【学中做3-5】低值易耗品与固定资产有何异同?

【解析】低值易耗品与固定资产同属企业的劳动资料，可多次使用而不改变原有的实物形态，但低值易耗品价值较低、易于损耗、品种较多、使用期限较短、更新频繁，为便于对低值易耗品进行核算和管理，同时简化核算手续，会计上将低值易耗品归为流动资产，视同存货核算和管理。

（1）低值易耗品核算的账户设置

企业应设置“周转材料——低值易耗品”账户，用于核算低值易耗品的增减变动及结存情况。该账户借方登记低值易耗品的增加，贷方登记低值易耗品的减少，期末余额在借方，反映企业期末结存低值易耗品的成本。

（2）领用低值易耗品的摊销方法

企业应当根据低值易耗品的性质、价值、消耗方式、耐用程度等，选择适当的摊销方法，将低值易耗品的账面价值一次或分次计入有关成本费用。

❶一次摊销法

一次摊销法，指在领用低值易耗品时，将其全部价值按用途一次性转入有关成本费用的一种摊销方法。一次摊销法通常适用于价值较低、极易损坏的管理用具和小型工具、卡具，以及在单件小批生产方式下为制造某批订货所用的专用工具等低值易耗品。数量不多、金额较小的低值易耗品，也可在领用时一次计入成本费用。为加强实物管理，应当在备查簿中进行登记，以便于对使用中的低值易耗品进行监督管理。

❷分次摊销法

分次摊销法，指按照估计领用的次数平均分摊低值易耗品账面价值的一种摊销方法。分次摊销法适用于可供多次反复使用的低值易耗品。在采用分次摊销法的情况下，企业需要设置“周转材料——低值易耗品——在用”“周转材料——低值易耗品——在库”“周转材料——低值易耗品——摊销”三个明细账户。

（二）任务要领

1.包装物的账务处理

（1）取得包装物的账务处理要点

企业通过各种方式取得包装物的核算与原材料的核算相似，可以比照原材料取得的核算方法进行，核算时将“原材料”账户换成“周转材料——包装物”账户即可。

【做中学3-25】某企业是增值税一般纳税人，周转材料采用实际成本计价方法进行核算。本月该企业购进一批用于产品包装的包装箱，收到的增值税专用发票上注明该批包装箱的价款总额为15 000元，增值税税额为1 950元。目前该批包装箱已经通过质量检验并入库，公司也已通过银行存款支付了全部货款。请作账务处理。

【解析】账务处理如下：

借：周转材料——包装箱　　15 000
　　应交税费——应交增值税（进项税额）　　1 950
　贷：银行存款　　16 950

（2）发出包装物的账务处理要点

❶生产领用包装物

生产领用包装物，即生产过程中领用用于包装产品作为产品组成部分的包装物，应按照领用包装物的实际成本，借记“生产成本”账户，贷记“周转材料——包装物”账户。

【做中学3-26】某企业对包装物采用实际成本核算，为生产产品，加工车间领用包装物一批，其实际成本为5 000元。请作账务处理。

【解析】账务处理如下：

借：生产成本——基本生产成本　　5 000
　贷：周转材料——包装物　　5 000

❷随同商品出售不单独计价的包装物

随同商品出售不单独计价的包装物，因无独立的收入与其成本相配比，因此一般作为包装费计入销售费用。在包装物发出时，按照包装物的实际成本，借记“销售费用”账户，贷记“周转材料——包装物”账户。

【做中学3-27】某公司销售空调时，领用不单独计价的包装木架800个，其实际成本为12 000元。该公司对包装物采用实际成本核算，请作账务处理。

【解析】账务处理如下：

借：销售费用　　12 000
　贷：周转材料——包装物（木架）　　12 000

❸随同商品出售且单独计价的包装物

随同商品出售且单独计价的包装物，一方面应反映其销售收入，记入“其他业务收入”账户；另一方面应反映其实际销售成本，在领用包装物时借记“其他业务成本”账户，贷记“周转材料——包装物”账户。

【做中学3-28】某公司对包装物采用实际成本核算，3月份该公司销售电视机时，领用实际成本为7 200元的包装木架200个。该批木架单独计价，企业开出的增值税专用发票上注明的售价为8 000元，增值税税额为1 040元，款项已收存银行。请作账务处理。

【解析】❶出售单独计价包装物时。

借：银行存款　9 040

　贷：其他业务收入　8 000

　　　应交税费——应交增值税（销项税额）　1 040

❷结转所售单独计价包装物的成本时。

借：其他业务成本　7 200

　贷：周转材料——包装物（木架）　7 200

❹出租或出借包装物

出租包装物，指企业将包装物以租赁形式借给购货方暂时使用。出借包装物，指企业将包装物无偿提供给购货方暂时使用。出租或出借的包装物在周转使用过程中因磨损而减少的价值一般采用一次摊销法，也可以根据具体情况采用分次摊销法进行摊销。

包装物出租期间，企业按约定收取的包装物租金，借记“库存现金”“银行存款”“其他应收款”等账户，贷记“其他业务收入”“应交税费——应交增值税（销项税额）”账户。领用包装物用于出租时，应按包装物的成本借记“其他业务成本”账户，贷记“周转材料——包装物”账户。

企业出借包装物，由于没有收入，领用包装物用于出借时，应按包装物的成本借记“销售费用”账户，贷记“周转材料——包装物”账户。

企业出租、出借包装物时，一般会向客户收取一定数额的押金，归还包装物时再将押金退还给客户。收取包装物押金时，借记“库存现金”“银行存款”等账户，贷记“其他应付款”账户；退还押金时，编制相反的会计分录。若包装物逾期未还，按没收的押金，借记“其他应付款”账户，按应交的增值税，贷记“应交税费——应交增值税（销项税额）”账户，按其差额，贷记“其他业务收入”账户。

【做中学3-29】某公司销售产品时，随货出租新包装物一批，租金为3 390元（含增值税390元），该包装物实际成本为2 500元。出租时收到押金5 000元，使用期满后，租入方退还包装物，租金从押金中扣除。该包装物采用一次摊销法进行摊销。请作账务处理。

【解析】❶包装物出库时。

借：其他业务成本　2 500

　贷：周转材料——包装物　2 500

❷收取押金时。

借：银行存款　5 000

　贷：其他应付款　5 000

❸收回包装物，扣除租金并退还押金时。

借：其他应付款　5 000

　贷：其他业务收入　3 000

　　　应交税费——应交增值税（销项税额）　390

　　　银行存款　1 610

【做中学3-30】某公司随产品销售出借包装物30件，每件成本30元，押金共收取现金1 000元。包装物按时收回后，押金以现金形式退还给客户。该包装物采用一次摊销法进行摊销。请作账务处理。

【解析】❶出借包装物时。

借：销售费用　900

　贷：周转材料——包装物　900

❷收取押金时。

借：库存现金　1 000

　贷：其他应付款　1 000

❸退还押金时。

借：其他应付款　　1 000

　贷：库存现金　　1 000

2.低值易耗品的账务处理

（1）取得低值易耗品的账务处理要点

企业取得低值易耗品，其核算与原材料取得的核算基本相同。按照低值易耗品的成本，借记“周转材料——低值易耗品”账户，贷记“银行存款”“应付账款”等账户。

【做中学3-31】某公司为增值税一般纳税人，采用实际成本法核算周转材料。某月该公司购进一批专用工具，增值税专用发票上注明价款为25 000元，增值税税额为3 250元（增值税税率为13%）。该批工具已验收入库，款项已通过银行转账方式支付。请作账务处理。

【解析】账务处理如下：

借：周转材料——低值易耗品　　25 000

　　应交税费——应交增值税（进项税额）　　3 250

　贷：银行存款　　28 250

（2）领用低值易耗品的账务处理要点

❶一次摊销法

采用一次摊销法，领用时按其耗用部门及领用的周转材料账面价值，借记“制造费用”“管理费用”“销售费用”“其他业务成本”等账户，贷记“周转材料”账户。

【做中学3-32】某企业低值易耗品按实际成本计价核算。3月份，生产车间领用工具一批，采用一次摊销法，成本合计4 200元。请作账务处理。

【解析】账务处理如下：

借：制造费用　　4 200

　贷：周转材料——低值易耗品　　4 200

❷分次摊销法

采用分次摊销法，“低值易耗品”账户下需要设置“周转材料——低值易耗品——在用”“周转材料——低值易耗品——在库”“周转材料——低值易耗品——摊销”三个明细账户。其中，“周转材料——低值易耗品——摊销”账户为“周转材料——低值易耗品——在用”账户的备抵账户，核算使用中低值易耗品的累计摊销额。

领用低值易耗品时，按其账面价值，借记“周转材料——低值易耗品——在用”，贷记“周转材料——低值易耗品——在库”；摊销其账面价值时，借记“制造费用”“销售费用”“管理费用”“其他业务成本”等账户，贷记“周转材料——低值易耗品——摊销”；核销在用低值易耗品时，借记“周转材料——低值易耗品——摊销”，贷记“周转材料——低值易耗品——在用”。

【做中学3-33】某公司为增值税一般纳税人，对低值易耗品采用实际成本核算。3月份，该企业基本生产车间领用了一批专用工具，其实际成本为120 000元，采用分次摊销法进行摊销。预计该批工具的使用次数为5次。请作账务处理。

【解析】❶领用低值易耗品时。

借：周转材料——低值易耗品——在用　　120 000

　贷：周转材料——低值易耗品——在库　　120 000

❷第一次领用时摊销其价值的1/5。

借：制造费用　　24 000

　贷：周转材料——低值易耗品——摊销　　24 000

❸第二次、第三次、第四次领用时分别摊销其价值的1/5。

借：制造费用　　24 000

　贷：周转材料——低值易耗品——摊销　　24 000

❹最后一次领用时摊销其价值的1/5。

借：制造费用　24 000
　贷：周转材料——低值易耗品——摊销　24 000

同时，核销在用低值易耗品。

借：周转材料——低值易耗品——摊销　120 000
　贷：周转材料——低值易耗品——在用　120 000

三、任务实施

步骤 1：出租包装物的账务处理

出租包装物时，资产的所有权并未转移，但使用权发生了转移，从账务处理角度，应按包装物的成本400 000元，借记“其他业务成本”账户，贷记“周转材料——包装物”账户。收取包装物押金时，企业承担了在未来退还包装物时返还押金的义务，所以负债增加，应按押金金额800 000元，借记“银行存款”账户，贷记“其他应付款”账户。客户退还包装物时，企业退回押金，负债减少，因为租金直接从押金中扣除，按照收取的包装物押金800 000元，借记“其他应付款”账户，按照不含税租金500 000元，贷记“其他业务收入”，按照增值税税额65 000元，贷记“应交税费——应交增值税（销项税额）”账户，按照差额235 000元，贷记“银行存款”账户。会计分录如下：

包装物出库时：

借：其他业务成本　400 000
　贷：周转材料——包装物　400 000

收取押金时：

借：银行存款　800 000
　贷：其他应付款　800 000

收回包装物，扣除租金并退还押金时：

借：其他应付款　800 000
　贷：其他业务收入　500 000
　　应交税费——应交增值税（销项税额）　65 000
　　银行存款　235 000

步骤 2：领用低值易耗品的账务处理

领用工具时，资产减少，由于采用分次摊销法，使用次数为 2 次，所以：

每次摊销成本 = 4 000÷2 = 2 000（元）。

3月5日，基本生产车间第一次领用专用修理工具时，应按其账面价值4 000元编制会计分录。由于该批工具可使用2次，本次领用时应摊销其账面价值的50%，即2000元。3月12日第二次领用该批工具时，应摊销其账面价值的50%，即2 000元，同时需按其原账面价值4 000元核销该批工具。会计分录如下：

第一次领用低值易耗品时：

借：周转材料——低值易耗品——在用　4 000
　贷：周转材料——低值易耗品——在库　4 000

同时摊销其价值的50%：

借：制造费用　2 000
　贷：周转材料——低值易耗品——摊销　2 000

第二次领用时摊销其价值的50%：

借：制造费用　2 000
　贷：周转材料——低值易耗品——摊销　2 000

同时核销在用低值易耗品：

借：周转材料——低值易耗品——摊销　4 000
　贷：周转材料——低值易耗品——在用　4 000

步骤 3：报废低值易耗品的账务处理

借：原材料——辅助材料　　2 000

　贷：制造费用　　2 000

3.3课证融通练习题

任务四　委托加工物资的核算

一、任务情景

（一）任务场景

威元公司是一家在竞争激烈的地板制造行业中稳步发展的企业，专注于高端实木复合地板的研发、生产与销售。实木复合地板的生产对原材料的品质和加工工艺要求极高，需要多种优质木材进行组合加工。其中，用于地板核心层的进口橡木单板，对木材的纹理、厚度均匀度以及稳定性要求严格。由于威元公司自身的木材加工设备和技术水平有限，部分进口橡木单板原材料无法全部在公司内完成高精度加工，需要委托外单位协助完成。3月份，威元公司委托旭飞公司加工该进口橡木单板，适用的增值税税率为13%，适用的消费税税率为5%，加工完成后的材料用于连续生产高端实木复合地板（属于应税消费品）。其他有关资料如下：发出进口橡木单板原材料的实际成本200 000元；以库存现金支付运输费8 000元（不含增值税）以及相应的增值税（税率为9%）；以银行存款支付旭飞公司加工费40 000元（不含增值税）以及相应的增值税和消费税；材料加工完成，已收回并验收入库，以便后续投入高端实木复合地板的生产。经过旭飞公司的精细加工，进口橡木单板达到了威元公司的生产要求，入库后可直接用于地板的组装生产环节。

（二）任务布置

1. 请结合本案例中发出进口橡木单板原材料的实际情况，明确应使用的会计科目，解释选择该科目的原因以及金额的确定依据，为地板制造企业准确核算原材料发出业务提供标准化的操作方法。

2. 请阐述在支付运输费及对应增值税时，如何清晰区分费用支出和可抵扣的增值税进项税额，说明运输费应计入的成本项目，确保企业能够准确无误地反映运输环节的财务变动情况。

3. 对于增值税，明确其具体账务处理方式；对于消费税，根据加工完成后的材料用于连续生产应税消费品这一关键条件，说明消费税的账务处理方法。结合本案例中支付给旭飞公司的加工费及税费数据，做出正确的账务处理。

4. 请结合材料加工完成收回并验收入库业务，说明如何确定入库材料的成本，展示完整且规范的账务处理过程，确保企业能够准确反映库存材料的变动情况，为后续生产核算提供精确的数据支持，有效控制生产成本。

二、任务准备

（一）知识准备

委托加工物资是指企业委托外单位加工的各种材料、商品等物资。

微课3.5 委托加工物资相关账务处理

企业在生产经营过程中，可能由于自身工艺设备条件不足或技术水平有限等原因，或因考虑经济上的合理性，而将材料等存货委托给其他单位进行进一步加工，如将某一种材料加工成另一种材料，或加工成包装物、低值易耗品，或将半成品加工成可直接出售的商品等。委托加工物资一般要经过“发出物资——加工改制——加工完成验收入库”这一过程。加工完成验收入库后的材料物资不仅实物形态或性能发生了变化，价值也相应增加。

【学中做3-6】委托加工物资为什么作为委托方的存货来核算？

【解析】委托加工物资与材料或商品销售不同，委托加工材料发出后，虽然其保管地点发生变化，不再存放于本企业，但是从所有权来看，委托加工物资的所有权仍然属于委托方，即委托方仍然承担着物资毁损、灭失等风险，并享有物资加工完成后的收益，因此委托加工物资仍属于委托方存货。

1.委托加工物资的成本构成

委托加工物资的实际成本主要包括实际耗用的原材料或者半成品成本、加工费、运输费、装卸费和保险费等费用以及按规定应计入成本的税金（主要指增值税和消费税）。委托加工物资核算主要内容有拨付加工物资、支付加工费用和税金、收回加工物资和剩余物资等。

2.委托加工物资核算的账户设置

企业应当设置“委托加工物资”账户，用以反映和监督委托加工物资增减变动及其结存情况。该账户属于资产类账户，借方登记委托加工物资的实际成本，贷方登记加工完成验收入库的物资的实际成本和剩余物资的实际成本，期末余额在借方，反映企业尚未完工的委托加工物资的实际成本。“委托加工物资”账户一般按照加工合同、受托加工单位以及加工物资的品种等进行明细核算。委托加工物资也可以采用计划成本或售价进行核算，其账务处理方法与库存商品相关业务基本相同。

（二）任务要领

1.发出物资的账务处理

发给外单位加工的物资，应当按物资的实际成本，借记“委托加工物资”账户，贷记“原材料”“库存商品”等账户。采用计划成本核算的，应同时结转材料成本差异，贷记或借记“材料成本差异”账户。

【做中学3-34】某企业对材料和委托加工物资采用实际成本核算，某月发出丝绸200千克委托外单位进行印花，实际成本为150 000元。请作账务处理。

【解析】账务处理如下：

借：委托加工物资　　150 000

　贷：原材料——丝绸　　150 000

2.支付各项费用的账务处理

（1）支付运费的账务处理要点

企业向外单位发出加工物资支付的运输费，应当计入委托加工物资的成本，借记“委托加工物资”账户，同时将支付的、可抵扣的增值税进项税额，记入“应交税费——应交增值税（进项税额）”账户单独核算。未取得增值税专用发票的一般纳税人和小规模纳税人委托外单位加工物资时，应将支付的增值税计入加工物资的成本。

【做中学3-35】某企业为增值税一般纳税人，对材料和委托加工物资采用实际成本核算，某月发出委托加工材料时发生运输费，取得货物运输增值税专用发票，以银行存款支付运输公司运费1 200元、增值税税额为108元。请作账务处理。

【解析】账务处理如下：

借：委托加工物资　　1 200

　　应交税费——应交增值税（进项税额）　　108

　贷：银行存款　　1 308

（2）支付加工费的账务处理要点

企业委托外单位加工物资，向外单位支付的加工费，应当计入委托加工物资的成本，借记“委托加工物资”账户，同时将支付的、可抵扣的增值税进项税额，记入“应交税费——应交增值税（进项税额）”账户单独核算。未取得增值税专用发票的一般纳税人和小规模纳税人委托外单位加工物资时，应将支付的增值税计入加工物资的成本。

【做中学3-36】某企业为增值税一般纳税人，委托外单位加工物资，以银行存款支付加工费用30 000元，增值税专用发票上注明的增值税税额为3 900元。请作账务处理。

【解析】账务处理如下：

借：委托加工物资　　30 000

　　应交税费——应交增值税（进项税额）　　3 900

　贷：银行存款　　33 900

【做中学3-37】某企业为增值税小规模纳税人，委托外单位加工物资，取得增值税普通发票，以银行存款支付加工费用40 000元（含增值税）。请作账务处理。

【解析】账务处理如下：

借：委托加工物资　40 000

　　贷：银行存款　40 000

（3）缴纳消费税的账务处理要点

根据税法相关规定，委托加工后的物资如果属于应税消费品，则应由受托企业代收代缴消费税，受托方通过"应交税费——应交消费税"账户核算。

❶委托加工物资收回后直接用于出售，或用于非消费税应税项目，或虽用于连续生产消费税应税产品，但按照《中华人民共和国消费税暂行条例》及相关规定，不准予抵扣受托方代收代交的消费税额的，委托方应将受托方代收代缴的消费税计入委托加工物资的成本，借记"委托加工物资"账户，贷记"银行存款"等账户。

【做中学3-38】某企业为增值税一般纳税人，对材料和委托加工物资采用实际成本核算。该企业委托外单位加工材料一批（属于应税消费品）。原材料成本为30 000元，支付的加工费为6 000元（不含增值税）、增值税税额为780元。消费税税率为10%，收回加工后的材料直接用于销售。材料加工完成并已验收入库，加工费用等已经支付。请作账务处理。

【解析】❶发出委托加工物资时。

借：委托加工物资　30 000

　　贷：原材料　30 000

❷支付加工费时。

借：委托加工物资　6 000

　　应交税费——应交增值税（进项税额）　780

　　贷：银行存款　6 780

❸支付消费税时。

消费税组成计税价格=（30 000+6 000）÷（1-10%）=40 000（元）

受托方代收代缴的消费税=40 000×10%=4 000（元）

借：委托加工物资　4 000

　　贷：银行存款　4 000

❷委托加工物资收回后用于连续生产应税消费品的，委托方应按准予抵扣的受托方代收代缴的消费税税额，借记"应交税费——应交消费税"账户，贷记"银行存款"等账户。

【做中学3-39】承【做中学3-38】，假设加工完毕后收回的材料又继续用于生产另一产品（也属于应税消费品）。请作缴纳消费税的账务处理。

【解析】账务处理如下：

借：应交税费——应交消费税　4 000

　　贷：银行存款　4 000

3.加工完成验收入库的账务处理

委托加工物资加工完成验收入库时，企业按收回加工物资的实际成本，借记"原材料""库存商品"等账户，贷记"委托加工物资"账户。采用计划成本核算的，按计划成本借记"原材料"或"库存商品"科目，按实际成本贷记"委托加工物资"科目，按实际成本与计划成本之间的差额，借记或贷记"材料成本差异"。

【做中学3-40】某企业为增值税一般纳税人，对材料和委托加工物资采用实际成本核算。该企业收回一批由外单位代加工后的材料，该批材料已验收入库，其成本为80 000元。请作账务处理。

【解析】账务处理如下：

借：原材料　80 000

　　贷：委托加工物资　80 000

三、任务实施

步骤 1：发出材料的账务处理

发出材料时，借记“委托加工物资”账户，贷记“原材料”账户。“委托加工物资”用于核算企业委托外单位加工的各种材料、商品等物资的实际成本。因为此时材料虽然离开了企业，但所有权并未转移，只是将其委托给其他单位进行加工，其成本应归集到委托加工业务中，所以使用“委托加工物资”账户。

借：委托加工物资　　200 000

　贷：原材料　　200 000

步骤 2：支付运费的账务处理

支付运输费 8 000 元（不含增值税），属于费用支出，应计入委托加工物资的成本；对应的增值税是可抵扣的进项税额，用于抵扣未来的销项税额，不计入成本，增值税税率为 9%，因此增值税为 720 元。

借：委托加工物资　　8 000

　　应交税费——应交增值税（进项税额）　　720

　贷：库存现金　　8 720

步骤 3：支付加工费和税金的账务处理

威元公司向旭飞公司支付加工费 40 000 元（不含增值税），应当计入委托加工物资的成本；对应的增值税，作为进项税额可以抵扣，不计入委托加工物资成本，增值税税率为 13%，因此增值税税额为 5 200 元。委托加工的材料适用的消费税税率为 5%，则：

消费税组成计税价格=（200 000+8 000+40 000）÷（1−5%）≈261 052.63（元）

受托方代扣代缴的消费税税额为=261 052.63×5%=13 052.63（元）

由于加工完成后的材料用于连续生产其他应税消费品，按照税法规定，委托加工环节缴纳的消费税可以抵扣。

借：委托加工物资　　40 000

　　应交税费——应交增值税（进项税额）　　5 200

　贷：银行存款　　45 200

借：应交税费——应交消费税　　13 052.63

　贷：银行存款　　13 052.63

步骤 4：材料加工完成验收入库的账务处理

入库材料成本包含发出材料的实际成本、支付的运输费和加工费。威元公司收回委托加工物资并验收入库时，应按收回加工物资的实际成本入账。

委托加工成本物资=200 000+8 000+40 000=248 000（元）

借：原材料　　248 000

　贷：委托加工物资　　248 000

3.4 课证融通练习题

任务五　库存商品的核算

一、任务情景

（一）任务场景

华汉汽车零部件制造有限公司是一家在汽车零部件制造行业中颇具规模且不断进取的企业。公司专注于汽车发动机核心零部件以及汽车内饰关键部件的研发、生产与销售。在市场竞争日益激烈的当下，为满足各大汽车制造厂商对高品质零部件的需求，公司不断优化生产流程，提升产品质量。当前公司的业务集中在高性能发动机缸体和定制化汽车座椅骨架的生产销售。

3 月份，随着公司生产计划的有序推进，“商品入库汇总表”记载：已验收入库发动机缸体800件，实际单位成本为6 000元，共计4 800 000元。已验收入库汽车座椅骨架3 000件，实际单位成本为1 200元，共计3 600 000元。

月末汇总发出商品明细：当月销售发动机缸体400件、汽车座椅骨架2 000件。发动机缸体的销售是因为前期承接的订单进入交付阶段，而汽车座椅骨架则是因多家汽车内饰组装厂的紧急补货需求而发出。

（二）任务布置

1. 请依据实际成本法核算原则，深入分析产成品验收入库时，如何准确记录资产的增加以及成本的归集。结合本案例中高性能发动机缸体和定制化汽车座椅骨架的生产入库情况，明确应使用的会计科目，详细解释选择该科目的原因，清晰展示金额的确定依据，为汽车零部件制造企业准确核算产成品入库业务提供标准化的操作方法。

2. 请阐述在发出商品并结转销售成本时，如何根据销售数量和实际单位成本准确计算销售成本。结合本案例中两种产品的销售情况，明确应使用的会计科目，展示完整的账务处理过程，以及金额的计算方法。

二、任务准备

（一）知识准备

库存商品是指企业完成全部生产过程并已验收入库、合乎标准规格和技术条件，可以按照合同规定的条件送交订货单位，或可以作为商品对外销售的产品以及外购或委托加工完成验收入库用于销售的各种商品。

1. 库存商品包含的具体内容

库存商品包含的具体内容：库存产成品、外购商品、存放在门市部准备出售的商品、发出展览的商品、寄存在外的商品、接受来料加工制造的代制品和为外单位加工修理的代修品等。已完成销售手续但购买单位在月末未提取的产品，不应作为企业的库存商品，而应作为代管商品处理，单独设置“代管商品”备查簿进行登记。

2. 库存商品核算的账户设置

企业应当设置“库存商品”账户，用以反映和监督库存商品的增减变动及其结存情况。该账户是资产类账户，借方登记验收入库的库存商品成本，贷方登记发出的库存商品成本，期末余额在借方，反映各种库存商品的实际成本。“库存商品”账户一般应按库存商品的种类、品种和规格设置明细账户。

商品流通企业的库存商品如果采用售价核算方法，除了设置“库存商品”账户核算库存商品的售价外，还需要设置“商品进销差价”账户核算库存商品售价和进价间的差额。

库存商品可以采用实际成本核算，也可以采用计划成本核算，具体核算方法与原材料相似。如果采用计划成本核算，库存商品实际成本与计划成本的差异，可单独设置“产品成本差异”账户核算。核算方法一经确定，不得随意变更。

3. 制造业企业的库存商品

制造业企业的库存商品主要指产成品，即指企业已经完成全部生产过程并已验收入库，合乎标准规格和技术条件，可以按照合同规定的条件送交订货单位，或者可以作为商品对外销售的产品。可以降价出售的不合格品，也可以作为库存商品核算，但应当与合格商品分开记账。工业企业的产成品一般按实际成本进行核算，产成品种类较多的，也可按计划成本进行日常核算。

【学中做3-7】制造业企业生产的产成品成本主要由哪些成本项目构成？

【解析】制造业企业生产的产成品成本主要由直接材料、直接人工、制造费用构成。其中直接人工和制造费用即为存货的加工成本。直接人工是指企业在生产产品过程中直接从事产品生产的工人的职工薪酬。制造费用是指企业为生产产品和提供劳务而发生的各项间接费用，包括企业生产部门管理人员的职工薪酬、折旧费、水电费、机物料消耗、劳动保护费、季节性和修理期间的停工损失等。需要注意的是，非正常消耗的直接材料、直接人工及制造费用应计入当期损益，不得计入存货成本。

4. 商品流通企业库存商品的特殊核算方法

商品流通企业的库存商品种类繁多，分品种计算商品成本的工作量较大，除可以采用发出存货的一般计价方法以外，为了简化存货的计价，还可以采用存货估价法对月末存货成本进行估价，待季末、半年末或年末时，再采用发出存货的计价方法，计算发出存货和结存存货的成本，并对估算的存货成本进行调整。常用的存货估价法有毛利率法和售价金额核算法。

（1）毛利率法

毛利率法，指根据本期销售净额乘以上期实际（或本期计划）毛利率匡算本期销售毛利，并据以计算发出存货和期末存货成本的一种方法。毛利率法相关计算公式如下：

毛利率=销售毛利÷销售额×100%

销售净额=商品销售收入-销售退回与折让

销售毛利=销售净额×毛利率

销售成本=销售净额-销售毛利

期末存货成本=期初存货成本+本期购货成本-本期销售成本

【学中做 3-8】某超市采用毛利率法进行库存商品的核算，本月月初日用品库存余额为22 000元，本月购进金额为40 000元，本月销售收入为42 000元，上季度该类商品的毛利率为30%。如何计算本月商品销售成本和月末库存商品成本？

【解析】本月商品销售成本和月末库存商品成本计算如下：

销售毛利=42 000×30%=12 600（元）

本月销售成本=42 000-12 600=29 400（元）

月末库存商品成本=22 000+40 000-29 400=32 600（元）

采用毛利率法预估本期商品销售成本和期末库存商品成本时，关键在于所使用的估计毛利率是否接近实际值。为了合理确定期末存货的实际价值，企业应当至少在每季度末，采用先进先出法、加权平均法等存货计价方法，对结存库存商品成本进行一次准确计量，然后根据本季度期初结存库存商品的成本和本期购进库存商品的成本，倒挤出本季度发出库存商品的实际成本，据以调整采用毛利率法预估的发出库存商品的成本。

（2）售价金额核算法

售价金额核算法，指平时商品的购入、加工收回、销售均按售价记账，售价与进价的差额通过“商品进销差价”账户核算，期末计算进销差价率和本期已销售商品应分摊的进销差价，并据以调整本期销售成本的一种方法。

“商品进销差价”账户，属于资产类账户，也是“库存商品”账户的备抵调整账户。借方登记减少库存商品时，售价大于进价的差额以及月末已销商品应分摊的进销差价；贷方登记增加库存商品时，售价大于进价的差额；期末余额在贷方，表示期末库存商品售价大于进价的差额。

售价金额核算法相关计算公式如下：

$$\text{商品进销差价率}=\frac{\text{期初库存商品进销差价}+\text{本期购入商品进销差价}}{\text{期初库存商品售价}+\text{本期购入商品售价}}\times 100\%$$

本期销售商品应分摊的商品进销差价=本期商品销售收入×商品进销差价率

本期销售商品的成本=本期商品销售收入-本期销售商品应分摊的商品进销差价

期末结存商品的成本=期初库存商品的进价成本+本期购进商品的进价成本-本期销售商品的成本

如果企业的商品进销差价率各期之间比较均衡，也可采用上期商品进销差价率分摊本期的商品进销差价。年度终了，应对商品进销差价进行核实调整。

【学中做 3-9】某商贸公司本月月初库存商品的进价成本为160万元，售价总额为180万元。本月，该公司购进该商品进价成本为120万元，售价总额为140万元。本月该公司实现了销售收入200万元。采用售价金额核算法，如何计算本月销售商品的成本和月末结存商品的成本？

【解析】本月销售商品的成本和月末结存商品的成本计算如下：

商品进销差价率=［（180-160）+（140-120）］÷（180+140）×100%=12.5%

本月销售商品应分摊的商品进销差价=200×12.5%=25（万元）

本月销售商品的成本=200-25=175（万元）

月末结存商品的成本=160+120-175=105（万元）

售价金额核算法最显著的特点是对库存商品进、销、存的增减变动一律按售价记账，而由于购进商品是按进货原价结算的，因此需要通过“商品进销差价”账户来反映、调整商品售价与进价之间的差额。

（二）任务要领

1.制造业企业库存商品的账务处理

（1）完工入库产成品的账务处理要点

❶按实际成本核算

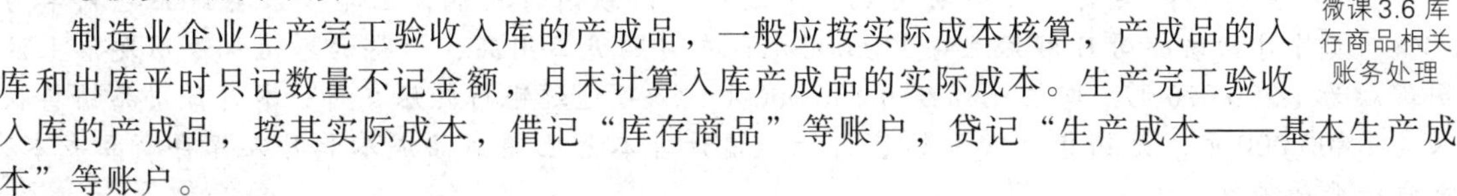

微课3.6 库存商品相关账务处理

制造业企业生产完工验收入库的产成品，一般应按实际成本核算，产成品的入库和出库平时只记数量不记金额，月末计算入库产成品的实际成本。生产完工验收入库的产成品，按其实际成本，借记“库存商品”等账户，贷记“生产成本——基本生产成本”等账户。

【做中学3-41】某企业属于制造业企业，本月“商品入库汇总表”记载：本月验收入库甲产品1 200件，实际单位成本为6 000元，共计7 200 000元。该企业采用实际成本核算产成品，请作账务处理。

【解析】账务处理如下：

借：库存商品——甲产品　　7 200 000

　贷：生产成本——基本生产成本——甲产品　　7 200 000

❷按计划成本核算

如果制造业企业生产的产成品种类较多，也可选择按计划成本进行日常核算，其实际成本与计划成本的差异，可以单独设置“产品成本差异”账户，比照原材料核算中的“材料成本差异”账户进行核算。

【做中学3-42】某企业属于制造业企业，根据本月“商品入库汇总表”记载：本月验收入库甲产品1 200件，实际单位成本为6 000元，共计7 200 000元。该企业采用计划成本核算产成品，甲产品计划成本为7 500 000元，请作账务处理。

【解析】账务处理如下：

借：库存商品——甲产品　　7 500 000

　贷：生产成本——基本生产成本——甲产品　　7 200 000

　　　产品成本差异　　300 000

（2）发出产成品的账务处理要点

❶按实际成本核算

企业销售商品时，按照发出产成品的实际成本，结转产品成本，借记“主营业务成本”账户，贷记“库存商品”等账户。

【做中学3-43】某企业采用实际成本核算产成品，本月月末汇总的发出商品中，当月已实现销售的甲产品有400台，实际单位成本为6 000元，请针对结转销售成本业务作账务处理。

【解析】账务处理如下：

借：主营业务成本　　2 400 000

　贷：库存商品——甲产品　　2 400 000

❷按计划成本核算

如果企业按计划成本核算产成品，在销售商品、确认收入时，应结转其销售成本，按照实际成本借记“主营业务成本”等账户，按照计划成本贷记“库存商品”账户，同时结转产品成本差异，通过“产品成本差异”账户将发出产成品的计划成本调整为实际成本。

【做中学3-44】某企业采用计划成本核算产成品，本月月末汇总的发出商品中，当月已实现销售的甲产品有400台，实际单位成本为6 000元，该批产成品的计划成本为250 000元请针对结转销售成本业务作账务处理。

【解析】账务处理如下：

借：主营业务成本 2 400 000

产品成本差异 100 000

贷：库存商品——甲产品 2 500 000

2.商品流通企业库存商品特殊核算方法的账务处理

（1）毛利率法

商品流通企业如果采用毛利率法计算商品销售成本和期末商品成本，则根据计算出的商品销售成本，结转成本，借记“主营业务成本”账户，贷记“库存商品”账户。

【做中学3-45】某商贸公司采用毛利率法计算商品销售成本，上季度该类商品毛利率为30%。本月月初该公司日用品结存230 000元；本月购进日用品，取得的增值税专用发票上注明价款为1 200 000元，增值税税额为156 000元，款项通过银行转账支付；本月日用品销售收入为1 800 000元，无销售退回和销售折让。请计算本月已销商品成本和月末库存商品成本，并进行账务处理。

【解析】本月已销商品成本和月末库存商品成本计算过程如下：

本月销售毛利=1 800 000×30% = 540 000（元）

本月销售成本=1 800 000 −540 000 = 1 260 000（元）

月末库存商品成本=230 000 + 1 200 000 − 1 260 000 =170 000（元）

❶购进商品时。

借：库存商品——日用品 1200 000

应交税费——应交增值税（进项税额） 156 000

贷：银行存款 1 356 000

❷结转销售商品成本时。

借：主营业务成本 1 260 000

贷：库存商品——日用品 1 260 000

（2）售价金额核算法

采用售价金额核算法，企业购入商品时，应按验收入库商品的售价，借记“库存商品”账户，按商品的进价，贷记“银行存款”“在途物资”“委托加工物资”等账户，按商品售价与进价之间的差额，记入“商品进销差价”账户。

企业销售商品时，应按售价结转销售成本，借记“主营业务成本”账户，贷记“库存商品”账户。月末分摊已销商品的进销差价，通过“商品进销差价”账户将商品销售成本调整为进价成本。

【做中学3-46】某商贸公司为增值税一般纳税人，本年3月，该公司的月初库存商品进价成本总额为1 200 000元，售价总额为1 350 000元；本月新购进的商品进价成本总额为850 000元，售价总额为1 020 000元；本月实现销售收入共计1 400 000元。该公司库存商品采用售价金额核算法进行核算。以上金额均不含增值税，增值税税率为13%，请作账务处理。

【解析】❶购进商品时。

借：库存商品 1 020 000

应交税费——应交增值税（进项税额） 110 500

贷：银行存款 960 500

商品进销差价 170 000

❷确认本月商品销售收入时。

借：银行存款 1 582 000

贷：主营业务收入 1 400 000

应交税费——应交增值税（销项税额） 182 000

❸按照售价结转销售成本时。

借：主营业务成本　　1 400 000

　贷：库存商品　　1 400 000

❹月末计算销售商品应分摊的商品进销差价。

月初库存商品进销差价=1 350 000−1 200 000=150 000（元）

本月购入商品进销差价=1 020 000−850 000=170 000（元）

商品进销差价率＝（150 000+170 000）÷（1 350 000 +1 020 000）× 100% =13.5%

本月销售商品应分摊的商品进销差价=1 400 000×13.5%= 189 000（元）

本月销售商品的成本= 1 400 000−189 000=1 211 000（元）

月末结存商品的成本=1 200 000+850 000 −1 211 000 =839 000（元）

同时，将按售价结转的销售成本调整为实际成本。

借：商品进销差价　　189 000

　贷：主营业务成本　　189 000

三、任务实施

步骤 1：产成品验收入库的账务处理

在实际成本法下，产成品验收入库意味着企业的存货资产增加，这些资产的价值以实际生产过程中发生的成本来计量。该企业采用实际成本法核算产成品，生产完工验收入库的产成品，应按照发动机缸体和汽车座椅骨架各自的实际成本进行账务处理。

借：库存商品——发动机缸体　　4 800 000

　　　　——汽车座椅骨架　　3 600 000

　贷：生产成本——基本生产成本——发动机缸体　　4 800 000

　　　　　——基本生产成本——汽车座椅骨架　　3 600 000

步骤 2：结转商品销售成本的账务处理

该企业采用实际成本法核算产成品，销售商品时，应按照发出的发动机缸体和汽车座椅骨架各自的实际成本，结转产品成本。发动机缸体销售400件，实际单位成本为6 000元，实际总成本为2 400 000元；汽车座椅骨架销售2 000件，实际单位成本为1 200元，实际总成本为2 400 000元。

借：主营业务成本　　4 800 000

　贷：库存商品——发动机缸体　　2 400 000

　　　　　——汽车座椅骨架　　2 400 000

3.5课证融通练习题

任务六　存货清查与减值的核算

一、任务情景

（一）任务场景

讯达电子设备制造有限公司是一家电子设备制造企业，专注于智能手机主板的研发、生产与销售。公司生产的智能手机主板凭借高性能和稳定性，在市场上占有一定份额。在生产过程中，公司需要使用一种特殊的电子元件焊接材料，这种材料具有良好的导电性和耐高温性，能够确保智能手机主板在复杂的电子信号传输和高温环境下稳定工作。

在日常生产运营中，公司严格按照生产计划进行原材料采购和生产，但在一次全面的财产清查中，发现毁损电子元件焊接材料50千克。该材料实际单位成本为1 000元，实际成本共计50 000元，相关增值税专用发票上注明的增值税税额为6 500元，且进项税额已抵扣。经深入调查，此次材料毁损是因为材料保管员在日常保管过程中疏忽大意，未按照规定的存储条件存放材料，导致材料受潮变质。按公司规定，由材料保管员个人赔偿30 000元。

（二）任务布置

请结合本案例中讯达电子设备制造有限公司毁损电子元件焊接材料的实际情况，明确在发现存货毁损时、确定责任人赔偿时以及最终处理毁损存货的净损失时，分别应记入的会计科目，明确金额的确定依据，为电子设备制造企业准确处理存货毁损业务提供标准化的操作方法。根据增值税相关法规，阐述存货因管理不善导致毁损且进项税额已抵扣的情况下，如何正确处理增值税进项税额。

二、任务准备

（一）知识准备

1.存货清查

存货清查，是指通过对存货的实地盘点，确定存货的实有数量，并与账面结存数核对，从而确定存货实存数与账面结存数是否相符的一种专门方法。由于存货种类繁多、收发频繁，在日常收发过程中可能发生计量错误、计算错误、自然损耗，还可能发生损坏变质以及被贪污、盗窃等情况，造成账实不符，形成存货的盘盈、盘亏。

企业进行存货清查，应当编制“存货盘存报告单”，并将其作为存货清查的原始凭证。财务人员应核对存货盘点记录的实存数与存货的账面记录，若账面存货小于实际存货，为存货的盘盈；反之，则为存货的盘亏。对于存货的盘盈、盘亏，应及时查明原因，按照规定程序报批处理。

（1）存货清查核算的账户设置

为了反映在财产清查中发现的存货盘盈、盘亏和毁损情况，企业应当设置“待处理财产损溢”账户。该账户属于资产类账户，借方登记存货的盘亏、毁损金额及盘盈的转销金额，贷方登记存货的盘盈金额及盘亏的转销金额。企业清查的各种存货损溢，一般应在期末结账前处理完毕，期末本账户应无余额。

（2）存货的盘存方法

存货清查的重要环节是盘点存货的实存数量，确定存货的实存数量有两种方法：一种是实地盘存制；另一种是永续盘存制。企业可根据存货的类别和管理要求，对不同存货采用不同的盘存方法，但前后各期应保持一致。

❶实地盘存制

实地盘存制，指平时在存货明细账中只登记收入数量，不登记发出数量，期末通过对全部存货进行实地盘点，确定期末存货的结存数量，并据以登记入账的一种方法。计算公式如下：

本期减少数=期初账面余额+本期增加数-期末实际结存数

❷永续盘存制

永续盘存制，指通过设置详细的存货明细账，逐笔或逐日地记录存货收入、发出的数量和金额，以随时结出结余存货的数量和金额的一种存货盘存方法。采用永续盘存制时，通过会计账簿资料，就可以完整地反映存货的收入、发出和结存情况。为核对账实是否相符，企业应视具体情况对存货进行不定期的盘存，每年至少应盘存一次。计算公式如下：

账面期末余额=账面期初余额+本期增加额-本期减少额

2.存货减值

（1）成本与可变现净值孰低的含义

资产负债表日，存货应当按照成本与可变现净值孰低计量。存货的成本，指期末存货的实际成本，如企业在存货成本的日常核算中采用计划成本法、售价金额核算法等简化核算方法，则成本为经调整后的实际成本。存货的可变现净值，指在日常活动中，存货的估计售价减去至完工时估计将要发生的成本、估计的销售费用以及相关税费后的金额。

当存货成本低于可变现净值时，存货按成本计量，不须作账务处理，资产负债表中的存货按期末账面价值列示；当存货成本高于可变现净值时，存货按可变现净值计量，同时按照成本高于可变现净值的差额计提存货跌价准备，计入当期损益。之前减记存货价值的影响因素已经消失的，减记的金额应当予以恢复，并在原已计提的存货跌价准备金额内转回，转回的金额计入当期损益。

（2）存货减值迹象的判断

以下情形通常表明存货的可变现净值低于成本：❶该存货的市场价格持续下跌，并且在可预见的未来无回升的希望；❷企业使用该项原材料生产的产品的成本大于产品的销售价格；❸企业因产品更新换代，原有库存原材料已不适应新产品的需要，而该原材料的市场价格又低于其账面成本；❹因企业所提供的商品或劳务过时或消费者偏好改变而使市场的需求发生变化，导致市场价格逐渐下跌；❺其他足以证明该项存货实质上已经发生减值的情形。

以下情形通常表明存货的可变现净值为零：❶已霉烂变质的存货；❷已过期且无转让价值的存货；❸生产中已不再需要，并且已无使用价值和转让价值的存货；❹其他足以证明已无使用价值和转让价值的存货。

（3）存货减值核算的账户设置

企业应当设置“存货跌价准备”账户核算存货跌价准备。“存货跌价准备”账户属于备抵调整账户，贷方登记计提的存货跌价准备金额，借方登记实际发生的存货跌价损失金额和冲减的存货跌价准备金额，期末余额在贷方，反映企业已计提但尚未转销的存货跌价准备。

（二）任务要领

1.存货清查的账务处理

微课3.7 存货清查相关账务处理

（1）存货盘盈的账务处理要点

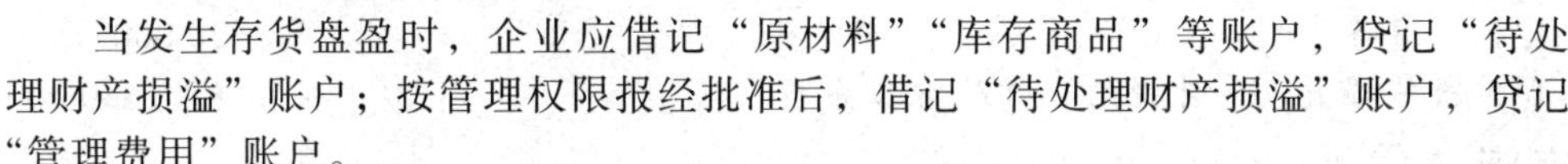

当发生存货盘盈时，企业应借记“原材料”“库存商品”等账户，贷记“待处理财产损溢”账户；按管理权限报经批准后，借记“待处理财产损溢”账户，贷记“管理费用”账户。

【做中学3-47】某企业在资产盘点中盘盈S材料120千克，实际单位成本为75元，经核查确认是材料收发过程中的计量误差所致。请作账务处理。

【解析】❶盘盈时。

借：原材料　　9 000

　贷：待处理财产损溢　　9 000

❷报批处理后。

借：待处理财产损溢　　9 000

　贷：管理费用　　9 000

（2）存货盘亏的账务处理要点

当发生存货盘亏及毁损时，企业应借记“待处理财产损溢”账户，贷记“原材料”“库存商品”等账户。在按管理权限报经批准后应区分不同情况进行账务处理：对于入库的残料价值，记入“原材料”等账户；对于应由保险公司和过失人的赔款，记入“其他应收款”账户；扣除残料价值和应由保险公司、过失人赔款后的净损失，属于计量收发差错和管理不善等原因造成的部分，记入“管理费用”账户，属于自然灾害等非正常原因造成的部分，记入“营业外支出”等账户。同时增值税进项税额应按规定处理：管理不善造成的存货盘亏或毁损，需要做进项税额转出；自然灾害造成的存货盘亏或毁损，不需要做进项税额转出。

【做中学3-48】某企业为增值税一般纳税人，因洪水灾害导致一批材料毁损，实际成本为85 000元，该批材料已抵扣的进项税额为11 050元。根据保险条款，保险公司同意赔付60 000元。请作账务处理。

【解析】❶发生存货毁损时。

借：待处理财产损溢　　85 000

　贷：原材料　　85 000

❷报批处理后。

借：其他应收款　　60 000

　　营业外支出　　25 000

　贷：待处理财产损溢　　85 000

2.存货减值的账务处理

当存货成本高于其可变现净值时，企业应当按照存货可变现净值低于账面价值的差额，借记“资产减值损失——计提的存货跌价准备”账户，贷记“存货跌价准备”账户。当之前减记存货价值的影响因素已经消失，转回已计提的存货跌价准备金额时，按恢复增加的金额，借记“存货跌价准备”账户，贷记“资产减值损失——计提的存货跌价准备”账户。

企业结转存货销售成本时，对于已计提存货跌价准备的，应当一并结转，同时调整销售成本，借记“存货跌价准备”账户，贷记“主营业务成本”“其他业务成本”等账户。

【做中学3-49】年末某公司甲产品的账面成本为150 000元，由于市场需求减少，预计可变现净值为120 000元，须计提存货跌价准备，假定甲产品以前未计提存货跌价准备。请作账务处理。

【解析】应计提的存货跌价准备= 150 000 – 120 000=30 000（元）

借：资产减值损失——计提的存货跌价准备　30 000

　贷：存货跌价准备　30 000

【做中学3-50】承【做中学3-49】，假设市场状况有所改善，甲产品的预计可变现净值提升为140 000元，应部分转回已计提的存货跌价准备。请作账务处理。

【解析】应转回的存货跌价准备=30 000–（150 000 – 140 000）=20 000（元）

借：存货跌价准备　20 000

　贷：资产减值损失——计提的存货跌价准备　20 000

三、任务实施

步骤1：发现毁损时的账务处理

“待处理财产损溢”是一个过渡性账户，用于在财产清查过程中暂时记录待处理的财产盘盈、盘亏和毁损情况，以便后续进一步处理。该公司发现存货毁损，将毁损的原材料价值先转入该账户，同时“原材料”账户减少，反映库存原材料的实际损失。需要特别注意的是，根据相关规定，非正常损失的购进货物，以及相关的劳务和交通运输服务，其进项税额不得从销项税额中抵扣。因管理不善导致存货毁损属于非正常损失，所以已抵扣的进项税额6 500元需要转出。

借：待处理财产损溢　56 500

　贷：原材料　50 000

　　　应交税费——应交增值税（进项税额转出）　6 500

步骤2：报批处理后的账务处理

该公司发生材料毁损是材料保管员的过失造成的，按规定由其个人赔偿30 000元。

借：其他应收款　30 000

　贷：待处理财产损溢　30 000

借：管理费用　26 500

　贷：待处理财产损溢　26 500

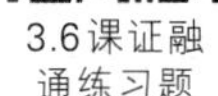

3.6课证融通练习题

【职业课堂】红色文物：“侯德榜制碱法”专利证书

第一次世界大战期间，国内民族工业蓬勃兴起，但发展玻璃、造纸、纺织、染料工业等必需的原料酸和碱，因欧亚交通阻隔而货源断绝。卜内门公司当时在中国有相当多的存货，却囤积居奇，不予抛售，致使市场碱价大涨，厂商无不叫苦，徒呼奈何。

1921年，侯德榜受聘担任永利碱厂工程师。侯德榜潜心研究、呕心沥血，吃、睡都在厂里。终于在五年之后研究出了碳酸钠含量达到99%以上的“红三角”纯碱。因为索尔维制碱法的原料转化率不是很高，制碱法的技术改良一直困扰着侯德榜。1937年12月侵华日军攻打南京，南京的中共地下党组织第一时间带领工人护厂，保护关键的设备、图纸并转移到四川继续发展。经历3 000多次的试验，分析了2 000多个样品后，闻名世界的“侯氏制碱法”终于成功了！

侯氏制碱法的成功，意味着我们有了跻身世界制碱业前列的龙头企业。1953年中央工商行政管理局成立，在7月1日中国共产党生日这一天，把新中国第一张发明证书颁发给“侯氏制碱法”，进口“洋碱”的时代一去不复返了！

资料来源：张玉卓.红色文物：“侯德榜制碱法”专利证书［EB/OL］.［2021-06-24］. https://article.xuexi.cn/articles/index. html? art_id=15753054347528140882&t=1624906801062&reedit_timestamp=1624502385000&study_style_id=feeds_default&showmenu=false&to_audit_timestamp=2021-0624%2010%3A39%3A45&source=share&share_to=dd&item_id=15753054347528140882&ref_read_id=77efac0d-6450-4ded-8856-722f9372395e_1737612956378.

请思考：财务人员应当如何学习侯德榜的精神？

【解析】侯德榜的精神对于财务人员而言，有着诸多值得学习借鉴之处。财务人员在日常工作中，也会面临复杂的财务数据处理、账务处理等难题，需要像侯德榜一样，秉承潜心钻研、执着专注的精神，深入分析每一个数据，钻研每一项财务政策，确保财务工作的准确性。同时，财务人员还应学习侯德榜勇于创新的精神，要紧跟时代步伐，积极学习新的财务管理理念和技术，通过创新工作方法，提高财务工作效率和质量，为企业创造更大的价值。

项目小结

在企业财务活动中，存货核算至关重要，它影响着企业资产价值和利润的计算。存货涵盖原材料、周转材料、委托加工物资、库存商品等。在存货初始计量中，应当掌握不同取得方式下存货的成本构成，正确计算存货成本。原材料核算分为实际成本法和计划成本法，实际成本法采用实际成本对材料的收入、发出及结存进行计价。计划成本法借助“材料成本差异”科目调整实际与计划成本的差额。周转材料核算需要根据包装物、低值易耗品的用途和使用情况进行账务处理。委托加工物资核算要明确成本构成，做好各环节账务处理。库存商品核算，除一般库存商品的账务处理外，商品流通企业还有特殊核算方法。定期存货清查必不可少，盘盈、盘亏应及时处理，存货成本高于可变现净值时应计提存货跌价准备，确保存货价值准确。

技能锤炼

业务处理题（一）

甲公司为增值税一般纳税人，5月10日购入一批原材料，取得的增值税专用发票上注明价款50万元，增值税税额6.5万元。材料已验收入库，款项尚未支付。运输途中发生运输费1万元，取得运输业增值税专用发票，税率为9%，运费已用银行存款支付。

要求：请编制甲公司购入原材料的会计分录。

业务处理题（二）

乙公司采用一次摊销法核算低值易耗品。6月5日，生产车间领用一批低值易耗品，实际成本为3万元。

要求：请编制乙公司领用低值易耗品的会计分录。

业务处理题（三）

丙公司为制造业企业，本年7月生产A产品，本月发生材料采购成本20万元，直接人工成本10万元，制造费用5万元。月末A产品全部完工，共生产1 000件。

要求：请编制丙公司完工产品A入库的会计分录。

业务处理题（四）

丁公司在本年8月进行存货清查时，盘亏一批原材料，账面成本为5万元。经查明，其中3万元是管理不善造成的，应由责任人赔偿0.5万元；另外2万元是自然灾害导致的。增值税税率为13%，管理不善部分的进项税额须转出。

要求：请编制丁公司存货盘亏批准处理前后的会计分录。

项目综合评价

项目三综合评价参考表见表3-5：

表3-5　　项目三综合评价参考表

项目名称	存货的核算		
评价内容		学生自评（50%）	教师评价（50%）
素养目标	1.培育严谨细致的态度，树立对存货核算高度负责的职业精神（10分）		
	2.增强交流沟通，培养合作意识，共同突破存货核算难关（10分）		
	3.激发主动求知欲，鼓励创新思维，开拓存货核算全新视角（5分）		
知识目标	1.理解存货的概念、特征及分类，构建存货知识体系（5分）		
	2.掌握原材料核算方法，熟知账务处理流程（10分）		
	3.掌握周转材料的摊销方法及核算要点，明确账务处理流程（10分）		
	4.掌握委托加工物资成本构成及核算步骤，明确账务处理流程（5分）		
	5.掌握库存商品核算方法，熟知账务处理流程（5分）		
	6.熟悉存货清查流程及减值核算原理，熟知账务处理流程（10分）		
技能目标	1.能够熟练处理各类存货账务，确保凭证编制无误（10分）		
	2.能够运用成本核算方法，合理选择计价方式，为企业决策提供依据（10分）		
	3.掌握存货清查实操，准确判断并处理盘盈、盘亏及减值情况（10分）		
项目评价成绩（100分）			
项目综合评价： 教师签名： 日期：			

项目四　投资业务的核算

素养目标

1. 帮助学生建立企业风险管理意识，有效防范和化解金融风险。
2. 严格按照企业会计准则要求进行账务处理，提高会计信息质量。
3. 培养会计人员“三坚三守”的职业道德规范，保护投资者特别是中小投资者合法权益。

知识目标

1. 熟悉不同金融资产的核算对企业财务报表的影响。
2. 熟悉金融资产的列报要求。
3. 理解金融资产的概念、特征。
4. 掌握金融资产的分类、确认和计量方式。
5. 掌握金融资产的初始确认、后续计量和终止确认的账务处理。

技能目标

1. 能够对金融资产的分类做出准确判断。
2. 能够对以公允价值计量且其变动计入当期损益的金融资产进行账务处理。
3. 能够对以摊余成本计量的金融资产进行账务处理。
4. 能够对以公允价值计量且其变动计入其他综合收益的金融资产进行账务处理。

项目导图

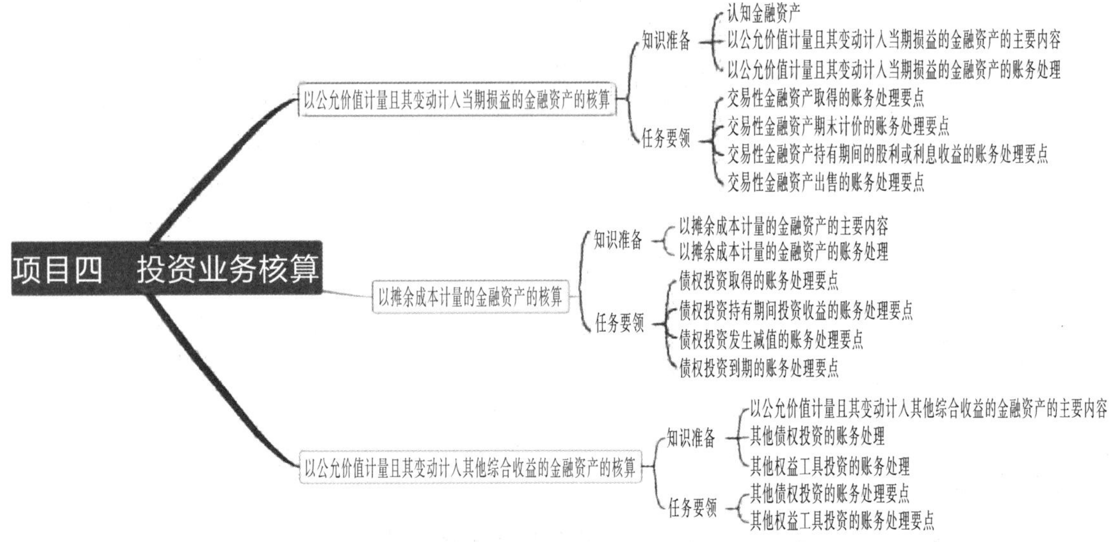

价值引领 

全面提升企业风险管理水平，促进企业转型升级

截至2020年底，腾讯持有的上市公司权益工具投资账面价值为2 230.29亿元，其中划分为以公允价值计量且其变动计入其他综合收益的金融资产（以下简称其他权益工具投资）的账面价值为1 991.46亿元，占比89.29%；非上市公司权益工具投资账面价值为1 471.32亿元，其中划分为以公允价值计量且其变动计入当期损益的金融资产（以下简称交易性金融资产）的账面价值为1 335.06亿元，占比90.7%。腾讯之所以将所持权益工具投资分别划分为交易性金融资产和其他权益工具投资，是由于境外上市公司自2018年1月1日起开始施行新金融工具准则。

资料来源：东辰. 浅谈新金融工具准则对投资公司的影响——以腾讯控股财报为视角［EB/OL］.［2021-06-29］. https: //zhuanlan.zhihu.com/p/385031999. 有删减.

请思考：金融工具准则修订的意义是什么？

【解析】修订的《企业会计准则第22号——金融工具确认和计量》规定，以企业持有金融资产的“业务模式”和“金融资产合同现金流量特征”作为金融资产分类的依据，有利于推动企业加强风险管理，及时预警企业面临的金融风险，有效防范和化解金融风险，促进企业战略、业务、风险控制和会计管理的有机融合，全面提升企业管理水平和效率，促进企业转型升级。

任务一　以公允价值计量且其变动计入当期损益的金融资产的核算

一、任务情境

（一）任务场景

甲公司是一家上市公司，2025年以赚取差价为目的从二级市场购入A公司发行的股票300万股，其他资料如下：

（1）2025年4月10日购入的A公司股票每股成交价为3.6元，包含已宣告但尚未发放的股利，其中，每股派0.15元现金股利，每10股派2股股票股利，另付交易费用2.12万元（含可抵扣增值税0.12万元）。

（2）2025年4月20日收到发放的现金股利和股票股利。

（3）2025年12月10日甲公司出售股票100万股，每股成交价为4.2元，另支付相关税费1.2万元。

（4）2025年12月31日该股票每股市价为4.6元。

（二）任务布置

1. 判断甲公司购入的股票应予以确认的金融资产类别。判断的依据是什么？

2. 对甲公司4月10日购买股票的业务进行账务处理，清晰反映企业购入股票的资金流向，确认企业购入股票时缴纳增值税的抵扣权利，说明购入股票时会计确认所涉及的会计账户及其变动。

3. 对甲公司4月20日收到现金股利和股票股利进行账务处理，辨析现金股利和股票股利的处理方式，准确记录企业收到股利的情况。

4. 对甲公司12月10日出售部分股票进行账务处理，明确出售该项金融资产涉及的会计科目，确认企业出售部分股票的投资收益。

5. 对甲公司12月31日持有的股票进行账务处理，准确计量其期末计价，确认股票价格变动对其账面价值的影响，计量该金融资产对2025年营业利润的影响数额。

二、任务准备

（一）知识准备

1. 认知金融资产

（1）金融资产的概念

依据《企业会计准则第22号——金融工具确认和计量》的规定，金融资产是指企业持有的现金、其他方的权益工具以及符合下列条件之一的资产：

❶ 从其他方收取现金或其他金融资产的合同权利。

❷ 在潜在有利条件下，与其他方交换金融资产或金融负债的合同权利。

❸ 将来须用或可用企业自身权益工具进行结算的非衍生工具合同，且企业根据该合同将收到可变数量的自身权益工具。

❹ 将来须用或可用企业自身权益工具进行结算的衍生工具合同，但以固定数量的自身权益工具交换固定金额的现金或其他金融资产的衍生工具合同除外。

（2）金融资产的分类

金融资产包含的内容很多，从不同的角度有着不同的分类结果。本书按照《企业会计准则第22号——金融工具确认和计量》的规定，根据企业管理金融资产的业务模式和金融资产的合同现金流量特征，将金融资产划分为以下3类：

❶ 以摊余成本计量的金融资产。

❷ 以公允价值计量且其变动计入当期损益的金融资产。

❸ 以公允价值计量且其变动计入其他综合收益的金融资产。

企业管理金融资产的业务模式，是指企业如何管理其金融资产以产生现金流量。业务模式决定企业所管理金融资产现金流量的来源是收取合同现金流量、出售金融资产还是两者兼有，应当以企业关键管理人员决定对金融资产进行管理的特定业务目标为基础确定，应以客观事实为依据，不得以按照合理预期不会发生的情形为基础确定。

金融资产的合同现金流量特征，是指金融工具合同约定的、反映相关金融资产经济特征的现金流量属性。上述的❶和❸类金融资产的合同流量特征应当与基本借贷安排一致，即相关金融资产在特定日期产生的合同现金流量仅为对本金和以未偿付本金金额为基础的利息的支付。

（3）金融资产减值

当对金融资产预期未来现金流量具有不利影响的一项或多项事件发生时，该金融资产成为已发生信用减值的金融资产。金融资产已发生信用减值的证据包括下列可观察信息：❶发行方或债务人发生重大财务困难；❷债务人违反合同，如偿付利息或本金违约或逾期等；❸债权人出于与债务人财务困难有关的经济或合同考虑，给予债务人在任何其他情况下都不会做出的让步；❹债务人很可能破产或进行其他财务重组；❺发行方或债务人财务困难导致该金融资产的活跃市场消失；❻以大幅折扣购买一项金融资产，该折扣反映了发生信用损失的事实。金融资产发生信用减值，有可能是多个事件的共同作用所致，未必是可单独识别的事件所致。

企业会计准则规定，企业应当以预期信用损失为基础，对以摊余成本计量的金融资产和以公允价值计量且其变动计入其他综合收益的金融资产进行减值账务处理并确认损失准备。当购买的债券在持有期间发生减值，企业应当在资产负债表日计算预期信用损失，即将企业应收取的合同现金流量与预期收取的现金流量之间差额的现值，确认为减值损失，借记“信用减值损失”科目，根据金融工具的种类，贷记对应科目。

2. 以公允价值计量且其变动计入当期损益的金融资产的主要内容

（1）概念

微课4.1 交易性金融资产

《企业会计准则第22号——金融工具确认和计量》规定，除以摊余成本计量的金融资产和以公允价值计量且其变动计入其他综合收益的金融资产之外的金融资产，企业应当将其分类为以公允价值计量且其变动计入当期损益的金融资产，主要包括以交易为目的持有的债券、股票和基金等。

满足下列条件之一的，认为持有金融资产的目的是交易性的：❶取得相关金融资产的目的主要是近期出售或回购。❷相关金融资产在初始确认时属于集中管理的可辨认金融工具组合的一部分，且有客观证据表明近期实际存在短期获利模式。❸相关金融资产属于衍生工具，但符合财务担保合同定义的衍生工具及被指定为有效套期工具的衍生工具除外。

（2）确认方式

确认以公允价值计量且其变动计入当期损益的金融资产的方式有三种。一是购入符合准则确认的交易性金融资产。二是直接指定，其中包括：❶在初始确认时，如果能够消除或显著减少会计错配，企业可以将金融资产指定为以公允价值计量且其变动计入当期损益的金融资产。但应注意，该指定一经做出，不得撤销。❷企业在非同一控制下的企业合并中确认的或有对价构成金融资产的，该金融资产应当分类为以公允价值计量且其变动计入当期损益的金融资产，不得指定为以公允价值计量且其变动计入其他综合收益的金融资产。三是重分类，在满足特定条件下，其他两类金融资产可以重分类为以公允价值计量且其变动计入当期损益的金融资产。

（3）相关账户设置

企业应当设置“交易性金融资产”科目，核算以公允价值计量且其变动计入当期损益的金融资产。“交易性金融资产”总账科目，可以按照金融资产的类别和品种设置“成本”和“公允价值变动”明细科目进行核算。“成本”明细科目记录的是购买日或重分类日的公允价值，即扣除交易费用后的交易价格或重分类日的市场价格，除金融资产数额发生变化之外，该明细科目记录数据保持不变。交易费用是指可直接归属于购买、发行或处置金融工具的增量费用，增量费用是指企业没有发生购买、发行或处置相关金融工具的情形就不会发生的费用，包括支付给代理机构、证券交易所、政府有关部门等的手续费、佣金、相关税费以及其他必要支出，不包括债券折溢价、融资费用和持有成本等与交易不直接相关的费用。“公允价值变动”明细科目记录的是在持有期间，交易性金融资产公允价值变动的数额，这是因为持有交易性金融资产的主要目的是通过市场价格波动获得买卖差价，能够反映出企业对其预期经济利益的获利能力。在资产负债表日，应当按当日公允价值对其账面价值进行调整。

企业应当设置“公允价值变动损益”科目，核算资产负债表日金融资产公允价值与账面价值之间的差额。如果交易性金融资产的公允价值高于账面价值，应将公允价值与账面价值的差额贷记“公允价值变动损益”科目，形成价值变动收益，如果是价值变动损失，应借记“公允价值变动损益”科目。该科目直接反映在当期利润表中，影响当期利润，表明市场价格波动对于投资企业持有的交易性金融资产价值的影响。

企业应当设置“投资收益”科目，核算购买金融资产的交易费用、持有期间依法获得的投资损益和处置损益等，反映企业购买金融资产获利及其对财务状况的影响，帮助管理层评估交易性金融资产投资策略的有效性，同时也避免了将交易费用资本化处理导致的会计信息失真问题。企业因购买金融资产发生的交易费用，应减少购买当期的“投资收益”，借记“投资收益”科目；持有交易性金融资产期间获得的现金股利或债券利息属于企业投资获利，应贷记“投资收益”科目。

企业应当设置“其他货币资金”总账科目，通过“存出投资款”明细科目核算企业在证券公司指定银行依据相关规定开设的投资款专用账户，反映股票、债券及基金等金融产品的交易活动信息。

（4）列报

“交易性金融资产”报表项目，反映资产负债表日分类为以公允价值计量且其变动计入当期损益的金融资产，以及企业持有的指定为以公允价值计量且其变动计入当期损益的金融资产的期末账面价值。该项目应根据“交易性金融资产”科目的相关明细科目的期末余额分析填列。

3. 以公允价值计量且其变动计入当期损益的金融资产的账务处理

为了详细介绍以公允价值计量且其变动计入当期损益的金融资产的账务处理过程，下面从初始计量、后续计量和终止确认三个阶段进行说明。

（1）初始计量

根据《企业会计准则第39号——公允价值计量》的规定，交易性金融资产在初始确认时的公允价值，通常为不含交易费用的交易价款，相关交易费用应当直接计入当期损益，但应注意，若交易费用中含有可抵扣的增值税，金融资产的交易成本应扣除可抵扣的增值税，单独借记“应交税费——应交增值税（进项税额）”；若取得金融资产所支付的交易价款中包含的已宣告但尚未发放的利息或现金股利，应当单独记入应收项目科目的借方。

【学中做4-1】2024年1月10日，耀华股份有限公司平价购买荣昌科技公司公开发行的面值为100元，票面利率为5%的债券5 000张。该债券每年1月10日支付利息，另支付交易手续费1 060元（含可抵扣增值税60元），款项以其在证券交易所开设的投资款专用账户支付，请编制会计分录。

【解析】编制会计分录如下：

借：交易性金融资产——成本	500 000	
投资收益	1 000	
应交税费——应交增值税（进项税额）	60	
贷：其他货币资金——存出投资款		501 060

（2）后续计量

❶公允价值变动

《企业会计准则第39号——公允价值计量》规定，初始确认后，以公允价值计量且其变动计入当期损益的金融资产应当以公允价值进行后续计量。资产负债表日，如果以公允价值计量且其变动计入当期损益的金融资产的公允价值高于其账面价值，应按两者间的差额借记“交易性金融资产”，表明企业投资的金融资产价值上升，企业预期收益增加或损失减少；反之则表明企业投资的金融资产价值下降，企业预期收益减少或损失增加，公允价值变动数额对应记入“公允价值变动损益”科目。

❷取得投资收益

如果交易性金融资产为股票，按照会计准则规定企业只有在同时符合下列条件时，才能确认股利收入并计入当期损益：一是企业收取股利的权利已经确立；二是与股利相关的经济利益很可能流入企业；三是股利的金额能够可靠计量。一般情况下，当被投资企业宣告发放股利时即可满足以上条件，可按照股利分配方案确定投资企业应收的现金股利。如果交易性金融资产为债券，利息到期日，企业应按照债券票面面值与票面利率计算利息，借记“应收利息”科目，贷记“投资收益”科目，实际收到利息时，借记“其他货币资金”或“银行存款”科目，贷记“应收利息”科目。

【学中做4-2】承【学中做4-1】，2024年12月31日，荣昌科技公司每张债券市场交易价格为108元，请编制会计分录。

【解析】编制会计分录如下：

借：交易性金融资产——公允价值变动　　40 000

　贷：公允价值变动损益　　40 000

【学中做4-3】承【学中做4-1】，2025年1月15日收到荣昌科技公司的债券利息，请编制会计分录。

【解析】编制会计分录如下：

❶1月10日利息到期日。

借：应收利息　　25 000

　贷：投资收益　　25 000

❷1月15日收到债券利息。

借：其他货币资金——存出投资款　　25 000

　贷：应收利息　　25 000

（3）终止确认

企业应当根据《企业会计准则第23号——金融资产转移》确认金融资产是否满足终止确认条件。出售交易性金融资产时，按实际收到的款项借记“其他货币资金”等科目，转销出售金融资产的账面价值，贷记“交易性金融资产”科目，两者的差额借记或贷记“投资收益”科目。

【学中做4-4】承【学中做4-1】和【学中做4-2】，耀华股份有限公司将其持有的荣昌科技公司的债券全部出售，收到款项560 000元，请编制会计分录。

【解析】编制会计分录如下：

借：其他货币资金——存出投资款　　560 000

　贷：交易性金融资产——成本　　500 000

　　　交易性金融资产——公允价值变动　　40 000

　　　投资收益　　20 000

（二）任务要领

1.交易性金融资产取得的账务处理要点

交易性金融资产的初始入账价值，应为取得时的公允价值，对于交易过程中产生的增值税，若符合准予抵扣条件，应单独确认增值税进项税额，否则记入“投资收益”科目。在实务操作中，也可在明细科目中列示发行方名称，以便清晰反映交易背景。

【做中学4-1】2024年10月10日，宏发股份有限公司购买红星科技公司的股票5 000股，每股购买价格3.6元，另支付交易手续费860元（含不可抵扣增值税60元），款项以其在证券交易所开设的投资款专用账户支付，请编制会计分录。

【解析】编制会计分录如下：

借：交易性金融资产——成本　　18 000

　　投资收益　　860

　贷：其他货币资金——存出投资款　　18 860

2.交易性金融资产期末计价的账务处理要点

资产负债表日，交易性金融资产账面价值应按照当日的公允价值进行调整，不用考虑可能发生的交易费用。

【做中学4-2】承【做中学4-1】，2024年12月31日，红星科技公司的股票交易价格为每股2.9元，请编制会计分录。

【解析】编制会计分录如下：

借：公允价值变动损益　　3 500

　贷：交易性金融资产——公允价值变动　　3 500

3.交易性金融资产持有期间的股利或利息收益的账务处理要点

投资企业持有的交易性金融资产，按照规定应在股权登记日（利息到期日）确认应收股利（应收利息），一般情况下，股利宣告日即可确认应收股利。同时需要注意的是，如果企业在持有期间获得了股票股利，不需要作账务处理，但应记录增加的股数，以反映实际持有股票数量的情况。

【做中学4-3】承【做中学4-2】，2025年3月21日，红星科技公司宣告当年的股利政策，每股发放0.2元现金股利，每10股派2股股票股利，请编制会计分录。

【解析】编制会计分录如下：

借：应收股利　1 000

　贷：投资收益　1 000

股票股利不作账务处理，但在实际取得时应在备查账簿中登记。注意，宏发股份有限公司持有的红星科技公司的股票数量增加至6 000股。

4.交易性金融资产出售的账务处理要点

企业出售交易性金融资产时，按照出售比例转销金融资产账面价值，并确认投资收益。

【做中学4-4】承【做中学4-3】，2025年12月31日，宏发股份有限公司出售红星科技公司股票3 000股，市场交易价格为每股4.1元，请编制相关会计分录。

【解析】（1）出售部分的账务处理：

借：其他货币资金——存出投资款　12 300

　　交易性金融资产——公允价值变动（3 500×3 000/6 000）　1 750

　贷：交易性金融资产——成本（18 000×3 000/6 000）　9 000

　　　投资收益　5 050

（2）剩余部分期末计价的账务处理：

借：交易性金融资产——公允价值变动　5 050

　贷：公允价值变动损益　5 050

三、任务实施

步骤1：判断甲公司购入的股票应予以确认的金融资产类别，并提供判断依据

甲公司的股票应确认为以公允价值计量且其变动计入当期损益的金融资产。

判断依据：甲公司购入股票的目的是赚取差价，股票的出售价格会产生基于其他因素变动的不确定性，不符合本金和以未偿付本金金额为基础的利息支付额的合同现金流量特征。

步骤2：对购买股票的业务进行账务处理

4月10日，甲公司购入股票，应按照扣除交易费用和应收项目后的交易价格确认初始入账价值。按前述内容，股票股利不需要作账务处理。

借：交易性金融资产——成本　10 350 000

　　应收股利　450 000

　　投资收益　20 000

　　应交税费——应交增值税（进项税额）　1 200

　贷：其他货币资金——存出投资款　10 821 200

步骤3：对收到的现金股利和股票股利进行账务处理

4月20日，甲公司收到的现金股利应增加其他货币资金，同时确认应收股利的减少。收到的股票股利应记录在备查账簿中，显示因股票股利增加的股票数量。

借：其他货币资金——存出投资款　450 000

　贷：应收股利　450 000

收到的股票股利应记录在备查账簿中，甲公司持有的A公司股票数量增加至360万股。

步骤4：对出售部分股票进行账务处理

12月10日，甲公司出售股票按照成交价扣除支付的相关税费后的净额借记“其他货币资金”科目，按出售比例转销账面价值，并将差额记入到“投资收益”科目。

借：其他货币资金——存出投资款　　4 188 000

　　贷：交易性金融资产——成本（10 350 000/360×100）　　2 875 000

　　　　投资收益　　1 313 000

剩余股票的账面价值=10 350 000−2 875 000=7 475 000（元）。

步骤5：期末对持有的剩余股票进行账务处理

12月31日，甲公司持有的A公司股票的公允价值为1 196万元，确认公允价值变动数额为448.5万元（1 196−747.5），调增交易性金融资产的账面价值。

借：交易性金融资产——公允价值变动　　4 485 000

　　贷：公允价值变动损益　　4 485 000

4.1课证融通练习题

此时，剩余股票的账面价值为1 196万元（747.5+448.5），该金融资产对2025年甲公司营业利润的影响为577.8万元（−2+131.3 +448.5）。

任务二　以摊余成本计量的金融资产的核算

一、任务情境

（一）任务场景

海达股份有限公司在2025年1月1日以176万元从深交所购买鸿禧公司当日发行的5年期，面值200万元，票面利率5%的债券，另支付交易费用1万元，每年年末支付利息，到期一次性偿付本金。合同约定，债券发行方在遇到特定情况时可以将债券赎回，且不需要为提前赎回支付额外款项。海达股份有限公司在购买该债券时，预计发行方不会提前赎回，打算持有债券至到期。

（二）任务布置

1. 判断海达股份有限公司购入的债券应确认的金融资产类别。判断的依据是什么？

2. 确认2025年1月1日购入债券的初始入账价值，并进行账务处理。

3. 假设市场利率为8%，确认2025年12月31日的投资收益，并进行相关账务处理。

4. 假设2026年鸿禧公司发生重大财务困难，至2026年12月31日，预计到期仅能收回150万元，确认信用减值损失，并进行相应账务处理。

二、任务准备

（一）知识准备

1. 以摊余成本计量的金融资产的主要内容

（1）概念

金融资产同时符合下列条件的，应当分类为以摊余成本计量的金融资产：❶企业管理该金融资产的业务模式是以收取合同现金流量为目标。❷该金融资产的合同条款规定，在特定日期产生的现金流量，仅为对本金和以未偿付本金金额为基础的利息的支付。

（2）确认方式

确认为以摊余成本计量的金融资产有两种方式：一是购入时符合条件的债权投资。二是重分类，在满足特定条件下，其他两类金融资产可以重分类为以摊余成本计量的金融资产。

（3）相关账户设置

企业应当设置“债权投资”科目，核算企业以摊余成本计量的债权投资的账面余额，即不扣除减值准备的数额，可按债权投资的类别和品种分别设置“面值”“利息调整”“应计利息”等明细科目进行核算。“面值”明细科目记录的是购入债券的面值，只有在持有数量发生变化或终止确认时此明细科目才会发生变化，反映债券到期时，债券持有人可以收回的本金数额。“利息调整”明细科目记录的是：❶债券初始入账金额（含交易费）与面值的差额；❷按照实际利率法计算摊销的折价（溢价）数额，反映企业购买债券时实际支付价格与债券面值的差额，并在债券持有期间进行折溢价摊销调整，更准确地反映投资的实际收益。“应计利息”明细科目记录的是到期一次还本付息债券，按照票面利率与票面面值计算的应收但尚未领取的利息，即名义利息，也是企业实际能够收到的资金数额。

企业应当设置“应收利息”科目，核算分次付息、一次还本债券应收但尚未领取的名义利息，反映企业每期都能收到的利息数额。

企业应当设置“投资收益”科目，核算债权投资在持有期间按照摊余成本与实际利率计算的利息，即实际利息，反映企业在持有债券期间实际的盈利情况。

企业应当设置“债权投资减值准备”科目，核算企业以摊余成本计量的债权投资以预期信用损失为基础计提的损失准备，以及减值准备转回，有助于企业合理评估金融资产的价值。

企业应当设置“信用减值损失”科目，核算有客观证据表明金融资产因债务人发生信用减值，导致资产价值预期现金流量减少而预计发生的损失。

（4）计量方式

根据《企业会计准则第22号——金融工具确认和计量》的规定，金融资产的初始确认应按照公允价值进行计量，相关交易费用应计入以摊余成本计量的金融资产的初始确认金额，并应按照摊余成本进行后续计量。

摊余成本，应当以该金融资产的初始确认金额经下列调整后的结果确定：❶扣除已偿还的本金；❷加上或减去采用实际利率法将该初始确认金额与到期日金额之间的差额进行摊销形成的累计摊销额；❸扣除累计计提的损失准备。摊余成本就是债权投资的账面价值，也是实际利息计算的基础。

实际利率是指将债权投资按照估计未来现金流量折现为该债权投资摊余成本的利率，反映债券实际收益能力，一般采用发行时的市场利率。

（5）列报

“债权投资”报表项目反映资产负债表日企业以摊余成本计量的长期债权投资的期末账面价值。该项目应根据“债权投资”科目的相关明细科目期末余额，减去“债权投资减值准备”科目中相关减值准备的期末余额后的金额分析填列。

2. 以摊余成本计量的金融资产的账务处理

为了详细介绍企业对以摊余成本计量的金融资产的账务处理过程，下面从初始计量、后续计量和到期承兑3个阶段进行说明。

（1）初始确认

债权投资的初始入账价值应为包含交易费用的公允价值，但不包括已到期但尚未领取的利息。以购入债券的面值，借记“债权投资——面值”科目，表明债券到期时，债券持有人应获得的本金。如果购买的是分次付息、到期还本债券，将已到期但尚未领取的利息记入“应收利息”科目，如果购买的是一次还本付息债券，将已到期但尚未领取的利息记入“债权投资——应计利息”科目，表明购买价款中垫付利息情况。按照可抵扣增值税税额，借记“应交税费——应交增值税（进项税额）”科目，表明企业的纳税抵扣权利；按照实际支付（扣除垫付的利息）的款项，贷记“其他货币资金”或“银行存款”科目；将前述数据差额记入“债权投资——利息调整”科目。

【学中做4-5】海达股份有限公司在2025年1月1日购入了恒运公司当日发行的5年期的债券，管理层预计持有至到期。债券总面值100 000元，票面利率为5%，每年年末支付当年利息，到期一次性偿还本金。市场利率为6%，实际支付95 688元，另支付相关交易费106元（含可抵扣增值税6元），请编制会计分录。

【解析】债权投资入账金额=95 688+106−6=95 788（元）

应确认的利息调整金额=100 000−95 788=4 212（元）

借：债权投资——面值	100 000
应交税费——应交增值税（进项税额）	6

贷：银行存款 95 794

债权投资——利息调整 4 212

【学中做4-6】万兴股份有限公司在2025年1月1日购入了彩韵公司当日发行的5年期的债券，管理层预计持有至到期。债券总面值100 000元，票面利率为5%，到期一次还本付息（单利计息）。市场利率为6%，实际支付93 308元，另支付相关交易费106元（含可抵扣增值税6元），请编制会计分录。

【解析】债权投资入账金额=93 308+106-6=93 408（元）

应确认的利息调整金额=100 000-93 408=6 592（元）

借：债权投资——面值 100 000

应交税费——应交增值税（进项税额） 6

贷：银行存款 93 414

债权投资——利息调整 6 592

（2）后续计量

《企业会计准则第22号——金融工具确认和计量》规定，初始确认后，以摊余成本计量的金融资产应当以摊余成本进行后续计量。资产负债表日，一方面，应按照实际利率法确定摊余成本并确认投资收益；另一方面，应考虑债权投资是否存在减值，若存在减值，应确定信用减值损失。

❶实际利率法确定摊余成本

本项目讨论的债券有两种：一种是分次付息、一次还本付息债券；另一种是一次还本付息债券。后者的摊余成本包含到期但尚未领取的利息总和，前者不包括利息，这是因为一次还本付息债券在持有期间并没有实际领取利息，其本质上仍属于被占用的资金，债权投资人应按照实际利率计算该部分资金的投资收益，才能更准确地反映债权投资的真实价值和实际收益。资产负债表日，按照票面利息借记“应收利息”或“债权投资——应计利息”科目，按照实际利息贷记“投资收益”科目，按照两者的差额借记或贷记“债权投资——利息调整”科目。

【学中做4-7】承【学中做4-5】，用分次付息的方式确认债权投资每期期末的摊余成本，并编制会计分录。

【解析】为方便后期计算，对利息调整摊销额编表列示，见表4-1：

表4-1 债权投资利息调整摊销表（分次付息） 单位：元

日期	应收利息	投资收益	利息调整摊销额	利息调整余额	摊余成本
	a=面值×5%	b=期初e×6%	c=b-a	d=期初d-c	e=期初e+c
2025.1.1				4 212.00	95 788.00
2025.12.31	5 000	5 747.28	747.28	3 464.72	96 535.28
2026.12.31	5 000	5 792.12	792.12	2 672.60	97 327.40
2027.12.31	5 000	5 839.64	839.64	1 832.96	98 167.04
2028.12.31	5 000	5 890.02	890.02	942.94	99 057.06
2029.12.31	5 000	5 942.94	942.94*	0	100 000.00

*最后一年可先确定利息调整摊销额，倒挤出“投资收益”科目金额。

2025年12月31日的账务处理：

借：应收利息 5 000

债权投资——利息调整 747.28

贷：投资收益　　5 747.28

收到利息后：

借：其他货币资金　　5 000

贷：应收利息　　5 000

其他年末账务处理原理同上。

【学中做4-8】承【学中做4-6】，用一次还本付息的方式确认债权投资每期期末的摊余成本，并编制会计分录。

【解析】为方便后期计算，对利息调整摊销额编表列示，见表4-2：

表4-2　债权投资利息调整摊销表（一次还本付息）　单位：元

日期	应计利息	投资收益	利息调整摊销额	利息调整余额	摊余成本
	a=面值×5%	b=期初e×6%	c=b−a	d=期初d−c	e=期初e+a+c
2025.1.1				6 592.00	93 408.00
2025.12.31	5 000	5 604.48	604.48	5 987.52	99 012.48
2026.12.31	5 000	5 940.75	940.75	5 046.77	104 953.23
2027.12.31	5 000	6 297.19	1 297.19	3 749.58	111 250.42
2028.12.31	5 000	6 675.03	1 675.03	2 074.55	117 925.45
2029.12.31	5 000	7 074.55	2 074.55*	0	125 000.00

*最后一年可先确定利息调整贷差摊销额，倒挤出“投资收益”科目金额。

2025年12月31日，编制会计分录：

借：债权投资——应计利息　　5 000

——利息调整　　604.48

贷：投资收益　　5 604.48

其他年末账务处理原理同上。

❷债权投资发生减值

企业应当在债权投资持有期间的每个资产负债表日，确认其是否发生减值。若发生减值，应当将债权投资的账面价值减记至预计未来现金流量的现值，也就是将账面价值调整为可收回金额，计入当期损益，借记“信用减值损失”科目，贷记“债权投资减值准备”科目。

【学中做4-9】承【学中做4-8】，假定2027年彩韵公司发生重大财务困难，至2027年12月31日，预计只能收回面值100 000元，请编制2027年和2028年会计分录。

【解析】预计未来现金流量现值=100 000 ÷ $(1+6\%)^2$=89 000（元）

❶2027年12月31日的账务处理。

借：债权投资——应计利息　　5 000

——利息调整　　1 297.19

贷：投资收益　　6 297.19

信用减值损失=111 250.42−89 000=22 250.42（元）

借：信用减值损失　　22 250.42

贷：债权投资减值准备　　22 250.42

账面价值=100 000+5 000×3−3 749.58− 22 250.42=89 000（元）

❷2028年12月31日的账务处理。

借：债权投资——应计利息　　5 000

——利息调整　　340

贷：投资收益 5 340

投资收益=89 000×6%=5 340（元）

账面价值=100 000+5 000×4-（3 749.58-340）-22 250.42=94 340（元）

（3）到期承兑

债券期限届满应按照面值和应收未收的利息之和收回投资金额，一般情况，债权投资到期时，折价（溢价）已摊销完毕，“债权投资”科目的余额为债券面值和应计利息，借记“其他货币资金”科目或“银行存款”科目，贷记“债权投资”科目；若债权投资发生减值，到期时“利息调整”科目还有余额，应从对应科目转出，同时转销减值准备，借记“债权投资减值准备”。

【学中做4-10】承【学中做4-9】，请编制债权投资到期时的会计分录。

【解析】❶2029年12月31日。

借：债权投资——应计利息 5 000

——利息调整 660

贷：投资收益 5 660

投资收益=94 340×6%=5 660（元）【注：尾数调整】

账面价值=100 000+5 000×5-（3 749.58-340-660）-22 250.42=100 000（元）

❷2030年1月1日到期。

借：其他货币资金 100 000

债权投资——利息调整 2 749.58

债权投资减值准备 22 250.42

贷：债权投资——面值 100 000

——应计利息 25 000

（二）任务要领

1.债权投资取得的账务处理要点

债权投资入账价值包括交易费用。取得债权投资时，初始入账价值若高于债券面值，其差额称为利息调整借差，反之则称为利息调整贷差。

【做中学4-5】甲公司2024年1月1日以银行存款购买乙公司当日发行5年期的一次还本付息债券，面值总额500 000元，票面利率5%，市场利率8%，支付款项424 864元，另支付交易费用500元（不考虑增值税）。请编制会计分录。

【解析】编制会计分录如下：

借：债权投资——面值 500 000

贷：银行存款 425 364

债权投资——利息调整 74 636

2.债权投资持有期间投资收益的账务处理要点

债权投资持有期间，应当按照实际利率与摊余成本确认投资收益，实际利率一般采用发行债券时的市场利率，未发生减值时，摊余成本与账面价值相等。

【做中学4-6】承【做中学4-5】，编制2024年12月31日的会计分录。

【解析】编制会计分录如下：

借：债权投资——应计利息 25 000

——利息调整 9 029.12

贷：投资收益 34 029.12

【思考】持有期间的其他资产负债表日如何进行账务处理？

3.债权投资发生减值的账务处理要点

债权投资发生减值时，应先按照期初摊余成本与实际利率确认本期的投资收益，这是因为期初摊余成本表示的是企业本期实际被占用的资金数额，再根据利息调整摊销后的摊余成本与估计未来现金流量现值进行比较，确认减值损失数额。

【做中学4-7】承【做中学4-5】，假定2027年乙公司发生严重亏损，至2027年12月31日，甲公司预计能够收回的未来现金流量仅为面值500 000元，其现值为462 963元，确认减值损失并编制2027年12月31日的会计分录。

【解析】编制会计分录如下：

借：债权投资——应计利息　　25 000
　　　　　　——利息调整　　17 866.89
　贷：投资收益　　42 866.89

债权投资账面价值=425 364+25 000×4+9 029.12+11 751.45+14 691.57+17 866.89=578 703.03（元）

信用减值损失=578 703.03−462 963=115 740.03（元）

借：信用减值损失　　115 740.03
　贷：债权投资减值损失　　115 740.03

4.债权投资到期的账务处理要点

债权投资发生减值后，应以扣除减值损失的摊余成本计算投资收益（与未发生减值时计算的投资收益数额不同），债权投资到期时，“利息调整”科目余额，应同“债权投资减值损失”科目一并转销处理。

【做中学4-8】承【做中学4-7】，编制债权投资到期时的会计分录。

【解析】编制会计分录如下：

借：债权投资——应计利息　　25 000
　　　　　　——利息调整　　12 037
　贷：投资收益　　37 037

投资收益=462 963×8%=37 037（元）【注：尾数调整】

账面价值=425 364+25 000×5+9 029.12+11 751.45+14 691.57+17 866.89+12 037−115 740.03=500 000（元）

“利息调整”科目贷方余额=74 636−（9 029.12+11 751.45+14 691.57+17 866.89+12 037）=9 259.97（元）

2030年1月1日到期的账务处理：

借：其他货币资金　　500 000
　　债权投资——利息调整　　9 259.97
　　债权投资减值准备　　115 740.03
　贷：债权投资——面值　　500 000
　　　　　　　——应计利息　　125 000

三、任务实施

步骤1：判断海达股份有限公司购入的债券应予以确认的金融资产类别，并提供判断依据

海达股份有限公司购入的债券应确认为以摊余成本计量的金融资产。

判断依据：该公司购入债券时，预计发行方不会提前赎回且打算持有至债券到期。

步骤2：确认初始入账价值，并进行账务处理

初始入账价值=购买价格+交易费用−可抵扣的进项税额
=176+1=177（万元）

借：债权投资——面值　　2 000 000
　贷：债权投资——利息调整　　230 000
　　　其他货币资金　　1 770 000

步骤3：确认2025年12月31日投资收益，并进行相关账务处理

借：应收利息　　100 000
　　债权投资——利息调整　　41 600
　贷：投资收益　　141 600

借：其他货币资金　　100 000
　贷：应收利息　　100 000

2025年12月31日债券账面价值=200−23+4.16=181.16（万元）

步骤4：确认信用减值损失，并进行相关账务处理

借：应收利息　　100 000

　　债权投资——利息调整　　44 900

　贷：投资收益　　144 900

债权投资账面价值=200-23+4.16+4.49=185.65（万元）

信用减值损失=185.65-150=35.65（万元）

借：信用减值损失　　356 500

　贷：债权投资减值损失　　356 500

4.2课证融通练习题

任务三　以公允价值计量且其变动计入其他综合收益的金融资产的核算

一、任务情境

（一）任务场景

2024年2月1日，A公司购买B公司发行的股票30 000股，成交价为每股14.8元，其中包含已宣告但尚未发放的现金股利每股0.2元，另付交易费用10万元。A公司将该股票确认为其他权益工具投资。

（1）2024年2月27日，收到现金股利。

（2）2024年12月31日，该股票每股市价为17.3元。

（3）2025年2月25日，B公司宣告发放现金股利，每股0.15元，3月1日收到现金股利。

（4）2025年3月3日，A公司出售B公司全部股票，出售价格为每股市价18元。

（二）任务布置

1. 确认2024年2月1日的初始入账价值，并进行账务处理。
2. 编制2024年2月27日的会计分录。
3. 编制2024年12月31日的会计分录。
4. 编制发放现金股利的会计分录。
5. 编制出售金融资产的会计分录。

二、任务准备

（一）知识准备

1. 以公允价值计量且其变动计入其他综合收益的金融资产的主要内容

（1）概念

金融资产同时符合下列条件的，应当分类为以公允价值计量且其变动计入其他综合收益的金融资产：❶企业管理该金融资产的业务模式既以收取合同现金流量为目标又以出售该金融资产为目标。❷该金融资产的合同条款规定，在特定日期产生的现金流量，仅为对本金和以未偿付本金金额为基础的利息的支付，表明企业可以灵活地在市场条件变化时做出快速投资调整，对购入的债券既可持有至到期，也可在到期前出售。

除符合上述条件外，在初始确认时，企业可以将非交易性权益工具（如限售股）投资指定为以公允价值计量且其变动计入其他综合收益的金融资产，并确认股利收入。该指定一经做出，不得撤销。

（2）确认方式

确认以公允价值计量且其变动计入其他综合收益的金融资产有三种方式，一是购入符合条件的债权投资。二是指定的非交易性权益工具投资。三是重分类，在满足特定条件下，其他两类金融资产可以重分类为以公允价值计量且其变动计入其他综合收益的金融资产。

（3）相关账户设置

以公允价值计量且其变动计入其他综合收益的金融资产有“其他债权投资”和“其他权益

工具投资”两个核算账户，资产负债表日应当以公允价值计量，且公允价值变动均记入“其他综合收益——金融资产公允价值变动”科目，不得计入当期损益。

❶ 其他债权投资

企业应当设置“其他债权投资”科目，可按金融资产类别和品种设置“成本”“利息调整”“应计利息”“公允价值变动”等科目进行明细核算。当其他债权投资预期可收回金额持续下降，应确认信用减值损失，计提减值准备，确认“金融资产减值损失”，对应记入“其他综合收益”下的“金融资产减值损失”明细科目。

❷其他权益工具投资

企业应当设置“其他权益工具投资”科目，可按其他权益工具投资的类别和品种设置“成本”“公允价值变动”等科目进行明细核算，“成本”明细科目的核算方法同债权投资、其他债权投资，均包含交易费用，“公允价值变动”明细科目的核算方法与交易性金融资产的“公允价值变动”类似。

（4）列报

“其他债权投资”项目反映资产负债表日企业分类为以公允价值计量且其变动计入其他综合收益的长期债权投资的期末账面价值。该项目应根据“其他债权投资”科目的相关明细科目的期末余额分析填列。

“其他权益工具投资”项目反映资产负债表日企业指定为以公允价值计量且其变动计入其他综合收益的非交易性权益工具投资的期末账面价值。该项目应根据“其他权益工具投资”科目的期末余额填列。

2.其他债权投资的账务处理

为了详细介绍企业对以公允价值计量且其变动计入其他综合收益的金融资产的账务处理过程，下面从初始计量、后续计量和终止确认3个阶段进行说明。

（1）初始计量

其他债权投资在取得时的初始入账价值和账务处理与“债权投资”相同。

【学中做4-11】海达股份有限公司在2025年1月1日购入了恒运公司当日发行的5年期的债券，债券总面值100 000元，票面利率为5%，每年年末支付当年利息，到期一次性偿还本金。市场利率为6%，实际支付95 688元，另支付相关交易费106元（含可抵扣增值税6元），海达股份有限公司将其确认为其他债权投资，请编制会计分录。

【解析】编制会计分录如下：

	借方	贷方
借：其他债权投资——面值	100 000	
应交税费——应交增值税（进项税额）	6	
贷：其他货币资金		95 794
其他债权投资——利息调整		4 212

（2）后续计量

❶按实际利率法确认摊余成本

其他债权投资按照实际利率与摊余成本确认投资收益的核算方法与债权投资相同。

【学中做4-12】承【学中做4-11】，确认2025年12月31日其他债权投资的收益，编制会计分录。

【解析】编制会计分录如下：

	借方	贷方
借：应收利息	5 000	
债权投资——利息调整	747.28	
贷：投资收益		5 747.28

收到利息的会计分录略，其他年末账务处理原理同上。

❷资产负债表日确认公允价值变动

资产负债表日应按照公允价值调整其他债权投资的账面价值，并将公允价值变动数额计入其他综合收益，若公允价值高于账面价值，借记“其他债权投资——公允价值变动”科目，贷记“其他综合收益——金融资产公允价值变动”科目，反之则反。

【学中做4-13】承【学中做4-12】，每年年末持有的债券的公允价值见表4-3，编制2026年年末的会计分录。

表4-3　　公允价值变动表　　单位：元

日期	摊余成本	公允价值	本期公允价值变动	累计公允价值变动
	a	b	c=b-a	d=c-上期c
2025.1.1	95 788.00	—	—	—
2025.12.31	96 535.28	96 690.00	154.72	154.72
2026.12.31	97 327.40	97 503.00	175.60	20.88

【解析】编制会计分录如下：

借：其他债权投资——公允价值变动　　20.88

　贷：其他综合收益——金融资产公允价值变动　　20.88

【提示】每年年末公允价值与账面价值的差额为累计公允价值变动数额。

（3）终止确认

企业出售其他债权投资时，应终止确认该金融资产。按照实际收到的金额，借记“其他货币资金”或“银行存款”科目，按照出售比例转销账面价值，贷记“其他债权投资”科目，两者的差额确认为投资收益，同时，按照公允价值变动的累计数额，借记或贷记“其他综合收益——金融资产公允价值变动”科目，贷记或借记“投资收益”科目。

【学中做4-14】承【学中做4-13】，2027年1月3日，海达股份有限公司将持有的恒运公司的债券全部出售，收到价款97 560元，请编制会计分录。

【解析】编制会计分录如下：

借：其他货币资金　　97 560

　　其他债权投资——利息调整　　2 672.60

　贷：其他债权投资——面值　　100 000

　　　　　　　　——公允价值变动　　175.60

　　　投资收益　　57

借：其他综合收益——金融资产公允价值变动　　175.60

　贷：投资收益　　175.60

3.其他权益工具投资的账务处理

（1）初始计量

与交易性金融资产不同的是，其他权益工具投资的初始入账价值包含交易费用，此外，账务处理原理相同。按照初始入账价值，借记“其他权益工具——成本”科目，按照可抵扣进项增值税，借记“应交税费——应交增值税（进项税额）”科目，按照应收股利金额借记“应收股利”科目，按照实际支付的款项，贷记“其他货币资金”或“银行存款”科目。

【学中做4-15】2024年10月10日，宏发股份有限公司购买红星科技公司的股票5 000股，每股购买价格3.6元，另支付交易手续费860元（含不可抵扣增值税60元），款项以其在证券交易所开设的投资款专用账户支付，将其确认为其他权益工具投资，请编制会计分录。

【解析】编制会计分录如下：

借：其他权益工具投资——成本　　18 860

　贷：其他货币资金　　18 860

（2）后续计量

❶公允价值变动

资产负债表日，其他权益工具投资应按照公允价值调整账面价值，两者的差额确认为公允价值变动，计入其他综合收益，借记或贷记“其他综合收益——金融资产公允价值变动”科目，贷记或借记“其他权益工具投资——公允价值变动”科目。

【学中做4-16】承【学中做4-15】，2024年12月31日，红星科技公司的股票交易价格为每股2.9元，请编制会计分录。

【解析】编制会计分录如下：

借：其他综合收益——金融资产公允价值变动　　4 360

　贷：其他权益工具投资——公允价值变动　　4 360

❷取得投资收益

其他权益工具投资确认投资收益的核算方法与交易性金融资产相同。

【学中做4-17】承【学中做4-16】，2025年3月21日，红星科技公司宣告当年的股利政策，每股发放0.2元现金股利，每10股派2股股票股利。3月27日，宏发股份有限公司收到股利，请编制会计分录。

【解析】❶2025年3月21日。

借：应收股利　　1 000

　贷：投资收益　　1 000

❷2025年3月27日。

借：其他货币资金　　1 000

　贷：应收股利　　1 000

股票股利不作账务处理。应在备查账簿中登记，持有的股票数量增加至6 000股。

（3）终止确认

企业出售其他权益工具投资时，应终止确认该金融资产。按照实际收到的金额，借记“其他货币资金”或“银行存款”科目，按照出售比例转销账面价值，贷记“其他权益工具投资”科目，两者的差额确认为其他综合收益，同时，按照公允价值变动的累计数额，借记或贷记“其他综合收益——金融资产公允价值变动”科目，贷记或借记“利润分配——未分配利润”科目。

【学中做4-18】承【学中做4-17】，2025年4月10日，宏发股份有限公司将红星科技公司的全部股票出售，收取价款18 600元，请编制会计分录。

【解析】编制会计分录如下：

借：其他货币资金　　18 600

　　其他权益工具投资——公允价值变动　　4 360

　贷：其他权益工具投资——成本　　18 860

　　　其他综合收益——金融资产公允价值变动　　4 100

借：利润分配——未分配利润　　260

　贷：其他综合收益——金融资产公允价值变动　　260

（二）任务要领

1.其他债权投资的账务处理要点

（1）初始确认时，与债权投资账务处理类似。

（2）取得投资收益时，与债券投资一样，均使用实际利率法确认摊余成本。

（3）资产负债表日，按照公允价值确认账面价值，确认公允价值变动，记入“其他综合收益——金融资产公允价值变动”科目。

（4）终止确认时，应注意将公允价值变动的累计数额借记或贷记“其他综合收益——金融资产公允价值变动”科目，贷记或借记“投资收益”科目。

2.其他权益工具投资的账务处理要点

（1）初始确认时，除初始入账价值应包含交易费用外，与交易性金融资产账务处理类似。

（2）取得投资收益时，与交易性金融资产的账务处理一致。

（3）资产负债表日，按照公允价值确认账面价值，确认公允价值变动，记入“其他综合收益——金融资产公允价值变动”科目，原理同其他债权投资。

（4）终止确认时，应注意将公允价值变动的累计数额借记或贷记“其他综合收益——金融资产公允价值变动”科目，贷记或借记“利润分配——未分配利润”科目。

三、任务实施

步骤1：确认初始入账价值，并进行账务处理

初始入账价值=30 000×（14.8−0.2）+100 000=538 000（元）

借：其他权益工具投资——成本　538 000
　　应收股利　6 000
　贷：银行存款　544 000

步骤2：收到现金股利

收到在购买股票时含有的现金股利，属于垫支资金的收回，不确认投资收益。

借：银行存款　6 000
　贷：应收股利　6 000

步骤3：确认公允价值变动

B公司股票公允价值为519 000元（30 000×17.3），应调减账面价值19 000元。

借：其他综合收益——金融资产公允价值变动　19 000
　贷：其他权益工具投资——公允价值变动　19 000

步骤4：确认现金股利并收到现金股利

2月25日：

借：应收股利　4 500
　贷：投资收益　4 500

3月1日：

借：银行存款　4 500
　贷：应收股利　4 500

步骤5：确认出售金融资产的会计分录

A公司出售持有的B公司全部股票，“其他权益工具投资”科目应全部转销，将出售价款与“其他权益工具投资”账面价值的差额记入“其他综合收益——金融资产公允价值变动”科目，同时将公允价值变动的累计数额转入“利润分配——未分配利润”科目。

借：银行存款　540 000
　　其他权益工具投资——公允价值变动　19 000
　贷：其他权益工具投资——成本　538 000
　　　其他综合收益——金融资产公允价值变动　21 000
借：其他综合收益——金融资产公允价值变动　2 000
　贷：利润分配——未分配利润　2 000

4.3课证融通练习题

【职业课堂】 新金融工具准则对企业的影响

近年来，我国金融业务规模持续增长，为稳定金融市场体系，降低金融风险，切实解决金融资产分类的复杂性、主观性和不可比性等现实问题，财政部经过多轮讨论、吸收各界意见后，于2017年修订了金融工具会计准则（以下称“新金融工具准则”），并按照相关规定，我国企业自2018年1月1日起分批执行。

基于2015—2020年我国纯A股上市公司数据，笔者实证检验了新金融工具准则对企业应计盈余管理的影响。研究结果表明，新金融工具准则的实施降低了企业应计盈余管理程度，且对企业正向盈余管理的抑制作用更明显。进一步研究发现，新金融工具准则在非国有企业、低股权集中度企业以及由非大型会计师事务所审计的企业中发挥的边际效应更强。外部环境检验结果显示，新金融工具准则在高法治水平和高市场化程度地区实施的效果更佳，对企业盈余管理的约束更明显。因此，为进一步促进资本市场的健康发展，政府应根据经济环境的变化，不断完善相关会计准则；企业应进一步加强内部治理，提高会计准则执行效果。

资料来源：李梓，刘亚宁.新金融工具准则对企业应计盈余管理的影响研究——基于金融资产分类视角[J]. 北京工商大学学报（社会科学版），2023，38（2）：40-51.

请思考：新金融工具准则的实施对企业有什么影响？

【解析】随着我国多层次资本市场的建设、金融创新的发展和对外开放的深化，金融资产的账务处理对企业风险管理、内部控制、投资策略、融资安排、股价变动和股利政策等诸多方面均可能产生影响。新金融工具准则要求企业根据管理金融资产的业务模式和金融资产的合同现金流量特征对金融资产进行分类，对相关金融资产和金融负债采用公允价值计量，并将金融资产减值方法由“已发生损失模型”转为“预期信用损失模型”，以期实现及时预警和反映市场风险等金融风险，降低了企业利用金融资产出售操纵利润的可能性，强化了对企业管理层的监管能力，企业主动对风险进行识别、计量、防范和控制，提高了会计信息质量。

项目小结

企业配置的金融资产可以作为资金的“蓄水池”，不但有助于企业应对融资约束，缓解资金短缺问题，还可以通过配置金融资产丰富利润来源，分散企业投资风险。金融资产不同的会计核算方式对企业财务报表能够产生多方面影响，因此，企业应当严格按照企业业务管理模式和合同现金流量特征对金融资产进行分类和计量，包括三种：以摊余成本计量的金融资产、以公允价值计量且其变动计入当期损益的金融资产、以公允价值计量且其变动计入其他综合收益的金融资产。只有以摊余成本计量的金融资产（债权投资）和以公允价值计量且其变动计入其他综合收益的金融资产（其他债权投资）需要计提减值准备。企业应保证金融资产会计核算的准确性和可靠性，并评估不同金融资产的收益和信用风险，优化资源配置，从而制定合理有效的金融资产投资策略和风险管理措施，在综合提高企业资金流动性和收益性的基础上，实现企业价值最大化的管理目标。

技能锤炼

业务处理题（一）

2024年1月1日，甲公司以银行存款1 996万元、另付交易费用4万元，从深圳证券交易所购入A公司同日发行的5年期公司债券，债券票面价值总额为2 500万元，票面年利率为5%，于年末支付本年度债券利息，本金在债券到期时一次性偿还。合同约定，该债券的发行方在遇到特定情况时可以将债券赎回，且不需要为提前赎回支付额外款项。甲公司在购买该债券时，预计发行方不会提前赎回，市场利率为8%。

甲公司根据其管理该债券的业务模式和该债券的合同现金流量特征，将该债券分类为以摊余成本计量的金融资产。

要求：编制2024年1月1日至2025年12月31日甲公司会计分录。

业务处理题（二）

A公司有关股票投资业务如下：

（1）2024年10月8日，A公司购买B公司发行的股票200万股，成交价为每股25.2元，其中包含已宣告但尚未发放的现金股利每股0.2元，另付交易费用6万元，占B公司表决权资本的1%。

（2）2024年11月1日，收到上述现金股利。

（3）2024年12月31日，该股票每股市价为27元。

（4）2025年4月3日，B公司宣告发放现金股利每股0.3元，4月25日，A公司收到现金股利。

（5）2025年12月31日，该股票每股市价为26元，假定判断为暂时性下跌。

（6）2026年2月6日，A公司出售B公司全部股票，出售价格为每股30元，另支付交易费用10万元。

A公司将该股票分类为两种假定情况：

（1）将其分类为以公允价值计量且其变动计入当前损益的金融资产；

（2）将其分类为以公允价值计量且其变动计入其他综合收益的非交易性权益工具投资。

要求：根据以上资料，分别编制两种假定情况下的相关会计分录。

项目综合评价

项目四综合评价参考表见表4-4：

表4-4 项目四综合评价参考表

项目名称	投资业务的核算		
评价内容		学生自评（50%）	教师评价（50%）
素质目标	1.帮助学生建立企业风险管理意识，有效防范和化解金融风险（5分）		
	2.严格按照企业会计准则要求进行账务处理，提高会计信息质量（10分）		
	3.培养会计人员“三坚三守”的职业道德规范，保护投资者特别是中小投资者合法权益（10分）		
知识目标	1.熟悉不同金融资产的核算对企业财务报表的影响（5分）		
	2.熟悉金融资产的列报要求（5分）		
	3.理解金融资产的概念、特征（5分）		
	4.掌握金融资产的分类、确认和计量方式（10分）		
	5.掌握金融资产的初始确认、后续计量和终止确认的核算方法（20分）		
技能目标	1.能够对金融资产的分类做出准确判断（5分）		
	2.能够对以公允价值计量且其变动计入当期损益的金融资产进行账务处理（10分）		
	3.能够对以摊余成本计量的金融资产进行账务处理（10分）		
	4.能够对以公允价值计量且其变动计入其他综合收益的金融资产进行账务处理（5分）		
项目评价成绩（100分）			

项目综合评价：

教师签名：

日期：

项目五　长期股权投资的核算

素养目标

1. 培养学生建立严谨的职业态度与合规意识。
2. 引导学生形成维护企业和投资者合法权益的责任意识。
3. 培养学生团队合作意识和敬业精神。

知识目标

1. 熟悉长期股权投资的列报要求。
2. 理解长期股权投资的概念和范围。
3. 掌握控制、共同控制和重大影响的判断标准。
4. 掌握长期股权投资后续计量的判断依据。
5. 掌握长期股权投资的初始计量、后续计量、减值和处置的核算方法。

技能目标

1. 具备长期股权投资基本账务处理能力。
2. 能够判断投资企业的长期股权投资对其财务报表的影响程度。
3. 能够简要分析长期股权投资的相关信息，为投资决策提供数据支持。

项目导图

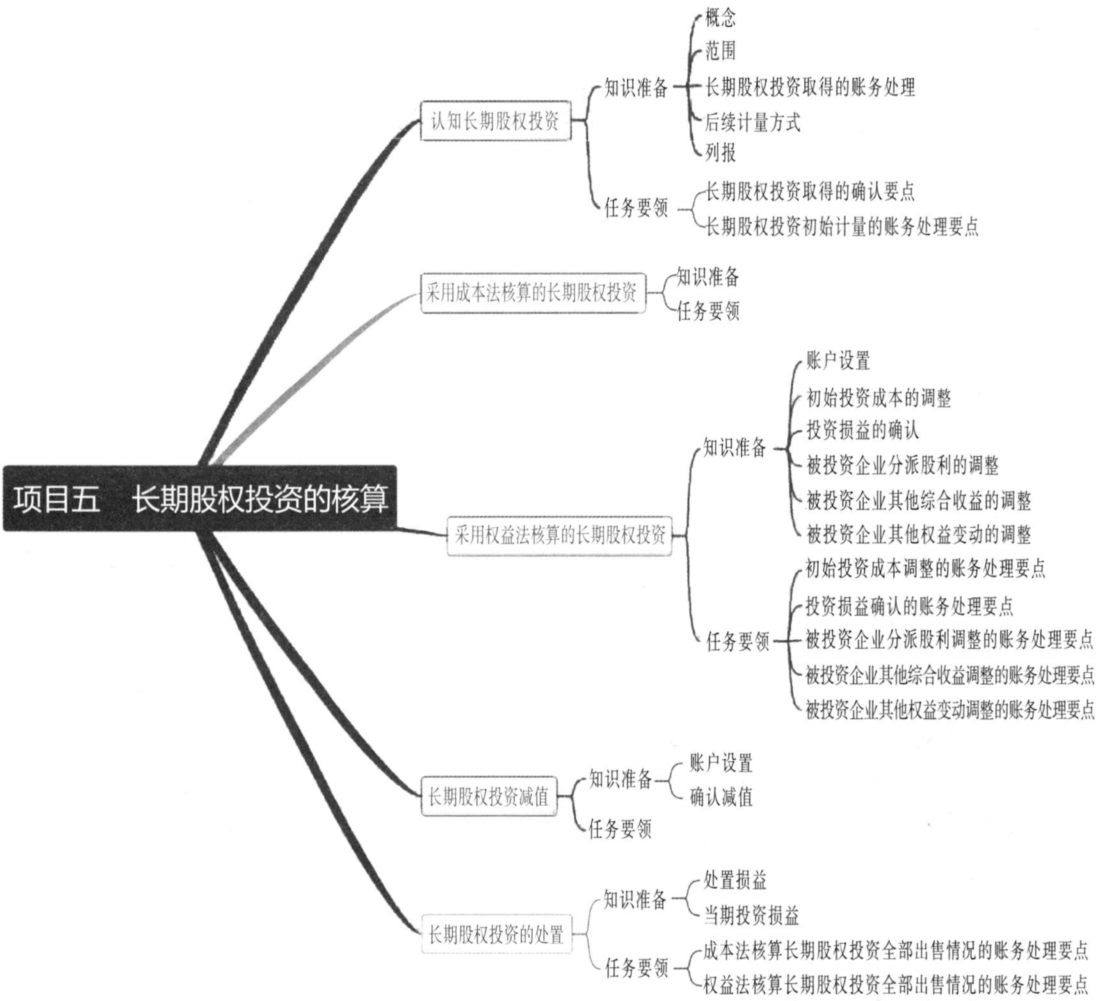

- 项目五 长期股权投资的核算
  - 认知长期股权投资
    - 知识准备
      - 概念
      - 范围
      - 长期股权投资取得的账务处理
      - 后续计量方式
      - 列报
    - 任务要领
      - 长期股权投资取得的确认要点
      - 长期股权投资初始计量的账务处理要点
  - 采用成本法核算的长期股权投资
    - 知识准备
    - 任务要领
  - 采用权益法核算的长期股权投资
    - 知识准备
      - 账户设置
      - 初始投资成本的调整
      - 投资损益的确认
      - 被投资企业分派股利的调整
      - 被投资企业其他综合收益的调整
      - 被投资企业其他权益变动的调整
    - 任务要领
      - 初始投资成本调整的账务处理要点
      - 投资损益确认的账务处理要点
      - 被投资企业分派股利调整的账务处理要点
      - 被投资企业其他综合收益调整的账务处理要点
      - 被投资企业其他权益变动调整的账务处理要点
  - 长期股权投资减值
    - 知识准备
      - 账户设置
      - 确认减值
    - 任务要领
  - 长期股权投资的处置
    - 知识准备
      - 处置损益
      - 当期投资损益
    - 任务要领
      - 成本法核算长期股权投资全部出售情况的账务处理要点
      - 权益法核算长期股权投资全部出售情况的账务处理要点

价值引领 

投资方采用权益法核算长期股权投资对财务报表的影响

雅戈尔时尚股份有限公司（简称“雅戈尔”）于2018年3月29日对中国中信股份有限公司（简称“中信股份”）持股比例由4.99%增加至5.00%，是中信股份第三大股东，直接参与了董事会的运作，因此判定对中信股份的经营决策具有重大影响，会计核算方法应当将其他权益工具投资变更为长期股权投资，并以权益法确认损益。由此，对应的净资产可辨认公允价值与账面价值的差额93.21亿元，将计入2018年第一季度营业外收入，增加当期净利润93.21亿元，实现归属于上市公司股东的净利润96.67亿元，较上年同期增加90.21亿元。但同年4月26日，雅戈尔发布取消该会计核算方法变更的公告，导致第一季度归属于上市公司股东的净利润预计较上年同期减少约7.5亿元，降低约60%。

资料来源：上海证券交易所. 雅戈尔关于变更对中国中信股份有限公司会计核算方法的公告［EB/OL］.［2018-04-10］. https://www.sse.com.cn/disclosure/listedinfo/announcement/c/2018-04-10/600177_20180410_2.pdf. 有删减.

请思考：相较于金融资产，权益法核算的长期股权投资为什么会大幅度地影响经营业绩？

【解析】投资企业购买股票使其对被投资企业产生重大影响时，应根据被投资企业的净利润（净亏损）及其他综合收益的变化，按持股比例动态调整长期股权投资的账面价值，确认投资损益和其他综合收益，因此会对投资企业的财务报表数据产生较大影响。

任务一　认知长期股权投资

一、任务情境

（一）任务场景

雅戈尔是中信股份第三大股东，2018 年 3 月 20 日向中信股份委派了一名非执行董事，3 月 29 日持股比例由 4.99% 增加至 5.00%，由此判定其对中信股份的经营决策具有重大影响，将其持有的股票的核算方法变更为长期股权投资，但随后发布取消该会计核算方法变更的公告。

（二）任务布置

请查阅相关资料，说明雅戈尔持有中信股份的股票不能以长期股权投资进行会计核算的原因。

二、任务准备

（一）知识准备

1.概念

投资是企业为了获得收益或资本增值向被投资企业投入资金的经济行为。长期股权投资是指投资方对被投资单位实施控制、有重大影响的权益性投资，以及对其合营企业的权益性投资。

2.范围

明确界定长期股权投资的范围，是对长期股权投资进行正确确认、计量和报告的前提。按照对被投资企业的影响程度，其分为控制、共同控制和重大影响。

3.长期股权投资取得的账务处理

企业取得长期股权投资可以分为两类：一是控股合并取得的长期股权投资，具体又分为同一控制下企业合并形成的长期股权投资和非同一控制下企业合并形成的长期股权投资；二是非企业合并形成的长期股权投资。

合并日或购买日是指合并方或购买方实际取得被合并方或被购买方控制权的日期，即被合并方或被购买方的净资产或生产经营决策的控制权转移给合并方或购买方的日期，合并方或购买日应在合并日确认长期股权投资。企业应设置“长期股权投资”科目，按照被投资单位进行明细核算，分别设置“投资成本”“损益调整”“其他综合收益”“其他权益变动”明细科目，正确记录和反映长期股权投资所发生的成本和损益。

注意：❶合并方或购买方为进行企业合并发生的各项直接相关费用（如法律服务费、审计费、评估费等），借记“管理费用”，按支付的可抵扣增值税进项税额，借记“应交税费——应交增值税（进项税额）”科目，但是为合并发生相关债权债务、权益性证券的手续费、佣金等，应计入其初始成本；❷合并方或购买方支付的合并对价中含有的已经宣告发放但尚未领取的现金股利，属于垫付资金，具有债权属性，不计入长期股权投资成本。

（1）同一控制下企业合并形成的长期股权投资

同一控制下企业合并是指参与合并的企业在合并前后均受同一方或相同的多方最终控制且该控制并非暂时性的。因同一控制下企业合并有可能是合并方对整体资源的重新配置，并不一定是基于市场经济的自愿交易行为，因此，合并方在合并日，对长期股权投资以被合并方可辨认净资产的账面价值为基础进行初始计量。

❶以支付现金、转让非现金资产或承担债务方式支付合并对价

合并方应在合并日按取得被合并方可辨认净资产在最终控制方合并财务报表中的账面价值的份额，借记“长期股权投资——投资成本”科目，按支付的合并对价的账面价值，贷记或借记有关资产、负债科目，按其差额，贷记“资本公积——资本溢价或股本溢价”科目；如为借

方差额，借记“资本公积——资本溢价或股本溢价”科目，资本公积（资本溢价或股本溢价）不足冲减的，应依次借记“盈余公积”“利润分配——未分配利润”科目。

【学中做5-1】A公司是B公司、C公司的母公司。2025年1月8日，A公司将其持有B公司80%的股权转让给C公司，双方协商确定的交易价格为11 000万元，全部以货币资金支付。合并日，B公司可辨认净资产的账面价值为12 000万元，C公司所有者权益包括资本公积800万元，盈余公积500万元，未分配利润2 600万元。请编制会计分录。

【解析】长期股权投资初始成本为被合并方可辨认净资产账面价值与持股比例的乘积，即9 600万元（12 000×80%）。

借：长期股权投资——投资成本　96 000 000
　　资本公积——股本溢价　8 000 000
　　盈余公积　5 000 000
　　利润分配——未分配利润　1 000 000
　贷：银行存款　110 000 000

❷以发行权益性证券方式支付合并对价

合并方应在合并日按取得被合并方可辨认净资产在最终控制方合并财务报表中的账面价值的份额，借记“长期股权投资——投资成本”科目，按照发行股份的面值总额，贷记“股本”，按其差额借记或贷记“资本公积——股本溢价”科目，若借记“资本公积——股本溢价”科目，资本公司不足冲减的，应按合并日投资企业的留存收益余额依次冲减。

【学中做5-2】假设【学中做5-1】中交易价格11 000万元以C公司发行每股面值1元的股票8 000万股作为合并对价，支付股票发行手续费等63.6万元（含可抵扣增值税3.6万元），其他条件不变，请编制会计分录。

【解析】编制会计分录如下：

借：长期股权投资——投资成本　96 000 000
　　应交税费——应交增值税（进项税额）　36 000
　贷：股本　80 000 000
　　　银行存款　636 000
　　　资本公积——股本溢价　15 400 000

（2）非同一控制下企业合并形成的长期股权投资

非同一控制下企业合并是指参与合并的企业在合并前后不受同一方或相同的多方最终控制。与同一控制下企业合并不同，非同一控制下企业合并属于合并各方自愿进行的市场交易行为，因此，购买方在购买日，对长期股权投资以公允价值为基础进行初始计量。作为合并对价付出的资产、发生或承担的负债的公允价值与其账面价值的差额，计入损益（其他权益工具投资除外）。

❶以支付现金的方式支付合并对价

购买方在购买日以支付货币资金的方式取得被购买方的股权，应以支付的货币资金作为初始投资成本，借记“长期股权投资——投资成本”科目，贷记“银行存款”科目。

【学中做5-3】A公司是B公司的母公司，C公司是D公司的母公司，A公司和C公司相互独立。2025年4月3日，A公司将其持有B公司80%的股权转让给D公司，B公司当日可辨认净资产公允价值为8 500万元，D公司向A公司支付7 000万元。编制取得时的会计分录。

【解析】编制会计分录如下：

借：长期股权投资——投资成本　70 000 000
　贷：银行存款　70 000 000

❷以支付现金以外的其他资产方式支付合并对价

购买方在购买日以支付现金以外的其他资产方式取得被购买方的股权，对其他资产视同销售，按资产处置进行账务处理。投资企业应以资产的公允价值作为投资成本，借记“长期股权投资——投资成本”科目，贷记“主营业务收入”“其他业务收入”“固定资产清理”等科目，同时，结转对应成本，将资产公允价值与其账面价值的差额确认损益。也就是说，可以视作两个步骤：第一步，按照其他资产的公允价值之和确认长期股权投资，按照出售（处置）的对应科目确认贷方科目；第二步，按照资产出售（处置）结转对应成本。

【学中做5-4】A公司和B公司属于非同一控制下的独立公司，2025年3月18日，A公司以其价值800万元的机器、200万元的库存商品购入B公司80%股权。机器的账面余额为1 000万元，累计折旧是400万元，库存商品账面余额为160万元，已计提存货跌价准备10万元，以银行存款支付评估费等20万元。不考虑增值税的情况下，编制取得时的会计分录。

【解析】❶确认长期股权投资取得时。

科目	借方	贷方
借：长期股权投资——投资成本	10 000 000	
管理费用	200 000	
贷：银行存款		200 000
主营业务收入		2 000 000
固定资产清理		8 000 000

❷结转付出资产的对应成本。

科目	借方	贷方
借：主营业务成本	1 500 000	
存货跌价准备	100 000	
贷：库存商品		1 600 000
借：固定资产清理	8 000 000	
累计折旧	4 000 000	
贷：固定资产		10 000 000
资产处置损益		2 000 000

❸以发行股票等方式支付合并对价

购买方在购买日以发行股票等方式取得被购买方的股权，应以发行股票的公允价值作为长期股权投资的初始入账价值，借记“长期股权投资——投资成本”科目，按发行股票面值总额，贷记“股本”科目，按两者差额贷记“资本公积——股本溢价或资本溢价”科目。注意，支付的与发行股票直接相关的手续费、佣金等费用，不构成取得长期股权投资的成本，应从溢价发行收入中扣除，溢价收入不足冲减的，应冲减盈余公积和未分配利润。

【学中做5-5】A公司和B公司属于非同一控制下的独立公司，2025年1月8日，A公司以发行股票1 000万股方式购入B公司80%股权，股票面值每股1元，市场价格每股2.6元，向证券承销机构支付相关发行费用20万元。不考虑增值税，编制取得B公司股权时的会计分录。

【解析】❶确认长期股权投资取得时。

科目	借方	贷方
借：长期股权投资——投资成本	26 000 000	
贷：股本		10 000 000
资本公积——股本溢价		16 000 000

❷支付股票发行的各项直接费用。

科目	借方	贷方
借：资本公积——股本溢价	200 000	
贷：银行存款		200 000

❹以其他方式支付合并对价

购买方也可以通过非货币性资产交换、债务重组等方式取得合并企业的股权，由于篇幅有限，本部分内容略。

（3）非企业合并形成的长期股权投资

非企业合并形成的长期股权投资，其初始入账价值与非同一控制下企业合并形成的长期股权投资成本的确认方法基本相同，有区别的是，发生的各项直接相关费用（如法律服务费、审计费、评估费等）应计入长期股权投资成本。

【学中做5-6】2025年1月10日，A公司以发行股票1 000万股方式购入B公司40%股权，股票面值每股1元，市场价格每股2.6元，向证券承销机构支付相关发行费用20万元，同日，B公司可辨认净资产的公允价值为8 000万元。不考虑增值税的情况下，编制取得时的会计分录。

【解析】编制会计分录如下：

借：长期股权投资——投资成本　　26 200 000

　贷：股本　　10 000 000

　　　资本公积——股本溢价　　16 000 000

　　　银行存款　　200 000

4.后续计量方式

长期股权投资后续计量方式有成本法和权益法两种。投资方能够对被投资单位实施控制的长期股权投资应当采用成本法核算，也就是对子公司采用成本法核算；投资方对联营企业和合营企业的长期股权投资，应当采用权益法核算。

5.列报

“长期股权投资”报表项目反映资产负债表日企业长期股权投资的期末账面价值。该项目应根据“长期股权投资”科目的相关明细科目期末余额，减去“长期股权投资减值准备”科目中相关减值准备的期末余额后的金额分析填列。

（二）任务要领

1.长期股权投资取得的确认要点

企业可以通过企业合并和非企业合并两种方式取得长期股权投资，其中未形成控股合并的长期股权投资主要是指对合营企业和联营企业的长期股权投资。对于共同控制和重大影响，不能仅依据持股比例进行判断，应结合具体情况进行分析。

【做中学5-1】A公司和B公司各持有C公司21%的表决权，C公司其余表决权分布极为分散，没有任何一个其他股东持有超过1%的表决权，C公司章程规定相关活动的决策需要50%以上的表决权通过方可做出。但历史数据显示，从未发生除A公司和B公司外的超过25%的表决权股东联合决策情况。A公司和B公司签订了一致行动协议，约定对C公司的重大事项进行表决时，A公司、B公司应一致行动。判断A公司、B公司与C公司的关系。

【解析】共同控制。A公司和B公司合计持有C公司48%的表决权，无法满足50%以上的表决权要求。但由于剩余表决权分布极为分散，且A公司与B公司签订了一致行动协议，当投资方拥有半数以下表决权时考虑表决权的相对份额大小以及其他股东持有表决权的分散程度等来判断，A公司与B公司能够共同控制C公司。

【做中学5-2】承【做中学5-1】，假设A公司与B公司未签订一致行动协议，判断A公司、B公司与C公司的关系。

【解析】重大影响。A公司与B公司未签订一致行动协议，不存在一致意见，因此，A公司、B公司可能分别对C公司具有重大影响。

2.长期股权投资初始计量的账务处理要点

合并日或购买日是被合并方或被购买方的净资产或生产经营决策的控制权转移给合并方或购买方的日期，代表着实质控制权的转移，需要对长期股权投资进行初始确认。无论是同一控制下企业合并还是非同一控制下企业合并形成的长期股权投资，初始确认成本均不包括为企业合并发生的审计费、法律服务费、评估费等各项直接相关费用，直接计入当期损益，但是非企业合并形成的长期股权投资，以上的各项直接相关费用计入长期股权投资成本。

【做中学5-3】甲、乙两家公司属非同一控制下的独立公司。甲公司于2025年1月6日以银行存款8 000万元及一批库存商品、一台设备购入乙公司60%股权，并支付审计费、评估费等30万元。库存商品账面价值为3 500万元，未计提存货跌价准备，公允价值为5 000万元，设备账面余额为6 000万元，累计折旧为2 000万元，公允价值为4 800万元。假设不考虑增值税，请编制取得时的会计分录。

【解析】(1) 确认长期股权投资的取得。

借：长期股权投资——投资成本	178 000 000	
管理费用	300 000	
贷：银行存款		80 300 000
主营业务收入		50 000 000
固定资产清理		48 000 000

(2) 结转付出资产的对应成本。

借：主营业务成本	35 000 000	
贷：库存商品		35 000 000
借：固定资产清理	48 000 000	
累计折旧	20 000 000	
贷：固定资产		60 000 000
资产处置损益		8 000 000

三、任务实施

步骤1：持股比例分析

雅戈尔持股比例由4.99%上升至5%，并不会实质增加雅戈尔对中信股份的影响，增持0.1万股并不足以表明公司已改变对中信股份的持有意图。

步骤2：当投资方拥有半数以下表决权时考虑表决权的相对份额大小以及其他股东持有表决权的分散程度

中信股份前两大股东持股比例达到78.13%，在其股东大会的表决权上前两大股东占有绝对优势，增持后雅戈尔持股比例仅为5%。其他股东持有股份不是高度分散的情况下，5%有表决权的股份通常并不足以达到重大影响。

步骤3：分析是否影响中信股份的重大经营及相关决策

中信股份董事会由17名董事组成，并将相关职能授权给5个委员会，除执行董事外，13名非执行董事中有11名非执行董事均在相关委员会中任职。雅戈尔派出董事未担任任何职务，仅通过其在董事会中1/17的席位对中信股份实施的影响是非常有限的，无法参与中信股份的重大经营及财务决策相关专委会职责的履行。

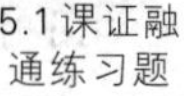

5.1课证融通练习题

结论：雅戈尔持有的股份不符合长期股权投资核算条件。

任务二　采用成本法核算的长期股权投资

一、任务情境

（一）任务场景

A公司与B公司是P公司的子公司，2025年2月1日A公司自P公司处购入B公司60%的股权，以银行存款支付67 000万元，同日，A公司主导B公司财务和经营政策，支付发生相关审计、法律服务、评估咨询费用共计80万元。2025年3月20日，B公司宣告发放股利，其中，现金股利共计5 000万元，股票股利共计6 000万股。2025年4月2日，A公司收到现金股利和股票股利。

（二）任务布置

确认合并日长期股权投资的初始入账价值，并编制相关会计分录。

二、任务准备

（一）知识准备

对子公司的长期股权投资采用成本法核算，长期股权投资应当按照初始投资成本计价，除发生追加或收回投资、减值外，长期股权投资的账面价值一般不予调整。

被投资企业宣告分派的现金股利或利润时，应当确认为当期投资收益，投资企业按照持股或资本比例确认投资收益，借记“应收股利”科目，贷记“投资收益”科目；在收到现金股利或利润时，借记“银行存款”或“其他货币资金”科目，贷记“应收股利”科目，表示企业已经实际收到现金股利或利润了。被投资企业宣告分派股票股利，处理方式同金融资产，不作账务处理，但要在备查簿中登记，确认持有股票数量的增加。

【学中做5-7】承【学中做5-1】，2025年3月27日，B公司宣告发放股利，其中，现金股利共计300万元，股票股利共计1 200万股。2025年4月2日，A公司收到现金股利和股票股利。请编制会计分录。

【解析】❶2025年3月27日。

借：应收股利（300×80%）　　2 400 000

　贷：投资收益　　2 400 000

❷2025年4月2日。

借：银行存款　　2 400 000

　贷：应收股利　　2 400 000

同时，在备查簿中登记股票股利，表示股票数量增加了960万股（1 200×80%）。

（二）任务要领

成本法核算的账务处理要点是，一般情况下长期股权投资的账面价值保持不变，只有被投资企业宣告分派现金股利或利润时才进行账务处理。

【做中学5-4】承【做中学5-3】2025年3月21日，乙公司宣告发放股利，其中，现金股利共计7 000万元，股票股利共计2 000万股。2025年3月30日，甲公司收到现金股利和股票股利。请编制会计分录。

【解析】❶2025年3月21日。

借：应收股利（7 000×60%）　　42 000 000

　贷：投资收益　　42 000 000

❷2025年3月30日。

借：银行存款　　42 000 000

　贷：应收股利　　42 000 000

同时，在备查簿中登记股票股利，表示股票数量增加了1 200万股（2 000×60%）。

三、任务实施

步骤1：取得长期股权投资

合并日取得长期股权投资成本=67 000万元

借：长期股权投资——投资成本　　670 000 000

　　管理费用　　800 000

　贷：银行存款　　670 800 000

步骤2：2025年3月20日，宣告发放现金股利和股票股利

借：应收股利　　30 000 000

　贷：投资收益　　30 000 000

股票股利不作账务处理。

步骤3：2025年4月2日，收到现金股利和股票股利

借：银行存款　　30 000 000

　贷：应收股利　　30 000 000

同时，在备查簿中登记股票股利，表示股票数量增加了3 600万股（6 000×60%）。

5.2课证融通练习题

任务三　采用权益法核算的长期股权投资

一、任务情境

（一）任务场景

A公司于2025年1月5日取得B公司32%的股权，支付价款9 000万元。取得投资时被投资单位净资产公允价值为22 500万元，并派人参与了B公司的生产经营决策，能够对B公司施加重大影响。2025年年末，B公司全年发生净亏损8 500万元，其他综合收益增加600万元，除净损益、其他综合收益外的其他所有者权益变动为300万元。

（二）任务布置

1. 根据“任务场景”的描述确认初始投资成本。

2. 根据“任务场景”的描述编制2025年的会计分录。

二、任务准备

（一）知识准备

投资方对联营企业和合营企业的长期股权投资后续计量应当采用权益法核算，即投资企业对被投资企业具有共同控制或重大影响的长期股权投资后续计量，采用权益法核算。其特点是，持有期间，长期股权投资的账面价值随着投资企业享有被投资企业所有者权益变动而变动。

1.账户设置

企业应当在“长期股权投资”科目下，设置“投资成本”“损益调整”“其他综合收益”“其他权益变动”明细科目，正确记录和反映长期股权投资持有期间所发生的损益变动情况。购入股权时，“投资成本”明细科目反映投资企业享有的被投资企业可辨认净资产公允价值份额及初始投资成本大于前者形成的商誉。购入股权后，“损益调整”明细科目反映投资企业应享有或应分担的被投资单位实现的调整后的净损益的份额，以及被投资单位分派的现金股利或利润中投资企业应获得的份额；“其他综合收益”明细科目反映投资企业应享有或应分担的被投资单位的其他综合收益变动的份额；“其他权益变动”明细科目反映投资企业应享有或应分担的被投资单位除净损益、利润分配、其他综合收益以外的所有者权益变动的份额。

2.初始投资成本的调整

权益法下的长期股权投资应将初始投资成本按照享有被投资企业可辨认净资产公允价值进行调整。

长期股权投资的初始投资成本大于投资时应享有的被投资企业可辨认净资产公允价值，其差额为商誉，不调整长期股权投资的初始投资成本，表明投资企业在取得股权时，购买了与所取得股权对应的商誉及不符合确认条件的资产价值，因此，不需要调整初始投资成本，后期也不会将该差额进行摊销。长期股权投资的初始投资成本小于投资时应享有的被投资企业可辨认净资产公允价值，其差额应计入当期损益，同时调整长期股权投资的入账成本，借记“长期股权投资——投资成本”科目，贷记“营业外收入”科目，表明被投资企业可能有其他潜在的风险、风险未被充分评估、投资企业获得更有利的交易条件等情况。

【学中做5-8】承【学中做5-6】，请确认长期股权投资初始成本是否需要调整，若需要调整，请编写会计分录。

【解析】长期股权投资初始成本确认为2 620万元，购买日B公司可辨认净资产的公允价值为8 000万元，按照持股比例40%，A公司应享有的份额为3 200万元，初始投资成本小于应享有的可辨认净资产公允价值，应调增初始成本580万元（3 200−2 620）。

借：长期股权投资——投资成本　　5 800 000

　贷：营业外收入　　5 800 000

3.投资损益的确认

资产负债表日，投资企业应当按照被投资单位实现的净利润或发生的净亏损中投资企业应享有或应分担的份额确认投资损益，相应调整长期股权投资的账面价值，同时，确认投资损益。

（1）投资收益确认

企业持有对合营企业或联营企业的投资，当被投资企业实现净利润时，应调增长期股权投资的账面价值，这是因为，权益法下确认的长期股权投资，其账面价值会随着投资企业享有被投资企业所有者权益变动而变动，当被投资企业实现净利润时，其所有者权益增加，所以要调增长期股权投资的账面价值。按照投资企业占被投资企业实现净利润的份额，借记“长期股权投资——损益调整”科目，贷记“投资收益”科目。

【学中做5-9】承【学中做5-8】，假设B公司2025年度实现的净利润为600万元，不考虑所得税的影响，请编制相关会计分录。

【解析】A公司应享有的净利润=600×40%=240（万元）

借：长期股权投资——损益调整　　2 400 000

　贷：投资收益　　2 400 000

长期股权投资的账面价值=2 620+580+240=3 440（万元）

（2）投资亏损确认

企业持有对合营企业或联营企业的投资，当被投资企业发生净亏损时，应调减长期股权投资的账面价值，这是因为当被投资企业发生净亏损时，其所有者权益减少，导致投资企业享有被投资企业可辨认净资产份额减少，所以要调减长期股权投资的账面价值。按照投资企业占被投资企业发生净亏损的份额，借记“投资收益”科目，贷记“长期股权投资——损益调整”科目。

【学中做5-10】承【学中做5-8】，假设B公司2025年度发生净亏损为500万元，不考虑所得税的影响，请编制相关会计分录。

【解析】A公司应承担的净亏损=500×40%=200（万元）

借：投资收益　　2 000 000

　贷：长期股权投资——损益调整　　2 000 000

长期股权投资的账面价值=2 620+580−200=3 000（万元）

4.被投资企业分派股利的调整

被投资企业分派现金股利时，其所有者权益减少，投资企业应按照享有被投资企业所有者权益的份额相应减少长期股权投资账面价值，借记“应收股利”科目，贷记“长期股权投资——损益调整”科目。在实际收到现金股利时，借记“银行存款”或“其他货币资金”科目，贷记“应收股利”科目。收到被投资单位发放的股票股利，不进行账务处理，但应在备查簿中登记。

【学中做5-11】承【学中做5-8】，2026年4月12日，B公司宣告分派股利，其中，现金股利1 800万元，股票股利3 000万股。4月25日实际发放现金股利1 800万元和股票股利3 000万股，请编制会计分录。

【解析】❶2026年4月12日。

应收现金股利=1 800×40%=720（万元）

借：应收股利　　7 200 000

　贷：长期股权投资——损益调整　　7 200 000

长期股权投资账面价值=2 620+580−720=2 480（万元）

❷2026年4月25日。

借：银行存款　　7 200 000

　贷：应收股利　　7 200 000

收到被投资单位发放的股票股利，不进行账务处理，但应在备查簿中登记增加了1 200万股（3 000×40%）股票。

5.被投资企业其他综合收益的调整

被投资企业其他综合收益变动，投资企业按持股比例计算应享有的份额，借记“长期股权投资——其他综合收益”，贷记“其他综合收益”科目。

【学中做5-12】承【学中做5-8】，假设B公司2025年度其他综合收益增加360万元，请编制会计分录。

【解析】其他综合收益调整数=360×40%=144（万元）

借：长期股权投资——其他综合收益　1 440 000

　贷：其他综合收益　1 440 000

长期股权投资账面价值=2 620+580+144=3 344（万元）

6.被投资企业其他权益变动的调整

被投资企业除净损益、利润分配、其他综合收益变动以外的所有者权益的其他变动，企业按持股比例计算应享有的份额，借记“长期股权投资——其他权益变动”，贷记“资本公积——其他资本公积”科目。

【学中做5-13】承【学中做5-9】和【学中做5-12】，假设B公司2025年度除净损益、利润分配、其他综合收益变动以外的所有者权益增加550万元，请编制会计分录。

【解析】其他权益变动调整数=550×40%=220（万元）

借：长期股权投资——其他权益变动　2 200 000

　贷：资本公积——其他资本公积　2 200 000

长期股权投资账面价值=2 620+580+240+144+220=3 804（万元）

（二）任务要领

1.初始投资成本调整的账务处理要点

权益法下，企业取得长期股权投资的初始投资成本需要与应享有被投资单位可辨认净资产的公允价值进行比较，如果初始投资成本大于应享有的可辨认净资产公允价值，则无须调整长期股权投资的初始投资成本；但如果初始投资成本小于应享有的可辨认净资产公允价值，则应按照两者差额调增长期股权投资的初始投资成本。

【做中学5-5】甲公司于2025年7月3日用银行存款1 300万元购入乙公司20%的股权，能够对乙公司产生重大影响，乙公司可辨认净资产的公允价值为7 600万元，请编制会计分录。

【解析】甲公司支付价款1 300万元，小于按照持股比例享有乙公司可辨认净资产的公允价值1 520万元（7 600×20%），应调增长期股权投资的初始投资成本，两者的差额220万元（1 520-1 300）记入“营业外收入”。

借：长期股权投资——投资成本　15 200 000

　贷：银行存款　13 000 000

　　营业外收入　2 200 000

2.投资损益确认的账务处理要点

资产负债表日，按照应享有或应负担被投资企业的净利润或净亏损确认投资损益。尤其需要注意，当被投资企业出现超额亏损时，确认投资收益对应科目的顺序依次为冲减长期股权投资、其他实质上构成对被投资单位净投资的“长期应收款”等长期权益科目、按照约定承担的预计负债的账面价值，超额亏损后出现盈利，则按照以上的相反顺序依次恢复相关科目的账面价值。应注意的是，长期权益不包括投资方与被投资单位之间因销售商品、提供劳务等日常活动所产生的长期债权。

【做中学5-6】承【做中学5-5】，2025年度，乙公司全年发生净亏损300万元（上半年净利润500万元），请编制会计分录。

【解析】因甲公司于7月3日取得乙公司的股权，应从购买当日核算被投资企业所有者权益的变动，即按持股比例20%承担乙公司下半年净亏损160万元（（300+500）×20%）。

借：投资收益　　1 600 000
　　贷：长期股权投资——损益调整　　1 600 000

长期股权投资账面价值=1 520-160=1 360（万元）

3.被投资企业分派股利调整的账务处理要点

被投资企业宣告发放现金股利时，视作收回投资，应按持股比例调减长期股权投资账面价值。

【做中学5-7】承【做中学5-5】，2026年3月27日，乙公司宣告发放现金股利400万元，请编制会计分录。

【解析】甲公司应享有的现金股利=400×20%=80（万元）

借：应收股利　　800 000
　　贷：长期股权投资——损益调整　　800 000

长期股权投资账面价值=1 520-80=1 440（万元）

4.被投资企业其他综合收益调整的账务处理要点

被投资企业因持有以公允价值计量且其变动计入其他综合收益的金融资产、长期股权投资（权益法核算）等资产，导致其他综合收益变动时，投资企业应调整长期股权投资的账面价值，按照持股比例确认应享有的被投资企业其他综合收益。

【做中学5-8】承【做中学5-6】2025年度，乙公司因其持有的以公允价值计量且其变动计入其他综合收益的金融资产公允价值变动，其他综合收益增加500万元。请编制会计分录。

【解析】编制会计分录如下：

借：长期股权投资——其他综合收益　　1 000 000
　　贷：其他综合收益　　1 000 000

长期股权投资账面价值=1 520-160+100=1 460（万元）

5.被投资企业其他权益变动调整的账务处理要点

对被投资企业除净损益、利润分配和其他综合收益变动以外的其他所有者权益变动，投资企业应按照持股比例调整长期股权投资的账面价值，计入资本公积。

【做中学5-9】承【做中学5-8】2025年度，乙公司除净损益、利润分配和其他综合收益变动以外的其他所有者权益变动为80万元。请编制会计分录。

【解析】编制会计分录如下：

借：长期股权投资——其他权益变动　　160 000
　　贷：资本公积——其他资本公积　　160 000

长期股权投资账面价值=1 520-160+100+16=1 476（万元）

三、任务实施

步骤1：确认初始投资成本

A公司以9 000万元为合并对价购入B公司32%的股权，即初始投资成本为9 000万元，购买日B公司可辨认净资产公允价值为22 500万元，A公司按持股比例应享有7 200万元（22 500×32%），初始投资成本大于应享有的所有者权益份额，无须调整初始投资成本。

步骤2：A公司购入B公司股权的相关会计分录

2025年1月5日的账务处理：

借：长期股权投资——投资成本　　72 000 000
　　贷：银行存款　　72 000 000

2025年年末的账务处理：

借：投资收益　　27 200 000
　　贷：长期股权投资——损益调整　　27 200 000

借：长期股权投资——其他综合收益　　1 920 000
　　贷：其他综合收益　　1 920 000

借：长期股权投资——其他权益变动　　1 800 000
　贷：资本公积——其他资本公积　　1 800 000

长期股权投资账面价值=7 200−2 720+192+180=4 852（万元）

5.3课证融通练习题

任务四　长期股权投资减值

一、任务情境

（一）任务场景

甲公司持有乙公司40%股权，对乙公司的生产经营和财务决策具有重大影响，2025年12月31日，该项长期股权投资的账面价值和公允价值均为3 900万元，预计处置费用15万元，甲公司按照市场利率测算该项长期股权投资的预计未来现金流量现值为3 850万元。

（二）任务布置

请计算资产负债表日甲公司持有的该项长期股权投资可收回金额，确认是否发生减值，并编制会计分录。

二、任务准备

（一）知识准备

1.账户设置

企业应当设置“长期股权投资减值准备”科目，核算长期股权投资发生减值时计提的减值准备，期末贷方余额反映企业已计提但尚未转销的长期股权投资减值准备。

2.确认减值

资产负债表日，采用权益法核算的长期股权投资，当被投资单位股价出现明显下跌且远低于被投资单位净资产的账面价值时，通常表明投资方持有的长期股权投资存在减值迹象，在对该项长期股权投资估计可收回金额时，投资企业应当关注长期股权投资的账面价值是否大于应享有被投资企业所有者权益份额等类似情况，当出现类似情况时，应当按照《企业会计准则第8号——资产减值》对长期股权投资进行减值测试。

长期股权投资的可收回金额低于其账面价值的，应当将资产的账面价值减记至可收回金额，可收回金额应根据长期股权投资的公允价值减去处置费用后的净额与其预计未来现金流量现值两者之间的较高者确定的，可收回金额低于长期股权投资账面价值的，长期股权投资存在减值，应当计提减值准备，按应减记的金额，借记“资产减值损失”科目，贷记“长期股权投资减值准备”科目。

资产减值损失一经确认，在以后会计期间不得转回。

【学中做5-14】承【学中做5-1】，2025年12月31日，B公司全部股权市场价值为10 000万元，C公司按市场利率测算其持有B公司80%的股权预计未来现金流量现值为9 000万元，确认该项长期股权投资是否发生减值，若发生减值，请编制会计分录。

【解析】本题并未给出处置费用信息，因此，按照A公司该项长期股权投资的公允价值8 000万元（10 000×80%），与其预计未来现金流量现值9 000万元对比，确认可收回金额为9 000万元。该项长期股权投资账面价值为9 600万元，应确认减值损失600万元（9 600−9 000）。

借：资产减值损失　　6 000 000
　贷：长期股权投资减值准备　　6 000 000

【学中做5-15】承【学中做5-13】，2025年12月31日，A公司测算该项长期股权投资的可收回金额为3 500万元，确认该项长期股权投资是否发生减值，若发生减值，请编制会计分录。

【解析】该项长期股权投资账面价值为3 804万元，可收回金额为3 500万元，其差额304万元应确认为减值损失。

借：资产减值损失　　3 040 000

　　贷：长期股权投资减值准备　　3 040 000

处置长期股权投资时，应同时结转已计提的长期股权投资减值准备，具体内容将在下节讲述。

（二）任务要领

资产负债表日，投资企业应按被投资单位明细测算长期股权投资可收回金额。长期股权投资可收回金额为长期股权投资的公允价值减去处置费用后的净额与其预计未来现金流量现值的较高者。

投资企业通常需要同时估计该资产的公允价值减去处置费用后的净额和资产预计未来现金流量的现值，但是，在下列情况下，可以有例外或者做特殊考虑：

第一，资产的公允价值减去处置费用后的净额与资产预计未来现金流量的现值，只要有一项超过了资产的账面价值，就表明资产没有发生减值，不需再估计另一项金额。

第二，没有确凿证据或者理由表明，资产预计未来现金流量现值显著高于其公允价值减去处置费用后的净额的，可以将资产的公允价值减去处置费用后的净额视为资产的可收回金额。

第三，资产的公允价值减去处置费用后的净额如果无法可靠估计，应当以该资产预计未来现金流量的现值作为其可收回金额。

【做中学5-10】承【做中学5-3】，2025年12月31日，乙公司全部股份公允价值为29 000万元，预计处置费用为60万元，甲公司按照市场利率测算该项长期股权投资预计未来现金流量现值为17 300万元，确认该项长期股权投资是否发生减值，若发生减值，请编制会计分录。

【解析】A公司该项长期股权投资的公允价值减去处置费用后的净额为17 340万元（29 000×60%−60），预计未来现金流量现值为17 300万元，确认可收回金额为17 340万元。该项长期股权投资账面价值为17 800万元，确认减值损失460万元。

借：资产减值损失　　4 600 000

　　贷：长期股权投资减值准备　　4 600 000

【做中学5-11】承【做中学5-9】，2025年12月31日，乙公司全部股份公允价值为7 500万元，预计处置费用为40万元，甲公司按照市场利率测算该项长期股权投资预计未来现金流量现值为1 450万元，确认该项长期股权投资是否发生减值，若发生减值，请编制会计分录。

【解析】按照上述计算方式，可收回金额为1 460万元，该项长期股权投资账面价值为1 476万元，确认减值损失16万元。

借：资产减值损失　　160 000

　　贷：长期股权投资减值准备　　160 000

三、任务实施

步骤1：计算该项长期股权投资的可收回金额

该项长期股权投资公允价值减去处置费用为3 885万元（3 900−15），预计未来现金流量现值为3 850万元，按照两者较高者确认可收回金额，可收回金额为3 885万元。

步骤2：确认减值损失并编制会计分录

该项长期股权投资账面价值为3 900万元，可收回金额为3 885万元，两者差额为5万元，确认为减值损失。

借：资产减值损失　　50 000

　　贷：长期股权投资减值准备　　50 000

5.4课证融通练习题

任务五　长期股权投资的处置

一、任务情境

（一）任务场景

甲公司持有乙公司30%股权，对乙公司的生产经营和财务决策具有重大影响，至2025年12月31日，该项长期股权投资的账面价值为4 820万元，其中，投资成本为3 900万元，损益调整为600万元，其他综合收益为300万元，其他权益变动为120万元，长期股权投资减值准备为100万元。2026年1月15日，甲公司将持有的该项长期股权投资全部出售，收到款项5 000万元。

（二）任务布置

请编制甲公司出售该项长期股权投资的会计分录。

二、任务准备

（一）知识准备

1.处置损益

处置长期股权投资时，应按实际收到的金额，借记“银行存款”等科目，原已计提减值准备的，借记“长期股权投资减值准备”科目，按其账面余额，贷记“长期股权投资”，如果存在已经宣告发放但尚未领取的现金股利或利润，贷记“应收股利”科目，按其差额，贷记或借记“投资收益”科目。一般情况下，出售所得价款与处置长期股权投资账面价值之间的差额，应确认为处置损益。

【学中做5-16】承【学中做5-14】，2026年4月11日，C公司因企业战略发生变化，将其持有的B公司的全部股权出售，收到款项11 800万元。B公司于4月5日宣告发放现金股利，C公司应享有现金股利为700万元，至出售日尚未领取。请编制会计分录。

【解析】编制会计分录如下：

借：银行存款	118 000 000	
长期股权投资减值准备	6 000 000	
贷：长期股权投资——投资成本		96 000 000
应收股利		7 000 000
投资收益		21 000 000

【学中做5-17】承【学中做5-15】，2026年4月8日，A公司将持有的B公司股权全部出售，收到款项4 300万元。B公司于4月3日宣告发放现金股利，A公司应享有的现金股利为400万元，至出售日尚未领取。请编制处置损益的会计分录。

【解析】编制会计分录如下：

借：银行存款	43 000 000	
长期股权投资减值准备	3 040 000	
贷：长期股权投资——投资成本		32 000 000
——损益调整		2 400 000
——其他综合收益		1 440 000
——其他权益变动		2 200 000
应收股利		4 000 000
投资收益		4 000 000

2.当期投资损益

投资企业全部处置权益法核算的长期股权投资时，同时确认当期投资收益。按照权益法核算的因被投资企业其他综合收益变动确认的其他综合收益应对应转出，借记或贷记“其他综合收益”科目，贷记或借记“投资收益”科目；因被投资企业除净损益、其他综合收益和利润分配以外的其他所有者权益变动而确认的所有者权益亦应对应转出，确认当期投资收益，借记或贷记“资本公积——其他资本公积”科目，贷记或借记“投资收益”科目。

【学中做5-18】承【学中做5-17】编制当期投资损益的会计分录。

【解析】编制会计分录如下：

借：其他综合收益　1 440 000
　贷：投资收益　1 440 000
借：资本公积——其他资本公积　2 200 000
　贷：投资收益　2 200 000

（二）任务要领

1.成本法核算长期股权投资全部出售情况的账务处理要点

投资企业全部出售持有的按照成本法核算的长期股权投资，将长期股权投资的账面价值全额转销时，仅涉及“长期股权投资——投资成本”科目和“长期股权投资减值准备”科目，按收到的实际金额与长期股权投资账面价值的差额确认处置损益。

【做中学5-12】承【做中学5-10】，2026年4月20日，甲公司将其持有的乙公司的全部股权出售，收到款项20 300万元，含已经宣告发放但尚未领取的现金股利1 000万元。请编制会计分录。

【解析】编制会计分录如下：

借：银行存款　203 000 000
　　长期股权投资减值准备　4 600 000
　贷：长期股权投资——投资成本　178 000 000
　　　应收股利　10 000 000
　　　投资收益　19 600 000

2.权益法核算长期股权投资全部出售情况的账务处理要点

投资企业全部出售持有的按照权益法核算的长期股权投资时，全额转销长期股权投资的账面价值，将会涉及长期股权投资的“投资成本”“损益调整”“其他综合收益”“其他权益变动”明细科目及“长期股权投资减值准备”科目，收到的实际金额与长期股权投资账面价值的差额确认为处置损益，同时，将持有期间确认的所有者权益科目余额转入当期投资损益，即将因持有该项长期股权投资产生的“其他综合收益”科目余额和“资本公积——其他资本公积”科目余额转入“投资收益”科目。

【做中学5-13】承【做中学5-11】，2026年4月16日，甲公司将其持有的乙公司的全部股权出售，收到款项1 300万元，含已经宣告发放但尚未领取的现金股利170万元。请编制会计分录。

【解析】❶确认处置损益。

借：银行存款　13 000 000
　　长期股权投资——损益调整　1 600 000
　　长期股权投资减值准备　160 000
　　投资收益　3 300 000
　贷：长期股权投资——投资成本　15 200 000
　　　　　　　　——其他综合收益　1 000 000
　　　　　　　　——其他权益变动　160 000
　　　应收股利　1 700 000

❷结转当期投资收益。

借：其他综合收益　1 000 000
　贷：投资收益　1 000 000
借：资本公积——其他资本公积　160 000
　贷：投资收益　160 000

三、任务实施

步骤1：确认长期股权投资的处置损益

甲公司将持有乙公司股权全部出售，应转销长期股权投资账面价值，即“长期股权投资”的明细科目余额均要转出，同时结转已计提的长期股权投资减值准备，按照收到的款项与长期股权投资的账面价值的差额确认处置损益。

借：银行存款　50 000 000
　　长期股权投资减值转变　1 000 000
　贷：长期股权投资——投资成本　39 000 000
　　　　　　　　　——损益调整　6 000 000
　　　　　　　　　——其他综合收益　3 000 000
　　　　　　　　　——其他权益变动　1 200 000
　　　投资收益　1 800 000

步骤2：确认当期投资损益

借：其他综合收益　3 000 000
　贷：投资收益　3 000 000
借：资本公积——其他资本公积　3 000 000
　贷：投资收益　3 000 000

5.5课证融通练习题

【职业课堂】恰当应用会计准则的意义

中国铁塔股份有限公司（简称“中国铁塔”）是在落实网络强国战略、深化国企改革、促进电信基础设施资源共享的背景下，主要股东为中国移动通信有限公司（简称“中国移动”）、中国联合网络通信有限公司（简称“中国联通”）、中国电信股份有限公司（简称“中国电信”）（合称“三大运营商”）和中国国新控股有限责任公司（简称“中国国新”）的大型通信铁塔基础设施服务企业。中国铁塔在2014年7月注册成立，由中国移动、中国联通和中国电信以现金出资，各占其股份的40.0%、30.1%和29.9%。2015年10月，中国铁塔增资扩股时，中国移动、中国联通、中国电信以140余万座存量基站资产及现金向中国铁塔注资，交易总价值达2 035亿元。交易完成后，中国移动、中国联通、中国电信、中国国新分别持有其股份的38.0%、28.1%、27.9%、6.0%。采用联营企业的股权结构主要是为了防止一股独大后中国铁塔逐步偏离资源共享的方向。

三大运营商在出资成立中国铁塔，然后以基站资产向后者注资时，均是境内外多地上市公司，其中中国移动在美国和中国香港两地上市，中国联通在美国、中国香港和中国内地三地上市，中国电信在美国和中国香港上市。它们在将存量基站资产注入中国铁塔时，均根据我国《中华人民共和国公司法》等法规及我国会计准则（CAS）和国际财务报告准则（IFRS）的相关规定，重新评估了这些资产，并经恰当程序确认资产评估结果，然后在各自2015年度财务报表中将评估增值确认为利润。中国铁塔成功上市为其融资带来了便利，为我国通信业发展带来了新的机会。此案是国企改革的重要成效之一，为国家级战略行业的国企改革积累了经验。

资料来源：张为国，陈战光，谢诗蕾.恰当应用会计准则助推国家级战略管网建设——基于中国铁塔的案例研究［J］.财会月刊，2022，(24)：3-12.

请思考：公司是根据什么会计准则将注资时基站资产评估增值确认为利润的？

【解析】三大运营商在注资前后对中国铁塔的持股均超过20%，根据《国际会计准则》和我国企业会计准则的相关规定，三大运营商对中国铁塔的投资应确认为联营公司权益，按权益法核算。基站资产转移手续办理完后，其所有权相关的重大风险和报酬转移至中国铁塔，三大运营商应终止确认基站资产，按照收到的现金及股份的公允价值与基站资产账面价值的差额，确认交易完成当期转让基站资产的收益。同时，以非货币性资产进行注资交易属于投资方（三大运营商）与被投资方（中国铁塔）间的“顺流”交易，三大运营商确认的基站资产转让利得应与自身持股比例对应部分予以抵销。

项目小结

长期股权投资是企业实现战略目标的重要手段，体现了企业长期战略规划和资金布局。长期股权投资的会计核算较为复杂，对财务报表的影响重大，会计核算结果与相关数据分析对企业的投资决策起着重要影响，对企业财务人员的专业胜任能力提出较高要求。长期股权投资的初始投资成本因同一控制下控股合并、非同一控制下控股合并和非企业合并方式而不同，非企业合并形成的长期股权投资初始投资成本小于按享有被投资企业可辨认净资产公允价值的份额时，应调整初始投资成本。后续计量方式包括成本法和权益法，在没有减少或追加投资的前提下，成本法核算（子公司）下的长期股权投资账面价值保持相对稳定；权益法核算（联营企业和合营企业）下的长期股权投资账面价值会随着被投资企业的所有者权益变动而变动，反映了投资企业对联营企业和合营企业的控制及受其财务状况影响的程度，处置时还应将“其他综合收益”和“资本公积——其他资本公积”科目余额转出，确认当期投资损益。

技能锤炼

业务处理题（一）

2025年1月15日，甲公司以银行存款4 000万元，一台设备和存货作为合并对价购入乙公司80%的股权。甲公司取得该部分股权后，能主导乙公司的相关活动并获得可变回报。其他相关资料如下：

（1）设备的账面余额为1 500万元，累计折旧为600万元，公允价值为1 200万元，存货账面价值为1 000万元，未计存货跌价准备，市场价值为1 600万元。

（2）2025年年末，乙公司实现净利润6 500万元，决定分配现金股利1 000万元。

（3）2026年3月10日，乙公司宣告分派现金股利。

（4）2026年4月10日，甲公司收到现金股利。

要求：（1）假设甲公司和乙公司属于同一控制下的控股合并，请编制会计分录。

（2）假设甲公司和乙公司属于非同一控制下的控股合并，请编制会计分录。

业务处理题（二）

甲公司为上市公司，2025年1月1日，甲公司向乙公司股东发行股份1 200万股（每股面值1元）作为支付对价，取得乙公司20%的股权。当日，乙公司净资产账面价值为8 000万元，可辨认净资产公允价值为10 000万元，甲公司所发行股份的公允价值为2 000万元。为发行该股份，甲公司向证券承销机构支付200万元的佣金和手续费。取得股权后甲公司能够对乙公司施加重大影响。

（1）2025年度，乙公司确认净亏损11 000万元，其他综合收益减少50万元，此外无其他所有者权益变动事项，假定甲公司应收乙公司的长期款项为50万元，实质上构成对乙公司的净投资。

（2）2025年年末，持有的乙公司股份公允价值为1 200万元，预计处置费用为60万元，甲公司按照市场利率测算该项长期股权投资预计未来现金流量现值为1 000万元。

（3）2026年乙公司实现净利润6 500万元，决定分配现金股利1 000万元，其他综合收益增加40万元，其他权益变动增加100万元。

（4）2027年4月10日，收到现金股利。

（5）2027年4月25日，将持有的乙公司的股权全部出售。

要求：编制甲公司取得到出售乙公司股权期间所有会计分录。

项目综合评价

项目五综合评价参考表见表5-1：

表5-1　**项目五综合评价参考表**

项目名称	长期股权投资的核算		
评价内容		学生自评（50%）	教师评价（50%）
素质目标	1.培养学生建立严谨的职业态度与合规意识（10分）		
	2.引导学生形成维护企业和投资者合法权益的责任意识（10分）		
	3.培养学生团队合作意识和敬业精神（10分）		
知识目标	1.熟悉长期股权投资的列报要求（5分）		
	2.理解长期股权投资的概念、范围（5分）		
	3.掌握控制、共同控制和重大影响的判断标准（5分）		
	4.掌握长期股权投资后续计量的判断依据（10分）		
	5.掌握长期股权投资的初始计量、后续计量、减值和处置的核算方法（20分）		
技能目标	1.具备长期股权投资基本账务处理能力（5分）		
	2.能够判断投资企业的长期股权投资对其财务报表的影响程度（10分）		
	3.能够简要分析长期股权投资的相关信息，为投资决策提供数据支持（10分）		
项目评价成绩（100分）			
项目综合评价： 教师签名： 日期：			

项目六　固定资产的核算

素养目标

1. 树立严谨的会计职业道德观念，养成认真对待固定资产数据和账务处理步骤的职业习惯。

2. 培养细致认真的工作态度，严格依据会计准则要求进行会计核算。

3. 提升沟通协作能力，能够与团队共同合作解决问题。

知识目标

1. 理解固定资产的概念、特征和分类。
2. 掌握固定资产的取得的账务处理方法。
3. 掌握固定资产计提折旧的账务处理方法。
4. 掌握固定资产后续支出的核算方法。
5. 掌握固定资产期末减值、清查和处置的会计核算方法。

技能目标

1. 能够对固定资产进行确认。
2. 能够正确地对固定资产取得业务进行核算及账务处理。
3. 能够正确地对固定资产折旧业务进行核算及账务处理。
4. 能够正确地对固定资产后续支出进行核算及账务处理。
5. 能够正确地对固定资产减值、清查和处置业务进行核算及账务处理。

项目导图

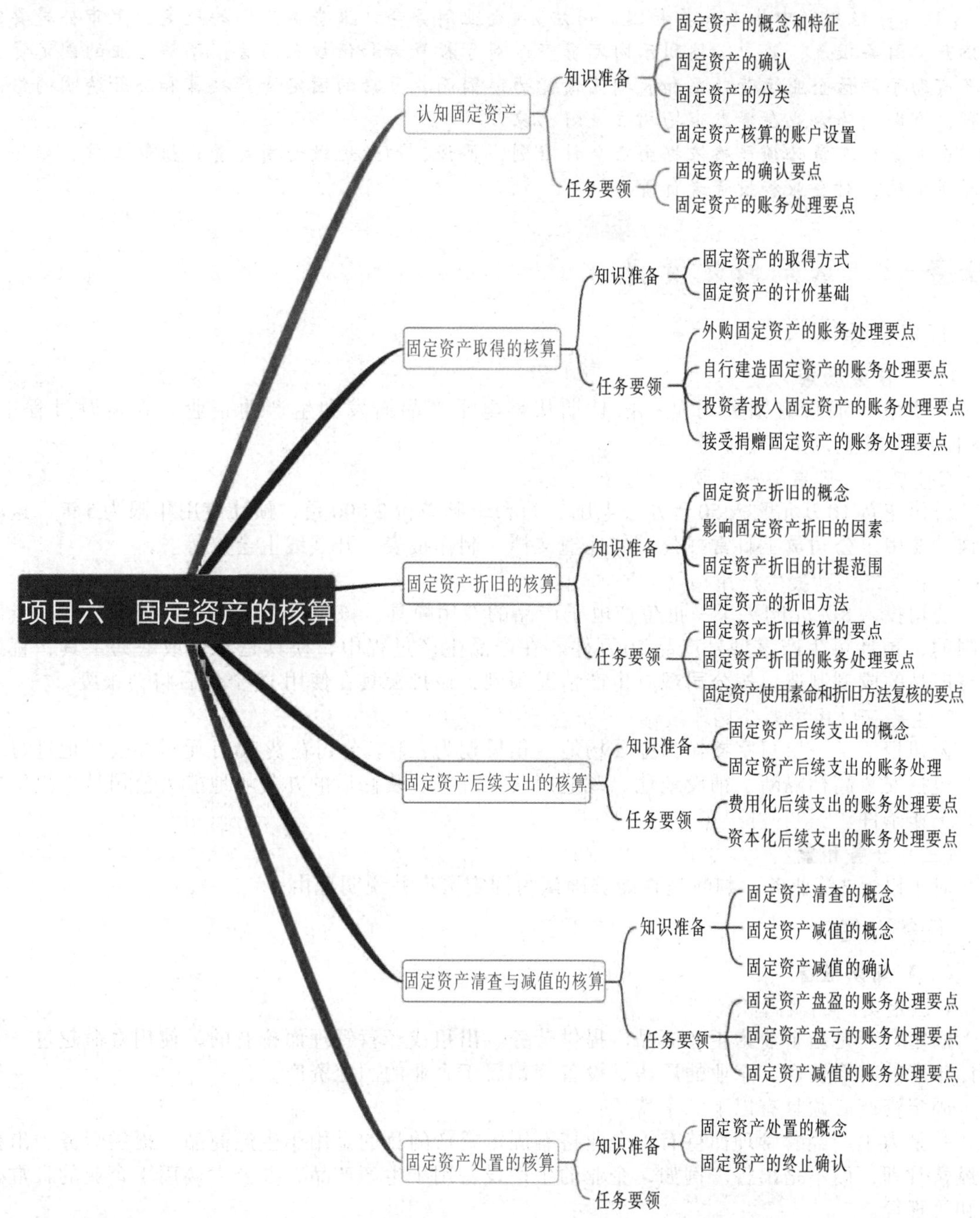

价值引领

企业严格遵守企业会计准则核算并披露固定资产信息

2021年7月26日，有投资者在投资者互动平台提问：中×公司去年年底固定资产面值为52.78亿元，今年一季度末固定资产面值为39.08亿元，减少26%，大幅下降的原因是什么？公司于当天在平台回复：尊敬的投资者，您好！由于公司从2021年1月1日起开始执行《企业会计准则第21号——租赁》，根据新租赁准则的要求，部分融资租赁资产由固定资产科目转入使用权资产科目，导致固定资产下降，而使用权资产相应增加。感谢您的关注。

资料来源：作者根据相关资料整理而成。

请思考：为什么投资者非常关注公司固定资产信息？企业会计人员需要具备什么样的职业素养？

【解析】根据《中华人民共和国公司法》《企业财务会计报告条例》的规定，上市公司要定期公开其财务报表，其中必须列示固定资产。对于投资者和债权人而言，了解企业的固定资产状况有助于评估企业运营效率和长期偿债能力。因而，严谨的固定资产核算和公开透明的信息公布，有助于为企业在资本市场树立良好形象。

企业会计人员必须严格依据企业会计准则，严谨、细致地做好固定资产核算工作，确保数据真实准确，对企业和投资者负责。

任务一　认知固定资产

一、任务情景

（一）任务场景

春华电子股份有限公司是一家长期从事电子产品研发和生产的企业。在运营过程中，20×4年4月发生以下3笔业务。

1.业务一：购置办公电脑

公司花费10万元购入50台办公电脑，每台电脑单价2 000元，预计使用年限为5年。这些电脑主要用于公司员工日常办公，如处理文档、制作报表、开展线上会议等。

2.业务二：购买生产用模具

公司投入8万元购买了一批生产电子产品的专用模具，该模具是为生产特定型号产品专门定制的，预计可生产该型号产品10万件。在产品生产过程中，模具是不可或缺的工具，直接参与产品的成型制造。按公司现有生产情况预判，该批模具在使用10个月后将会报废。

3.业务三：租赁办公场地装修

公司租赁了一层写字楼作为办公场地，租赁期为3年。公司花费30万元对办公场地进行装修，包括安装高档隔断、铺设地毯、改造照明系统等。装修后的办公场地能为公司员工提供更好的工作条件。

（二）任务布置

对于以上3笔业务，判断是否能够确认为固定资产并说明理由。

二、任务准备

（一）知识准备

1.固定资产的概念和特征

固定资产是指企业为生产商品、提供劳务、出租或经营管理而持有的，使用寿命超过一个会计年度的有形资产。企业的厂房、设备等都属于企业的固定资产。

固定资产必须具有以下三个特征：

一是为生产经营管理而持有。企业持有固定资产的目的是用于生产商品、提供劳务、出租或经营管理，而不是出售。例如，企业的生产设备用于生产产品，办公大楼用于企业的日常办公和管理等。

二是使用寿命超过一个会计年度。固定资产的使用寿命较长，一般超过一个会计年度。这意味着固定资产能在多个会计期间内为企业带来经济利益。

三是具有实物形态。固定资产具有实物形态，是看得见、摸得着的有形资产。这与无形资产（如专利、商标等）相区别。例如，企业的厂房、机器设备、运输车辆等都具有明确的实物形态。

企业资产必须同时具备这三个特征才属于固定资产。这些特征是固定资产区别于其他资产的重要标志。

2.固定资产的确认

固定资产是企业生产经营活动的物质基础和必备条件，如企业机器设备等资产的先进程度和技术水平，直接影响企业的生产效率和产品质量。企业通过使用固定资产，能够实现产品生产或提供服务，从而创造持续的经济利益。此外，固定资产也是衡量企业实力和发展潜力的重要指标，有助于稳定企业财务状况，增强企业抵御风险的能力。拥有良好的固定资产可以提升企业在市场中的信誉和声誉，增强投资者、债权人及其他利益相关者的信心，有助于企业开展投资、合作等。准确对企业固定资产进行确认，是实施固定资产管理的前提。一般来说，企业固定资产除符合其定义和特征外，还需要同时满足下列条件才能予以确认：

（1）与该固定资产有关的经济利益很可能流入企业

企业在确认固定资产时，需要判断与该项固定资产有关的经济利益是否很可能流入企业。比如，企业购买一台生产设备，通过使用该设备进行产品生产，并通过产品销售获得利润，由此就带来了经济利益的流入，那么这台机器设备就满足这一条件。

（2）该固定资产的成本能够可靠地计量

成本能够可靠地计量是资产确认的一项基本条件。企业在确认固定资产成本时，必须以取得可靠、确凿的证据为依据，但有时也需要根据所获得的最新资料，对固定资产的成本进行合理估计。换言之，企业在购置或建造固定资产时，其发生的支出必须能够准确地核算和计量。例如，企业自行建造一栋厂房，在建造过程中发生的材料费用、人工费用、设备折旧等都能够可靠地计量，才能将该厂房确认为固定资产。

【学中做6-1】芳妍日化公司积极响应国家绿色发展战略，提升可持续发展能力，于20×4年7月1日投入15 000元（不含税）购入1台小型污水处理设备，增值税税额为1 950元，通过银行存款支付。该设备每天可处理约10吨污水。请分析讨论该设备是否能确认为固定资产。

【解析】该设备符合固定资产的含义和特征。此外，从固定资产确认条件来看，其虽不像生产设备那样直接参与产品的生产过程，但可以在多个会计期间，保证企业生产经营的顺利进行，从而间接为企业创造经济利益，因此，该设备应确认为企业固定资产。

【学中做6-2】现代农业发展有限公司于20×4年3月1日投入100 000元（不含税）购入一架大型多旋翼农用无人机，增值税税额为13 000元，通过银行存款支付。该设备具备喷洒、撒播、运输、航测等功能，最大载重为70千克。该无人机机身和机架预计使用寿命为8年，动力系统中电机使用寿命约为2 000小时，电池循环寿命为500次，飞控系统寿命为6年，螺旋桨寿命为1年，喷洒或撒播系统寿命为3年。请分析讨论该无人机如何进行固定资产确认和管理。

【解析】该无人机符合固定资产的含义、特征和确认条件。但由于其各组成部分的使用寿命不同，应将各组成部分确认为单项固定资产。在进行账务处理时，应将各部分按其公允价值入账。在后续使用中，应按不同的折旧方法计提折旧。

3.固定资产的分类

企业的固定资产种类繁多，为便于管理和核算，应对其进行科学分类。一般而言，企业可按照以下标准对固定资产进行分类。

（1）按经济用途分类

❶生产经营用固定资产

生产经营用固定资产是指直接服务于企业生产、经营过程的各种固定资产，如生产车间的机器设备、厂房等。

❷非生产经营用固定资产

非生产经营用固定资产是指不直接服务于生产、经营过程的固定资产，如职工宿舍、食堂等。

（2）按经济性质和使用情况综合分类

❶生产经营用固定资产（同“按经济用途分类”中的生产经营用资产）。

❷非生产经营用固定资产（同“按经济用途分类”中的非生产经营用资产）。

❸租出固定资产

租出固定资产是指在经营租赁方式下出租给外单位使用的固定资产。

❹不需用固定资产

不需用固定资产即企业不再需要、准备处理的固定资产。

❺未使用固定资产

未使用固定资产包括尚未投入使用的新增固定资产和暂停使用的固定资产。

❻土地

这主要是指过去已经估价单独入账的土地。因征用土地而支付的补偿费，应计入土地有关的建筑物的价值内，不单独作为土地入账。企业取得的土地使用权为无形资产，不作为企业的固定资产。

❼融资租入固定资产

融资租入固定资产是指企业以融资租赁方式租入的固定资产，在租赁期内视同自有固定资产进行管理。

实际中，由于企业性质、经营范围、经营规模各异，企业对固定资产的分类不可能完全一致，多数企业以综合分类的方法作为编制固定资产目录和进行固定资产核算的依据。

4.固定资产核算的账户设置

为对固定资产进行核算，并有效监督管理各项固定资产的增减变化及结存情况，企业需要设置以下账户：

（1）“固定资产”账户

该账户是资产类账户，主要用于核算企业固定资产的原价。借方登记企业增加的固定资产原价，贷方登记企业减少的固定资产原价。期末余额在借方，反映企业期末固定资产的账面原价。

（2）“累计折旧”账户

该账户是资产类备抵账户，用于核算企业固定资产的累计折旧。贷方登记企业计提的固定资产折旧，借方登记处置固定资产时转销的累计折旧。期末余额在贷方，反映企业固定资产的累计折旧额。

（3）“在建工程”账户

该账户是资产类账户，用于核算企业基建、更新改造等在建工程发生的支出。借方登记企业各项在建工程的实际支出，贷方登记完工工程转出的成本。期末余额在借方，反映企业尚未达到预定可使用状态的在建工程的成本。

（4）“工程物资”账户

该账户是资产类账户，用于核算企业为在建工程准备的各种物资的成本，包括工程用材料、尚未安装的设备以及为生产准备的工器具等。借方登记企业购入工程物资的成本，贷方登记领用工程物资的成本。期末余额在借方，反映企业为在建工程准备的各种物资的成本。

（5）“固定资产清理”账户

该账户是资产类账户，用于核算企业因出售、报废、毁损、对外投资、非货币性资产交换、债务重组等原因转出的固定资产价值以及在清理过程中发生的费用等。借方登记转出的固定资产账面价值、清理过程中应支付的相关税费及其他费用，贷方登记固定资产清理完成的处理。期末余额在借方，反映企业尚未清理完毕的固定资产清理净损失；期末余额在贷方，反映企业尚未清理完毕的固定资产清理净收益。

（6）“固定资产减值准备”账户

该账户是资产类备抵账户，用于核算企业固定资产的减值准备。贷方登记企业计提的固定资产减值准备，借方登记处置固定资产时转销的减值准备。期末余额在贷方，反映企业已计提但尚未转销的固定资产减值准备。

（二）任务要领

1.固定资产的确认要点

判定一项企业资产是否为固定资产，一是从固定资产的含义出发，把握好固定资产的三个特征。二是必须同时具备固定资产确认的条件。在分析判定过程中，需要注意的是，资产的价值不是判定其是否为固定资产的要件。

2.固定资产的账务处理要点

为保证固定资产会计核算的真实、准确、完整，在实际工作中，企业要规范固定资产管理流程，明确固定资产采购、验收、交付、使用、处置等各环节的责权利，强化固定资产管理责任，并严格按照企业会计准则，依据相关票证等进行账务处理。

三、任务实施

就春华电子股份有限公司发生的3笔业务分析如下：

1.业务一：购置办公电脑

（1）从固定资产的定义分析

这些办公电脑主要用于公司员工日常办公，如处理文档、制作报表、开展线上会议等，是为企业的经营管理活动服务的，符合企业持有固定资产的目的。其次，预计使用年限为5年，超过一个会计年度，满足固定资产使用寿命的要求。

（2）从固定资产的确认条件分析

❶从经济利益的流入方式看

电脑的使用能够提高员工的工作效率，有助于企业更好地开展业务，从而为企业带来经济利益的流入，虽然这种经济利益的流入可能不像销售商品那样直接，但通过提高办公效率等方式间接为企业创造了价值，所以与这些电脑相关的经济利益很可能流入企业。

❷从固定资产成本的计量看

公司以10万元购入50台办公电脑，每台电脑单价2 000元，其成本能够准确、可靠地计量，不存在成本计量的不确定性。

综上，通过该笔业务购买的办公电脑，符合固定资产的含义和确认条件，应确认为固定资产。

2.业务二：购买生产用模具

（1）从固定资产的定义分析

固定资产一般具有使用寿命超过一个会计年度的特征。而该模具预计在使用10个月后就会报废，未达到一个会计年度，不符合固定资产对使用寿命的一般要求。

（2）从固定资产的确认条件分析

❶从经济利益的流入方式看

虽然模具在产品生产过程中是不可或缺的工具，直接参与产品的成型制造，能为企业带来经济利益，但这种经济利益的流入方式与固定资产有所不同。固定资产一般是通过在较长时间内持续为企业生产产品、提供劳务等方式，分期、稳定地为企业带来经济利益流入。而该模具是为生产特定型号产品专门定制，且预计仅能生产10万件产品，它的经济利益实现方式更类似于为完成特定生产任务而投入的一次性工具或耗材，经济利益在相对较短的时间内随着特定产品的生产而集中实现，不具有固定资产长期、稳定的经济利益流入特点。

❷从固定资产成本的计量看

公司购买模具的成本虽然能够可靠计量，但由于预计在10个月内就会报废，其价值可能需要在这10个月内快速分摊到所生产的产品成本中，与固定资产价值逐步、分期转移的特点不符。

综上分析，该批模具不符合固定资产的含义和确认条件，因而不能确认为固定资产。

3.业务三：租赁办公场地装修

（1）从固定资产的定义分析

写字楼的装修本身没有实物形态，它是与租赁的写字楼紧密结合的，不可单独辨认和分离。如果公司停止租赁该写字楼，装修部分无法独立于租赁场地而单独出售、转让或用于其他用途。

（2）从固定资产的确认条件分析

❶从经济利益的流入方式看

装修确实能够提升办公环境和效率，为公司员工提供更好的工作条件，有助于企业的经营活动，从而可能为企业带来经济利益。然而，这种经济利益的流入是相对间接的，且与租赁的写字楼整体密切相关。如果公司在租赁期内出现特殊情况，如业务调整提前退租等，装修所带来的经济利益可能会大幅减少甚至消失，经济利益流入的不确定性较大，不完全符合固定资产确认条件中经济利益很可能流入企业的要求。

❷从固定资产成本的计量看

公司花费30万元对办公场地进行装修，成本看似能够可靠计量。但实际上，这30万元的装修成本是基于租赁场地的改良支出，其价值与租赁期和租赁场地紧密相连。与真正的固定资产不同，固定资产的成本计量是基于其自身独立的价值和未来经济利益的预期，而装修成本更多是为了满足租赁期间的特定需求，其价值在租赁结束后会大幅降低甚至归零，不能像固定资产那样在较长时间内独立地进行成本计量和价值分摊。

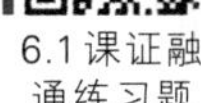

6.1课证融通练习题

综上，租赁办公场地装修不符合固定资产的含义和确认条件，因而不能确认为企业固定资产。

任务二　固定资产取得的核算

一、任务情景

（一）任务场景

春华电子股份有限公司为进一步扩大生产，于20×4年进一步扩建一个C生产车间，同时将通过购买等方式新增加的机器设备安装在该车间内，整体项目完工后，可进一步扩大产品产销量。主要发生业务如下：

1.业务一：出包建设C生产车间

公司将生产车间外包给安泰建筑工程公司承建。20×4年1月3日，双方签订工程合同，工程总包价为80万元，约定先预付工程价款的40%，剩余60%待工程竣工验收后再行支付。20×4年1月20日，公司按照安泰公司开出的增值税专用发票预付工程款，发票注明的工程款为32万元，增值税税率为9%，增值税税额为28 800元，款项通过银行存款支付。20×4年6月30日，公司收到安泰公司工程结算单据和增值税专用发票，发票注明的工程款为48万元，增值税税率为9%，增值税税额为43 200元，款项通过银行存款支付。20×4年7月1日，工程通过验收达到预定可使用状态。

2.业务二：自行建造生产用设备1台

公司为满足产品生产需要，自行建造生产用设备1台。公司于20×4年7月1日购入各种材料及零部件一批，价款为180 000元，增值税税率13%，款项通过银行存款支付。20×4年7月10日，公司设备部门领用该批专用材料进行设备建造和组装，价值为172 000元，领用企业生产用的原材料不锈钢一批，成本为48 000元。20×4年7月30日，分配工程人员工资费用32 000元。20×4年8月1日，设备建造组装完成并通过验收，以银行存款支付工程管理费、监理费等26 000元，设备安装在C车间并交付使用，剩余专用材料价值8 000元，作为企业存货处理。

3.业务三：公司购入不需要安装的机器设备

20×4年7月10日，公司从红星机械公司购入1台不需要安装的设备，取得的增值税专用发票注明价款78 000元，增值税10 140元；设备通过航空运输，取得航空公司增值税专用发票，列明运费1 200元，增值税108元，全部价款均通过银行存款支付。设备已交付C生产车间。

4.业务四：公司购入需要安装的机器设备

20×4年7月10日，公司从鸿泰机械公司购入2台需要安装的设备，取得的增值税专用发票注明价款640 000元，增值税83 200元，从航空公司取得的增值税专用发票注明运费2 000元，增值税180元；包装费500元，增值税45元；保险费1 500元，增值税135元。20×4年7月15日，设备进行安装，支付安装费2 000元，增值税180元。以上款项均以银行存款支付。20×4年7月18日，设备安装完毕交付C车间。

（二）任务布置

1. 对于出包建设C生产车间业务，编制账务处理分录，明确各项业务在财务账目中的记录形式，以工程物资、在建工程、固定资产、应交税费、银行存款等科目进行借贷记账，清晰反映企业固定资产变化情况。

2. 对于自行建造设备业务，编制详细的账务处理分录，系统且精准地核算并记录企业自行建造生产用设备全过程在财务账目中的表现形式，从初始物资筹备，到建造过程中的人力、物力、财力投入，直至最终固定资产的形成，清晰展现企业固定资产逐步构建与变化的轨迹。

3. 对于公司购入不需要安装的机器设备，编制详细的账务处理分录，以清晰反映企业固定资产、银行存款等账户的增减变化。

4. 对于公司购入需要安装的机器设备，正确核算设备成本和价值，编制详细的账务处理分录，清晰反映从设备安装直至固定资产形成，各账户的增减变化。

二、任务准备

（一）知识准备

1. 固定资产的取得方式

（1）外购

企业通过购买的方式获取固定资产，这是最常见的取得方式，如购买生产设备、办公家具等。在这种方式下，购买过程中支付的价款、使固定资产达到预定可使用状态前所发生的可归属于该项资产的运输费、装卸费、安装费和专业人员服务费等，都应计入固定资产成本。

【学中做6-3】甲公司购入一台生产设备，取得的增值税专用发票上注明的设备价款为500 000元，增值税税额为65 000元；运输费2 000元，取得运输业增值税专用发票，增值税税额为180元；设备调试费1 500元，款项均以银行存款支付。此外，为使该设备达到预定可使用状态，还发生专业人员服务费3 000元，以现金支付。计算该设备的成本。

【解析】外购固定资产的成本，包括购买价款、相关税费（不包括允许抵扣的增值税进项税额）、使固定资产达到预定可使用状态前所发生的可归属于该项资产的运输费、装卸费、安装费和专业人员服务费等。本业务中，增值税进项税额可以抵扣，不计入固定资产成本，而运输费、调试费和专业人员服务费都应计入固定资产成本，并作为入账价值。

设备入账价值=设备价款+运输费+调试费+专业人员服务费

=500 000+2 000+1 500+3 000=506 500（元）

（2）自行建造

自行建造，是指企业自行组织建造固定资产，如自建厂房、自制专用设备等。自行建造固定资产主要有两种方式，即企业自营工程和出包工程。采用自营工程方式的，其成本由建造该项资产达到预定可使用状态前所发生的必要支出构成，包括工程用物资成本、人工成本、交纳的相关税费、应予以资本化的借款费用以及应分摊的间接费用等；采用出包方式建造的，固定资产的入账价值为向承包单位结算的工程价款。

【学中做6-4】乙公司为增值税一般纳税人，自行建造一栋厂房，20×4年发生如下业务：1月10日，购入工程物资一批，取得的增值税专用发票上注明的价款为50万元，增值税税额为6.5万元，款项已通过银行转账支付。2月5日，工程开始动工，领用全部工程物资。在建造过程中，领用本公司生产的产品一批，该批产品的成本为8万元；分配工程人员工资12万元。6月30日，工程达到预定可使用状态，以银行存款支付工程管理费、可行性研究费等共计1.5万元。请计算该自建厂房的成本。

【解析】自行建造固定资产的成本，由建造该项资产达到预定可使用状态前所发生的必要支出构成，包括工程物资成本、领用自产产品成本、工程人员工资以及工程管理费等。

厂房入账价值=工程物资成本+领用自产产品成本+工程人员工资+工程管理费等

=50+8+12+1.5=71.5（万元）

（3）投资者投入

投资者投入，是指投资者以固定资产作为出资投入企业。这种情况下，按照投资合同或协议约定的价值确定固定资产的入账价值，但合同或协议约定价值不公允的除外。

【学中做6-5】丙公司是一家制造业企业，为增值税一般纳税人。20×4年9月1日，丙公司接受丁公司以一台设备进行的投资。该设备在丁公司的账面原价为80万元。投资合同约定该设备的价值为60万元（与公允价值相等），增值税税额为7.8万元。请确定该设备的入账价值。

【解析】投资合同约定的设备价值与公允价值相等，所以该设备应按约定价值入账。同时，增值税作为可以抵扣的进项税额处理。该设备的入账价值为60万元。

（4）接受捐赠

接受捐赠的固定资产，是指企业或其他组织无偿从外部获得的，具备实物形态且预期能在较长时间内为企业带来经济利益流入的资产。捐赠方可能是其他企业、社会组织或者个人，其基于慈善、支持企业发展等目的将固定资产给予受赠企业。接受捐赠的固定资产，应按以下规定确定其入账价值：如果捐赠方提供了有关凭据，按凭据上标明的金额加上应支付的相关税费，作为入账价值；如果捐赠方没有提供有关凭据，按同类或类似固定资产的市场价格估计的金额，加上应支付的相关税费，作为入账价值；如果不存在同类或类似固定资产的市场价格，则按该接受捐赠的固定资产的预计未来现金流量现值，作为入账价值。

【学中做6-6】丁公司为增值税一般纳税人。20×4年11月15日，丁公司接受丙公司捐赠的一台全新设备。丙公司提供了购买该设备的相关发票，发票上注明设备价款为30万元，增值税税额为3.9万元。丁公司为使该设备达到预定可使用状态，以银行存款支付运输费0.2万元，取得运输业增值税专用发票，增值税税额为180元；支付安装调试费0.3万元。请计算该设备的入账价值。

【解析】设备的入账价值由捐赠设备的价款、为使设备达到预定可使用状态而发生的运输费和安装调试费构成，增值税进项税额可单独核算进行抵扣。

设备入账价值=设备价款+运输费+安装调试费

=30+0.2+0.3=30.5（万元）

2.固定资产的计价基础

（1）按历史成本计价

按历史成本计价，是指企业按照取得固定资产时，以购置或建造时实际支付的买价、运输费、安装调试费等成本作为入账价值，是固定资产计价的主要方式。历史成本具有客观性和可验证性，能准确反映企业为取得固定资产所付出的经济资源。

（2）按净值计价

固定资产净值是以其原始价值减去累计折旧后的余额，也称为折余价值。按净值计价，可以清晰地反映固定资产占用的资金数额和固定资产的新旧程度。

（二）任务要领

1.外购固定资产的账务处理要点

❶外购不需要安装的固定资产

微课6.1 固定资产取得相关账务处理

企业作为一般纳税人，购入不需要安装的固定资产时，依据历史成本计价原则，应将实际支付的全部价款和费用，即购买固定资产过程中所产生的直接相关支出，都纳入固定资产成本的核算范围，以此确定入账价值。这是因为这些支出是为了使固定资产达到预定可使用状态所必不可少的，反映了企业获取该项资产的真实投入。

主要账务处理流程：购入固定资产时，借记“固定资产”科目，记录固定资产的初始入账金额，反映企业资产的增加。若取得增值税专用发票，由于增值税属于价外税，企业可抵扣进项税额，所以按发票上注明的增值税税额借记“应交税费——应交增值税（进项税额）”科目。这一操作体现了增值税在会计核算中的特殊性，将可抵扣税额与资产成本分开核算。根据实际付款方式的不同，贷记相应账户。如果是直接支付款项，通常贷记“银行存款”；若款项尚未支付，形成企业对供应商的负债，则贷记“应付账款”；若企业开具商业汇票进行结算，应贷记“应付票据”等。

【做中学6-1】甲公司为增值税一般纳税人，购入一台不需要安装的生产设备。取得的增值税专用发票显示设备价款为80万元，增值税税额为10.4万元，运输途中发生运输费2万元，装卸费0.5万元，款项均已通过银行存款支付。请作相关账务处理。

【解析】账务处理如下：

借：固定资产　　825 000

　　应交税费——应交增值税（进项税额）　　104 000

　贷：银行存款　　929 000

❷外购需要安装的固定资产

企业外购需要安装的固定资产，在安装过程中会发生各种费用，这些费用同样是使固定资产达到预定可使用状态所必需的支出，所以要将购买价款、相关税费、运输费、装卸费以及安装调试费等都归集到固定资产成本中。安装是使资产从购置状态转变为可使用状态的关键环节，其间发生的费用与资产的最终价值密切相关。

主要账务处理流程如下：

购入时：企业购入需要安装的固定资产，按实际支付的购买价款、运输费、装卸费等，借记“在建工程”科目，反映资产处于安装建设阶段。按增值税税额借记“应交税费——应交增值税（进项税额）”科目。根据付款方式，贷记“银行存款”“应付账款”等账户。这一阶段将初始投入先记入“在建工程”科目，因为资产尚未达到预定可使用状态。

安装过程中：按照发生的安装调试费、领用本企业原材料或库存商品成本等，借记“在建工程”科目。若领用原材料，贷记“原材料”科目。若领用库存商品，贷记“库存商品”科目。

达到预定可使用状态时：将“在建工程”科目归集的全部成本，转入“固定资产”科目，借记“固定资产”科目，贷记“在建工程”科目。标志着固定资产从安装建设阶段转为可使用状态，完成资产的确认和入账。

【做中学6-2】甲公司购入一台需要安装的设备，设备价款50万元，增值税6.5万元，运输费1万元，款项已通过银行存款支付。企业在安装设备时领用原材料3万元，支付安装工人工资2万元。请作相关账务处理。

【解析】❶购入时。

借：在建工程　　510 000

　　应交税费——应交增值税（进项税额）　　65 000

　贷：银行存款　　575 000

❷安装过程中。

借：在建工程　　50 000

　贷：原材料　　30 000

　　　应付职工薪酬　　20 000

❸达到预定可使用状态时。

借：固定资产　　560 000

　贷：在建工程　　560 000

2. 自行建造固定资产的账务处理要点

（1）企业自营工程

微课6.2 自行建造固定资产相关账务处理

企业自行组织人力、物力进行资产的构建，在此过程中，发生的所有与工程相关的支出，包括工程物资采购、人工成本、设备折旧以及其他相关费用等，都是为了使固定资产达到预定可使用状态，这些支出都应计入固定资产的成本，遵循历史成本计价原则。

主要账务处理流程如下：

工程准备阶段：企业购入工程物资时，按实际支付的买价、运输费、相关税费等，借记“工程物资”科目。按增值税税额，借记“应交税费——应交增值税（进项税额）”（若增值税不可抵扣则计入工程物资成本）。贷记“银行存款”“应付账款”等账户。

工程建设实施阶段：领用工程物资时，借记“在建工程”科目，贷记“工程物资”。发生的人工成本，借记“在建工程”，贷记“应付职工薪酬”。工程应负担的借款利息（符合资本化条件的），借记“在建工程”，贷记“应付利息”。如果工程领用本企业生产的产品，按产品成本，借记“在建工程”，贷记“库存商品”（不确认收入，因为资产所有权未发生转移）。

工程完工交付阶段：当工程达到预定可使用状态时，将“在建工程”科目的余额转入“固定资产”科目，借记“固定资产”，贷记“在建工程”。此时，固定资产完成从在建状态到可使用状态的转变，完成资产入账。

【做中学6-3】乙公司购入一批用于建造厂房的钢材，买入价80万元，增值税10.4万元（可抵扣），运输费2万元，款项通过银行存款支付；建造厂房过程中，领用上述钢材，支付工人工资30万元，应负担的借款利息5万元。请作相关账务处理。

【解析】❶工程准备阶段。

	借方	贷方
借：工程物资	820 000	
应交税费——应交增值税（进项税额）	104 000	
贷：银行存款		924 000

❷工程建设实施阶段。

	借方	贷方
借：在建工程	1 170 000	
贷：工程物资		820 000
应付职工薪酬		300 000
应付利息		50 000

❸工程完工交付阶段。

	借方	贷方
借：固定资产	1 170 000	
贷：在建工程		1 170 000

（2）出包工程

企业采用出包方式建造固定资产，是将工程发包给外部的建筑承包商。在这种模式下，企业的主要职责是监督工程进度、质量以及支付工程款项。由于工程的具体施工由承包方负责，企业对工程的实际投入通过向承包方支付的工程款来体现。因此，按照历史成本计价原则，企业支付的工程价款以及与工程相关的其他必要支出，都应计入固定资产成本，以准确反映企业获取该项固定资产的实际成本。

主要账务处理流程如下：

工程发包环节：企业按合同约定向承包方预付工程款项时，借记“预付账款”科目，贷记“银行存款”等科目。这是因为预付款项是企业为获取未来的固定资产而提前支付的款项，在工程尚未完工交付前，形成企业对承包方的债权。

工程进度结算环节：根据工程进度，企业与承包方进行结算，当收到承包方开具的发票时，借记“在建工程”科目，按已预付的款项，贷记“预付账款”科目，按补付的工程款，贷记“银行存款”等科目。

工程完工交付环节：工程完工并达到预定可使用状态，企业收到承包方交付的固定资产并验收合格后，将“在建工程”科目的累计余额转入“固定资产”科目，借记“固定资产”科目，贷记“在建工程”科目，表明固定资产已建造完成，可正式投入使用，完成资产的确认和入账。

【做中学6-4】乙公司与承包方签订合同，建造一座厂房，总价款300万元。按合同约定预付工程款80万元。双方约定工程进度达到50%，结算应支付工程款150万元，该厂房建造完成后支付其余款项。请作相关账务处理。

【解析】❶工程发包时。

借：预付账款　800 000

　贷：银行存款　800 000

❷工程进度达到50%时。

借：在建工程　1 500 000

　贷：预付账款　800 000

　　　银行存款　700 000

❸工程完工时。

借：在建工程　1 500 000

　贷：银行存款　1 500 000

借：固定资产　3 000 000

　贷：在建工程　3 000 000

3.投资者投入固定资产的账务处理要点

投资者投入固定资产时，按照投资合同或协议约定的价值确定固定资产的入账价值，但合同或协议约定价值不公允的除外。若约定价值不公允，应按固定资产的公允价值入账。这是为了确保固定资产入账价值能真实反映其实际价值，遵循会计核算的可靠性原则。

主要账务处理流程：企业接受投资者投入的固定资产，按确定的入账价值，借记"固定资产"科目；按投资者在注册资本或股本中所占份额，贷记"实收资本"或"股本"科目；按其差额，贷记"资本公积——资本溢价"或"资本公积——股本溢价"科目。

【做中学6-5】丙公司接受乙公司投入的一台生产设备，投资协议约定价值为120万元（假设该价值公允），乙公司在丙公司注册资本中所占份额为100万元。请作相关账务处理。

【解析】账务处理如下：

借：固定资产　1 200 000

　贷：实收资本　1 000 000

　　　资本公积——资本溢价　200 000

4.接受捐赠固定资产的账务处理要点

企业接受捐赠的固定资产，如果捐赠方提供了发票、合同等有关凭据，应当按照凭据上标明的金额加上应支付的相关税费，作为入账价值。如果捐赠方未提供有关凭证，则参考以下两种情况确定其入账价值：

一是同类或类似固定资产存在活跃市场的，以同类或类似固定资产的市场价格，加上应支付的相关税费，作为入账价值。比如，丙企业接受捐赠一项办公设备，捐赠方未提供凭据，市场上同类设备的市场价格为30万元，丙企业为安装该设备支付安装费1万元，那么该办公设备的入账价值为31万元。

二是同类或类似固定资产不存在活跃市场的，以该固定资产的预计未来现金流量现值，作为入账价值。这种情况相对复杂，需要企业合理预计未来现金流量，并选择合适的折现率进行折现。

主要账务处理流程：按照确定的入账价值，借记"固定资产"科目，贷记"营业外收入——捐赠利得"科目。若企业接受捐赠过程中支付了相关税费，如运输费、安装费等，也应计入固定资产成本。

【做中学6-6】丁企业接受戊企业捐赠的一台生产设备，捐赠方提供的发票显示设备价值为80万元，假设不考虑其他税费等因素。请作相关账务处理。

【解析】账务处理如下：

借：固定资产　800 000

　贷：营业外收入——捐赠利得　800 000

三、任务实施

就春华电子股份有限公司20×4年发生的4项业务，进行账务处理如下：

1.业务一：出包建设C生产车间

步骤1：确定固定资产的取得方式

该业务属于出包工程。

步骤2：发包工程时的财务处理

1月20日，按合理估计的发包工程进度和合同规定向安泰公司结算进度款时：

借：在建工程——出包工程（C生产车间）　　320 000
　　应交税费——应交增值税（进项税额）　　28 800
　贷：银行存款　　348 800

步骤3：工程竣工时的财务处理

6月30日，工程竣工支付剩余工程款时：

借：在建工程——出包工程（C生产车间）　　480 000
　　应交税费——应交增值税（进项税额）　　43 200
　贷：银行存款　　523 200

工程验收达到预定可使用状态时：

借：固定资产——生产经营用固定资产　　800 000
　贷：在建工程——出包工程（C生产车间）　　800 000

2.业务二：自行建造生产用设备1台

步骤1：确定固定资产的取得方式

该业务属于自营工程。

步骤2：工程准备阶段的财务处理

7月1日，购入专用材料和零部件时：

借：工程物资——专用材料　　180 000
　　应交税费——应交增值税（进项税额）　　23 400
　贷：银行存款　　203 400

步骤3：工程建设实施阶段的财务处理

❶7月10日，设备部门领用专用材料时：

借：在建工程——建筑工程（设备工程）　　172 000
　贷：工程物资——专用材料　　172 000

❷7月10日，设备部门领用企业生产用材料时：

借：在建工程——建筑工程（设备工程）　　48 000
　贷：原材料　　48 000

❸7月30日，分配建造设备人员工资时：

借：在建工程——建筑工程（设备工程）　　32 000
　贷：应付职工薪酬　　32 000

❹8月1日，支付设备建造管理费、监理费时：

借：在建工程——其他支出　　26 000
　贷：银行存款　　26 000

步骤4：工程完工交付阶段的财务处理

❶8月1日，设备验收交付使用时：

借：固定资产——生产经营用固定资产　　278 000
　贷：在建工程——建筑工程（设备工程）　　252 000
　　　　　　　——其他支出　　26 000

❷8月1日，设备完工盘点剩余材料时：

借：原材料　　8 000
　贷：工程物资——专用材料　　8 000

3.业务三：购入不需要安装的机器设备

步骤1：确定固定资产的取得方式

该业务属于外购不需要安装的固定资产。

步骤2：设备交付的财务处理

8月1日，设备验收交付使用时：

借：固定资产——生产经营用固定资产　　79 200
　　应交税费——应交增值税（进项税额）　　10 248
　贷：银行存款　　89 448

4.业务四：购入需要安装的机器设备

步骤1：确定固定资产的取得方式

该业务属于外购需要安装的固定资产。

步骤2：设备购入的财务处理

7月10日，购入需要安装的2台设备时：

借：在建工程——设备安装工程　　644 100
　　应交税费——应交增值税（进项税额）　　83 560
　贷：银行存款　　727 660

步骤3：设备安装阶段的财务处理

7月15日，支付设备安装费时：

借：在建工程——设备安装工程　　2 000
　　应交税费——应交增值税（进项税额）　　180
　贷：银行存款　　2 180

步骤4：设备安装完毕交付的财务处理

借：固定资产——生产经营用固定资产　　646 100
　贷：在建工程——设备安装工程　　646 100

6.2课证融通练习题

任务三　固定资产折旧的核算

一、任务情景

（一）任务场景

春华电子股份有限公司拥有不同类型的固定资产，用于不同车间的生产经营活动。为准确反映其固定资产在使用中的损耗情况，以便合理确定经营成本和利润等，现需要对以下固定资产折旧情况进行核算和账务处理：

1.业务一：A生产设备折旧

公司购入1台A生产设备用于C车间电子产品的生产，该设备购买价格为52万元，增值税税额为6.76万元，运输费为0.5万元，安装调试费为1.5万元，设备预计净残值为3万元，预计使用年限为10年，预计净残值率为4%。该设备于20×4年8月1日投入使用。依照惯例，公司对该设备采用年限平均法计提折旧。

2.业务二：B生产设备折旧

公司自行建造的价值27.8万元的B生产用设备于20×4年8月1日投入使用。该设备预计总工作量为10万小时，预计净残值为0.8万元。20×4年8—12月，该设备实际工作了8 000小时。采用工作量法计算该设备20×4年应计提的折旧额。

3.业务三：C研发设备折旧

公司于20×4年1月1日购入1套用于电子产品研发与测试的专业设备C，该设备对公司新产品的研发起着关键作用。设备购买价款为100万元，增值税税额为13万元（可抵扣），运输费用为1万元，安装调试费用为3万元。该设备的预计使用年限为5年，预计净残值为4万元。公司采用双倍余额递减法对该设备计提折旧。

4.业务四：D环保设备折旧

公司购入1套用于处理生产废气的环保设备D。该设备技术先进且结构复杂，不仅涉及多种精密仪器，还需要专门的安装调试和人员培训。设备购买价款为20万元，增值税税额为2.6万元（可抵扣）。为了将设备运输至公司并确保安全，发生了运输费0.3万元、保险费0.1万元。安装调试过程中，耗费了0.5万元的材料成本，支付了0.7万元的人工费用。此外，由于该设备操作要求高，公司专门聘请专家对员工进行培训，培训费用为0.4万元。全部款项均通过银行存款支付。该设备交付使用后，其预计使用年限为5年，预计该设备的净残值为0.8万元。考虑到设备更新换代较快，该设备在实际使用过程中可能提前被淘汰，根据《企业会计准则4号——固定资产》，对于技术进步较快的固定资产可以采用加速折旧法，因此，公司决定采用年数总和法对该设备计提折旧。

（二）任务布置

企业在日常生产经营过程中，固定资产会随着使用而逐渐损耗，其价值也会逐步转移到产品成本或当期损益中。准确核算固定资产折旧，对于反映企业资产的真实价值、正确计算产品成本以及确定企业的经营成果具有重要意义。根据任务背景中各项业务，完成以下任务：

1.按照年限平均法对A生产设备计提折旧，并编制当年会计分录。

2.按照工作量法对B生产设备计提折旧，并编制当年会计分录。

3.按照双倍余额递减法对C研发设备计提折旧，并编制当年会计分录和固定资产折旧计算表。

4.按照和年数总和法对D环保设备计提折旧，并编制当年会计分录和固定资产折旧计算表。

二、任务准备

（一）知识准备

1.固定资产折旧的概念

固定资产折旧是指在固定资产使用寿命内，按照确定的方法对应计折旧额进行系统分摊。企业的固定资产在长期使用过程中，虽然保持其原有的实物形态，但由于不断损耗，其价值会逐渐减少，这种因损耗而减少的价值即为固定资产折旧。它实际上是将固定资产的成本，在其使用期限内，以合理、系统的方式转化为各期的费用，从而与各期的收入相配比，以便正确计算企业的经营成果。

固定资产发生损耗，主要有有形损耗和无形损耗两种。

有形损耗又称物质损耗或物质磨损，是指固定资产由于使用和自然力的作用而引起的使用价值和价值的损失。其产生的原因主要为：

一是使用损耗。固定资产在生产经营过程中因使用而发生的磨损，与使用强度和持续时间相关。如机器设备在运转过程中，其零部件会因摩擦、振动等逐渐磨损，导致精度下降、性能降低；运输车辆行驶里程越多，其轮胎、发动机等部件的磨损就越严重。

二是自然损耗。固定资产受自然力侵蚀造成的损耗，与使用情况无关。如建筑物会因风吹、日晒、雨淋等自然因素，使墙体风化、屋顶漏水；金属设备长期暴露在空气中，会发生氧化生锈，降低设备的使用寿命和性能。

无形损耗是指固定资产由于科学技术进步、劳动生产率提高等非物质因素而引起的价值损失。其产生的原因主要为：

一是技术进步。新技术的发明和应用，使原有的固定资产技术相对落后，生产效率降低，在市场竞争中处于劣势，导致其价值降低。如新一代的芯片制造技术出现后，旧工艺的芯片制造设备虽然还能正常使用，但生产效率和产品质量不如新设备，其价值就会相应下降。

二是劳动生产率提高。社会劳动生产率提高，生产相同性能的固定资产需要的社会必要劳动时间减少，导致现有固定资产的价值相对降低。如原来生产一台机床需要耗费大量的人力物力和时间，随着生产技术和管理水平的提升，现在生产同样的机床的成本大幅降低，那么之前购买的机床价值就会因这种社会平均成本的下降而发生无形损耗。

三是产品更新换代。市场需求变化导致产品更新换代加快，使生产旧产品的固定资产不再适应生产新产品的要求，从而价值降低。如手机市场不断推出新款式和功能，生产旧款手机的专用设备可能因无法满足新款手机的生产需求而被提前淘汰，造成无形损耗。

2.影响固定资产折旧的因素

（1）固定资产原值

企业取得固定资产时的初始入账价值，是计算折旧的基础。一般来说，固定资产原值越大，在相同折旧方法下，每期计提的折旧额也就越多。

（2）固定资产预计净残值

固定资产预计净残值是指假定固定资产预计使用寿命已满并处于使用寿命终了时的预期状态，企业从该项资产处置中获得的扣除预计处置费用后的金额。预计净残值在计算折旧时需要从固定资产原值中扣除，预计净残值越高，每期计提的折旧额相对越少。

（3）固定资产使用寿命

固定资产使用寿命即企业预计固定资产可使用的时间，或者该固定资产所能生产产品或提供劳务的数量。固定资产使用寿命的长短直接影响每期折旧额的大小。例如，同样原值和预计净残值的设备，使用寿命为5年和10年，每年计提的折旧额必然不同。

净残值和使用寿命都是预先估计的数值，为准确、严谨核算固定资产折旧，并对固定资产进行科学化管理，企业应根据固定资产的形式和损耗方式，合理估算固定资产的使用年限和净残值。

3.固定资产折旧的计提范围

企业在对固定资产进行折旧核算时，应首先明确固定资产折旧的计提范围。

根据《企业会计准则第4号——固定资产》，企业应对其所有固定资产计提折旧，但以下几类固定资产不计提折旧：

❶已提足折旧仍继续使用的固定资产

“提足折旧”指已经按照规定的折旧方法和折旧年限，将固定资产的应计折旧额全部计提完毕。此时，即便该固定资产仍能正常使用，也无须计提折旧。这是为了避免重复计算成本费用，保证财务数据的准确性。例如，企业有一台生产设备，入账价值为100万元，预计净残值为5万元，预计使用年限为10年，到第10年末累计折旧达到95万元，已提足折旧。即使该设备还能继续使用，后续期间也不再计提折旧。

❷单独计价入账的土地

在我国，土地所有权归国家或集体所有，企业通常取得的是土地使用权，应作为无形资产核算。而单独计价入账的土地是特定历史条件下的产物，不计提折旧。此外，因为土地具有特殊性，其价值一般不会随着使用而减少，反而可能因多种因素增值。

❸处于更新改造过程停止使用的固定资产

当企业固定资产进行更新改造时，其账面价值转入在建工程，此时固定资产处于非使用状态且其价值正处于变动过程中。其作为在建工程，不计提折旧，待更新改造项目达到预定可使用状态转为固定资产后，再按照重新确定的折旧方法和尚可使用寿命计提折旧。例如，企业对一栋厂房进行大规模改造升级，在改造期间，将该厂房的账面价值从“固定资产”科目转入“在建工程”科目，改造期间不再对其计提折旧。

❹持有待售的固定资产

持有待售的固定资产，是指在当前状况下，仅根据出售同类固定资产的惯例就可以直接出售，且极可能出售的固定资产。由于企业已经做好出售准备，其经济利益的实现方式不再是通过正常使用来获取，所以不计提折旧。例如企业决定将一台闲置的设备出售，并且已经与潜在买家进行了洽谈，该设备符合持有待售条件，从划分为持有待售类别时起，就不再计提折旧。

❺以经营租赁方式租入的固定资产

以经营租赁方式租入的固定资产，企业仅拥有其使用权，而不拥有其所有权。根据折旧计提的原则，折旧是固定资产所有权人因资产损耗而进行的价值分摊，所以租入方无须对其计提折旧，应由出租方计提折旧。例如，企业租入一辆办公用汽车，租赁期为2年，该汽车的所有权属于出租方，企业作为租入方不需要对这辆汽车计提折旧。

此外，在确定固定资产折旧的计提范围时，还应注意以下两点：

一是遵循"当月增加，当月不提；当月减少，当月照提"的原则，即当月增加的固定资产，当月不计提折旧，从下月起开始计提折旧；当月减少的固定资产，当月仍计提折旧，从下月起不再计提折旧。这一规定主要是为确保折旧计提的完整性，使企业的成本费用核算更加准确。

二是注意对已达到预定可使用状态，但尚未办理竣工决算的固定资产的特殊处理。这类固定资产应按照其估计价值确定其成本，并计提折旧。待办理竣工决算后，再按实际成本调整原来的暂估价值，但不需要调整原来已计提的折旧额。

4.固定资产的折旧方法

企业应根据与固定资产有关的经济利益的预期损耗方式，合理确定固定资产的折旧方法。企业采用的固定资产折旧方法主要有四种：年限平均法、工作量法、双倍余额递减法和年数总和法。固定资产折旧方法一经确定，不得随意变更，根据实际情况确需变更的，应当符合固定资产准则的规定，至少于每年年末对固定资产的使用寿命、预计净残值和折旧方法进行复核，按复核的结果进行处理。

（1）年限平均法

❶年限平均法的含义

年限平均法又称直线法，是将固定资产的应计折旧额均衡地分摊到固定资产预计使用寿命内的一种方法。该方法假设固定资产在使用过程中损耗均匀发生，每期的折旧额相等。其理论依据在于，对于一些使用程度较为均衡、各期损耗差异不大的固定资产，采用平均分摊成本的方式能合理反映其价值转移。

❷年限平均法的计算公式

固定资产年折旧额=（固定资产原值−预计净残值）÷预计使用年限

固定资产月折旧额=固定资产年折旧额÷12

在实际工作中，为反映固定资产在一定时期内的损耗程度以及便于计算折旧，每月应计提的折旧额一般是以固定资产的原价乘以月折旧率计算确定的。固定资产的折旧率是指一定时期内固定资产折旧额与固定资产原价之比。

年折旧率=（1−预计净残值率）÷预计使用年限×100%

月折旧率=年折旧率÷12

预计净残值率=预计净残值÷固定资产原值×100%

【学中做6-7】某企业购入一台生产设备，原值为80万元，预计使用年限为10年，预计净残值为4万元。请计算该设备的年折旧率和月折旧额。

【解析】预计净残值率=（40 000 ÷ 800 000）×100% =5%

年折旧率=（1− 5%）÷10×100% = 9.5%

年折旧额=（800 000−40 000）÷10 = 76 000（元）

月折旧额=76 000÷12 ≈ 6 333.33（元）

❸年限平均法的优缺点

年限平均法的优点：

一是计算简便。只需要确定固定资产的原值、预计净残值和预计使用年限，就可以按照固定的公式计算出每期的折旧额。

二是折旧均匀。利用该方法计提折旧，利润表中各期的折旧费用相对均衡，不会出现因折旧额大幅波动而导致利润大幅波动的情况，有利于企业平稳地反映经营成果。

三是直观反映损耗。对于房屋、建筑物等固定资产，其在各个会计期间的使用效能和损耗程度大致相同，采用年限平均法能够直观地反映其价值随着时间推移而均匀减少的过程，使会计信息更符合实际情况。

年限平均法的缺点：

一是未考虑实际使用情况。该方法没有考虑固定资产在不同期间的实际使用强度和效率差异。

二是忽视无形损耗。该方法只关注固定资产的使用寿命和预计净残值，没有充分考虑技术进步、产品更新换代等因素对固定资产价值的影响。

三是不利于决策分析。该方法各期折旧额固定，不能准确反映固定资产的实际损耗和经济价值的变化，可能会影响企业的分析决策。

（2）工作量法

❶工作量法的含义

工作量法是根据实际工作量计算每期应提折旧额的一种方法。它以固定资产在使用过程中完成的工作量为基础，将应计折旧额按照工作量进行分摊。这种方法适用于固定资产的损耗与工作量密切相关的情况，能更准确地反映固定资产的实际使用损耗。

❷工作量法的计算公式

单位工作量折旧额=固定资产原值×（1-预计净残值率）÷预计总工作量

某项固定资产月折旧额=该项固定资产当月工作量×单位工作量折旧额

【学中做6-8】某企业的一辆运输卡车，原值为30万元，预计总行驶里程为60万千米，预计净残值率为5%。本月行驶里程为3 000千米。请计算该设备月折旧额。

【解析】单位工作量折旧额=300 000×（1 - 5%）÷ 600 000 = 0.475（元）

本月折旧额= 3 000×0.475 = 1 425（元）

❸工作量法的优缺点

工作量法的优点：

一是折旧计算与使用程度匹配。该方法以固定资产实际完成的工作量为基础计提折旧，使得折旧额与固定资产的使用强度紧密相关。

二是适应不同使用情况的固定资产。该方法具有较强的适应性，能满足各种固定资产折旧计算的需求。尤其对使用情况不稳定的固定资产，能够根据实际工作量灵活计算折旧，相比其他折旧方法更为科学合理。

三是便于成本核算和分析。企业可以更清晰地了解不同工作量下固定资产的成本消耗情况。这有助于企业进行成本核算和成本控制，准确计算产品或服务的单位成本，找出成本控制的关键点，为企业的经营决策提供有力支持。

工作量法的缺点：

该方法的主要缺点为工作量计量困难。固定资产工作量的准确计量比较困难，难以精确统计工作量的固定资产不适用此法。

（3）加速折旧法

❶双倍余额递减法

A.双倍余额递减法的含义。

双倍余额递减法是一种加速折旧法。该方法在折旧前期计提的折旧额较多，后期计提的折旧额较少，体现了固定资产在使用初期效率较高、损耗较大，后期效率降低、损耗相对较小的特点。

双倍余额递减法是在不考虑固定资产预计净残值的情况下，以每期期初固定资产账面净值为折旧基础，以双倍的直线法折旧率计算各期折旧额的一种方法。

B.双倍余额递减法的计算公式。

固定资产年折旧率=2÷预计使用年限×100%

固定资产年折旧额=固定资产年初账面净值×年折旧率

C.双倍余额递减法的优点。

一是符合损耗规律。双倍余额递减法前期计提折旧多，后期计提折旧少，能更好地体现固定资产的损耗特点，使折旧费用与资产创造的经济利益相匹配。

二是具有税收递延效应。前期多提折旧会使企业前期利润减少，从而减少前期应缴纳的所得税，缓解了前期的资金压力，有利于企业资金的周转和再投资。

三是体现谨慎性原则。双倍余额递减法能更快地分摊固定资产成本，降低因技术进步导致资产被提前淘汰的风险，使资产账面价值更接近实际价值。

D.双倍余额递减法的缺点。

一是折旧费用波动大。前期折旧费用高，后期折旧费用低，导致各期利润波动较大，不便于企业进行利润预测和分析，也可能影响投资者对企业经营稳定性的判断。

二是忽视使用强度差异。该方法没有考虑固定资产实际使用强度的差异。即使固定资产在某些期间使用较少，也会按照既定方法计提较高的折旧，可能导致成本与实际使用情况不符。

该方法在计算折旧率时没有考虑预计净残值，导致在固定资产预计使用期届满时已提折旧额不等于应提折旧额，即固定资产处置时其账面净值不等于预计净残值。因此，在固定资产折旧年限到期前两年内，将固定资产账面净值扣除预计净残值后的余额平均摊销。

【学中做 6-9】某企业购入一台设备，原值为 20 万元，预计使用年限为 5 年，预计净残值为 0.8 万元。请计算该设备各年份折旧额。

【解析】年折旧率= 2÷5×100% =40%

各年折旧额计算：

第一年：年折旧额= 200 000×40%=80 000（元）

年末账面净值= 200 000−80 000=120 000（元）

第二年：年折旧额= 120 000×40% =48 000（元）

年末账面净值=120 000−48 000=72 000（元）

第三年：年折旧额=72 000×40% =28 800（元）

年末账面净值= 72 000−28 800=43 200（元）

第四年和第五年：账面净值扣除预计净残值后平均摊销。

每年折旧额=（43 200−8 000）÷2=17 600（元）

各年份折旧额见表 6−1。

表 6−1　　固定资产折旧计算表　　金额单位：元

年份	期初固定资产净值	年折旧率	年折旧额	累计折旧额	期末固定资产净值
第 1 年	200 000	40%	80 000	80 000	120 000
第 2 年	120 000	40%	48 000	128 000	72 000
第 3 年	72 000	40%	28 800	156 800	43 200
第 4 年	43 200		17 600	174 400	25 600
第 5 年	25 600		17 600	192 000	8 000

❷年数总和法

A.年数总和法的含义

年数总和法又称合计年限法，是将固定资产的原价减去预计净残值后的余额，乘以一个以固定资产尚可使用年限为分子、以预计使用寿命逐年数字之和为分母的逐年递减的分数计算每年的折旧额。该方法同样使固定资产在使用前期计提较多折旧，后期计提较少折旧，符合固定资产的损耗规律。

B.年数总和法的计算公式

年折旧率=尚可使用年限÷预计使用年限的年数总和×100%

年折旧额=（固定资产原值-预计净残值）×年折旧率

【学中做6-10】某企业的一项固定资产原值为15万元，预计使用年限为5年，预计净残值为1万元。请计算该设备各年份折旧额。

【解析】❶计算预计使用年限的年数总和。

年数总和=1+2+3+4+5 =15

❷各年折旧额计算。

第一年：尚可使用年限为5年

年折旧率=5 ÷15×100%≈33.33%

年折旧额=（150 000-10 000）×33.33%≈46 662（元）

第二年：尚可使用年限为4年

年折旧率=4÷15×100%≈26.67%

年折旧额=（150 000-10 000）×26.67% ≈ 37 338（元）

第三年：尚可使用年限为3年

年折旧率= 3÷15×100% = 20%

年折旧额=（150 000-10 000）×20% = 28 000（元）

第四年：尚可使用年限为2年

年折旧率= 2÷15×100% ≈ 13.33%

年折旧额=（150 000-10 000）×13.33% ≈ 18 662（元）

第五年：尚可使用年限为 1 年

年折旧率= 1 ÷ 15×100% ≈ 6.67%

年折旧额=（150 000-10 000）× 6.67%≈9 338（元）

❸各年份折旧额见表6-2。

表6-2　固定资产折旧计算表　金额单位：元

年份	尚可使用年限	年折旧率	年折旧额	累计折旧额	期末固定资产净值
第1年	5	5/15	46 662	46 662	103 338
第2年	4	4/15	37 338	84 000	66 000
第3年	3	3/15	28 000	112 800	38 000
第4年	2	2/15	18 662	130 662	19 338
第5年	1	1/15	9 338	140 000	10 000

（二）任务要领

1.固定资产折旧核算的要点

（1）明确要素

微课6.3 固定资产折旧相关账务处理

企业应准确确定固定资产原值，即取得该资产并使其达到预定可使用状态前所发生的一切合理、必要支出。合理预估预计净残值，可参考同类资产的历史数据和市场行情。结合资产的物理性能、技术发展趋势和企业经营规划，判断预计使用年限。

（2）正确选择折旧方法

综合分析固定资产的性质和使用特点、企业的财务状况和经营目标、税收因素、行业惯例等，选择适用的固定资产折旧法。就固定资产本身而言，年限平均法适用于使用程度较为均衡、受技术进步影响较小的固定资产，如房屋、建筑物等；工作量法适用于损耗与工作量密切相关的固定资产，如运输车辆按行驶里程、机器设备按工作小时等。双倍余额递减法和年数总和法适用于技术进步快、更新换代迅速的固定资产，如电子设备等。

（3）核算年折旧额和月折旧额

企业会计人员应按照相应的折旧方法，对固定资产年折旧额和月折旧额进行核算，编制固定资产折旧计算表。

2.固定资产折旧的账务处理要点

固定资产按月计提折旧，编制会计分录：根据固定资产的用途，按折旧费用，借记相应费用科目，贷记“累计折旧”。

生产部门使用的固定资产折旧记入“制造费用”；管理部门使用的固定资产折旧记入“管理费用”；销售部门使用的固定资产折旧记入“销售费用”；自行建造固定资产过程中使用的固定资产，其折旧记入“在建工程成本”；经营租出的固定资产，其折旧记入“其他业务成本”；未使用的固定资产，其折旧记入“管理费用”。

【做中学6-7】甲公司20×4年1月有以下固定资产：

（1）车间设备：一台生产设备，原值为50万元，预计使用年限为10年，预计净残值为2万元，采用年限平均法计提折旧。

（2）管理部门办公设备：一批办公电脑，原值为20万元，预计使用年限为5年，预计净残值为1万元，采用双倍余额递减法计提折旧。

（3）销售部门运输车辆：一辆运输卡车，原值为30万元，预计总行驶里程为60万千米，预计净残值为1.5万元，20×4年行驶了5万千米，采用工作量法计提折旧。

请计算20×4年各部门固定资产的折旧额，编制固定资产折旧计算表，并编制相应的会计分录。

【解析】❶计算各部门固定资产折旧额。

车间设备（年限平均法）：

年折旧额=（固定资产原值−预计净残值）÷预计使用年限

=（500 000−20 000）÷10 =48 000（元）

管理部门办公设备（双倍余额递减法）：

年折旧率= 2÷预计使用年限×100% = 2÷5×100% = 40%

20×4年折旧额=200 000×40% =80 000（元）

销售部门运输车辆（工作量法）：

单位工作量折旧额=固定资产原值×（1−预计净残值率）÷预计总工作量

预计净残值率=15 000÷300 000×100%=5%

单位工作量折旧额=300 000×（1− 5%）÷600 000=0.475（元）

20×4年折旧额=50 000×0.475 = 23 750（元）

❷编制公司20×4年固定资产折旧计算表（见表6-3）。

表6-3　公司20×4年固定资产折旧计算表

部门	固定资产名称	原值（元）	折旧方法	预计使用年限/总工作量	预计净残值（元）	20×4年折旧额（元）
车间	生产设备	500 000	年限平均法	10年	20 000	48 000
管理部门	办公电脑	200 000	双倍余额递减法	5年	10 000	80 000
销售部门	运输卡车	300 000	工作量法	600 000千米	15 000	23 750

❸进行账务处理。

车间使用的固定资产的折旧费用记入“制造费用”，管理部门使用的固定资产的折旧费用记入“管理费用”，销售部门使用的固定资产的折旧费用记入“销售费用”。

借：制造费用　48 000
　　管理费用　80 000
　　销售费用　23 750
　贷：累计折旧　151 750

【做中学6-8】甲公司自行建造一座生产车间，该工程于20×4年9月30日达到预定可使用状态，但尚未办理竣工结算。截至该日，工程实际发生成本1 800万元。20×4年12月31日，办理竣工结算，确定该生产车间的实际成本为2 000万元。该生产车间预计使用年限为20年，预计净残值为100万元，采用年限平均法计提折旧。请进行相应的账务处理。

【解析】❶20×4年9月30日达到预定可使用状态时。

虽然尚未办理竣工结算，但根据企业会计准则，应按照估计价值1 800万元暂估入账，并开始计提折旧。

借：固定资产——生产车间　18 000 000
　贷：在建工程　18 000 000

❷计算20×4年10—12月折旧额。

20×4年9月30日工程已达到预定使用状态，虽未办理竣工结算，需要对10—12月该固定资产计提折旧。

年折旧额=（固定资产原值-预计净残值）÷预计使用年限=（18 000 000-1 000 000）÷20 = 850 000（元）

月折旧额= 850 000 ÷ 12 ≈ 70 833.33（元）

20×4年10—12月，每月计提折旧分录如下：

借：制造费用　70 833.33
　贷：累计折旧　70 833.33

累计折旧额=70 833.33 × 3 = 212 499.99（元）

❸20×4年12月31日办理竣工结算时。

调整固定资产的入账价值，将实际成本与暂估价值的差额计入固定资产成本。

调整金额= 20 000 000-18 000 000=2000 000（元）

编制会计分录如下：

借：固定资产——生产车间　2 000 000
　贷：在建工程　2 000 000

❹重新计算20×5年及以后年度折旧额。

调整后固定资产原值为2 000万元，由于20×4年10—12月已计提3个月折旧，且已计提的折旧额不再调整，在计算20×5年及以后年度折旧额时须减去已提的折旧额，在剩余的237（20×12-3）个月计提折旧。

20×5年以后需要计提的折旧额=20 000 000-1 000 000-212 499.99= 18 787 500.01（元）

月折旧额=18 787 500.01 ÷（20×12-3）≈79 272.15（元）

❺进行账务处理。

20×5年1月开始，每月计提折旧分录如下：

借：制造费用　79 272.15
　贷：累计折旧　79 272.15

3.固定资产使用寿命和折旧方法复核的要点

企业至少应当于每年年度终了，对固定资产的使用寿命、预计净残值和折旧方法进行复核。当复核结果与原先估计数有差异时，应当进行相应的调整。这属于会计估计变更，采用未来适用法处理，即不需要追溯调整以前期间的折旧，而是在变更当期及以后期间按照新的估计进行折旧计算。

（1）使用寿命复核

评估依据：考虑资产的物理损耗、技术更新、市场需求等因素。例如，随着科技发展，电子设备的实际使用寿命可能因技术迭代而缩短；对于机械设备，其使用频率和维护状况会影响物理损耗程度，进而影响使用寿命。

调整原则：若使用寿命预计数与原先估计数有差异，应当调整固定资产使用寿命。

（2）折旧方法复核

评估依据：分析固定资产的经济利益预期实现方式是否发生重大变化。比如，原本按照年限平均法计提折旧的设备，由于其前期生产效率高、后期效率下降明显，可能更适合采用加速折旧法。

调整原则：若与固定资产有关的经济利益预期实现方式有重大改变，应当改变固定资产折旧方法。

【做中学6-9】甲公司2022年1月1日购入一台生产设备，原值为50万元，预计使用年限为10年，预计净残值为2万元，采用年限平均法计提折旧。2024年12月31日，公司对该设备的使用寿命和折旧方法进行复核。请计算折旧额并进行账务处理。

【解析】（1）情况一：仅使用寿命发生变化。

经复核，由于技术进步，该设备预计尚可使用年限为5年，预计净残值不变。

❶计算2022—2024年已计提折旧额。

年折旧额=（500 000-20 000）÷10 = 48 000（元）

2022—2024年累计折旧额= 48 000×3 =144 000（元）

❷计算2025年及以后年度折旧额。

2024年末固定资产账面价值= 500 000- 144 000 = 356 000（元）

新的年折旧额=（356 000-20 000）÷5 = 67 200（元）

❸编制会计分录如下：

借：制造费用　　67 200

　贷：累计折旧　　67 200

（2）情况二：折旧方法和使用寿命同时发生变化。

经复核，该设备预计尚可使用年限为5年，预计净残值不变，由于设备前期生产效率高，决定从2025年起改用双倍余额递减法计提折旧。

❶计算2022—2024年已计提折旧额。

年折旧额=（500 000-20 000）÷10 = 48 000（元）

2022—2024年累计折旧额= 48 000×3 = 144 000（元）

❷计算2024年末固定资产账面价值。

2024年末固定资产账面价值= 500 000 - 144 000 = 356 000（元）

❸计算2025年折旧额。

双倍余额递减法年折旧率= 2÷5×100% = 40%

2025年折旧额= 356 000×40% = 142 400（元）

❹编制会计分录如下：

借：制造费用　　142 400

　贷：累计折旧　　142 400

三、任务实施

1.业务一：A生产设备折旧的核算与账务处理

步骤一：确定固定资产折旧核算三要素

❶固定资产入账价值

固定资产入账价值包括购买价款、运输费以及安装调试费等使设备达到预定可使用状态的必要支出。

该设备入账价值=购买价款+运输费用+安装调试费用=52+0.5+1.5=54（万元）

❷固定资产预计净残值

由业务本身可知，A生产设备预计净残值为3万元。

❸固定资产预计使用年限或总工作量

由业务本身可知，A生产设备预计使用年限为10年。

步骤二：明确固定资产折旧核算方法

A生产设备采用年限平均法计提折旧。

步骤三：核算年折旧额和月折旧额

年折旧额 =（固定资产原值 – 预计净残值）÷ 预计使用年限

年折旧额 =（540 000 – 30 000）÷ 10 = 51 000（元）

月折旧额 = 年折旧额 ÷ 12 = 51 000 ÷ 12 = 4 250（元）

步骤四：进行账务处理

20×4 年设备累计折旧=4 250×5=21 250（元）

借：制造费用　　21 250

　贷：累计折旧　　21 250

2.业务二：B生产设备折旧的核算与账务处理

步骤一：确定固定资产折旧核算三要素

❶固定资产入账价值

B生产设备入账价值为278 000元。

❷固定资产预计净残值

由业务本身可知，B生产设备预计净残值为8 000元。

❸固定资产预计使用年限或总工作量

由业务本身可知，B生产设备预计总工作量为100 000小时。

步骤二：明确固定资产折旧核算方法

B生产设备采用工作量法计提折旧。

步骤三：核算年折旧额和月折旧额

单位工作量折旧额=（固定资产原值–预计净残值）÷预计总工作量

=（278 000–8 000）÷100 000=2.7（元）

20×4 年月折旧额 = 单位工作量折旧额 ×月实际工作量

=2.7× 8 000 ÷5= 4 320（元）

步骤四：进行账务处理

20×4 年该生产设备计提折旧=4 320×5=21 600（元）

借：制造费用　　21 600

　贷：累计折旧　　21 600

3.业务三：C研发设备折旧的核算与账务处理

步骤一：确定固定资产入账价值

固定资产入账价值为购买价款、运输费和安装调试费的总和，不包含可抵扣的增值税。

入账价值 =1 000 000+10 000+30 000=1 040 000（元）

步骤二：明确固定资产折旧核算方法

C研发设备采用双倍余额递减法计提折旧。

步骤三：核算年折旧额和月折旧额

年折旧率=2÷预计使用年限×100%=2÷5×100%=40%

20×4 年年折旧额=年初固定资产账面净值×年折旧率

20×4年年初固定资产账面净值为入账价值1 040 000元，所以：

20×4 年年折旧额=1 040 000×40%=416 000（元）

20×4 年月折旧额=416 000÷12≈34 666.67（元）

20×5 年年折旧额=（1 040 000–416 000）×40%=249 600（元）

20×6年年折旧额=（1 040 000–416 000–249 600）×40%=149 760（元）

20×7年年折旧额=（1 040 000–416 000–249 600–149 760–40 000）÷2=92 320（元）

20×8年年折旧额=（1 040 000–416 000–249 600–149 760–40 000）÷2=92 320（元）

步骤四：进行账务处理

20×4 年该生产设备计提折旧416 000元，因为该设备用于电子产品研发与测试，折旧费用记入“研发支出”。

借：研发支出——费用化支出　　416 000

　贷：累计折旧　　416 000

4.业务四：D环保设备折旧的核算与账务处理

步骤一：确定固定资产入账价值

固定资产的入账价值是使固定资产达到预定可使用状态前所发生的必要支出。可抵扣的增值税不计入入账价值，员工培训费用不属于使设备达到预定可使用状态的必要支出，应计入当期损益。

固定资产入账价值=设备购买价款+运输费+保险费+安装调试材料成本+安装调试人工费用

D环保设备的入账价值=200 000+3 000+1 000+5 000+7 000=216 000（元）

❶购买设备及相关费用发生时，账务处理如下：

借：在建工程　　216 000

　　应交税费——应交增值税（进项税额）　　26 000

　　管理费用　　4 000

　贷：银行存款　　246 000

❷设备安装完毕达到预定可使用状态时，账务处理如下：

借：固定资产　　216 000

　贷：在建工程　　216 000

步骤二：明确固定资产核算方法

D环保设备采用年数总和法计提折旧。

步骤三：核算年折旧额

❶计算年数总和。

预计使用年限5年，年数总和为15年（5+4+3+2+1）。

❷计算每年折旧额。

第1年末：尚可使用年限为5年。

年折旧率=5/15

年折旧额=（固定资产入账价值-预计净残值）×年折旧率

　　　　=（216 000-8 000）×（5/15）≈69 333.33（元）

第2年末：尚可使用年限为4年。

年折旧率=4/15

年折旧额=（216 000-8 000）×（4/15）≈55 466.67（元）

第3年末：尚可使用年限为3年。

年折旧率=3/15

年折旧额=（216 000-8 000）×（3/15）=41 600（元）

第4年末：尚可使用年限为2年。

年折旧率=2/15

年折旧额=（216 000-8 000）×（2/15）≈27 733.33（元）

第5年末：尚可使用年限为1年。

年折旧率=1/15

年折旧额=（216 000-8 000）×（1/15）≈13 866.67（元）

步骤四：第1年末进行账务处理

该环保设备第1年计提折旧69 333.33元，因为该设备直接服务于企业的生产车间，用于处理生产过程中产生的废气，保障生产活动的正常进行和符合环保要求，其折旧费用应记入“制造费用”。

借：制造费用　　69 333.33

　贷：累计折旧　　69 333.33

6.3课证融通练习题

任务四　固定资产后续支出的核算

一、任务情景

（一）任务场景

春华电子股份有限公司拥有各类固定资产用于生产、研发和管理等活动。20×4 年，公司部分固定资产发生了后续支出，具体业务如下：

1.业务一：办公设备日常维修

公司办公室的一批打印机因长期使用出现故障，为保证办公的正常开展，安排专业维修人员进行维修，共支付维修费2 500元，款项通过银行转账支付。

2.业务二：生产设备改良

公司A车间有1台生产设备，由于市场需求变化和技术发展，其生产效率和产品质量已不能满足公司发展要求。公司决定对该设备进行改良，以提高其性能和生产能力。该设备原价为60万元，设备预计使用寿命为6年，已按年限平均法计提折旧20万元。改良过程中，领用生产用原材料5万元（该原材料购进时增值税税率为13%），发生人工费3万元，以银行存款支付其他相关费用1万元。改良完成后，该设备的生产能力大幅提升，预计能再使用7年。

（二）任务布置

1. 分析以上两项业务应进行费用化支出核算还是资本化支出核算，并说明理由。

2. 对费用化支出核算的业务进行账务处理，编制相应的会计分录。

3. 对资本化支出核算的业务进行账务处理，包括将固定资产转入在建工程、记录改良过程中的各项支出、改良完成后将在建工程转回固定资产等，重新进行固定资产折旧核算，并编制每一步的会计分录。

二、任务准备

（一）知识准备

1.固定资产后续支出的概念

微课6.4 固定资产后续支出

固定资产后续支出是指固定资产在使用过程中发生的更新改造支出、修理费用等。

企业在使用固定资产过程中，随着时间推移和使用频率增加，固定资产可能会出现磨损、技术落后等情况，为了保证固定资产能持续满足企业生产经营需求，企业需要通过后续支出维持或提高固定资产的性能、延长其使用寿命、增加其生产能力或改善其使用效能。例如，企业的生产设备因长期运转，部分零部件磨损严重，对这些零部件进行更换所产生的费用，或者对老旧设备进行技术升级改造投入的资金，都属于固定资产后续支出。

固定资产的后续支出，符合固定资产确认条件的，应计入固定资产成本，即资本化；不符合固定资产确认条件的，应在发生时计入当期损益，即费用化。

2.固定资产后续支出的账务处理

（1）费用化的后续支出

固定资产费用化的后续支出是指企业为了维持固定资产的正常使用状态，确保其能按照原有的性能和生产能力持续运行而发生的修理费、维护费等必要的后续支出。

这类支出不涉及固定资产性能的实质性提升或使用寿命的大幅延长。例如对设备进行日常保养、更换一些小的零部件，对房屋进行简单的修缮、对办公电脑的软件升级等。这些支出不会使固定资产的性能得到实质性提升，也不会延长其使用寿命，只是让固定资产维持在当前的使用水平，因此应予以费用化。

在账务处理过程中，应按照受益对象直接计入当期损益或计入相关资产，并根据不同情况分别处理：

❶与存货的生产和加工相关的固定资产的后续支出，如修理费，按照存货成本原则进行

处理。

❷企业行政管理部门的固定资产发生的不属于资本化的后续支出，如固定资产修理费，应借记“管理费用”科目，贷记“银行存款”等科目。

❸企业销售部门的固定资产发生的不属于资本化的后续支出，如固定资产修理费，应借记“销售费用”科目，贷记“银行存款”等科目。

【学中做6-11】甲公司有1台办公设备，原价50 000元，预计使用年限为10年，已使用3年，采用直线法计提折旧，预计净残值为5 000元。在使用过程中，于20×4年发生一笔支出：更换了设备的一些易损零部件，这些零部件的成本为2 000元，通过银行转账支付。请判定这笔支出为费用化支出还是资本化支出，并进行账务处理。

【解析】❶对费用支出的属性进行分析。

由于更换易损零部件的2 000元支出只是对设备正常损耗部件的替换，没有改变设备的基本性能和结构，也没有延长设备的使用寿命等，因此其属于费用化的后续支出。

❷进行账务处理。

管理用设备的维护费，记入“管理费用”，账务处理如下：

借：管理费用　　2 000

　贷：银行存款　　2 000

（2）资本化的后续支出

固定资产资本化的后续支出是指企业为了延长固定资产的使用寿命、提高固定资产的生产能力、改善固定资产的性能等，对固定资产进行的更新改造、改良等支出。这些支出符合固定资产的确认条件，即与该固定资产有关的经济利益很可能流入企业，且该固定资产的成本能够可靠地计量。资本化的后续支出会增加固定资产的账面价值，在后续期间通过折旧等方式逐渐分摊计入成本费用。资本化的后续支出一般涉及固定资产更新改造等重大事项。

固定资产发生可资本化的后续支出，在进行账务处理时，应将固定资产的原价、已计提的累计折旧和减值准备转销，将固定资产的账面价值转入在建工程。借记“在建工程”“累计折旧”“固定资产减值准备”等科目，贷记“固定资产”科目。发生的可资本化的后续支出，通过“在建工程”科目归集。在固定资产更新改造完成并达到预定可使用状态时，从“在建工程”科目转入“固定资产”科目。

【学中做6-12】甲公司拥有一台生产设备，原价为50 000元，预计使用年限为10年，已使用3年，累计折旧为15 000元。该设备因技术落后，生产效率低下，甲公司决定对其进行技术改造。经过改造，共发生支出5 000元。改造完成后，该设备预计可使用年限延长至8年，生产能力大幅提高，产品质量也明显提升，预计未来现金流量现值增加。请判定改造设备所发生的支出为费用化支出还是资本化支出，并进行账务处理。

【解析】（1）对费用支出的属性进行分析。

由以上业务分析可知，该项支出符合资本化条件，主要是因为：一是改造后设备预计可使用年限从原来7年延长至8年，使用寿命得到了延长。二是提高了生产能力和产品质量。生产能力大幅提高，产品质量明显提升，这将导致该固定资产为企业带来经济利益的能力增强，符合资本化的条件。

（2）进行账务处理。

❶对设备开始改造时：

借：在建工程　　35 000

　　累计折旧　　15 000

　贷：固定资产　　50 000

❷支付5 000元进行改造时：

借：在建工程　　5 000

　贷：银行存款　　5 000

❸设备改造完成达到预定可使用状态时

借：固定资产　　40 000

　贷：在建工程　　40 000

（二）任务要领

1．费用化后续支出的账务处理要点

在进行费用化的后续支出核算和账务处理时，可以按以下步骤进行：

（1）判断支出是否符合费用化条件

判断支出是否符合费用化条件即明确支出是否为与固定资产有关的修理费用等各项后续支出。

（2）要做好费用的归集与分配

如果企业有多个部门或项目共同使用固定资产，发生的费用化后续支出需要按照合理的方法进行归集和分配。例如，可以按照各部门使用固定资产的工时、产量等比例进行分配。假设企业有生产部门A和生产部门B共同使用一台大型设备，本月发生设备维修费10 000元，A部门本月使用设备工时为30小时，B部门使用设备工时为20小时，则A部门应分摊的维修费用为6 000元［10 000×（30÷50）］，B部门应分摊4 000元。

（3）做好账务处理

按费用化支出受益对象确定会计科目，将费用化的后续支出直接计入当期损益。

【做中学6-10】20×4年1月1日，甲公司租入一处办公写字楼，租赁期限为4年。为了使写字楼更符合办公需求，甲公司于租赁当日开始对其进行装修。装修过程中，购买装修材料为60 000元，已取得增值税专用发票，增值税税率为13%，税额为7 800元，以银行存款支付，材料全部用于装修；支付装修工人的人工费30 000元。装修工程于20×4年3月1日完工并交付使用。请对以上业务进行账务处理。

【解析】甲公司对办公写字楼进行装修，受益期为整个租赁期4年，且此次装修并未显著提升写字楼的性能或延长其使用寿命，相关支出应作为费用化后续支出。以租赁方式租入的使用权资产发生的改良性支出，在租赁期内进行摊销，应记入“长期待摊费用”科目。

❶购买装修材料时。

借：原材料　　60 000

　　应交税——应交增值税（进项税额）　　7 800

　贷：银行存款　　67 800

❷领用装修材料时。

借：长期待摊费用——租入固定资产改良支出　　60 000

　贷：原材料　　60 000

注：因为是费用化后续支出，相关增值税进项税额可以正常抵扣，所以不计入长期待摊费用成本。

❸支付装修工人人工费时。

借：长期待摊费用——租入固定资产改良支出　　30 000

　贷：银行存款　　30 000

❹计算长期待摊费用总额。

长期待摊费用总额= 60 000 + 30 000 = 90 000（元）

每月摊销额= 90 000 ÷（4 × 12）= 1 875（元）

20×4年3月31日，进行第一次摊销时：

借：管理费用——长期待摊费用摊销　　1 875

　贷：长期待摊费用——租入固定资产改良支出　　1 875

2.资本化后续支出的账务处理要点

在进行资本化的后续支出核算和账务处理时，可以按以下步骤进行：

（1）判断支出是否符合资本化条件

判断支出是否符合资本化条件，即判断该支出是否满足资本化的要求。

(2) 将固定资产账面价值转入在建工程

当固定资产进入更新改造等资本化后续支出阶段时，应停止计提折旧。因为此时固定资产的账面价值正在发生变化，其处于非正常使用状态。财务人员应将固定资产的原价、已计提的累计折旧和减值准备转销，将其账面价值转入在建工程。

(3) 归集资本化后续支出

在更新改造过程中，发生的各项支出，如购买的工程物资、支付的人工费等，计入在建工程成本。

(4) 达到预定可使用状态后转为固定资产

更新改造工程完工并达到预定可使用状态时，将在建工程的成本转入固定资产。

(5) 重新确定折旧政策

重新确定固定资产的使用寿命、预计净残值和折旧方法，按照新的折旧政策计提折旧。

【做中学6-11】甲公司有一台设备，原价为50万元，预计使用年限为10年，预计净残值为2万元，采用直线法计提折旧。该设备已使用5年。20×4年1月1日，甲公司决定对该设备进行更新改造，以提高其生产效率。改造过程中，购买工程物资10万元，增值税税率为13%，已取得增值税专用发票，工程物资全部用于改造工程；支付工程人员薪酬5万元。20×4年6月30日，改造工程完工并达到预定可使用状态，该设备预计尚可使用年限为8年，预计净残值为3万元，仍采用直线法计提折旧。请对以上业务进行账务处理。

【解析】该设备所发生的更新改造支出属于资本化的后续支出。

(1) 计算改造前固定资产的账面价值：

每年折旧额=（500 000－20 000）÷10 = 48 000（元）

已计提折旧额= 48 000×5 = 240 000（元）

固定资产账面价值= 500 000－240 000 = 260 000（元）

(2) 将固定资产账面价值转入在建工程：

借：在建工程　　260 000

　　累计折旧　　240 000

　贷：固定资产　　500 000

(3) 归集资本化后续支出：

❶购买工程物资。

借：工程物资　　100 000

　　应交税费——应交增值税（进项税额）　　13 000

　贷：银行存款　　113 000

❷领用工程物资。

借：在建工程　　100 000

　贷：工程物资　　100 000

❸支付工程人员薪酬。

借：在建工程　　50 000

　贷：应付职工薪酬　　50 000

(4) 计算改造后固定资产的入账价值和折旧额：

❶改造后固定资产入账价值= 260 000+100 000+50 000=410 000（元）

工程完工达到预定可使用状态，会计分录如下：

借：固定资产　　410 000

　贷：在建工程　　410 000

❷计算改造后固定资产的折旧额。

改造后每年折旧额=（410 000−30 000）÷8 = 47 500（元）

20×4年下半年折旧额= 47 500÷2 = 23 750（元）

20×4年12月31日计提折旧的会计分录为：

借：制造费用　　23 750

　贷：累计折旧　　23 750

三、任务实施

1.业务一：办公设备日常维修费用的核算和账务处理

步骤一：区分费用化支出和资本化支出

该项支出为费用化支出。因为打印机的日常维修是为了维持其正常的办公功能，属于日常的维护性支出，不会显著提高设备的性能或延长其使用寿命，未来不能为企业带来额外的经济利益，因此应将维修费用计入当期损益。

步骤二：费用的归集与分配

共支付维修费用2 500元，应计入当期损益。

步骤三：费用化支出的账务处理

该项支出为管理部门的固定资产发生的后续支出，记入“管理费用”科目。

借：管理费用　　2 500

　贷：银行存款　　2 500

2.业务二：生产设备改良费用的核算和账务处理

步骤一：区分费用化支出和资本化支出

该项支出为资本化支出。因为对生产设备进行改良，其生产能力大幅提升，能够为企业带来更多的经济利益，且改良支出金额较大，符合固定资产资本化的条件，应将改良支出计入固定资产成本。

步骤二：将固定资产账面价值转入在建工程

设备账面价值=600 000−200 000=400 000（元）

借：在建工程　　400 000

　　累计折旧　　200 000

　贷：固定资产　　600 000

步骤三：归集资本化后续支出

❶领用原材料。

借：在建工程　　50 000

　贷：原材料　　50 000

❷发生人工费用。

借：在建工程　　30 000

　贷：应付职工薪酬　　30 000

❸支付其他相关费用。

借：在建工程　　10 000

　贷：银行存款　　10 000

步骤四：改良完工达到预定可使用状态后转为固定资产

改良后固定资产入账价值=400 000+50 000+30 000+10 000=490 000（元）

借：固定资产　　490 000

　贷：在建工程　　490 000

步骤五：重新核算固定资产折旧

该设备改造完成后预计可继续使用7年，按照年限平均法计提折旧。

年折旧额=490 000 ÷7=70 000（元）

年末账务处理如下：

借：制造费用　　70 000

　贷：累计折旧　　70 000

6.4课证融通练习题

任务五　固定资产清查与减值的核算

一、任务情景

（一）任务场景

春华电子股份有限公司2024年在固定资产管理中，发生以下几笔业务：

1.业务一：盘盈固定资产1台

6月，公司在对仓库进行全面盘点时，发现1台未入账的设备。经调查了解，该设备是在2023年5月购入，购入时实际支付价款为50 000元，增值税税额6 500元，运输费和装卸费共计3 000元（不含税）。该设备预计使用年限为5年，预计净残值为2 000元，采用年限平均法计提折旧。经专业评估机构评估，该设备在盘盈时的重置成本为60 000元，已计提折旧为20 000元。公司适用的所得税税率为25%，按净利润的10%提取法定盈余公积。

2.业务二：盘亏固定资产1台

9月，公司在资产清查中发现丢失一台用于数据存储的服务器。该服务器于2022年1月购入，购入价格为12万元，增值税税额为1.56万元，另支付安装调试费1万元（不含税）。服务器预计使用年限为6年，预计净残值为1万元，采用年限平均法计提折旧。经调查，盘亏原因是保管不善，责任人赔偿2万元。

3.业务三：1台设备发生减值

公司于2022年1月1日购入的一台大型生产设备，用于产品的生产制造，该设备入账价值为50万元，预计使用年限为10年，预计净残值为2万元，采用直线法计提折旧。2024年12月31日，由于市场技术革新，该设备生产的产品市场需求大幅下降，企业对该设备进行减值测试，经测算，该设备的可收回金额为30万元。

（二）任务布置

1.根据固定资产盘盈情况，编制其账务处理分录。按照企业会计准则，通过“以前年度损益调整”等相关科目进行借贷记账，清晰反映盘盈固定资产在财务账目中的入账过程，精准体现企业资产的增加以及对以前年度损益的调整，完整展现企业资产的变化情况。

2.对企业实际发生的固定资产盘亏业务，编制详细的账务处理分录，从发现盘亏时对固定资产账面价值的转销，到确定盘亏原因后对责任人的赔偿以及净损失的处理。运用“待处理财产损溢”“其他应收款”“营业外支出”等科目进行借贷记账，清晰反映企业固定资产减少以及相关损失的核算过程，完整呈现企业资产减少的财务轨迹。

3.依据企业对固定资产进行减值测试的结果，编制固定资产减值的账务处理分录，按照规定计提固定资产减值准备。通过“资产减值损失”“固定资产减值准备”等科目进行借贷记账，清晰反映企业固定资产价值的降低以及对当期损益的影响，在财务账目中完整展现企业固定资产价值变动。

二、任务准备

（一）知识准备

1.固定资产清查的概念

为保证固定资产的安全完整、提高资产使用效率、确保财务报表的准确性，同时满足企业内部管理和外部监管要求，企业需要定期或至少于每年年末对固定资产进行清查盘点，即根据账簿记录，对固定资产进行实物盘点、核对和查询，以确定各项固定资产的实际存在情况、使用状况、存放地点、产权归属等，并与固定资产账面记录进行对比，查明账实是否相符以及产生差异的原因等。在清查过程中，企业不仅要对固定资产的数量进行盘点，还要对其质量、使用状况等进行检查和评估，以全面掌握固定资产的真实情况，为企业的资产管理、会计核算等提供准确依据。

在固定资产清查过程中，如发现盘盈、盘亏的固定资产，应当填制“固定资产盘盈、盘亏报告表”，并按管理权限报请批准后，在期末结账前处理完成。

一般而言，固定资产出现企业无法控制的因素而盘盈的可能性很小，如发生“盘盈”，多是在以前会计期间少记、漏记等产生的，因此应作为会计差错更正处理。

固定资产盘亏是指企业在财产清查中发现实际拥有的固定资产数量少于账面记录的情况。这种情况可能是多种原因导致的，如自然灾害、被盗、管理不善导致的丢失或损坏、会计核算错误等。

2.固定资产减值的概念

固定资产减值是指固定资产由于技术进步、市场环境发生变化、资产实体本身损坏或其他经济原因，出现其可收回金额低于其账面价值的情况。

3.固定资产减值的确认

企业应当在资产负债表日判断固定资产是否存在发生减值的迹象。存在下列迹象的，表明固定资产可能发生了减值：

❶固定资产的市价当期大幅度下跌，其跌幅明显高于因时间的推移或者正常使用而预计的下跌。

❷企业经营所处的经济、技术或者法律等环境以及固定资产所处的市场在当期或者将在近期发生重大变化，从而对企业产生不利影响。

❸市场利率或者市场投资报酬率在当期已经提高，从而影响企业计算固定资产预计未来现金流量现值的折现率，导致固定资产可收回金额大幅度降低。

❹有证据表明固定资产已经陈旧过时或者其实体已经损坏。

❺固定资产已经或者将被闲置、终止使用或者计划提前处置。

❻企业内部报告的证据表明固定资产的经济绩效已经低于或者将低于预期，如固定资产所创造的净现金流量或者实现的营业利润（或者亏损）远远低于（或者高于）预计金额等。

【学中做6-13】甲公司拥有一台专门用于生产A产品的设备，该设备于2020年12月31日购入，入账价值为100万元，预计使用年限为10年，预计净残值为10万元，采用年限平均法计提折旧。2024年12月31日，经评估，该设备的市场价值为40万元。请判断该设备是否发生减值，并说明理由。

【解析】❶计算设备的账面价值。

采用年限平均法计算每年的折旧额。

年折旧额=（固定资产入账价值−预计净残值）÷预计使用年限

=（100−10）÷10=9（万元）

从2020年12月31日购入到2024年12月31日，共使用4年。

累计折旧额=9×4=36（万元）

2024年12月31日该设备的账面价值=100−36=64（万元）

❷确定可收回金额。

通常可收回金额根据公允价值减去处置费用后的净额与预计未来现金流量的现值两者之中较高者确定。本题仅给出市场价值40万元，假设处置费用为0，则公允价值减去处置费用后的净额为40万元。由于没有给出预计未来现金流量现值的相关数据，暂以公允价值减去处置费用后的净额40万元作为可收回金额。

❸比较账面价值与可收回金额。

设备的账面价值为64万元，可收回金额为40万元，即账面价值高于可收回金额。

所以，该设备发生了减值。

减值金额=64−40=24（万元）

（二）任务要领

1.固定资产盘盈的账务处理要点

在账务处理方面，盘盈的固定资产应按以下步骤处理：

（1）确认重置成本并入账

不能准确确定重置成本时，可按同类或类似固定资产的市场价格，减去按该项固定资产的新旧程度估计的价值损耗后的余额，或者该项固定资产的预计未来现金流量的现值，作为入账价值。然后按照确定的入账价值，借记“固定资产”科目，贷记“以前年度损益调整”科目。这是因为盘盈的固定资产属于前期差错，需要调整以前年度的损益。

（2）调整相关所得税

因盘盈固定资产而调整以前年度损益后，需相应调整应缴纳的所得税费用。借记“以前年度损益调整”科目，贷记“应交税费——应交所得税”科目。

（3）调整留存收益

将“以前年度损益调整”科目的余额转入留存收益，借记“以前年度损益调整”科目，贷记“盈余公积——法定盈余公积”“利润分配——未分配利润”科目，按规定比例提取盈余公积，并调整未分配利润。

（4）报经批准并完善手续

将盘盈固定资产的相关情况，包括清查记录、入账价值确认依据、账务处理情况等，整理成详细报告，报经上级主管部门或公司管理层审批。审批通过后，完善固定资产的入库、登记等手续，将盘盈资产正式纳入公司资产管理体系，更新固定资产卡片，确保资产信息的准确性和完整性。

【做中学6-12】乙公司于20×4年12月31日进行固定资产清查，发现1台未入账的机器设备。经市场调研，相同规格和型号的全新机器设备市场价格为6万元，根据该设备的磨损程度和技术状况，估计其新旧程度为90%，公司适用所得税率为25%。乙公司按净利润的10%提取法定盈余公积。请作相关账务处理。

【解析】❶盘盈固定资产时。

该设备重置成本= 60 000×90% = 54 000（元）

	借方	贷方
借：固定资产	54 000	
贷：以前年度损益调整		54 000

❷调整所得税。

盘盈固定资产应纳所得税额=540 00×25%=13 500（元）

	借方	贷方
借：以前年度损益调整	13 500	
贷：应交税费——应交所得税		13 500

❸结转为留存收益时。

以前年度损益调整余额= 54 000 − 13 500 = 40 500（元）

提取法定盈余公积= 40 500×10% = 4 050（元）

转入未分配利润= 40 500 − 4 050 = 36 450（元）

	借方	贷方
借：以前年度损益调整	40 500	
贷：盈余公积——法定盈余公积		4 050
利润分配——未分配利润		36 450

2.固定资产盘亏的账务处理要点

在账务处理方面，当企业发现固定资产盘亏时，应立即办理固定资产注销手续，并按规定程序报经批准后进行相应的账务处理。具体步骤如下：

（1）确认固定资产盘亏的账面价值并注销资产

当发现固定资产盘亏时，首先要确定盘亏资产的账面价值，按其账面价值，借记“待处理财产损溢”科目，按已计提的累计折旧、减值准备，借记“累计折旧”“固定资产减值准备”科目，按固定资产的原价，贷记“固定资产”科目。通过这一步骤，将盘亏的固定资产从账面上注销，等待进一步处理。

（2）查明原因并处理保险赔偿等

对盘亏的原因展开调查，若是由责任人赔偿，应借记“其他应收款”科目，贷记“待处理财产损溢”科目；若由保险公司理赔，借记“其他应收款——应收保险赔款”科目，贷记“待处理财产损溢”科目。

（3）计入当期损益

在扣除责任人赔偿和保险赔款后，对于净损失部分，借记“营业外支出——盘亏损失”科目，贷记“待处理财产损溢”科目，将盘亏损失计入当期损益。

（4）报经批准并完善手续

把盘亏固定资产的详细情况，如清查过程、损失金额计算依据、账务处理情况等，整理报告上级主管部门或公司管理层审批。审批通过后，完善资产核销的相关手续，更新固定资产管理台账与卡片，保证资产信息的准确性和完整性。

【做中学6-13】甲公司在20×4年6月30日的固定资产清查中，发现丢失1台设备，该设备原价为8万元，已计提折旧3万元，已计提减值准备0.5万元。经调查，发现是保管人员疏忽导致设备被盗，保险公司同意赔偿3.5万元。请作相关账务处理。

【解析】❶发现盘亏时。

固定资产账面价值= 80 000−30 000 = 50 000（元）

借：待处理财产损溢——待处理固定资产损溢　　50 000
　　累计折旧　　30 000
　贷：固定资产　　80 000

❷报经批准后。

借：其他应收款——应收保险赔款　　35 000
　　营业外支出——盘亏损失　　15 000
　贷：待处理财产损溢——待处理固定资产损溢　　50 000

3.固定资产减值的账务处理要点

（1）计算可收回金额

可收回金额为固定资产的公允价值减去处置费用后的净额与资产预计未来现金流量的现值两者之间较高者。处置费用包括与固定资产处置有关的法律费用、相关税费、搬运费以及使固定资产达到可销售状态所发生的直接费用等。固定资产预计未来现金流量的现值，应根据固定资产在持续使用过程中和最终处置时所产生的预计未来现金流量，选择恰当的折现率对其进行折现后加以确定

（2）核算减值损失

固定资产的账面价值高于其可收回金额，表明固定资产发生了减值。在核算减值损失时，应以其原值减去已计提的折旧额和资产减值，将固定资产的账面价值减记至可收回金额，减记的金额确认为资产减值损失，计入当期损益，同时计提相应的固定资产减值准备。

（3）进行账务处理

根据所确定的减值损失，借记“资产减值损失”科目，贷记“固定资产减值准备”科目。需要特别注意的是，固定资产减值损失一经确认，在以后会计期间不得转回。这是为了防止企业通过转回减值准备来操纵利润，保证会计信息的真实性和可靠性。

【做中学6-14】甲公司拥有一台专用生产设备，原价为80万元，已计提折旧20万元，已计提减值准备5万元，剩余使用年限为5年。由于市场环境变化，该设备出现减值迹象。经测算，该设备的公允价值减去处置费用后的净额为45万元。经核算该设备未来5年现金流量现值为41万元。请判断该设备是否发生减值，若发生减值，计算减值损失并编制会计分录。

【解析】❶确认可收回金额。

可收回金额是公允价值减去处置费用后的净额与资产预计未来现金流量的现值两者中的较高者。

已知公允价值减去处置费用后的净额为45万元。资产预计未来现金流量的现值为41万元。

公允价值减去处置费用后的净额为45万元，高于资产预计未来现金流量的现值41万元，因此可收回金额为45万元。

❷核算减值损失。

设备账面价值 =原价-累计折旧-减值准备=80-20-5= 55（万元）

因为账面价值55万元大于可收回金额45万元，所以该设备发生减值。

减值损失=账面价值-可收回金额=55-45= 10（万元）

❸编制会计分录。

借：资产减值损失　　100 000

　贷：固定资产减值准备　　100 000

三、任务实施

1.业务一：盘盈固定资产的核算与账务处理

步骤一：确定盘盈固定资产入账价值并进行账务处理

入账价值=60 000-20 000=40 000（元）

借：固定资产　　40 000

　贷：以前年度损益调整　　40 000

步骤二：调整所得税并进行账务处理

应调整的所得税费用=40 000×25% =10 000（元）

借：以前年度损益调整　　10 000

　贷：应交税费——应交所得税　　10 000

步骤三：将以前年度损益调整转入留存收益并进行账务处理

以前年度损益调整余额=40 000-10 000=30 000（元）

提取法定盈余公积=30 000×10%=3 000（元）

借：以前年度损益调整　　30 000

　贷：盈余公积——法定盈余公积　　3 000

　　　利润分配——未分配利润　　27 000

2.业务二：盘亏固定资产1台

步骤一：计算累计折旧

固定资产入账价值=120 000+10 000=130 000（元）

年折旧额=（130 000-10 000）÷6=20 000（元）

从2022年1月到2024年9月，共计2年9个月。

累计折旧=20 000×2 + 20 000÷12×9=55 000（元）

步骤二：将固定资产转入待处理财产损溢

固定资产账面价值=130 000-55 000=75 000（元）

借：待处理财产损溢——待处理固定资产损溢　　75 000

　　累计折旧　　55 000

　贷：固定资产　　130 000

步骤三：报经批准后进行账务处理

借：其他应收款——责任人　　20 000

　　营业外支出——盘亏损失　　55 000

　贷：待处理财产损溢——待处理固定资产损溢　　75 000

3.业务三：1台设备发生减值

步骤一：计算固定资产账面价值

年折旧额=（500 000-20 000）÷ 10=48 000（元）

从2022年1月1日到2024年12月31日，共计3年。

累计折旧=48 000×3=144 000（元）

设备账面价值=500 000-144 000=356 000（元）

步骤二：比较账面价值与可收回金额，确定减值金额

因为可收回金额为300 000元，账面价值356 000元大于可收回金额，所以发生减值。

减值金额=356 000-300 000=56 000（元）

步骤三：进行账务处理

借：资产减值损失——固定资产减值损失　　56 000

　贷：固定资产减值准备　　56 000

6.5课证融通练习题

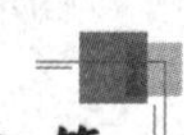

任务六　固定资产处置的核算

一、任务情景

（一）任务场景

春华电子股份有限公司2024年在固定资产管理中，发生以下业务：

1.对旧的报废设备进行清理处置

公司于10月决定对一台旧生产设备进行清理处置。该设备于2021年1月购入，入账价值为30万元，预计使用年限为5年，预计净残值为10 000元，采用直线法计提折旧。在清理过程中，发生以下业务：

（1）10月1日，开始对设备进行清理。

（2）10月15日，将设备拆除并搬运至指定地点，支付拆除及搬运费用5 000元，取得增值税普通发票。

（3）10月20日，将设备以2万元的价格出售给废品回收公司，开具增值税普通发票，增值税税额为0.26万元。

2.对因灾报废的设备进行清理处置

公司有一台生产设备，于2021年12月购入，入账价值为50万元，预计使用年限为10年，预计净残值为2万元，采用直线法计提折旧。2024年2月，该设备因遭受自然灾害而无法继续使用，公司决定对其进行清理。清理过程中，以银行存款支付清理费用0.5万元。经保险公司核定，应赔偿损失20万元，款项尚未收到。残料变卖收入为0.8万元，已存入银行。

（二）任务布置

根据公司对固定资产的清理情况，计算并编制完整的会计分录，清晰展示固定资产清理过程中各个环节的账务处理，准确反映企业资产的减少以及清理损益的核算过程。

二、任务准备

（一）知识准备

1.固定资产处置的概念

固定资产处置即固定资产的终止确认，主要包括固定资产的出售、转让、报废、毁损、对外投资、非货币性资产交换、债权重组等。

2.固定资产的终止确认

固定资产满足下列条件之一的，应当予以终止确认：

（1）该固定资产处于处置状态

当固定资产不再用于生产商品、提供劳务、出租或经营管理，且已处于出售、转让、报废或毁损等处置过程中，表明其已进入处置状态，应终止确认。例如企业将不再使用的旧设备出售给其他企业，此时该设备就满足了终止确认条件 。

（2）该固定资产预期通过使用或处置不能产生经济利益

固定资产的主要作用是为企业带来未来经济利益，如果一项固定资产由于技术陈旧、损坏等原因，预计未来不能再为企业带来经济利益，即使它尚未处于实际处置状态，也应终止确认。比如企业的一条生产线因技术革新而被淘汰，无法再为企业生产有市场需求的产品，那么该生产线就应终止确认。

（二）任务要领

企业处置固定资产，通过“固定资产清理”科目核算。

微课6.5 固定资产处置相关账务处理

（1）固定资产转入清理

企业处置固定资产，首先需要确定固定资产的账面价值，即核算固定资产原值减去累计折旧和累计减值准备后的余额。借记“固定资产清理”科目，按已计提的累计折旧，借记“累计折旧”科目，按已计提的减值准备，借记“固定资产减值准备”科目，按固定资产账面余额，贷记“固定资产”科目。

（2）清理费用及相关税费的财务处理

清理过程中发生的相关费用以及应支付的相关税费，如增值税、城市维护建设税、教育费附加等，借记“固定资产清理”科目，贷记“银行存款”“应交税费”等科目。

（3）出售固定资产的价款、残料价值和变价收入等的财务处理

处置固定资产的相关收入，应冲减清理支出，按实际收到的出售价款及残料变价收入等，借记“银行存款”“原材料”等科目，贷记“固定资产清理”科目。

（4）赔偿损失的财务处理

如果固定资产涉及保险公司或过失人的赔偿，在确定收到赔偿款时，借记“其他应收款”等科目，贷记“固定资产清理”科目。

（5）清理净损益的财务处理

固定资产清理完成后，应根据“固定资产清理”科目的余额情况结转清理净损益。在进行账务处理时，区分以下两种情况：

❶因出售、转让等原因产生的固定资产处置利得或损失

若“固定资产清理”科目为贷方余额，表明有净收益，借记“固定资产清理”科目，贷记“资产处置损益”科目；若为借方余额，表明有净损失，借记“资产处置损益”科目，贷记“固定资产清理”科目。

❷因已丧失使用功能或因自然灾害等原因报废清理产生的利得或损失

若“固定资产清理”科目为贷方余额，贷记“营业外收入——非流动资产毁损报废利得”科目；若为借方余额，借记“营业外支出——非流动资产毁损报废损失”科目。

【做中学6-15】甲公司有一台设备，原价为50万元，已计提折旧30万元，已计提减值准备5万元。现甲公司将该设备出售，取得价款18万元，增值税税额为2.34万元，同时支付清理费用0.5万元。请对该设备处置情况进行账务处理。

【解析】❶固定资产转入清理。

分录	借方	贷方
借：固定资产清理	150 000	
累计折旧	300 000	
固定资产减值准备	50 000	
贷：固定资产		500 000

❷支付清理费用。

分录	借方	贷方
借：固定资产清理	5 000	
贷：银行存款		5 000

❸收到出售价款。

分录	借方	贷方
借：银行存款	203 400	
贷：固定资产清理		180 000
应交税费——应交增值税（销项税额）		23 400

❹结转清理净损益。

固定资产清理净收益=180 000-150 000-5 000=25 000（元）

分录	借方	贷方
借：固定资产清理	25 000	
贷：资产处置损益		25 000

三、任务实施

1.对旧的报废设备进行清理处置

步骤一：10月1日，固定资产转入清理

计算该设备截至清理时的累计折旧。

年折旧额=（300 000–10 000）÷5=58 000（元）

从2021年1月到2024年10月，共计提折旧45个月。

累计折旧=58 000÷12×45=217 500（元）

设备账面价值=300 000–217 500=82 500（元）

固定资产转入固定资产清理，编制如下会计分录：

借：固定资产清理　82 500

　　累计折旧　217 500

　贷：固定资产　300 000

步骤二：10月15日，处理清理费用

借：固定资产清理　5 000

　贷：银行存款　5 000

步骤三：10月20日，处理取得的变卖价款

借：银行存款　22 600

　贷：固定资产清理　20 000

　　　应交税费——应交增值税（销项税额）　2 600

步骤四：10月20日，结转固定资产清理净损益

固定资产清理净损失=82 500+5 000–20 000=67 500（元）

借：资产处置损益　67 500

　贷：固定资产清理　67 500

2.对因灾报废的设备进行清理处置

步骤一：固定资产转入清理

计算该设备截至清理时的累计折旧。

年折旧额 =（500 000–20 000）÷10= 48 000（元）

2023年1月—2025年1月，共计提折旧26个月。

累计折旧=48 000÷12×26=104 000（元）

固定资产账面价值= 500 000–104 000=396 000（元）

固定资产转入固定资产清理，编制如下会计分录：

借：固定资产清理　396 000

　　累计折旧　104 000

　贷：固定资产　500 000

步骤二：处理清理费用

借：固定资产清理　5 000

　贷：银行存款　5 000

步骤三：处理取得变卖的价款

借：银行存款　8 000

　贷：固定资产清理　8 000

步骤四：处理相关赔偿

借：其他应收款——保险公司　200 000

　贷：固定资产清理　200 000

步骤五：结转固定资产清理净损益

固定资产清理借方发生额=396 000+5 000=401 000（元）

固定资产清理贷方发生额=200 000+8 000=208 000（元）

清理净损失=401 000-208 000=193 000（元）

借：营业外支出——非流动资产毁损报废损失　　193 000
　贷：固定资产清理　　193 000

6.6课证融通练习题

【职业课堂】固定资产核算业务中会计人员的核心素养：严谨与诚信

某大型机械制造企业为提升生产能力，购置了大量新型生产设备，并建造新厂房。在购置设备时，部分设备供应商提供了复杂的付款方案，如分期付款且不同阶段的利息不同，还有一些设备涉及安装调试费用的分摊问题。在建造新厂房过程中，工程款项的支付依据为工程进度，分多个节点，每个节点的付款金额与工程实际完成量紧密相关，同时还涉及一些因设计变更产生的额外费用核算。

会计主管王强负责此次固定资产相关的财务工作，他带领团队详细梳理了每一份固定资产采购合同与工程建设合同。对于设备采购，团队严格按照合同规定的付款时间、金额以及利息计算方式进行账务处理，精准区分设备原值、安装调试费用等不同成本项目，并合理分摊。针对厂房建设，团队依据工程监理报告和进度验收单，仔细核对每一笔工程款项的支付金额，确保付款与工程进度相符。为保证数据的准确性，团队对每一笔固定资产的入账价值计算都经过多次复核，还建立了详细的固定资产档案，记录资产的采购时间、供应商、合同条款、入账价值、折旧政策等关键信息。

在与供应商和建筑商的合作过程中，王强始终坚守诚信原则。当企业因资金调配问题，预计某笔设备分期付款可能稍有延迟时，王强提前与供应商沟通，如实说明企业当前的资金状况以及预计的付款时间调整方案，积极协商解决方案。在厂房建设过程中，对于因设计变更导致的费用增加，王强及时向建筑商提供详细的变更说明和合理的费用核算依据，确保双方对费用变动达成一致。最终，王强团队顺利完成了固定资产的核算与管理工作，保障了企业资产的准确计量和生产运营的顺利推进。

请思考：在上述固定资产核算业务中，会计人员应具备何种素养。

【解析】在固定资产核算中，会计人员的严谨素养体现在多个方面。首先，对于复杂的采购合同与付款方案，要严格遵循合同条款，如设备分期付款的利息计算、安装调试费用分摊，以及厂房建设工程款项按进度支付的核算等，都需要精确计算，确保固定资产入账价值准确无误。每一笔业务数据都要经过多次复核，避免因计算错误导致资产价值计量错误。同时，会计人员应建立完善的固定资产档案，详细记录资产相关的各类信息，为后续的资产折旧、盘点、处置等工作提供坚实的数据基础。

诚信素养在会计人员与供应商和建筑商的沟通协作中尤为关键。当企业面临资金支付困难或出现费用变动情况时，会计人员要如实告知对方企业的实际状况，提前与供应商协商付款延迟问题，坦诚说明原因并给出合理解决方案，维护与供应商的良好合作关系，避免因失信导致合作中断或产生不必要的纠纷。涉及变更费用时，会计人员应向建筑商提供清晰准确的费用核算依据，以诚信赢得对方的认可和信任，保障工程建设的顺利进行。只有同时具备严谨和诚信这两种职业素养，会计人员才能在固定资产核算业务中，精准计量资产价值，维护企业与合作方的和谐关系，助力企业稳定发展。

项目小结

在企业的资产体系中，固定资产占据着重要地位，其核算工作对于企业财务状况的准确反映以及经营决策的有效制定意义重大。固定资产是指企业为生产商品、提供劳务、出租或经营管理而持有的，使用寿命超过一个会计年度的有形资产，包括房屋、建筑物、机器、机械、运输工具以及其他与生产经营活动有关的设备、器具、工具等。

固定资产的核算范围涵盖了资产的初始计量、后续计量以及处置等多个环节。初始计量时，企业以取得固定资产时的成本入账，包括购买价款、相关税费、使固定资产达到预定可使用状态前所发生的可归属于该项资产的运输费、装卸费、安装费和专业人员服务费等。对于自行建造的固定资产，其成本由建造该项资产达到预定可使用状态前所发生的必要支出构成。

在后续计量中，折旧的计提是关键内容。企业应根据固定资产的性质和使用情况，合理确定其使用寿命、预计净残值，并选用恰当的折旧方法，如年限平均法、工作量法、双倍余额递减法和年数总和法等。折旧方法一经确定，不得随意变更。同时，企业还应对固定资产进行定期检查，当存在减值迹象时，及时进行减值测试，若发生减值，应计提固定资产减值准备。

当固定资产处于处置状态或者预期通过使用或处置不能产生经济利益时，企业须对其进行处置。固定资产处置，通过"固定资产清理"科目核算，将固定资产账面价值转入该科目，同时核算处置过程中的收入与费用，最终将处置净损益计入当期损益。

准确、规范地进行固定资产核算，有助于企业如实反映资产价值，合理计算成本费用，进而为企业的财务分析和战略规划提供可靠依据，在企业财务管理中发挥着不可替代的作用。

技能锤炼

春华电子股份有限公司为增值税一般纳税人，适用的增值税税率为13%。2025年发生以下经济业务：

（1）1月公司购入一台需要安装的生产设备。

❶ 1月10日，取得的增值税专用发票上注明设备价款为500 000元，增值税税额为65 000元；另支付运输费，取得的增值税专用发票上注明运输费20 000元，增值税税额1 800元。款项均已通过银行存款支付。

❷ 1月15日，公司开始进行设备安装，安装过程中领用本公司原材料一批，价值30 000元，该批原材料购进时的进项税额为3 900元；同时，支付安装工人薪酬10 000元。

❸ 1月25日，设备安装完毕并达到预定可使用状态。

（2）3月公司决定自行建造一座仓库用于存放生产电子元件所需的原材料。

❶ 3月5日，购入工程用物资一批，取得的增值税专用发票上注明的价款为300 000元，增值税税额为39 000元，款项已通过银行转账支付，该批物资已验收入库。

❷ 3月10日，工程开始动工，领用上述工程物资，账面价值250 000元。

❸ 3月20日，领用本公司生产的电子产品一批，用于工程建设，该批产品的成本为20 000元，市场售价为30 000元。

❹ 3月31日，支付工程人员工资50 000元。

❺ 4月15日，支付工程发生的水电费等费用共计10 000元，增值税税额为900元，款项已通过银行转账支付。

❻ 4月20日，工程完工，剩余工程物资50 000元（不含增值税）转作本公司的原材料。

❼ 4月30日，仓库达到预定可使用状态，交付使用。

（3）3月对车间3台不同用途的设备计提折旧，具体情况如下：

设备1：SMT贴片机，于2023年6月1日购入并投入使用，入账价值为1 000 000元，预计可使用10年，预计净残值为40 000元，采用年限平均法计提折旧。

设备2：AOI光学检测设备，于2024年9月1日购入并投入使用，入账价值为800 000元，预计该设备总工作小时数为160 000小时，预计净残值为32 000元。3月，该设备实际工作1 200小时，采用工作量法计提折旧。

设备3：波峰焊设备，于2024年12月1日购入并投入使用，入账价值为600 000元，预计使用5年，预计净残值为24 000元，采用双倍余额递减法计提折旧。

（4）4月公司对一条重要生产线进行改造。该生产线原始入账价值为1 000万元，已按年限平均法计提折旧400万元。在改造过程中，公司购入一批用于改造的材料，增值税专用发票上注明的价款为300万元，增值税税额为39万元，款项已通过银行转账支付；改造过程中支付改造工程人员薪酬100万元，不考虑相关税费。8月1日设备改造完成，该生产线的预计使用寿命延长2年，预计净残值仍为50万元。

（5）12月31日，对一项重要的生产用固定资产进行减值核算。该固定资产于2022年1月1日购入，原值为800万元，预计使用年限为10年，预计净残值为0，采用直线法计提折旧，无减值准备。2025年，由于市场竞争加剧，该固定资产生产的产品价格大幅下降，销量也明显减少。经专业评估机构评估，该固定资产的公允价值为400万元，预计处置费用为30万元。

（6）12月31日，公司对固定资产进行清查，发现一项用于电子产品生产的关键设备盘亏。该设备于2023年1月1日购入，设备入账价值为545 000元，预计该设备使用年限为10年，预计净残值为5 000元。经调查，设备盘亏是自然灾害导致严重损坏，无法修复。保险公司勘查后，同意赔偿150 000元；同时，公司研究决定，设备管理负责人承担20 000元的赔偿责任。

（7）公司出于战略调整和业务优化的考虑，决定出售部分不再适用的固定资产。7月1日，公司出售一台电子生产设备给另一家企业，该设备2022年1月1日购入，设备入账价值为820 000元，预计使用年限为10年，预计净残值为20 000元，公司采用年限平均法已对该设备计提折旧280 000元，出售时，公司以银行存款支付清理费用3 000元，设备出售价款为600 000元，增值税税额为78 000元，款项已全部收到并存入银行。

要求：作为春华电子股份有限公司的会计人员，请你对以上业务进行账务处理。

项目综合评价

项目六综合评价参考表见表6-4：

表6-4　**项目六综合评价参考表**

项目名称	固定资产的核算		
评价内容		学生自评（50%）	教师评价（50%）
素养目标	1. 树立严谨的会计职业道德观念，养成认真对待固定资产数据和账务处理步骤的职业习惯。（5分）		
	2. 培养细致认真的工作态度，严格依据《会计准则》要求进行会计核算。（10分）		
	3. 提升沟通协作能力，能够与团队共同合作解决问题。（5分）		
知识目标	1. 理解固定资产的概念、特征和分类。（5分）		
	2. 掌握固定资产取得的账务处理方法。（10分）		
	3. 掌握固定资产计提折旧的账务处理方法。（10分）		
	4. 掌握固定资产后续支出的核算及账务处理方法。（5分）		
	5. 掌握固定资产期末减值、清查和处置的会计核算方法。（10分）		
技能目标	1. 能够对固定资产进行确认。（5分）		
	2. 能够正确地对固定资产取得业务进行核算及账务处理。（10分）		

续表

项目名称	固定资产的核算		
技能目标	3.能够正确地对固定资产折旧业务进行核算及账务处理。（10分）		
	4.能够正确地对固定资产后续支出业务进行核算及账务处理。（5分）		
	5.能够正确地对固定资产减值、清查和处置业务进行核算及账务处理。（10分）		
项目评价成绩（100分）			

项目综合评价：

教师签名：

日期：

项目七　无形资产的核算

素养目标

1. 培养严谨细致、诚实守信的职业操守，对无形资产数据和账务处理保持高度的责任心。
2. 培养独立思考能力和创新思维，对复杂财务问题保持探究精神。
3. 提升沟通协作能力，能够与团队合作解决问题。

知识目标

1. 理解无形资产的概念、确认条件及分类。
2. 掌握外购及自主研发的无形资产的核算方法。
3 .掌握无形资产摊销、减值、处置的核算方法。

技能目标

1. 能够正确判断经济业务是否符合无形资产的确认条件。
2. 能够对无形资产是否发生减值进行正确判断。
3. 能够对无形资产取得、摊销、处置等进行正确核算和账务处理。

项目导图

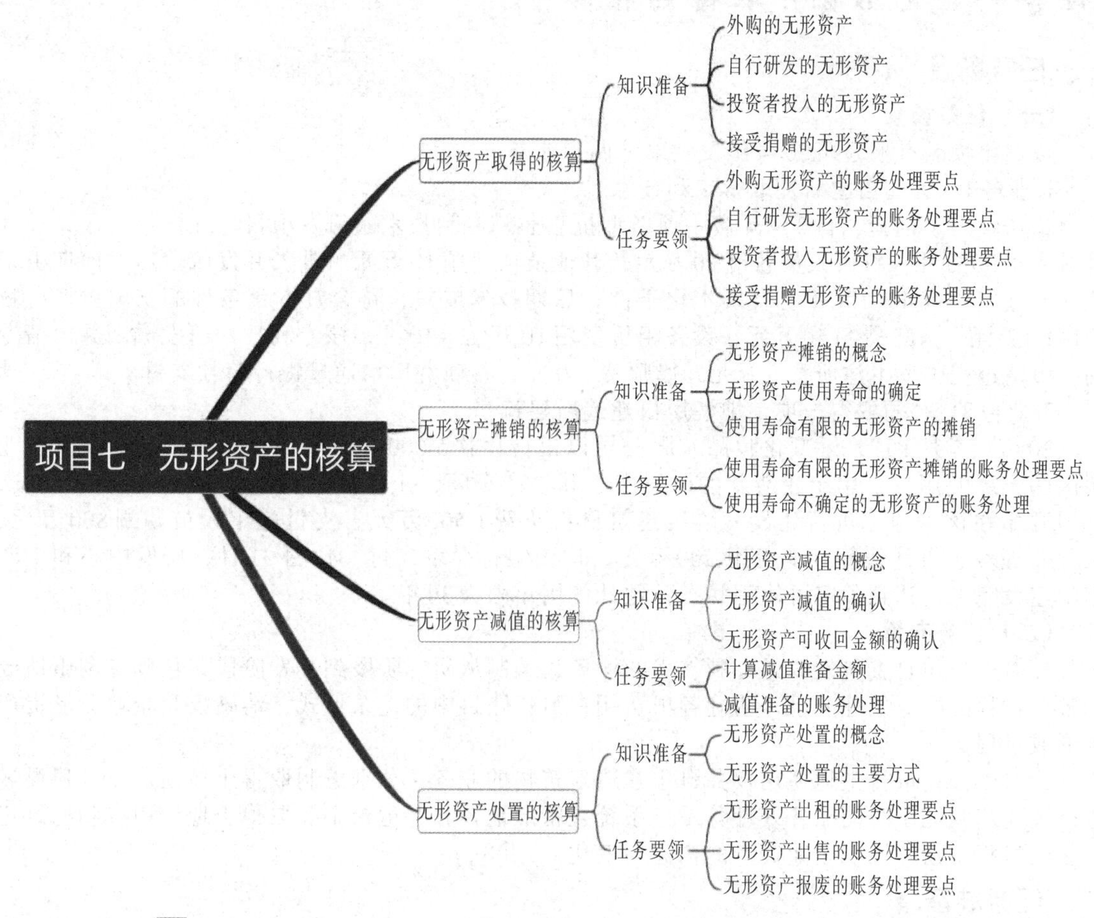

价值引领　　**无形资产减值计提不充分，某上市公司责任人被出具警示函**

2024年12月23日，北京证监局对某公司责任人采取出具警示函的行政监管措施，并记入证券期货市场诚信档案。

该责任人受到处罚的原因：一是无形资产的入账时点不准确。公司个别项目结转无形资产的时点与实际情况不符，导致公司2023年度无形资产摊销金额不准确。二是无形资产减值计提不充分。公司未充分考虑新版自研软件对旧版自研软件销售的影响，未对旧版自研软件无形资产计提减值，导致2023年度无形资产减值不充分。三是长期股权投资核算不规范。公司对个别主体具有重要影响，但未将其作为长期股权投资进行核算。上述情形影响了2023年度相关财务信息披露的准确性。

资料来源：作者根据相关资料整理而成。

请思考：为什么证监局对企业无形资产信息要严格监管？企业会计人员需要具备什么样的职业素养？

【解析】无形资产是企业资产的重要组成部分，证监局严格监管无形资产信息可以确保企业真实、准确地披露这些资产的信息，防止企业通过虚报无形资产价值来误导投资者，从而保护投资者的合法权益，同时也是为了有效维护证券市场的公平、公正和透明。此外，无形资产的价值评估和管理存在一定的复杂性和风险，严格监管可以确保无形资产的价值评估客观公正，防范企业因无形资产问题而引发的财务风险和市场风险。

会计人员必须恪守职业道德，诚实守信，对数据和账务高度负责。

任务一 无形资产取得的核算

一、任务场景

（一）任务场景

娇颜化妆品有限公司20×4年发生以下两项业务：

1.业务1：公司自主研发取得专利技术

公司致力于创新，自3月开启一项新型抗衰面霜专利技术的研发项目。在研究阶段，投入材料成本30万元，科研人员薪酬20万元，其他杂项费用10万元。进入开发阶段后，前期由于技术不稳定，有40万元不符合资本化条件；后期技术成熟，符合资本化条件的支出包括材料费用60万元，人工费用50万元，设备租赁费用10万元。10月，该专利技术研发成功并申请专利，申请过程中发生注册费8万元，律师费3万元，各项费用均通过银行存款支付。

2.业务2：公司取得一项土地使用权建造新建筑

20×4年1月1日，娇颜化妆品有限公司以银行存款5 000万元取得一块位于高新技术产业园区的土地使用权，用于建造新的研发中心和生产车间，土地使用权年限为50年。3月1日，公司开始在该土地上进行建设，购买建筑材料花费1 500万元，支付施工人员薪酬800万元，工程监理费、设计费等其他费用200万元，均以银行存款支付。12月31日，研发中心和生产车间建设完工，达到预定可使用状态，预计使用年限为30年。

（二）任务布置

1.对于公司自主研发取得专利技术的业务，编制从研究阶段到开发阶段，再到专利申请成功整个过程的账务处理分录，明确各项费用在财务账目中的记录形式，清晰反映企业无形资产的形成过程。

2.对于公司取得土地使用权并自主建造建筑物的业务，分别编制取得土地使用权、建设过程以及建筑物完工时的账务处理分录，系统且精准地核算并记录企业取得土地使用权和构筑建筑物的过程，清晰展现企业资产的构建与变化。

二、任务准备

（一）知识准备

1.外购的无形资产

微课7.1 认识无形资产

企业通过购买获得无形资产，这是较为常见的途径，比如购入专利技术、非专利技术、商标权等。外购无形资产的成本，涵盖购买价款、相关税费以及直接归属于使该项资产达到预定用途所发生的其他支出。如购买专利时，除了支付的专利购买费用，为使专利能够正常投入使用而支付的法律咨询费、注册费等，都应计入无形资产成本。

【学中做7-1】甲公司20×4年10月1日从乙公司购入一项非专利技术，合同约定的购买价款为500万元，增值税税额为30万元，款项已通过银行存款支付。此外，甲公司为了使该项非专利技术达到预定用途，还支付了专业人员服务费10万元，测试费用5万元，均以银行存款支付。请计算该非专利技术的入账价值。

【解析】企业外购无形资产的成本，包括购买价款、相关税费（不包括可以抵扣的增值税）以及直接归属于使该项资产达到预定用途所发生的其他支出。

购买价款为500万元。增值税30万元可以抵扣，不计入无形资产成本。专业人员服务费10万元和测试费用5万元属于使该非专利技术达到预定用途的直接相关支出，应计入无形资产成本。因此：

该非专利技术的入账价值 = 500 + 10 + 5 = 515（万元）

2.自行研发的无形资产

自行研发的无形资产，是指企业自主开展研究开发活动形成的无形资产。研发过程通常分为研究阶段和开发阶段。研究阶段是探索性的，旨在获取新的技术和知识等，此阶段通常会发生必要的支出，如研究人员的工资、研究设备的折旧费等，此阶段的各项支出在发生时全部费用化，计入当期损益，因为这一阶段的活动具有探索性，能否形成无形资产具有很大的不确定性。开发阶段是在研究成果的基础上，进行实质性的开发活动，开发阶段发生的支出，主要包括开发人员的薪酬、用于开发的材料费用、开发过程中使用设备的折旧费等。在进行账务处理时，需要将各项支出进行核算，满足资本化条件的开发支出记入无形资产成本。

开发阶段的支出，同时满足下列条件的，才能确认为无形资产：

第一，完成该无形资产以使其能够使用或出售在技术上具有可行性；

第二，具有完成该无形资产并使用或出售的意图；

第三，无形资产产生经济利益的方式，包括能够证明运用该无形资产生产的产品存在市场或无形资产自身存在市场，无形资产将在内部使用的，应当证明其有用性；

第四，有足够的技术、财务资源和其他资源支持，以完成该无形资产的开发，并有能力使用或出售该无形资产；

第五，归属于该无形资产开发阶段的支出能够可靠地计量。

【学中做7-2】甲公司是一家专注于科技创新的企业，2024年1月1日起开展一项新型软件技术的研发项目。1-6月为研究阶段，直接消耗的材料费用总计100万元，支付参与研究的人员薪酬累计80万元，使用专门设备进行研发，设备折旧费用30万元。7月1日，项目进入开发阶段，截至12月31日，发生如下支出：直接投入开发的材料费用150万元，开发人员薪酬200万元，支付外部咨询费50万元，发生其他相关水电费等支出20万元。经评估，开发阶段的支出均满足资本化条件。2025年1月1日，该新型软件技术达到预定用途，预计使用寿命为10年。请计算该新型软件技术的入账价值。

【解析】1—6月为研究阶段，各项支出不作为无形资产入账价值。7—12月，开发阶段全部支出均满足资本化条件：

资本化支出合计=150+200+50+20=420（万元）

该新型软件技术的入账价值为420万元。

3.投资者投入的无形资产

投资者投入的无形资产，是指投资者以无形资产作为出资投入企业。投资者投入的无形资产应按照投资合同或协议约定的价值确定无形资产的入账价值，但合同或协议约定价值不公允的除外。若约定价值不公允，须按照无形资产的公允价值入账。例如，投资者以一项专利技术投资，合同约定价值为100万元，经评估该专利技术公允价值为120万元，若合同约定价值不公允，企业应按120万元作为无形资产的入账价值。

4.接受捐赠的无形资产

接受捐赠的无形资产，是指企业无偿从外部获得无形资产，捐赠方可能是其他企业、社会组织或者个人。接受捐赠的无形资产应按以下规定确定其入账价值：如果捐赠方提供了有关凭据，按凭据上标明的金额加上应支付的相关税费，作为入账价值；如果捐赠方没有提供有关凭据，按同类或类似无形资产的市场价格估计的金额，加上应支付的相关税费，作为入账价值；如果不存在同类或类似无形资产的市场价格，则按该接受捐赠的无形资产的预计未来现金流量现值，作为入账价值。

（二）任务要领

1.外购无形资产的账务处理要点

企业外购无形资产时，应按照取得成本进行初始计量，其成本包括购买价款、相关税费以及直接归属于使该项资产达到预定用途所发生的其他支出。

微课7.2 取得无形资产相关账务处理

主要账务流程为：

（1）确认无形资产成本

当企业购入无形资产时，借记“无形资产”科目，该科目用于准确记录无形资产的初始入账金额，反映企业资产的增加。

（2）处理增值税（若可抵扣）

若企业取得增值税专用发票，增值税属于价外税，企业可抵扣进项税额，按发票上注明的增值税税额借记“应交税费——应交增值税（进项税额）”科目。

（3）确定支付方式并记账

根据实际付款方式的不同，贷记相应账户。如果是直接支付款项，通常贷记“银行存款”；若款项尚未支付，形成企业对供应商的负债，则贷记“应付账款”；若企业开具商业汇票进行结算，则贷记“应付票据”。

【做中学7-1】乙公司是增值税一般纳税人，从外部购入一项专利技术，取得的增值税专用发票注明专利技术价款为50万元，增值税税额为3万元，此外还支付了相关咨询费5万元，款项通过银行存款支付。请核算该专利的入账价值并进行账务处理。

【解析】该专利的入账价值=50+5=55（万元）

借：无形资产　　550 000
　　应交税费——应交增值税（进项税额）　　30 000
　贷：银行存款　　580 000

2.自行研发无形资产的账务处理要点

企业自行研发无形资产，发生的各项支出要区分研究阶段和开发阶段，分别进行核算和财务处理。

（1）研究阶段

核算研究支出及账务处理：企业在研究阶段发生的各项支出，包括人员薪酬、材料费用、设备折旧等，通过“研发支出——费用化支出”进行归集，在账务处理时，应借记“研发支出——费用化支出”科目，贷记“原材料”“应付职工薪酬”“银行存款”等科目。

期末结转费用化支出：期末将“研发支出——费用化支出”科目的余额转入“管理费用”科目，借记“管理费用”科目，贷记“研发支出——费用化支出”科目。

（2）开发阶段

核算符合资本化条件的开发支出：如果开发阶段的支出符合资本化条件，借记“研发支出——资本化支出”科目，贷记“原材料”“应付职工薪酬”“银行存款”等科目。

核算不符合资本化条件的开发支出：如果开发阶段的支出不符合资本化条件，与研究阶段费用化支出的账务处理相同。

无形资产达到预定用途的账务处理：当研发项目完成，无形资产达到预定用途时，将“研发支出——资本化支出”科目的余额转入“无形资产”科目，借记“无形资产”科目，贷记“研发支出——资本化支出”科目。

【做中学7-2】甲企业在20×4年开始自行研究开发一项新的专利技术，用于产品生产。该企业在研究开发过程中发生了一系列相关费用，具体情况如下：研究阶段发生各项费用30万元，其中人员薪酬20万元，以银行存款支付的其他费用10万元；7月份进入开发阶段，发生费用35万元，全部符合资本化条件（包括人员薪酬25万元，专用设备折旧5万元，以银行存款支付的其他费用5万元）。12月31日，该专利技术达到预定用途。请对发生的业务进行账务处理。

【解析】❶研究阶段。

研究阶段的支出全部费用化，计入当期损益。

借：研发支出——费用化支出　　300 000
　贷：应付职工薪酬　　200 000
　　　银行存款　　100 000

研究阶段结束（6月30日）将费用化支出转入管理费用：

借：管理费用　　300 000
　贷：研发支出——费用化支出　　300 000

❷开发阶段。

借：研发支出——资本化支出　　350 000

　贷：应付职工薪酬　　250 000

　　累计折旧　　50 000

　　银行存款　　50 000

期末（12月31日）将符合资本化条件的支出确认为无形资产：

借：无形资产——专利技术　　350 000

　贷：研发支出——资本化支出　　350 000

3.投资者投入无形资产的账务处理要点

投资者投入的无形资产，在账务处理时，借记“无形资产”科目；按投资者出资构成实收资本（或股本）的部分，贷记“实收资本”或“股本”科目；按其差额，贷记“资本公积——资本溢价（或股本溢价）”科目。

【做中学7-3】甲有限责任公司（以下简称甲公司）为一般纳税人，接受乙公司以一项非专利技术进行的投资。投资合同约定该非专利技术的价值为30万元，增值税税额为1.8万元，已取得增值税专用发票。乙公司投资后在甲公司注册资本中享有的份额为25万元。请进行相应的账务处理。

【解析】账务处理如下：

借：无形资产——非专利技术　　300 000

　　应交税费——应交增值税（进项税额）　　18 000

　贷：实收资本——公司　　250 000

　　资本公积——资本溢价　　68 000

4.接受捐赠无形资产的账务处理要点

企业接受捐赠的无形资产，按照企业会计准则，分两种情况进行账务处理：一是不考虑所得税影响，按确定的入账价值，借记“无形资产”科目；按支付的相关税费，贷记“银行存款”等科目；按两者的差额，贷记“营业外收入——捐赠利得”科目。二是考虑所得税影响，按确定的入账价值，借记“无形资产”科目；按未来应交的所得税，贷记“递延所得税负债”科目；按两者的差额，贷记“营业外收入——捐赠利得”科目；同时，按支付的相关费用，贷记“银行存款”等科目。

【做中学7-4】甲公司接受乙公司捐赠的一项专利技术，乙公司提供的发票显示该专利技术价值80万元，甲公司为使该专利达到预定用途支付相关费用3万元，款项以银行存款支付，不考虑所得税影响。请进行相应的账务处理。

【解析】账务处理如下：

借：无形资产——专利技术　　830 000

　贷：营业外收入——捐赠利得　　800 000

　　银行存款　　30 000

三、任务实施

1.业务一：公司自主研发取得专利技术的账务处理

步骤一：核算研究阶段的各项支出并进行账务处理

研究阶段各项费用=材料成本+科研人员薪酬+其他杂项费用=30+20+10=60（万元）

借：研发支出——费用化支出　　600 000

　贷：原材料　　300 000

　　应付职工薪酬　　200 000

　　银行存款　　100 000

期末将费用化支出转入当期损益：

借：管理费用　　600 000

　贷：研发支出——费用化支出　　600 000

步骤二：核算开发阶段的各项支出并进行账务处理

❶ 开发阶段不符合资本化条件部分。

借：研发支出——费用化支出　　400 000
　贷：银行存款　　400 000

期末转入当期损益：

借：管理费用　　400 000
　贷：研发支出——费用化支出　　400 000

❷ 开发阶段符合资本化条件部分。

借：研发支出——资本化支出　　1 200 000
　贷：原材料　　600 000
　　应付职工薪酬　　500 000
　　银行存款　　100 000

❸ 申请专利发生的费用。

申请专利发生费用=注册费+律师费=80 000+30 000=110 000（元）

借：研发支出——资本化支出　　110 000
　贷：银行存款　　110 000

❹ 专利技术达到预定用途。

开发阶段资本化支出=1 200 000+110 000=1 310 000（元）

借：无形资产　　1 310 000
　贷：研发支出——资本化支出　　1 310 000

2.业务二：公司取得一项土地使用权并建造新建筑

步骤一：取得土地所有权的账务处理

借：无形资产——土地使用权　　50 000 000
　贷：银行存款　　50 000 000

步骤二：研发中心和生产车间建设过程的账务处理

借：在建工程——研发中心及生产车间　　25 000 000
　贷：银行存款——建筑材料　　15 000 000
　　应付职工薪酬　　8 000 000
　　银行存款——其他费用　　2 000 000

研发中心和生产车间的入账价值为25 000 000元（土地使用权用于自行建设厂房等建筑时，其账面价值不计入建筑物成本）。

借：固定资产——研发中心及生产车间　　25 000 000
　贷：在建工程——研发中心及生产车间　　25 000 000

7.1课证融通练习题

任务二　无形资产摊销的核算

一、任务场景

（一）任务场景

娇颜化妆品有限公司取得了一项独特的化妆品配方专利，该专利对于公司旗下一款热门保湿面霜的生产至关重要。以下是关于这项专利的相关信息：

1. 2023年1月1日，公司为获取该化妆品配方专利，支付了专利购买价款360万元，以及相关的法律手续费、注册费等共计40万元。

2. 根据专业评估和市场预测，该专利预计能支持生产保湿面霜1 200万瓶。

3. 2023年，娇颜化妆品有限公司使用该专利实际生产了150万瓶保湿面霜；2024年，实际生产了200万瓶。

（二）任务布置

1. 对娇颜化妆品有限公司取得化妆品配方专利的业务，准确核算初始入账价值，进行正确的账务记录。

2. 基于该专利预计能支持生产保湿面霜的产量以及2023年和2024年实际情况，计算每瓶保湿面霜因使用该专利而分摊的成本，采用产量法计算这两年该专利的摊销金额，并编制相应的账务处理分录，明确反映专利在生产过程中的价值转移。

二、任务准备

（一）知识准备

1. 无形资产摊销的概念

无形资产摊销是指企业在取得无形资产后，按照其预计使用寿命，将无形资产的成本以一定的方法，在各会计期间进行分配的过程。它类似于固定资产折旧，是对无形资产价值损耗的一种量化反映。例如，企业购入一项商标权，成本为100万元，预计可使用10年，每年摊销10万元，就是将商标权的成本在10年内逐步分摊到各期的成本费用中。

2. 无形资产使用寿命的确定

无形资产后续计量是以其使用寿命为基础的。《企业会计准则第6号——无形资产》规定，企业应当于取得无形资产时分析判断其使用寿命。无形资产使用寿命有限的，应当估计该使用寿命的年限或者构成使用寿命的产量等类似计量单位数量；无法预见无形资产为企业带来经济利益期限的，应当视为使用寿命不确定的无形资产。

（1）估计无形资产使用寿命应考虑的因素

无形资产使用寿命的确定包括法定寿命和经济寿命两个重要方面。

法定寿命是指法律法规或合同等赋予无形资产的权利期限，在这个期限内，无形资产的所有者依法享有特定的权利，受到法律的保护。比如，《中华人民共和国专利法》规定，发明专利权的有效期限为20年，实用新型专利权的有效期限为10年，外观设计专利权的有效期限为15年，均自申请日起计算。

经济寿命是指无形资产在经济上具有使用价值的期限，即从经济角度看，无形资产能够为企业带来经济利益的时间跨度。它主要取决于市场需求、技术进步、竞争状况等经济因素，与法定寿命可能一致，也可能不同。

在估计无形资产的使用寿命时，通常应综合考虑以下因素：

❶ 运用该无形资产生产的产品的寿命周期，以及可获得的类似无形资产使用寿命的信息。产品从投入市场到被淘汰退出市场的整个过程，对无形资产使用寿命影响显著。若产品寿命周期短，如某些时尚电子产品，其相关的技术类无形资产使用寿命也可能较短。

❷ 技术、工艺等方面的现实情况及对未来发展的估计。确定无形资产使用寿命需要考虑当前无形资产所涉及技术、工艺的成熟度、先进性以及未来技术创新趋势、行业发展方向等。如人工智能领域技术更新换代快，相关无形资产的使用寿命可能需要考虑技术发展速度相应缩短。

❸ 以该无形资产生产的产品或提供的服务的市场需求情况。若市场需求呈下降趋势或产品面临被替代风险，无形资产使用寿命可能缩短，如传统胶卷相机技术因数码技术兴起而缩短了使用寿命。

❹ 现在或潜在的竞争者预期将采取的行动。竞争对手研发投入以及采取的竞争性营销策略，可能影响无形资产的使用寿命。如制药企业加大研发投入，研发出疗效更好的新药，会影响其他同类药物相关无形资产的价值和使用寿命。

❺ 为维持该无形资产产生未来经济利益的能力预期的维护支出，以及企业预计支付有关支出的能力。某些无形资产需要持续投入维护支出以保持其性能和价值，如软件系统需要不断升级维护。若维护支出过高或企业难以承受，可能提前放弃使用，缩短无形资产使用寿命。此外，资金紧张的企业也可能因无法对无形资产进行有效维护，影响其使用寿命。

❻ 对该无形资产的控制期限，以及对该无形资产使用的相关法律规定或类似限制，如特许使用期限、租赁期等。企业可根据对无形资产的实际控制时间（如依据收购协议约定的期限）或法律规定的权利期限等来确定使用寿命。

❼ 与企业持有的其他资产使用寿命的关联性。若无形资产与其他资产协同作用紧密，其使用寿命可能与其他资产使用寿命相关。此外，企业在将多项无形资产组合使用创造价值时，需要考虑组合中各无形资产使用寿命的匹配性，以确定整体的使用寿命。

（2）无形资产使用寿命的确定

源自合同性权利或其他法定权利的无形资产，其使用寿命不应超过合同性权利或其他法定权利的期限。例如，企业通过签订许可合同获得一项专利技术的使用权，合同规定的使用期限为10年，那么该无形资产的使用寿命通常就是10年。如果合同性权利或其他法定权利能够在到期时因续约等延续，仅当有证据表明企业续约不需要付出重大成本时，续约期才能够包括在使用寿命的估计中。例如，企业拥有的商标权到期后，若有证据表明只需要支付少量的手续费等就可以顺利续约，那么续约期可以计入商标权的使用寿命；反之，如果续约成本很高，从本质上看相当于企业获得了一项新的无形资产。

没有明确合同或法律规定的无形资产，通常应综合考虑各类因素，充分估计无形资产能够为企业带来经济利益的期限。经过努力仍无法合理确定使用期限的，应将其作为使用寿命不确定的无形资产。比如，企业自创的品牌，难以准确估计其能够为企业带来经济利益的期限，可将其视为使用寿命不确定的无形资产，在持有期间不进行摊销，但应当至少在每年年度终了进行减值测试。

【学中做7-3】甲公司是一家旅游公司，20×4年购买了一款办公软件的著作权，软件开发商承诺提供5年的技术支持与更新服务。5年后，该软件可能因技术迭代无法满足公司办公需求。同年，甲公司从一家经营不善的公司手中收购了一项具有独特地域特色的旅游线路开发权。这条旅游线路依托当地独一无二的自然景观与民俗文化，一经推出便吸引了大量游客，为公司带来了显著的收益，未来公司可依托当地政府支持，持续对该线路进行优化升级。请分析判断该公司购买的办公软件著作权和旅游线路开发权的使用寿命。

【解析】办公软件著作权属于使用寿命有限的无形资产，使用寿命为5年；旅游线路开发权属于使用寿命不确定的无形资产。

办公软件著作权使用寿命的确定依据为：软件开发商明确提供5年技术支持与更新，且5年后大概率因技术更新无法满足需求，基于这一合理预期，能确定该软件著作权能为公司带来经济利益的时间为5年。

旅游线路开发权属于使用寿命不确定的无形资产，确定依据为：公司凭借独特资源、运营优化以及当地政府政策支持，可通过旅游线路的持续开发受益。然而，鉴于旅游市场受多种复杂因素影响的特性，无法明确其能为公司带来经济利益的期限，所以应判定其为使用寿命不确定的无形资产。

3.使用寿命有限的无形资产的摊销

（1）摊销期

使用寿命有限的无形资产的摊销期限，应自其可供使用（即达到预定用途）时开始至终止确认时止，即无形资产的摊销期为其预计使用寿命。无形资产摊销遵循“当月增加当月摊销，当月减少当月不摊销”的原则。

（2）摊销方法

无形资产的摊销方法主要有直线法、生产总量法等。企业应根据与无形资产有关的经济利益的预期消耗方式来选择摊销方法。如果无法可靠确定无形资产有关经济利益的预期消耗方式，应当采用直线法进行摊销。企业一旦选定了某种无形资产摊销方法，就应当在该无形资产的使用寿命内保持一致，不得随意变更。

（3）残值的确定

无形资产残值是指在无形资产使用寿命结束时，预计从该资产的处置中获得的扣除预计处置费用后的金额。无形资产的残值一般为零，除非存在第三方愿意在无形资产的使用寿命结束时以一定的价格购买该无形资产，那么这个购买价格就可以作为无形资产的残值。或者可以根据活跃市场得到预计残值信息，并且该市场在无形资产使用寿命结束时很可能存在，此时可依据该市场信息确定无形资产的残值。

（二）任务要领

1.使用寿命有限的无形资产摊销的账务处理要点

微课 7.3 无形资产摊销相关账务处理

企业需要对使用寿命有限的无形资产在其使用期内采用合理方法进行摊销。在进行账务处理时，需要注意从以下几个方面着手：

（1）关键因素确定

综合考虑无形资产的法定寿命、合同期限、技术更新速度、产品生命周期等，确定无形资产的使用寿命，即摊销期，合理选择摊销方法，并确定无形资产残值。

（2）进行账务处理

无形资产的摊销额一般应计入当期损益。

当企业的无形资产用于行政管理等日常管理活动时，其摊销额应计入管理费用，借记“管理费用”科目，贷记“累计摊销”科目。

企业将无形资产出租获取租金收入，此业务属于企业的其他业务，出租过程中无形资产的价值损耗即摊销额，应作为取得租金收入的成本，计入其他业务成本，以准确核算该业务的利润。在财务处理时，借记“其他业务成本”，贷记“累计摊销”科目。

企业无形资产专门用于生产产品或形成其他资产，其包含的经济利益会随着生产过程转移到相关产品或资产中。按照成本核算的要求，应将无形资产的摊销额计入相关产品或资产的成本，以便准确计算产品或资产的总成本。在财务处理时，借记“制造费用”“生产成本”“在建工程”等科目，贷记“累计摊销”科目。

【做中学7-5】甲公司是一家制造业企业，拥有多项无形资产。表7-1是该公司20×4年12月的无形资产摊销表：

表7-1　　无形资产摊销表

无形资产名称	入账价值（元）	预计使用年限（年）	已使用年限（年）	摊销方法	本月摊销额（元）	用途
专利技术A	600 000	10	2	直线法	5 000	用于生产产品甲
商标权B	360 000	6	1	直线法	5 000	出租给乙公司，每月租金 8 000 元
管理软件C	240 000	5	0.5	直线法	4 000	供企业行政管理部门使用

请根据无形资产摊销表，完成以下任务：

1.分别计算各项无形资产的月摊销额，并验证表格中数据的准确性。

2.编制12月无形资产摊销的会计分录。

3.编制12月收到商标权B租金8 000元的会计分录。

【解析】❶各项无形资产月摊销额的计算与验证。

专利技术A：

年摊销额=无形资产入账价值÷预计使用年限=600 000÷ 10=60 000（元）

月摊销额=年摊销额÷12= 60 000÷12=5000（元），与表格数据一致。

商标权B：

年摊销额=360 000÷6=60 000（元）

月摊销额=60 000÷12=5000（元），与表格数据一致。

管理软件C：

年摊销额= 240 000÷5=48 000（元）

月摊销额=48 000 ÷12=4 000（元），与表格数据一致。

❷2024年12月无形资产摊销的会计分录。

专利技术A用于生产产品甲，其摊销额记入“制造费用”：

借：制造费用——专利技术A摊销　　5 000

　贷：累计摊销——专利技术A　　5 000

商标权B出租，其摊销额记入“其他业务成本”：

借：其他业务成本——商标权B摊销　　5 000

　贷：累计摊销——商标权B　　5 000

管理软件C供行政管理部门使用，其摊销额记入“管理费用”：

借：管理费用——管理软件C摊销　　4 000

　贷：累计摊销——管理软件C　　4 000

❸12月收到商标权B租金的会计分录。

借：银行存款　　8 000

　贷：其他业务收入——商标权B租金　　8 000

2.使用寿命不确定的无形资产的账务处理

企业基于多种因素综合判断，无法合理估计使用寿命的无形资产，应作为使用寿命不确定的无形资产。对于使用寿命不确定的无形资产，企业应在每个会计期末对其使用寿命进行复核，如有证据表明其使用寿命是有限的，则按会计估计变更处理，并按使用寿命有限的无形资产的处理原则进行处理。

使用寿命不确定的无形资产在持有期内不需要摊销，但需要至少于每个会计期末进行一次减值测试，以确定是否需要计提减值准备。

三、任务实施

步骤一：确定该化妆品配方专利的入账价值

企业取得无形资产时，其入账价值应包括购买价款以及为使该资产达到预定用途所发生的相关税费等支出。

该化妆品配方专利的入账价值=专利购买价款+相关法律手续费、注册费等

=3 600 000+400 000= 4 000 000（元）

借：无形资产——化妆品配方专利　　4 000 000

　贷：银行存款　　4 000 000

步骤二：分别计算2023年和2024年该专利的摊销额

采用产量法进行无形资产摊销，需要先计算单位产量的摊销额，再根据各年的实际产量计算当年的摊销额。

单位产量摊销额=无形资产入账价值÷预计总产量

= 4 000 000÷12 000 000

≈ 0.3333（元/瓶）

❶2023年摊销额：

2023年实际产量为1 500 000瓶，因此，

2023年摊销额=单位产量摊销额×2023年实际产量

=0.3333×1 500 000≈ 499 950（元）

❷2024年摊销额：

2024年实际产量为2 000 000瓶，因此，

2024年摊销额=单位产量摊销额×2024年实际产量

=0.3333×2 000 000

=666 600（元）

步骤三：编制2023年和2024年该专利摊销的会计分录

由于该专利专门用于生产保湿面霜，其摊销额计入制造费用。

❶2023年会计分录：

借：制造费用　499 950

　贷：累计摊销——化妆品配方专利　499 950

❷2024年会计分录：

借：制造费用　666 600

　贷：累计摊销——化妆品配方专利　666 600

综上所述，该化妆品配方专利入账价值为4 000 000元，2023年摊销额为499 950元，2024年摊销额为666 600元。

7.2课证融通练习题

任务三　无形资产减值的核算

一、任务场景

（一）任务场景

娇颜化妆品有限公司于2023年1月1日以800万元购入的一项专利技术（预计使用年限为5年，采用直线法摊销，无残值）在2024年12月31日，对该专利技术进行减值测试时，获取到以下信息：

（1）市场交易：市场上类似专利技术交易价格为450万元，考虑到公司的专利技术有独特的应用领域，专业评估机构认定其公允价值为500万元。若出售该专利技术，需要支付交易手续费15万元，转让税费25万元。

（2）未来现金流预测：经测算，预计该专利技术在未来2年内每年为企业带来的现金流量现值为260万元。

（二）任务布置

1. 根据娇颜化妆品有限公司专利技术减值测试所获得的信息，准确核算专利技术的账面价值，确定该专利技术的可收回金额，判断该专利技术是否发生减值。

2. 严格按照会计准则的要求，编制计提无形资产减值准备的会计分录，确保账务处理的准确性。

二、任务准备

（一）知识准备

1. 无形资产减值的概念

无形资产减值是指企业在对无形资产进行后续计量时，基于谨慎性原则，当无形资产的账面价值高于其可收回金额，表明该无形资产的实际价值已经下降，企业需要确认资产减值损失，并将无形资产的账面价值减记至可收回金额，以准确反映无形资产在当前时点的真实价值和为企业带来未来经济利益的能力。

2. 无形资产减值的确认

企业在资产负债表日应当判断无形资产是否存在可能发生减值的迹象。存在下列情况时，表明无形资产可能发生减值：

（1）技术替代

无形资产已被其他新技术等所替代，使其原有的专利技术为企业创造经济利益的能力受到重大不利影响。

（2）市场价格下跌

无形资产的市价在当期大幅下跌，导致其市场价格大幅下降，并且在剩余摊销年限内可能不会回升。

（3）经济利益流入减少

市场需求、经济环境、法律法规等发生变化，导致无形资产为企业带来的未来经济利益明显减少。

（4）使用寿命缩短

有证据表明无形资产的使用寿命变短。

（5）业务收入下降

与无形资产相关的业务收入明显下降。

（6）资产组合变化

公司经营策略调整或市场环境变化，使无形资产在资产组合中的地位发生变化。

（7）企业自身变化

企业可能遭受重大损失，影响无形资产的价值。

3.无形资产可收回金额的确认

在无形资产存在减值现象时，企业应当确定或估计其可收回金额。企业在确认无形资产减值可收回金额时，须分别计算公允价值减去处置费用后的净额与资产预计未来现金流量的现值，取两者中的较高者作为可收回金额。

【学中做7-4】甲公司2022年1月1日以银行存款600万元购入一项专利技术，预计使用年限为6年，采用直线法摊销，无残值。2024年12月31日，甲公司对该专利技术进行减值测试，发现市场上出现了新的替代技术，导致该专利技术为企业创造经济利益的能力大幅下降。经评估，该专利技术的公允价值减去处置费用后的净额为200万元，预计未来现金流量的现值为220万元。请计算该专利技术在2024年12月31日的账面价值和可收回金额。

【解析】❶计算该专利技术的账面价值。

每年摊销额= 600÷6=100（万元）

累计摊销额（2022—2024年共3年）=100×3=300（万元）

2024年12月31日专利技术的账面价值=600−300=300（万元）

❷确定可收回金额。

可收回金额为公允价值减去处置费用后的净额与预计未来现金流量现值两者中的较高者。

因为220万元＞200万元，所以可收回金额为220万元。

（二）任务要领

无形资产减值的账务处理要点如下：

1.计算减值准备金额

比较无形资产的账面价值与可收回金额，如果账面价值高于可收回金额，则应当将账面价值减记至可收回金额，减记的金额确认为资产减值损失，计入当期损益，同时计提相应的无形资产减值准备。

应计提的减值准备=账面价值−可收回金额

2.减值准备的账务处理

企业计提无形资产减值准备时，借记“资产减值损失”科目，贷记“无形资产减值准备”科目。无形资产减值损失一经确认，在以后会计期间不得转回。

【做中学7-6】乙公司拥有一项非专利技术，截至2024年12月31日，其账面价值为600万元。由于新技术的出现，市场竞争加剧，该非专利技术的市场价值有所下降。经专业评估机构评估，该非专利技术的可收回金额为500万元。请计算该非专利技术应计提的减值准备金额，并编制相关会计分录。

【解析】❶计算减值准备金额。

减值准备金额=账面价值−可收回金额=600−500=100（万元）

❷编制会计分录。

借：资产减值损失　　1 000 000

　贷：无形资产减值准备　　1 000 000

三、任务实施

基于对娇颜化妆品有限公司专利技术进行减值测试的信息，作如下账务处理：

步骤一：确定专利技术的可收回金额

（1）计算账面价值。

每年摊销额=800÷5= 160（万元）

累计摊销额=160×2=320（万元）

账面价值=800-320=480（万元）

（2）计算公允价值减去处置费用后的净额。

处置费用=15+25=40（万元）

公允价值减去处置费用后的净额=500-40=460（万元）

（3）确定可收回金额。

可收回金额为公允价值减去处置费用后的净额与预计未来现金流量现值两者中的较高者。

可收回金额为460万元，未来现金流量现值为260万元。

因为460万元＞260万元，所以可收回金额为460万元。

账面价值高于可收回金额，所以该专利技术发生减值。

步骤二：计算减值准备金额

减值准备金额=账面价值-可收回金额=480-460=20（万元）

步骤三：专利技术减值的账务处理

借：资产减值损失　　200 000

　贷：无形资产减值准备　　200 000

7.3课证融通练习题

任务四　无形资产处置的核算

一、任务场景

（一）任务场景

娇颜化妆品有限公司为进一步提升市场竞争力，在生产经营过程中，发生以下业务：

2020年1月1日以600万元的价格购入一项商标权，用于旗下热门彩妆系列产品的品牌推广。该商标权预计使用年限为10年，采用直线法进行摊销，预计净残值为0。

2024公司战略调整，7月1日决定将该商标权出售。出售时取得价款280万元（不含增值税），增值税税率为6%。在出售过程中，发生评估费、律师费等处置费用共计8万元，以银行存款支付。

（二）任务布置

对于公司商标权处置过程中发生的各项业务，计算并编制完整的账务处理分录，记录无形资产的减少、银行存款的增加、税费的缴纳以及资产处置损益的确认等，准确反映企业资产的减少以及资产处置损益的核算过程。

二、任务准备

（一）知识准备

1.无形资产处置的概念

无形资产处置是指企业将无形资产的所有权或使用权进行转移、核销，或者改变其在企业中的存在形态和价值实现方式，如出售、出租、报废、对外投资、捐赠等。

从会计角度来看，企业对无形资产处置时，需要将其从资产账户中转出或调整，同时根据处置方式和结果确认相应的收入、费用或损失，以准确反映企业的财务状况和经营成果。

2.无形资产处置的主要方式

（1）出租

无形资产出租是指企业将拥有的无形资产的使用权让渡给其他单位或个人使用，以获取租金收入的一种经营活动。

当企业出租无形资产时，应按照合同约定的租金收入金额，在满足收入确认条件的情况下，确认相关的收入及成本

（2）出售

无形资产出售是指企业将其所拥有的无形资产的所有权转让给其他单位或个人，从而获取相应经济利益的一种交易行为。

无形资产作为企业的重要资产之一，其出售可能基于多种原因，如企业战略调整、业务转型、资产优化配置等。

企业出售无形资产，需要遵循一定的账务处理原则。在满足相关条件时，应终止确认该无形资产，并对处置损益进行核算。

（3）报废

无形资产报废是指企业的无形资产由于已被其他新技术所替代或超过法律保护期限等原因，预期不能为企业带来经济利益，从而对其进行核销的行为。

当无形资产预期不能为企业带来经济利益时，应当将该无形资产的账面价值予以转销，其账面价值转作当期损益（营业外支出）。

（二）任务要领

1.无形资产出租的账务处理要点

无形资产出租的账务处理流程如下：

（1）确认收入

企业让渡无形资产使用权形成的租金收入，一般应记入“其他业务收入”科目。在账务处理时，借记“银行存款”等科目，贷记“其他业务收入”科目。

（2）结转成本

出租无形资产的成本主要是无形资产的摊销额和有关费用，应记入“其他业务成本”科目。在账务处理时，借记“其他业务成本”科目，贷记“累计摊销”科目。

【做中学7-7】甲公司将一项专利技术出租给乙公司使用，该专利技术账面原值为360万元，预计使用年限为10年，采用直线法摊销，无残值。本月取得租金收入5万元（不含税），款项已存入银行。该出租业务适用的增值税税率为6%。请作相应的账务处理。

【解析】❶确认本月租金收入及增值税。

增值税销项税额= 50 000×6% = 3 000（元）

借：银行存款	53 000	
贷：其他业务收入		50 000
应交税费——应交增值税（销项税额）		3 000

❷计算本月专利技术摊销额。

每月摊销额=3 600 000÷10÷12=30 000（元）

借：其他业务成本	30 000	
贷：累计摊销		30 000

2.无形资产出售的账务处理要点

无形资产出售的账务处理流程如下：

（1）确认处置收入

企业出售无形资产时，应按照实际收到的价款，借记“银行存款”等科目。

（2）结转无形资产账面价值

出售无形资产后，须将无形资产的账面余额、累计摊销及减值准备进行结转，借记“累计摊销”“无形资产减值准备”科目，贷记“无形资产”科目。

（3）核算处置损益

处置损益通过“资产处置损益”科目核算。若处置收入大于无形资产账面价值及相关税费，差额记入“资产处置损益”科目的贷方，表示处置利得；反之，若处置收入小于无形资产

账面价值及相关税费，差额记入“资产处置损益”科目的借方，表示处置损失。

【做中学7-8】甲公司转让给乙公司一项专利技术，专利成本为500万元，已摊销200万元，取得转让价款为350万元，增值税税率为6%，款项已存入银行。请对甲公司出售该专利业务进行账务处理。

【解析】增值税销项税额=转让价款×增值税税率=3 500 000×6%=210 000（元）

实际收到的银行存款=3 500 000+210 000=3 710 000（元）

无形资产账面价值=账面余额（成本）−累计摊销=5 000 000−2 000 000=3 000 000（元）

处置损益=处置收入−账面价值=3 500 000−3 000 000=500 000（元）

借：银行存款　　3 710 000

　　累计摊销　　2 000 000

　贷：无形资产　　5 000 000

　　　应交税——应交增值税（销项税额）　　210 000

　　　资产处置损益　　500 000

3.无形资产报废的账务处理要点

企业在对无形资产进行报废时，应按以下流程处理：

（1）计算账面价值

在确定无形资产报废时，首先要准确计算无形资产的账面价值，即无形资产的账面余额减去累计摊销和已计提的减值准备后的余额。

（2）进行账务处理

借记“累计摊销”“无形资产减值准备”（若已计提）科目，贷记“无形资产”科目，按其差额，借记“营业外支出——处置非流动资产损失”科目。

【做中学7-9】甲公司一项无形资产账面原值为100万元，已累计摊销60万元，计提减值准备10万元，现确定该无形资产报废。请对甲公司报废无形资产进行账务处理。

【解析】账务处理如下：

借：累计摊销　　600 000

　　无形资产减值准备　　100 000

　　营业外支出——处置非流动资产损失　　300 000

　贷：无形资产　　1 000 000

三、任务实施

步骤一：计算商标权的账面价值

该商标权从2020年1月1日购入，到2024年7月1日出售，共计使用了4年零6个月，即54个月。

月摊销额=600÷10÷12=5（万元）

累计摊销额=5×54=270（万元）

商标权账面价值=600−270=330（万元）

步骤二：计算处置净损益

增值税销项税额=280×6%=16.8（万元）

处置净损益=出售价款−账面价值−处置费用=280−330−8=−58（万元）

处置损失为58万元。

步骤三：对商标权处置进行账务处理

❶出售商标权。

出售商标权取得的收入及相关税费=280+16.8−8=288.8（万元）

借：银行存款　　2 888 000

　　累计摊销　　2 700 000

　　资产处置损益　　580 000

　贷：无形资产——商标权　　6 000 000

　　　应交税费——应交增值税（销项税额）　　168 000

7.4课证融通练习题

【职业课堂】会计人员的双重坚守：专业素养与诚信精神

甲公司是一家高新技术企业，研发投入巨大，无形资产在企业资产结构中占据重要地位。会计人员小张负责无形资产相关账务处理。企业投入大量资金用于一项核心技术的研发，研发过程分多个阶段，涉及复杂的费用归集和资本化判断。小张不仅要区分哪些研发支出应费用化计入当期损益，哪些符合资本化条件可确认为无形资产，还要处理研发过程中与合作方的技术授权费用等。例如，企业与某科研机构合作开展项目，合同约定在研发的不同阶段支付不同金额的技术使用费，且费用支付与成果验收挂钩。面对这类复杂业务，小张详细梳理每一笔与研发相关的费用明细，深入研究会计准则和合同条款，确保费用的准确分类和账务处理。在对外披露企业财务信息时，小张如实反映无形资产的研发进度、账面价值及潜在风险，即使部分研发项目前景存在不确定性，也绝不隐瞒。当企业因资金紧张，可能影响后续研发投入时，小张主动与管理层沟通，提供详细的财务数据支持，并与外部合作方坦诚交流企业现状，共同探讨解决方案，保障了研发项目的顺利推进，维护了企业与合作方的良好关系。

请思考：在无形资产核算业务中，会计人员应具备何种素养？

【解析】

会计人员在无形资产核算中，专业素养体现在对复杂业务的准确处理上。面对研发支出费用化与资本化的判断，要深入理解会计准则，严格依据规定对每一笔费用进行细致分析和归类，例如小张梳理研发费用明细，正确区分不同性质支出，准确计算应计入无形资产成本或当期损益的金额，这需要扎实的专业知识和严谨的工作态度。同时，诚信素养也至关重要。在与合作方沟通及对外披露财务信息时，要如实反映无形资产的真实情况，包括研发进度、潜在风险等，不隐瞒任何可能影响利益相关者决策的信息。当企业面临财务困难影响研发项目时，主动沟通，凭借诚信赢得合作方的理解与支持。只有兼具专业严谨和诚信的职业素养，会计人员才能准确核算无形资产，助力企业维护良好合作关系，保障企业研发活动的持续开展和财务稳定，促进企业长远发展。

项目小结

在企业的资产构成中，无形资产占据着举足轻重的地位，其核算工作对企业财务状况的精准呈现以及战略决策的科学制定有着极为关键的影响。

无形资产是指企业拥有或者控制的没有实物形态的可辨认非货币性资产，主要包括专利权、非专利技术、商标权、著作权、土地使用权、特许权等。

无形资产的核算范畴覆盖了从初始确认到最终处置的一系列环节。在初始计量时，企业通常按取得无形资产时的成本进行入账。外购无形资产的成本，涵盖购买价款、相关税费以及直接归属于使该项资产达到预定用途所发生的其他支出 。企业自行研发的无形资产，研究阶段的支出须费用化计入当期损益，而开发阶段的支出，在满足一定条件时可资本化确认为无形资产，包括自满足资本化条件时起至达到预定用途前所发生的支出总额。

后续计量方面，对于使用寿命有限的无形资产，企业须在其使用寿命内系统合理地摊销，摊销方法包括直线法、生产总量法等，企业应根据无形资产的经济利益预期实现方式来选择合适的摊销方法，且一经确定，不得随意变更。同时，企业须定期对无形资产进行减值测试，当存在减值迹象表明其可收回金额低于账面价值时，应计提无形资产减值准备。对于使用寿命不确定的无形资产，在持有期间不进行摊销，但须每年进行减值测试。

当无形资产预期不能为企业带来未来经济利益时，企业需要对其进行处置。处置无形资产时，应将所取得的价款与该无形资产账面价值的差额计入当期损益，通过“资产处置损益”等相关科目进行核算。

准确且规范地开展无形资产核算，能够真实反映企业资产价值，合理分摊成本费用，为企业财务分析提供坚实的数据支撑，在企业的财务管理以及战略布局中发挥着不可或缺的作用。

技能锤炼

娇颜化妆品有限公司为增值税一般纳税人，适用的增值税税率为13%。2025年发生以下经济业务：

（1）进一步提升产品的竞争力，1月1日，启动一项自主研发项目，研发一项新型的天然植物精华提取技术。在研究阶段，公司共发生各项费用500 000元，包括人员工资300 000元，研发设备折旧100 000元，耗用原材料100 000元。到6月30日，研究阶段结束，进入开发阶段。开发阶段发生符合资本化条件的支出800 000元，其中人员工资400 000元，购买研发专用材料300 000元，其他费用100 000元。12月31日，该新型化妆品配方研发成功并达到预定用途。

（2）1月1日，购入一项商标权，入账价值为600 000元，预计使用年限为10年，无残值，采用直线法进行摊销。

（3）12月31日，对公司拥有的一项专利权进行减值测试。该专利权的账面原价为800 000元，已累计摊销200 000元。经测试，该专利权的可收回金额为500 000元。

（4）7月1日，将一项非专利技术出售，该非专利技术的账面原价为400 000元，已累计摊销150 000元，已计提减值准备20 000元。出售时取得价款200 000元，增值税税率为6%，款项已存入银行。

要求：你作为娇颜化妆品有限公司的会计人员，请对以上业务进行账务处理。

项目综合评价

项目七综合评价参考表见表7-2：

表7-2　**项目七综合评价参考表**

项目名称	无形资产的核算		
	评价内容	学生自评（50%）	教师评价（50%）
素养目标	1.培养严谨细致、诚实守信的职业操守，对无形资产数据和账务处理保持高度的责任心。（10分）		
	2.培养独立思考能力和创新思维，对复杂财务问题保持探究精神。（10分）		
	3.提升沟通协作能力，能够与团队共同合作解决问题。（10分）		
知识目标	1.掌握外购及自主研发无形资产的核算方法。（15分）		
	2.掌握无形资产摊销、减值、处置的核算方法。（20分）		
技能目标	1.能够正确判断经济业务是否符合无形资产的确认条件（10分）		
	2.能够对无形资产是否发生减值进行正确判断。（10分）		
	3.能够对无形资产取得、摊销、处置等进行正确核算和账务处理。（15分）		
项目评价成绩（100分）			
项目综合评价：			

教师签名：

日期：

项目八　流动负债的核算

素养目标

1. 树立正确的职业道德观，如实记录，依法核算。
2. 培养严谨细致态度，严格遵守准则和法规。
3. 培养会计人员完善核算流程与监督机制，日清月结，保障财务信息质量。

知识目标

1. 熟悉短期借款分类、合同条款、利息计算与偿还要求。
2. 熟知应付与预收款项核算范围、确认条件和计量方法，了解其经营作用。
3. 掌握应付职工薪酬构成及计提、发放的账务处理规定。
4. 了解应交税费的征收范围、计税依据、税率和优惠政策，明确会计核算方法。
5. 理解流动负债核算与企业财务状况、经营成果的关系，认识其对资金链和风险控制的重要性。

技能目标

1. 准确判断、纠正短期借款利息和应付账款支付问题。
2. 熟练进行各类流动负债业务账务处理。
3. 掌握流动负债报表项目编制和财务分析指标运用，提供准确财务信息。

项目导图

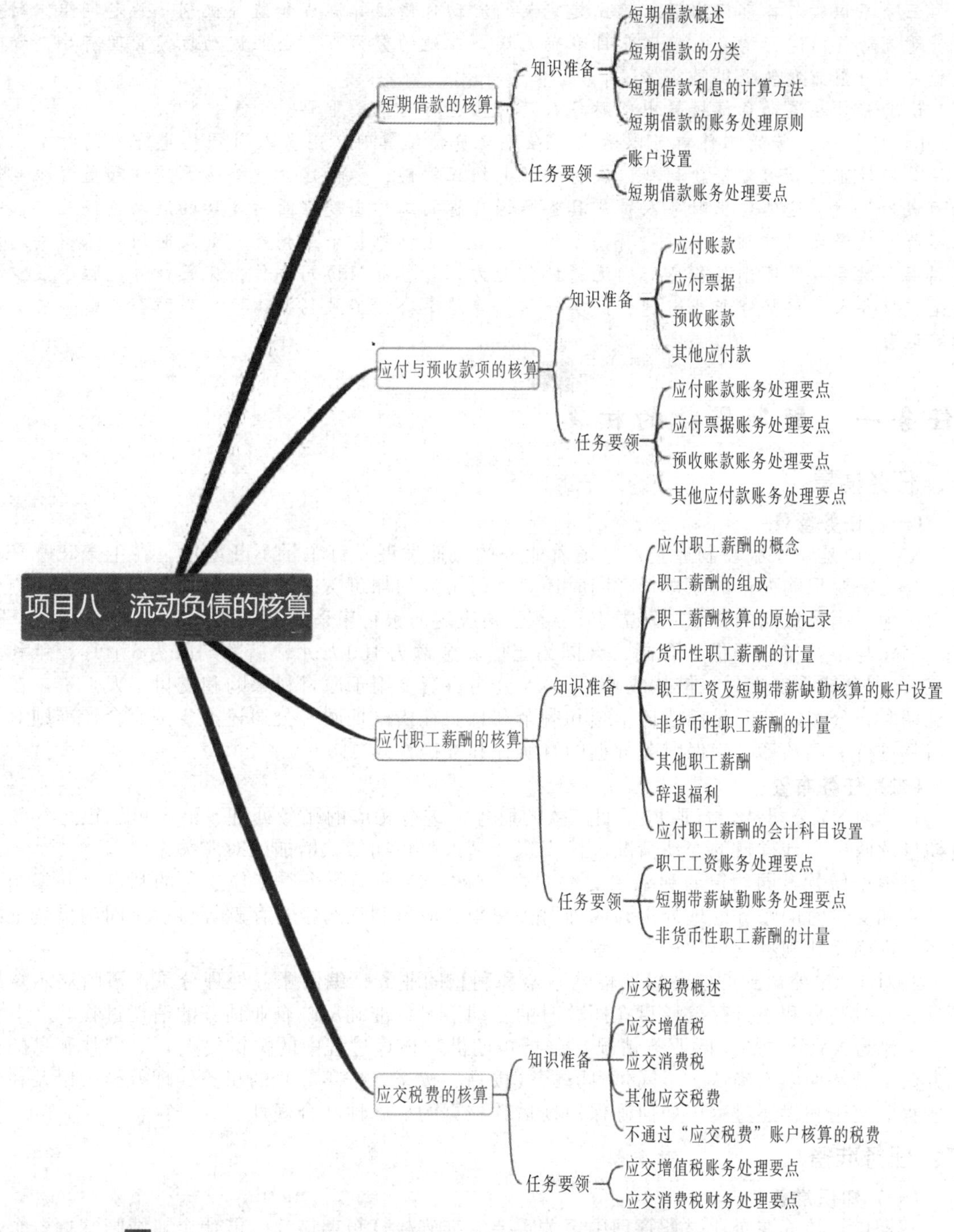

价值引领

流动负债核算秘籍：精准、严谨与沟通

××纺织是一家快速发展的中型企业，随着业务扩张，流动负债管理成为关键。财务主管王芳负责核算工作，她深知责任重大。企业有大量应付账款，供应商为鼓励提前付款，给出优厚折扣条件，但王芳严格按照合同约定付款期限核算，确保企业资金合理周转。

在短期借款方面，企业向银行申请了多笔借款，王芳带领团队仔细研究合同条款，准确计算利息。一次，银行工作人员对一笔短期借款利息计算错误，王芳在核对时及时发现并与银行沟通，纠正了错误，避免了企业多支付利息。

王芳还积极与各部门沟通，建立起完善的流动负债核算流程和监督机制。她定期组织财务人员对流动负债进行清查，确保账目准确无误。在她的努力下，企业流动负债管理有序，资金链稳定，为企业发展提供坚实保障。

请思考：在流动负债核算中，财务人员的哪些行为至关重要？

【解析】从王芳的工作中可以看出，在流动负债核算时，财务人员严格遵守合同约定，精准核算应付账款和短期借款利息，及时发现并纠正错误，积极建立健全核算流程和监督机制等行为极为关键。这体现出财务人员应具备严谨负责的工作态度，面对复杂的流动负债业务，一丝不苟，确保数据准确。同时要有高度的责任心，主动维护企业利益，如及时纠正银行利息计算错误。财务人员还须具备良好的沟通协作能力，与各部门协同合作，完善核算流程。最重要的是，财务人员要坚守职业道德，诚实守信，廉洁奉公，不被利益诱惑，保障企业财务安全和稳定运营。

任务一　短期借款的核算

一、任务情景

（一）任务场景

XY公司是一家服装制造企业，随着业务的快速发展，订单量不断增加。在生产旺季来临前，公司需要采购大量的原材料，同时还要支付工人的加班费，这使得公司面临着较大的资金压力。为了满足短期的资金周转需求，XY公司决定向银行申请短期借款。

公司与银行签订了借款合同，合同约定借款金额为100万元，借款期限为6个月，年利率为6%，利息按季度支付。借款成功后，XY公司将资金用于原材料采购和支付工人工资。在借款到期时，公司须按时足额偿还本金和剩余利息。在借款期间，公司还需要按照会计准则对短期借款进行准确核算，确保财务数据的真实性和准确性。

（二）任务布置

1. 针对XY公司从银行取得短期借款的业务，进行相应的账务处理，清晰展示银行存款与短期借款两个会计科目的变动情况，体现资金借入与短期借款增加的对应关系。

2. 根据借款合同约定的利率和支付方式，计算XY公司每个季度应支付的利息，并编制利息计提和支付时的账务处理分录，明确财务费用、应付利息与银行存款等科目之间的借贷记账关系，准确反映利息支出的核算过程。

3. 对于XY公司到期偿还短期借款本金和利息的业务，编制账务处理分录，清晰展示短期借款、应付利息和银行存款科目在还款时的变动情况，准确反映企业债务的清偿过程。

4. 结合XY公司的实际业务情况，分析短期借款核算过程中的关键要点，如借款利息的计算方法、借款期限的确认、不同付息方式（按月、按季、按年等）的账务处理差异，以及在借款取得、使用和偿还过程中如何确保短期借款核算的准确性和合规性。

二、任务准备

（一）知识准备

短期借款核算在企业财务管理中至关重要。准确核算短期借款，能让企业清晰掌握资金流动情况，保障资金链稳定。在生产旺季，通过核算合理安排生产周转借款，确保原材料采购等资金需求，维持生产经营顺利进行。同时，规范核算确保财务信息真实准确，为企业管理层提供可靠决策依据，帮助评估偿债能力和财务风险。此外，合规的核算有助于企业遵守法律法规，避免潜在财务风险，维护良好的企业信誉，促进企业持续健康发展。

1.短期借款概述

短期借款是企业向银行或其他金融机构等借入的期限在1年以下（含1年）的各种款项。

其主要目的是满足企业临时性、季节性的资金周转需求。短期借款的内容涵盖借款的主体，即企业与金融机构；借款期限的界定，明确为1年以内；借款用途，如用于原材料采购、支付工资、缴纳税款等日常经营活动。了解这些内容有助于准确识别和核算短期借款。

【学中做8-1】ABC公司因季节性生产需要，在4月1日向银行借入一笔期限为6个月的款项。请判断该笔借款是否属于短期借款，并说明理由，同时列举可能的借款用途。

【解析】该笔借款属于短期借款，因为借款期限为6个月，在1年以下（含1年）。借款用途可能是在生产旺季采购更多的原材料，以满足生产需求；或者支付旺季工人的加班工资，确保生产顺利进行。这个案例可以让学生理解短期借款的定义和常见用途，能够准确判断企业的借款是否属于短期借款范畴。

2.短期借款的分类

（1）按借款目的分类

生产周转借款：生产周转借款是指企业为满足日常生产经营活动中原材料采购、在产品生产、商品销售等环节的资金需求而借入的短期借款。例如，一家服装制造企业在生产旺季来临前，需要大量采购布料、辅料等原材料，此时可能向银行申请生产周转借款。这类借款的特点是与企业的生产经营周期紧密相关，借款期限通常较短，随着生产销售活动的完成，企业会用销售收入来偿还借款。它能够帮助企业解决临时性的资金短缺问题，保障生产经营活动的顺利进行。

临时借款：临时借款是指企业遇到突发的、临时性的资金需求时所借入的短期借款。比如，企业因突发自然灾害导致部分生产设备损坏，急需资金进行设备维修或购置新设备，以恢复正常生产，就可能申请临时借款。临时借款的借款期限一般较短，通常根据企业解决临时问题所需的时间来确定，借款金额根据实际需求而定，灵活性较高。

（2）按资金获取方式分类

票据贴现借款：票据贴现借款是指企业将持有的未到期商业票据（如商业承兑汇票、银行承兑汇票）向银行或其他金融机构申请贴现，金融机构按照票面金额扣除贴现利息后，将剩余款项支付给企业，形成企业的短期借款。

【学中做8-2】某企业持有一张面额为50万元、期限为6个月的银行承兑汇票，在持有3个月后因资金周转需要，向银行申请贴现，贴现率为4%。请计算企业实际获得的资金。

【解析】贴现利息=500 000×4%×（6-3）÷12=5 000（元）

企业实际获得资金=500 000-5 000=495 000（元）

这种借款方式的优点是企业能快速将票据转化为现金，解决短期资金需求，且手续相对简便；缺点是贴现利息可能会增加企业的资金成本。

结算借款：结算借款是指企业在采用托收承付结算方式进行销售商品、提供劳务等活动时，为解决在发出商品后至收到货款前的资金占用问题，向银行申请的短期借款。银行根据企业的销售成本、购销合同以及运输等情况，核定借款额度。

【学中做8-3】一家机械制造企业向外地客户销售一批设备，采用托收承付结算方式，在发出设备后，企业向银行申请结算借款，银行根据企业提供的相关资料，确定借款额度为30万元，借款期限为2个月。假设银行结算借款的年利率为6%，请计算企业在借款期满时需要偿还的本息总额。

【解析】利息 = 300 000 ×6%×2÷12=3 000（元）

本息总额=300 000+3 000=303 000（元）

这种借款方式能够帮助企业缓解结算过程中的资金压力，保证企业的正常运营，借款期限通常与结算周期相关，随着货款的收回，企业须及时偿还借款。

3.短期借款利息的计算方法

利息计算方法除了单利计算，在一些特殊情况下，也可能涉及复利计算。复利是指在每经过一个计息期后，都要将生成的利息加入本金再计利息。短期借款中较常用单利。

单利计算的利息=本金×年利率×借款期限（年）

【学中做 8-4】某公司向银行借入短期借款30万元，年利率为5.5%，借款期限为90天，按日计息（单利计息）。请计算该笔借款的利息（假设银行按360天计算日利率）。

【解析】

利息=300 000×（5.5%÷360）×90≈4 125（元）

4.短期借款的账务处理原则

取得短期借款时，按实际收到的金额，借记“银行存款”，贷记“短期借款”；资产负债表日，应按计算确定的短期借款利息费用，借记“财务费用”“利息支出”等科目，贷记“银行存款”“应付利息”等科目；归还短期借款本金时，借记“短期借款”，贷记“银行存款”。如果涉及外币借款，还需要考虑汇率变动对账务处理的影响，按照相关会计准则进行折算和调整。“

（二）任务要领

1.账户设置

为准确核算短期借款，企业需要设置“短期借款”账户，该账户贷方登记取得的短期借款本金，借方登记偿还的短期借款本金，期末贷方余额反映企业尚未偿还的短期借款本金。同时，企业还需要设置“财务费用”账户核算借款利息费用，借方登记利息支出，贷方登记利息收入、汇兑收益等，期末将余额结转至“本年利润”账户，结转后无余额；设置“应付利息”账户核算按照合同约定应支付的利息，贷方登记计提的利息，借方登记实际支付的利息，期末贷方余额反映企业应付未付的利息。

【做中学 8-1】XY公司于2025年1月1日向银行借入短期借款50万元，年利率为6%，期限为6个月，利息按季度支付。请写出涉及的账户及初始借款时的账务处理。

【解析】涉及的账户有“短期借款”“银行存款”“财务费用”“应付利息”。初始借款时账务处理为：

借：银行存款　　500 000

　贷：短期借款　　500 000

2.短期借款账务处理要点

微课8.1 短期借款相关账务处理

（1）按月支付利息

每月末，企业计算当月应支付的利息，借记“财务费用”，贷记“银行存款”。若利息预先计提，则先借记“财务费用”，贷记“应付利息”，支付时借记“应付利息”，贷记“银行存款”。

【做中学 8-2】2024年1月1日，ABC公司向银行借入短期借款30万元，年利率为5%，利息按月支付。请作1月份计提和支付利息的账务处理。

【解析】1月份应计提利息=300 000×5%÷12=1 250（元）

计提利息时：

借：财务费用　　1 250

　贷：应付利息　　1 250

支付利息时：

借：应付利息　　1 250

　贷：银行存款　　1 250

（2）按季支付利息

前两个月每月末计提利息，借记“财务费用”，贷记“应付利息”，第三个月支付本季度利息时，借记“财务费用”（当月利息）和“应付利息”（前两个月计提利息），贷记“银行存款”（本季度总利息）。

【做中学 8-3】2024年1月1日，ABC公司借入短期借款40万元，年利率为6%，利息按季支付。请作第一季度计提和支付利息的账务处理。

【解析】每月应计提利息=400 000×6%÷12=2 000（元）

1月、2月计提利息时：

借：财务费用　　2 000
　贷：应付利息　　2 000
3月支付利息时：
借：财务费用　　2 000
　　应付利息　　4 000
　贷：银行存款　　6 000

三、任务实施

步骤1：短期借款取得的账务处理

收集原始凭证：收集XY公司与银行签订的借款合同，合同中有借款金额、期限、利率等关键条款；收集银行出具的借款到账通知，上面标明借款金额、到账时间、收款账户等信息，这些是账务处理的核心依据。

审核原始凭证：仔细审核借款合同，确保合同条款清晰、合法合规，无歧义；检查借款到账通知，确认收款账户为公司账户，金额与合同一致，到账时间准确无误，保证凭证真实有效。

编制会计分录：依据审核后的原始凭证，按照会计核算规则编制分录。

借：银行存款　　1 000 000
　贷：短期借款　　1 000 000

步骤2：短期借款利息计算与账务处理

计算利息：根据借款合同年利率6%，按季度支付利息。

每季度利息=1 000 000×6%÷4=15 000（元）

收集原始凭证：计提利息时，自制利息计算表，明确利率、期限、金额等；支付利息时，收集银行出具的利息支付回单。

审核原始凭证：审核利息计算表，检查计算过程是否准确，利率使用是否正确；审核利息支付回单，确认支付金额、支付时间、收款方等信息无误。

编制会计分录：依据审核后的原始凭证，按照会计核算规则编制分录。

计提利息时：

借：财务费用　　15 000
　贷：应付利息　　15 000

支付利息时：

借：应付利息　　15 000
　贷：银行存款　　15 000

步骤3：短期借款偿还的账务处理

收集原始凭证：收集银行出具的还款确认单，明确还款金额、时间、还款账户等信息；整理借款合同，作为还款依据。

审核原始凭证：审核还款确认单，确保还款金额与应还本金和利息一致，时间符合合同约定，还款账户正确；再次核对借款合同，确认还款事项准确无误。

编制会计分录：假设到期偿还本金1 000 000元及最后一季度利息15 000元。

借：短期借款　　1 000 000
　　应付利息　　15 000
　贷：银行存款　　1 015 000

步骤4：短期借款核算要点分析

全面收集资料：收集XY公司所有短期借款相关资料，包括借款合同、利息计算表、还款凭证、银行对账单等，为分析提供数据支撑。

利息计算方法：按合同约定利率，根据借款本金和借款期限，采用单利或复利计算利息，确保计算准确。

借款期限确认：以借款合同签订日至到期日为借款期限，准确记录，关注展期或提前还款情况。

付息方式账务处理差异：对比按月、按季、按年付息账务处理，总结计提和支付利息时科目使用差异，如按月付息可能不通过“应付利息”科目。

8.1课证融通练习题

核算准确性与合规性：检查借款取得、使用、偿还各环节账务处理是否符合会计准则，利息支出是否取得合法票据，确保核算合规。

任务二　应付与预收款项的核算

一、任务情景

（一）任务场景

ABC公司是一家家具制造企业，正在市场中逐渐站稳脚跟，业务规模稳步扩大。在原材料采购环节，公司与多家供应商建立了长期合作关系。由于采购量较大，为了优化资金使用效率，公司与供应商协商采用赊购方式，先接收原材料用于生产，约定在一定期限后支付货款。

同时，随着公司品牌知名度的提升，客户对其产品的需求日益旺盛。不少客户为确保能及时拿到心仪的家具，会在产品生产前预先支付部分款项。在生产和销售过程中，公司一方面要妥善处理与供应商的应付账款，确保按时履约，维护良好合作关系；另一方面要准确核算客户的预付款项，以便合理安排生产和发货计划。

在一次大型订单中，公司与供应商签订采购合同，采购价值80万元的木材，付款期限为3个月，增值税税率为13%。与此同时，收到某大型企业客户的预付款30万元，用于定制一批高端办公家具，预计生产周期为2个月。在整个业务流程中，公司需要严格按照会计准则，对这些应付与预收款项进行精准核算，保证财务数据的真实可靠，为企业的决策提供有力支持。

（二）任务布置

1.针对ABC公司从供应商处赊购木材的业务，进行相应的账务处理，清晰展示原材料、应付账款等会计科目的变动情况，体现货物采购与负债增加的对应关系。在付款期限到期时，编制支付货款的账务处理分录，展示应付账款减少与银行存款减少的过程。

2.对于ABC公司收到客户预付款用于定制办公家具的业务，编制收到预付款时的账务处理分录。当产品生产完成并交付客户时，进行相应的账务处理，准确反映预收款项的核算及收入确认的过程。

3.结合ABC公司的实际业务情况，分析应付与预收款项核算过程中的关键要点，包括应付账款账龄分析的重要性，如何根据账龄合理安排资金支付；预收账款与收入确认的条件和时间节点；不同销售模式下预收账款的核算差异；在应付与预收款项业务发生过程中，如何确保核算的准确性和合规性，防范财务风险。

4.根据ABC公司的应付与预收款项业务，分析这些款项的变动对公司流动比率、速动比率等短期偿债能力指标，以及资金周转率等运营能力指标的影响。阐述如何通过对应付与预收款项的有效核算和管理，优化企业财务状况，为公司的财务管理和决策提供准确的财务信息支持。

二、任务准备

（一）知识准备

1.应付账款

（1）应付账款概述

应付账款是企业因购买材料、商品或接受劳务等经营活动，应支付给供应单位的款项。它是企业在正常经营过程中形成的一项流动负债，体现了企业与供应商之间的商业信用关系，对企业的日常运营资金周转有着重要影响。

（2）应付账款的入账时间

应付账款的入账时间应以所购买物资的所有权转移或接受劳务已发生为标志。在实际业务中：❶若货物和发票账单同时到达，通常在货物验收入库后，按发票账单登记入账；❷若货物已到但发票账单未到，一般在月末按暂估价入账，下月初用红字冲回，待收到发票账单后再按实际金额入账。

【学中做 8-5】R公司在5月15日收到一批采购的办公用品，当天验收入库，但发票账单在5月31日仍未收到。请作5月末及6月初的账务处理，并说明这样处理的原因。

【解析】❶5月末。

借：管理费用

　贷：应付账款——暂估应付账款

这样处理是为了遵循权责发生制原则，虽然发票未到，但办公用品已验收入库并可投入使用，相关费用应在当期确认。

❷6月初。

借：管理费用——办公费（红字暂估价）

　贷：应付账款——暂估应付账款（红字暂估价）

用红字冲回是为了在收到发票账单后，能按实际金额准确入账，避免重复记账。

（3）应付账款的入账价值

应付账款的入账价值通常按照发票账单等凭证上记载的实际金额确定，包括购买货物或接受劳务的价款、增值税进项税额，以及采购过程中发生的运输费、装卸费、保险费等相关费用（若这些费用由供应商垫付并包含在发票金额内）。

❶ 属于商业折扣的。商业折扣是企业促销时给予的价格扣除，入账价值按扣除折扣后的金额确定。因商业折扣直接影响商品成交价，采购方依此金额支付，也按此确认应付账款，体现实际交易成本。

❷ 属于现金折扣的。现金折扣是鼓励购货方提前付款的优惠，常用“2/10，1/20，N/30”表示。按扣除折扣前金额确认应付账款，实际享受折扣时，折扣额计入财务费用，遵循谨慎性原则

【学中做 8-6】S公司从供应商处采购一批货物，价款为20万元，增值税税率为13%，运输费由供应商垫付2 000元并开具在同一张发票上。供应商给予2/10，N/30的现金折扣条件。请计算该笔应付账款的入账价值，并作在10天内付款和超过10天付款的账务处理。

【解析】应付账款入账价值=200 000+200 000×13%+2 000=228 000（元）

❶10天内付款。

借：应付账款　　228 000

　贷：银行存款（228 000×98%）　　223 440

　　　财务费用（228 000×2%）　　4 560

❷超过10天付款。

借：应付账款　　228 000

　贷：银行存款　　22 8000

（4）应付账款核算的账户设置

应付账款账户用于核算企业因购买材料、商品或接受劳务供应等经营活动应支付给供应单位的款项，设置时须把握以下要点：从账户性质来看，它属于负债类账户，用以记录企业的债务。账户结构上，贷方登记企业因采购等业务产生的应付未付款项，表明负债增加；借方登记实际偿还的应付账款，意味着负债减少，期末余额一般在贷方，反映企业尚未支付的应付账款。为细化核算，应付账款账户应按供应单位设置明细账户，比如“应付账款——××公司”，这样能精准区分不同供应商的款项往来，便于企业对账、追踪款项支付进度，还能为企业合理安排资金、维护与供应商的良好合作关系提供清晰的数据支持。

2.应付票据

（1）应付票据概述

应付票据是由出票人出票，委托付款人在指定日期无条件支付确定的金额给收款人或者持票人的票据，也是企业在商品购销活动和对工程价款进行结算时，因采用商业汇票结算方式而产生的一项负债。应付票据按承兑人不同，分为商业承兑汇票和银行承兑汇票；按是否带息，分为带息应付票据和不带息应付票据。

（2）应付票据核算的账户设置

应付票据账户用于核算企业因购买材料、商品和接受劳务等而开出、承兑的商业汇票，包括银行承兑汇票和商业承兑汇票。在设置时，其要点如下：从账户性质看，它属于负债类账户，用以记录企业因票据业务产生的债务。在账户结构上，贷方登记企业开出并承兑的商业汇票的面值，表明企业负债的增加；借方登记到期支付或无力支付而转出的应付票据金额，反映负债的减少。期末余额在贷方，反映企业尚未到期的应付票据金额。为便于分类管理和账目核对，企业通常按债权人设置明细账户，如“应付票据——××公司”，这样能清晰追踪每张票据对应的债权人，有利于企业准确把握债务情况，合理安排资金以按时兑付票据，维护企业的商业信用。

3.预收账款

（1）预收账款概述

预收账款是企业按照合同规定向购货单位预收的款项。由于企业在收到预收款项时，商品或劳务的销售合同尚未履行，所以预收账款具有负债性质，只有在企业按照合同约定交付商品或提供劳务后，才满足收入确认条件，将预收账款转为收入。它反映了企业与客户之间的交易关系，以及客户对企业产品或服务的预先支付情况。

（2）预收账款核算的账户设置

预收账款账户用于核算企业按照合同规定向购货单位预收的款项，在设置时，有以下要点：从账户性质来看，它属于负债类账户，用以记录企业因销售业务预先收到的客户款项，反映企业未来须履行的交付商品或提供劳务的义务。账户结构上，贷方登记企业预收的款项，反映负债的增加；借方登记销售实现时按实现的收入结转的预收账款金额，表明负债减少。期末余额一般在贷方，反映企业预收的款项；若为借方余额，则表示应由购货单位补付的款项。为便于明细核算，企业通常按购货单位设置明细账户，如“预收账款——××公司”，这样能精准追踪与各个客户的预收款项往来情况，方便企业了解每个订单的预收进度，合理安排生产和交付计划，同时也有助于准确核算收入，保证财务数据的准确性和完整性。

4.其他应付款

其他应付款账户用于核算企业除应付票据、应付账款、预收账款、应付职工薪酬、应交税费、应付利息、应付股利等经营活动以外的其他各项应付、暂收的款项，如应付租入包装物租金、存入保证金等。在设置时，有以下要点：从账户性质看，它属于负债类账户，用以记录企业的这部分非主要经营活动产生的债务。账户结构上，贷方登记企业发生的各种应付、暂收款项，表明负债增加；借方登记实际支付的款项，表明负债减少。期末余额一般在贷方，反映企业尚未支付的其他应付款项。为便于精准核算，企业应按其他应付款的项目和对方单位（或个人）设置明细账户，如“其他应付款——包装物出租方名称”“其他应付款——存入保证金客户名称”，这样能清晰区分不同款项的来源和去向，方便企业进行账目核对和资金管理，确保财务核算准确无误。

（二）任务要领

1.应付账款账务处理要点

微课8.2 应付账款相关账务处理

设置“应付账款”科目进行核算时，贷方登记企业因购买材料、商品和接受劳务等而发生的应付账款，借方登记偿还的应付账款，期末贷方余额反映企业尚未支付的应付账款。若企业开出商业汇票抵付应付账款，应借记“应付账款”，贷记“应付票据”。

【做中学8-4】××公司从供应商处采购原材料，价款15万元，增值税1.95万元，款项尚未支付。之后，该公司开出一张商业承兑汇票抵付该笔应付账款。请作采购原材料和开出商业承兑汇票的账务处理。

【解析】❶采购原材料时。

借：原材料　150 000

　　应交税费——应交增值税（进项税额）　19 500

　贷：应付账款　169 500

❷开出商业承兑汇票时。

借：应付账款　169 500

　贷：应付票据　169 500

2.应付票据账务处理要点

（1）企业开出并承兑商业汇票购货或抵付应付账款时

按应计入采购成本的金额（若为购货）或应付账款账面余额（若为抵付应付账款），借记“材料采购”“在途物资”“库存商品”“应付账款”等科目；按商业汇票的面值，贷记“应付票据”科目。若涉及增值税进项税额，还应借记“应交税费——应交增值税（进项税额）”科目。这一账务处理体现了企业通过商业汇票进行采购或债务转换时，对资产、负债以及税费的准确核算。

【做中学8-5】D公司开出并承兑一张面值为11 300元的商业承兑汇票，用于购买一批原材料，增值税专用发票上注明价款10 000元，增值税税额1 300元。请编制会计分录。

【解析】编制会计分录如下：

借：原材料　10 000

　　应交税费——应交增值税（进项税额）　1 300

　贷：应付票据　11 300

（2）汇票到期，如期付款时

按应付票据的账面余额，借记“应付票据”科目，贷记“银行存款”科目，表明企业履行了票据付款义务，减少了票据负债，同时银行存款也相应减少。

【做中学8-6】承【做中学8-5】D公司的商业承兑汇票到期，如期支付票款。请编制会计分录。

【解析】编制会计分录如下：

借：应付票据　11 300

　贷：银行存款　11 300

（3）应付票据到期，企业无力支付票款时

若为商业承兑汇票，按应付票据的账面余额，借记“应付票据”科目，贷记“应付账款”科目，表明企业将票据债务转回为应付账款；若为银行承兑汇票，银行会先行垫付，企业则按应付票据的账面余额，借记“应付票据”科目，贷记“短期借款”科目，体现企业对银行的短期负债增加。

【做中学8-7】E公司开出一张面值为20 000元的银行承兑汇票，到期时无力支付。请编制会计分录。

【解析】编制会计分录如下：

借：应付票据　20 000

　贷：短期借款　20 000

3.预收账款账务处理要点

企业预收账款业务不多时，可以不设置“预收账款”科目，将预收的款项直接记入“应收账款”科目的贷方。在销售实现时，按实现的收入，借记“应收账款”科目，贷记“主营业务收入”“应交税费——应交增值税（销项税额）”等科目。

【做中学8-8】C公司预收客户货款5 000元，因预收账款业务较少，未设置“预收账款”

科目。请编制预收货款和销售实现（假设销售金额为5 000元，增值税税率为13%）时的会计分录。

【解析】编制会计分录如下：

❶预收货款时。

借：银行存款　　5 000

　贷：应收账款　　5 000

❷销售实现时。

借：应收账款　　5 650

　贷：主营业务收入　　5 000

　　应交税费——应交增值税（销项税额）（5 000×13%）　　650

4.其他应付款账务处理要点

（1）企业发生各种应付、暂收款项时

按实际发生的金额，借记“管理费用”“银行存款”等相关科目，贷记“其他应付款”科目。比如企业租入包装物，应付包装物租金时，借记“周转材料——包装物（出租包装物）”等相关科目（根据具体用途确定借方科目），贷记“其他应付款——出租方名称”；企业收到客户存入的保证金时，借记“银行存款”，贷记“其他应付款——客户名称”。

【做中学8-9】F公司租入一批包装物用于产品包装，每月应付租金1 000元。请编制每月计提租金的会计分录。

【解析】假设包装物用于销售环节，编制会计分录如下：

借：销售费用　　1 000

　贷：其他应付款——出租方名称　　1 000

（2）支付其他应付款项时

按实际支付的金额，借记“其他应付款”科目，贷记“银行存款”“库存现金”等科目，反映了企业债务的清偿。

【做中学8-10】承【做中学2-6】F公司在季度末支付本季度三个月的包装物租金3 000元。请编制支付租金的会计分录。

【解析】编制支付租金的会计分录如下：

借：其他应付款——出租方名称　　3 000

　贷：银行存款　　3 000

（3）当企业存在确实无法支付的其他应付款时

经批准后，按无法支付的金额，借记“其他应付款”科目，贷记“营业外收入”科目。这一处理将不需要支付的款项确认为企业的利得，准确反映企业财务状况的变化。

【做中学8-11】G公司有一笔其他应付款5 000元，因债权人原因确实无法支付。请编制会计分录。

【解析】编制会计分录如下：

借：其他应付款　　5 000

　贷：营业外收入　　5 000

三、任务实施

步骤1：应付账款账务处理

（1）购买原材料时

收集并审核凭证：收集采购合同、增值税专用发票和原材料入库单，仔细审核合同条款、发票真伪及入库单信息，确保凭证真实有效。

编制会计分录如下：

借：原材料——木材　　800 000

　　应交税费——应交增值税（进项税额）　　104 000

　　贷：应付账款——供应商名称　　904 000

（2）支付货款时

收集原始凭证：收集银行付款回单，上面标有付款金额、付款时间、收款账户等信息；整理采购合同，作为付款依据。

审核原始凭证：审核银行付款回单，确保付款金额与应付账款一致，付款时间符合合同约定，收款账户为供应商账户；再次核对采购合同，确认付款事项准确无误。

编制会计分录如下：

借：应付账款——供应商名称　　904 000

　　贷：银行存款　　904 000

步骤2：预收账款账务处理

（1）收到预付款时

收集原始凭证：收集客户的预付款转账记录，如银行进账单，上面标有收款金额、收款时间、付款方账户等信息；收集与客户签订的销售合同，合同明确了预付款金额、产品规格、交货时间等条款。

审核原始凭证：审核银行进账单，确认收款金额与合同约定的预付款一致，收款时间准确，付款方为客户账户；检查销售合同，确保合同条款清晰、合法合规，无歧义。

编制会计分录如下：

借：银行存款　　300 000

　　贷：预收账款　　300 000

（2）产品交付确认收入时

收集原始凭证：收集产品出库单，记录产品的名称、规格、数量等信息；收集客户的验收确认单，证明产品已交付且客户验收合格；开具增值税专用发票。

审核原始凭证：审核产品出库单，确认出库产品与合同约定一致；检查客户验收确认单，确保客户已确认接收产品；审核增值税专用发票，确认开票信息准确无误。

假设产品销售价格为500 000元，增值税税率为13%，编制会计分录如下：

借：预收账款——客户名称　　300 000

　　银行存款（500 000×1.13-300 000）　　265 000

　　贷：主营业务收入　　500 000

　　　　应交税费——应交增值税（销项税额）（500 000×13%）　　65 000

步骤3：核算要点分析

收集资料：收集采购合同、销售合同、发票等相关资料。

应付账款账龄分析：根据应付账款的入账时间，编制账龄分析表，将应付账款划分为不同账龄区间，如1～30天、31～60天、61～90天等。分析各账龄区间的应付账款金额占比，对于账龄较长的款项，要查明原因，如是否存在质量纠纷、付款审批流程问题等，以便合理安排资金支付，避免逾期支付影响企业信用。

预收账款与收入确认：明确预收账款确认收入的条件，如产品已交付给客户、客户已接受产品、相关经济利益很可能流入企业等。根据不同销售模式，如直销、代销等，分析预收账款的核算差异。在直销模式下，产品交付客户即可确认收入；在代销模式下，收到代销清单时确认收入。

核算准确性与合规性：检查应付与预收款项业务发生过程中账务处理是否符合会计准则，如应付账款的入账金额是否包含增值税进项税额，预收账款在确认收入时是否正确计算增值税销项税额；检查相关凭证是否齐全、合法，如发票是否合规取得，入库单、出库单是否有相关人员签字确认等，确保核算合规。

8.2课证融通练习题

任务三　应付职工薪酬的核算

一、任务情景

（一）任务场景

Y公司是一家从事电子产品制造的企业，拥有生产车间员工200人、研发部门员工80人、销售部门员工50人、管理部门员工30人。在企业的日常运营中，应付职工薪酬的核算与管理是一项重要工作，直接关系到员工的切身利益和企业的成本控制。

每月，公司需要根据员工的考勤记录、绩效表现以及薪酬政策，计算并发放员工工资。基本工资平均每人每月4 000元，生产车间员工加班情况较为频繁，本月加班工资总计50 000元；绩效奖金根据各部门业绩和个人绩效评定，生产车间人均1 000元，研发部门人均1 500元，销售部门人均2 000元，管理部门人均1 200元。同时，公司按照规定为员工缴纳社会保险费和住房公积金，社保缴费比例为工资总额的16%，住房公积金缴存比例为12%。每月计提职工福利费，工作餐补贴每人每天20元，本月工作日为22天，节日福利在中秋、春节等重大节日发放，中秋福利每人500元。在年末，公司还会根据全年经营业绩，向员工发放年终奖金，今年年终奖金人均5 000元。

在一次工资核算过程中，因生产车间员工加班时长统计有误，工资计算出现偏差，引发了员工的不满。这一事件凸显了准确核算应付职工薪酬的重要性，以及在核算过程中需要严格把控各个环节，确保薪酬数据的准确性和合规性。

（二）任务布置

1.针对Y公司每月发放员工工资的业务，进行相应的账务处理，清晰展示应付职工薪酬、银行存款、其他应付款（代扣款项）等会计科目的变动情况，体现工资发放与相关科目之间的对应关系。假设个人所得税代扣共计80 000元。

2.对于公司为员工计提和缴纳社会保险费及住房公积金的业务，编制计提和缴纳时的账务处理分录，明确应付职工薪酬、其他应付款、银行存款等科目在计提和缴纳环节的变动情况，准确反映企业社保及公积金费用的核算过程。

3.结合公司为员工提供工作餐补贴、节日福利等职工福利的业务，以中秋福利发放为例，编制相应账务处理分录，展示管理费用、应付职工薪酬等科目的变动，体现职工福利的核算方法。

4.结合Y公司的实际业务情况，分析应付职工薪酬核算的关键要点，如薪酬组成部分的确认、计量原则，不同薪酬支付方式（现金、银行转账等）的账务处理差异，以及在薪酬核算、发放和福利计提过程中如何确保核算的准确性和合规性。

二、任务准备

（一）知识准备

1.应付职工薪酬的概念

应付职工薪酬是企业根据有关规定应付给职工的各种薪酬，它不仅包括职工在职期间和离职后提供给职工的全部货币性薪酬和非货币性福利，还涵盖了企业提供给职工配偶、子女或其他被赡养人的福利等。从企业运营角度看，应付职工薪酬是企业人力成本的重要体现，直接关系到企业的成本控制与财务状况。

【学中做8-7】一家制造企业在一个月内支付给职工的以下各项费用，哪些应计入应付职工薪酬：基本工资、加班补贴、为职工购买的商业保险费用、职工食堂的食材采购费用。

【解析】基本工资和加班补贴显然属于应付职工薪酬，是职工因劳动获得的直接货币性报酬。为职工购买的商业保险费用，是企业提供给职工的福利，也应计入应付职工薪酬。而职工食堂的食材采购费用，如果是企业免费提供给职工用餐，属于非货币性福利，应计入应付职工薪酬；若职工是付费就餐，则不计入。

2.职工薪酬的组成

（1）短期薪酬

短期薪酬是指企业在职工提供相关服务的年度报告期间结束后十二个月内需要全部予以支付的职工薪酬，因解除与职工的劳动关系给予的补偿除外，包括职工工资、奖金、津贴和补贴，职工福利费，医疗保险费、工伤保险费和生育保险费等社会保险费，住房公积金，工会经费和职工教育经费，短期带薪缺勤，短期利润分享计划，非货币性福利以及其他短期薪酬。

（2）离职后福利

离职后福利是指企业为获得职工提供的服务而在职工退休或与企业解除劳动关系后，提供的各种形式的报酬和福利，短期薪酬和辞退福利除外。常见的离职后福利有养老保险、企业年金等。

（3）辞退福利

辞退福利是指企业在职工劳动合同到期之前解除与职工的劳动关系，或者为鼓励职工自愿接受裁减而给予职工的补偿。

（4）其他长期职工福利

其他长期职工福利是指除短期薪酬、离职后福利、辞退福利之外所有的职工薪酬，包括长期带薪缺勤、长期残疾福利、长期利润分享计划等。

职工薪酬的组成见表8-1。

表8-1　**职工薪酬的组成**

薪酬类别	具体内容
短期薪酬	工资、奖金、津贴补贴、职工福利费、社保（医、工、生）、住房公积金、工会经费、职工教育经费、短期带薪缺勤、短期利润分享计划、非货币性福利等
离职后福利	养老保险、企业年金等退休或解除劳动关系后的福利
辞退福利	劳动合同到期前解除劳动关系或鼓励裁减给予的补偿
其他长期职工福利	长期带薪缺勤、长期残疾福利、长期利润分享计划等

【学中做8-8】给出某企业不同类型支出的明细，如支付给提前退休职工的一次性补贴、为在职职工每月缴纳的养老保险、为销售部门员工发放的季度销售奖金等，判断这些项目分别属于应付职工薪酬核算范围的哪一类。

【解析】支付给提前退休职工的一次性补贴属于辞退福利；为在职职工每月缴纳的养老保险属于离职后福利；为销售部门员工发放的季度销售奖金属于短期薪酬中的奖金。

3.职工薪酬核算的原始记录

职工薪酬核算的准确性依赖于完善的原始记录。

（1）考勤记录

考勤记录用以记录职工出勤、缺勤、加班等情况，是计算工资的重要依据，常见的形式有考勤打卡记录、手工考勤表等。

（2）产量记录

生产型企业需要记录职工生产产品的数量、质量等，用于核算计件工资。

（3）薪酬调整记录

薪酬调整记录是指职工升职加薪、调岗导致薪酬变化的相关审批文件与记录。

以考勤记录为例，表8-2是简单的考勤表样式：

表8-2 **考勤表样式**

员工姓名	日期1	日期2	…	日期n
张三	出勤	加班	…	病假
李四	出勤	出勤	…	出勤

【学中做8-9】假设某企业的一名员工本月应出勤21.75天，请假3天，加班5小时，生产产品100件（计件单价10元），根据这些信息，计算该员工应得工资（假设日工资200元，加班工资每小时30元）。

【解析】基础工资为3 750元（（21.75-3）×200）；加班工资为150元（30×5）；计件工资为1 000元（100×10）。若该员工无其他薪酬调整，其应得工资为4 900元（3 750+1 000+150）。

4.货币性职工薪酬的计量

工资、奖金、津贴和补贴：按照职工实际出勤天数、工作量以及企业规定的薪酬标准进行计算。例如：计时工资根据工作时间和小时工资率计算；计件工资根据生产产品数量和计件单价计算。

（1）计时工资制下职工工资的计算

计时工资是根据职工的工作时间来计算工资的一种方式，常见的有月薪制和日薪制。

❶月薪制的计算

在月薪制下，职工只要全勤，无论当月实际天数多少，都能拿到固定的月标准工资。当存在缺勤情况时，须从月标准工资中扣除缺勤工资。其计算公式为：

应付月工资=月标准工资-缺勤天数×日工资率

日工资率的计算有两种方法。

第一种：按月平均日历天数30天计算。这种方式是将一个月统一按照30天来计算日工资率。计算公式为：

日工资率=月标准工资÷30

例如，某职工月标准工资为7 000元，按此方法计算日工资率为233.33元（7 000÷30）。假设该职工在9月份请事假4天，9月份法定节假日和周末休息天数正常，那么应扣工资为933.32元（4×233.33），应付月工资6 066.68元（7 000-933.32）。

第二种：按月平均实际工作天数20.83天计算。这是通过全年的实际工作日总数平均到每个月得出的天数，用于计算日工资率。计算公式为：

日工资率=月标准工资÷20.83

例如，某职工月标准工资为6 500元，那么日工资率为312.05元（6 500÷20.83）。若该职工在10月份休病假3天（病假扣除工资比例为20%），则病假应扣工资为187.23元（3×312.05×20%），应付月工资为6 312.77元（6 500-187.23）。

❷日薪制的计算

日薪制是根据职工实际出勤天数和日工资率来计算工资。计算公式为：

应付月工资=出勤天数×日工资率

例如，某职工日工资率为250元，9月份出勤21天，那么应付月工资为5 250元（21×250）。这种计算方式在一些临时性工作或按日计酬的岗位中较为常见，职工的工资直接与出勤天数挂钩，简单明了。

（2）计件工资制下职工工资的计算

计件工资是根据职工生产的产品数量来计算工资，分为个人计件工资和集体计件工资。

❶个人计件工资的计算

个人计件工资依据职工生产的合格产品数量和计件单价计算。在计算时，若存在废品，要区分是料废还是工废。料废（因材料缺陷导致的废品）照付工资，因为这并非职工的责任；工废（因工人自身原因导致的废品）不付工资。计算公式为：

应付计件工资=$\sum$(每种产品合格产量+该种产品料废数量）×该种产品计件单价

例如，某工人本月生产乙产品150件，其中合格产品140件，料废产品5件，工废产品5件，乙产品计件单价为15元。那么应付计件工资2 175元（145×15）。

❷集体计件工资的计算

集体计件工资的计算分为两步：第一步，计算集体应得的计件工资总额，计算方法与个人计件工资相同。

集体应得计件工资=$\sum$(每种产品合格产量+该种产品料废数量）×该种产品计件单价

第二步，在集体内部成员之间按照一定的分配标准进行分配，常见的分配标准有成员的工作时间、工资等级等。

例如，某生产小组共同生产一批产品，集体应得计件工资总额为12 000元。小组内有甲、乙、丙三名成员，他们的工资等级系数分别为1.2、1、0.8，本月工作时间分别为180小时、160小时、140小时。假设以工资等级系数和工作时间综合作为分配标准。

总权数=180×1.2+160×1+140×0.8=216+160+112=488

分配率=12 000÷488≈24.59（元）

甲应得工资=180×1.2×24.59=5 311.44（元）

乙应得工资=160×1×24.59=3 934.4（元）

丙应得工资=140×0.8×24.59=2 754.08（元）

这种分配方式既考虑了成员的工作投入时间，又兼顾了工资等级所代表的技能和经验差异。

（3）职工工资结算凭证的编制

职工工资结算凭证是企业与职工进行工资结算的重要依据，常见的工资结算凭证是工资结算单，也叫工资单。工资结算单一般按车间、部门编制，每月一张，单内按职工姓名分行填列各项工资明细。表8-3是一个详细的工资结算单示例。

表8-3　**工资结算单**　金额单位：元

职工姓名	部门	月标准工资	出勤天数	缺勤天数	其中病假天数	其中事假天数	日工资率（按21.75天计算）	日工资率（按当月实际日历天数计算）	应发工资（按21.75天计算）	应发工资（按当月实际日历天数计算）	代扣个人所得税	代扣社保	代扣公积金	实发工资（按21.75天计算）	实发工资（按当月实际日历天数计算）
王五	生产车间	5 800	20	3	1	2	266.72	207.14	5 000.84	5 179.58	120	350	200	4 330.84	4 509.58
赵六	管理部门	6 500	21	2	0	2	298.85	224.14	5 902.3	6 051.72	150	400	250	5 102.3	5 351.72

通过这个工资结算单，不仅能清晰地看到职工的应发工资计算过程，还能明确各项代扣款项，方便企业和职工核对工资明细。

5.职工工资及短期带薪缺勤核算的账户设置

（1）职工工资核算的账户设置

企业通过“应付职工薪酬——工资”账户来专门核算职工工资的计提和发放情况。该账户属于负债类账户，贷方登记企业计提的职工工资，反映企业对职工的工资负债增加；借方登记实际发放的工资以及代扣的各种款项，如个人所得税、社保、公积金等，表明工资负债的减少；期末贷方余额表示企业尚未支付的工资，即企业还欠职工的工资数额。

（2）短期带薪缺勤核算的账户设置

企业应在“应付职工薪酬”总账科目下设置“带薪缺勤”明细科目，用以专门核算短期带薪缺勤相关的职工薪酬。在“带薪缺勤”明细科目下，还可进一步细分“累积带薪缺勤”和“非累积带薪缺勤”两个三级明细科目，以便清晰区分不同类型的带薪缺勤业务。通过这样的账户设置，企业能够精准地记录和反映因短期带薪缺勤所产生的负债情况，为财务核算和管理决策提供准确的数据支持。

例如，当职工发生累积带薪缺勤时，相关金额将记录在“应付职工薪酬——带薪缺勤——累积带薪缺勤”科目中；非累积带薪缺勤则记录在“应付职工薪酬——带薪缺勤——非累积带薪缺勤”科目。

6.非货币性职工薪酬的计量

（1）以自产产品发放给职工作为福利

企业以自产产品作为非货币性福利发放给职工的，应当按照该产品的公允价值和相关税费，计量应计入成本费用的职工薪酬金额。例如企业将成本为800元，市场售价为1 000元（不含税）的产品发放给职工，增值税税率13%，则计入职工薪酬的金额为1 130元（1 000×（1+13%））。

（2）将自有的资产无偿提供给职工使用

企业将自有的资产无偿提供给职工使用的，应当根据受益对象，将该资产每期应计提的折旧计入相关资产成本或当期损益，同时确认应付职工薪酬。如企业将自有房屋提供给高管使用，该房屋每月折旧1 000元，则每月应确认应付职工薪酬1 000元，借记“管理费用”，贷记“应付职工薪酬——非货币性福利”，同时借记“应付职工薪酬——非货币性福利”，贷记“累计折旧”。

（3）向职工提供支付补贴的商品或服务

企业向职工提供支付补贴的商品或服务的，如低价出售住房、提供低价办公用品等，账务处理根据合同是否规定职工取得商品或服务后应提供服务的年限而不同。若规定服务年限，企业应将出售商品或服务价格与成本的差额作为长期待摊费用，因为这是企业为获取职工未来服务提前支付的成本，需要在规定年限内平均摊销，按受益对象计入相关资产成本或当期损益。若未规定服务年限，企业应将价格与成本的差额直接计入出售当期相关资产成本或当期损益，因无法合理预计职工未来服务期限，一次性计入当期可简化处理并及时反映费用支出情况。

【学中做8-10】某企业将成本为500元，市场售价为700元（不含税）的电子产品发放给生产工人，增值税税率13%，请计算计入职工薪酬的金额并编制相关会计分录。

【解析】计入职工薪酬的金额为791元（700×（1+13%））。会计分录为：

分录	借方	贷方
借：生产成本	791	
贷：应付职工薪酬——非货币性福利		791
发放时：		
借：应付职工薪酬——非货币性福利	791	
贷：主营业务收入		700
应交税费——应交增值税（销项税额）		91
借：主营业务成本	500	
贷：库存商品		500

7.其他职工薪酬

在职工薪酬体系中，工会经费、职工教育经费、社会保险和住房公积金也是重要组成部分，对企业和职工意义重大。

（1）工会经费

工会经费是企业按规定拨缴给工会的费用，一般按照职工工资总额的2%计提。计提时，借记“生产成本”“管理费用”等科目（根据职工所属部门），贷记“应付职工薪酬——工会经费”。缴纳时，借记“应付职工薪酬——工会经费”，贷记“银行存款”。

（2）职工教育经费

职工教育经费用于职工学习先进技术和提高文化水平，通常按工资总额的一定比例（如8%）计提。计提时，账务处理与工会经费类似，借记相关成本费用科目，贷记“应付职工薪酬——职工教育经费”。发生培训等支出时，借记“应付职工薪酬——职工教育经费”，贷记“银行存款”“库存现金”等。

（3）社会保险费和住房公积金

动画3 五险一金的计提

社会保险包含养老保险、医疗保险、失业保险、工伤保险和生育保险，企业按国家规定的计提比例计算缴纳。以养老保险为例，计提时，按职工所属部门借记“生产成本”“管理费用”等，贷记“应付职工薪酬——社会保险费（养老保险）”；缴纳时，借记“应付职工薪酬——社会保险费（养老保险）”，贷记“银行存款”。

企业按照国家规定的计提基础和计提比例计算确定应缴纳的金额。如养老保险一般企业缴纳比例为职工工资总额的一定比例（如16%），住房公积金由企业和职工共同缴存，缴存比例在5%～12%。企业计提时，借记相关成本费用科目，贷记“应付职工薪酬——住房公积金”，缴纳时，借记“应付职工薪酬——住房公积金”，贷记“银行存款”。

【学中做8-11】某企业职工月工资5 000元，当地规定养老保险企业缴纳比例为16%，住房公积金企业和职工缴存比例均为10%，请计算企业每月应为该职工缴纳的养老保险和住房公积金金额。

【解析】养老保险缴纳金额=5 000×16%=800（元）

住房公积金缴纳金额=5 000×10%=500（元）

8.辞退福利

辞退福利，是指企业在职工劳动合同到期之前解除与职工的劳动关系，或者为鼓励职工自愿接受裁减而给予职工的补偿。企业应当在下列两者孰早日确认辞退福利产生的职工薪酬负债，并计入当期损益：❶企业不能单方面撤回因解除劳动关系计划或裁减建议所提供的辞退福利时；❷企业确认与涉及支付辞退福利的重组相关的成本或费用时。

对于职工没有选择权的辞退计划，应当根据计划条款规定拟解除劳动关系的职工数量、每一职位的辞退补偿等计提应付职工薪酬；对于自愿接受裁减建议，因接受裁减的职工数量不确定，企业应当预计将会接受裁减建议的职工数量，根据预计的职工数量和每一职位的辞退补偿等计提应付职工薪酬。

【学中做8-12】某企业实施辞退计划，辞退10名员工，每人补偿5万元，该辞退计划已不可撤销。请编制相关会计分录。

【解析】应确认辞退福利=5×100 000=500 000（元）

编制会计分录为：

借：管理费用　　500 000

　贷：应付职工薪酬——辞退福利　　500 000

9.应付职工薪酬的会计科目设置

为了准确核算应付职工薪酬，企业需要设置“应付职工薪酬”总账科目，该科目下设置“工资”“职工福利费”“社会保险费”“住房公积金”“工会经费”“职工教育经费”“带薪缺勤”“利润分享计划”“设定提存计划”“设定受益计划义务”“辞退福利”等明细科目进行明细核算（见表8-4）。

表8-4　应付职工薪酬的会计科目设置

一级科目	明细科目	核算内容举例
应付职工薪酬	工资	职工的基本工资、绩效工资等
应付职工薪酬	职工福利费	职工生活困难补助、节日慰问品等

续表

一级科目	明细科目	核算内容举例
应付职工薪酬	社会保险费	企业为职工缴纳的养老保险、医疗保险等费用中企业承担部分
应付职工薪酬	住房公积金	企业为职工缴纳的住房公积金中企业承担部分

【学中做8-13】某企业本月发生以下与职工薪酬相关业务：计提本月职工工资、支付职工体检费用（作为职工福利）、缴纳本月社会保险费，请编制对应的会计分录，明确应使用哪些会计科目。

【解析】❶计提本月职工工资时。

借：生产成本/管理费用等科目（根据职工所属部门确定借方科目）

　贷：应付职工薪酬——工资

❷支付职工体检费用时。

借：应付职工薪酬——职工福利费

　贷：银行存款

❸缴纳本月社会保险费时。

借：应付职工薪酬——社会保险费

　贷：银行存款

（二）任务要领

1.职工工资账务处理要点

（1）计提工资的账务处理要点

微课8.3 货币性职工薪酬相关账务处理

企业根据职工所属部门，将工资费用记入相应的成本或费用科目。生产工人的工资记入“生产成本”，因为生产工人直接参与产品生产，其工资是产品成本的直接组成部分；车间管理人员的工资记入“制造费用”，车间管理人员虽不直接生产产品，但对生产过程起到管理和组织作用，其工资先归集到制造费用，再分摊到产品成本中；行政管理人员的工资记入“管理费用”，行政管理人员负责企业的整体运营管理，与产品生产无直接关联；销售人员的工资记入“销售费用”，因为销售人员的工作主要是促进产品销售，其工资属于销售环节的费用。借记上述成本或费用科目，贷记“应付职工薪酬——工资”科目，表示企业对职工工资负债的确认。

【做中学8-12】某企业本月计提生产工人工资30 000元，车间管理人员工资8 000元，行政管理人员工资15 000元，销售人员工资10 000元，请编制会计分录。

【解析】编制会计分录如下：

	借方	贷方
借：生产成本	30 000	
制造费用	8 000	
管理费用	15 000	
销售费用	10 000	
贷：应付职工薪酬——工资		63 000

（2）发放工资的账务处理要点

实际发放工资时，借记“应付职工薪酬——工资”，表示减少工资负债。

若通过银行代发工资，贷记“银行存款”，体现资金从企业账户转移到职工账户；若以现金发放工资，则贷记“库存现金”。

同时，企业需要代扣职工个人应承担的个人所得税、社保、公积金等款项，贷记“应交税费——应交个人所得税”“其他应付款——社保”“其他应付款——公积金”等科目。

【做中学8-13】承【做中学8-12】企业发放工资时，代扣个人所得税2 000元，代扣社保5 000元，代扣公积金3 000元，以银行存款发放工资，请编制会计分录。

【解析】编制会计分录如下：

借：应付职工薪酬——工资　　63 000
　贷：银行存款　　53 000
　　应交税费——应交个人所得税　　2 000
　　其他应付款——社保　　5 000
　　其他应付款——公积金　　3 000

2.短期带薪缺勤账务处理要点

（1）累积带薪缺勤的账务处理要点

当职工提供服务从而增加了其未来享有的带薪缺勤权利时，企业应确认与累积带薪缺勤相关的职工薪酬。根据受益对象，借记“生产成本”（生产工人的累积带薪缺勤）、“制造费用”（车间管理人员的累积带薪缺勤）、“管理费用”（行政管理人员的累积带薪缺勤）、“销售费用”（销售人员的累积带薪缺勤）等科目，贷记“应付职工薪酬——累积带薪缺勤”科目。

当职工实际使用累积带薪缺勤时，借记“应付职工薪酬——累积带薪缺勤”科目，贷记“银行存款”（以银行存款支付工资时）或“库存现金”（以现金支付工资时）等科目。

【做中学8-14】某企业有生产工人50名，每人每年享有4天累积带薪缺勤，本年度平均每人已使用1天。假设该企业平均每名生产工人每个工作日工资为200元。请计算本年度应确认的累积带薪缺勤金额，并编制相关会计分录。

【解析】本年度应确认的累积带薪缺勤金额=50×（4-1）×200=30 000（元）。

编制会计分录如下：

确认时：

借：生产成本　　30 000
　贷：应付职工薪酬——累积带薪缺勤　　30 000

（2）非累积带薪缺勤的账务处理要点

企业应当在职工实际发生缺勤的会计期间确认与非累积带薪缺勤相关的职工薪酬。在缺勤期间，企业正常计提工资，无须额外进行特殊的账务处理。

【做中学8-15】某职工本月请了2天非累积带薪病假，该职工月工资为4 000元，日工资率为133.33元（4 000÷30）。请编制计提本月工资的会计分录（假设该职工为行政管理人员）。

【解析】编制会计分录如下：

借：管理费用　　4 000
　贷：应付职工薪酬——工资　　4 000

不需要针对这2天病假在“应付职工薪酬——带薪缺勤——非累积带薪缺勤”科目进行单独核算。

3.非货币性职工薪酬的计量

（1）以自产产品发放给职工作为福利的账务处理要点

企业以自产产品作为非货币性福利发放给职工，应当按照该产品的公允价值和相关税费，计算应计入成本费用的职工薪酬金额。

确认应付职工薪酬时，根据受益对象，借记“生产成本”（生产工人）、“制造费用”（车间管理人员）、“管理费用”（行政管理人员）、“销售费用”（销售人员）等科目，贷记“应付职工薪酬——非货币性福利”科目，金额为产品的公允价值与相关税费之和。

实际发放产品时，借记“应付职工薪酬——非货币性福利”科目，贷记“主营业务收入”科目，同时结转成本，借记“主营业务成本”科目，贷记“库存商品”科目，还要贷记“应交税费——应交增值税（销项税额）”科目，税额按照产品公允价值乘以增值税税率计算。

【做中学8-16】某企业将自产的一批产品作为福利发放给全体职工，该批产品的成本为60 000元，市场售价为80 000元（不含税），增值税税率为13%。企业共有职工150人，其中生产工人100人，车间管理人员20人，行政管理人员30人。请计算各部门应承担的职工薪酬金额，并编制相关会计分录。

【解析】应计入职工薪酬的金额=80 000×（1+13%）=90 400（元）

按照职工人数分摊到各部门：

生产工人应承担的职工薪酬=90 400×（100÷150）≈60 266.67（元）

车间管理人员应承担的职工薪酬=90 400×（20÷150）≈12 053.33（元）

行政管理人员应承担的职工薪酬=90 400×（30÷150）=18 080（元）

编制会计分录如下：

确认应付职工薪酬时：

借：生产成本　　60 266.67
　　制造费用　　12 053.33
　　管理费用　　18 080
　贷：应付职工薪酬——非货币性福利　　90 400

实际发放产品时：

借：应付职工薪酬——非货币性福利　　90 400
　贷：主营业务收入　　80 000
　　　应交税费——应交增值税（销项税额）　　10 400

借：主营业务成本　　60 000
　贷：库存商品　　60 000

（2）企业将自有资产无偿提供给职工使用的账务处理要点

企业将自有资产无偿提供给职工使用的，应当根据受益对象，将该资产每期应计提的折旧计入相关资产成本或当期损益，同时确认应付职工薪酬。

计提折旧时，借记“生产成本”（生产工人使用资产的折旧）、“制造费用”（车间管理人员使用资产的折旧）、“管理费用”（行政管理人员使用资产的折旧）和“销售费用”（销售人员使用资产的折旧）等科目，贷记“应付职工薪酬——非货币性福利”科目。同时，借记“应付职工薪酬——非货币性福利”科目，贷记“累计折旧”科目。

【做中学8-17】某企业将一辆自有汽车无偿提供给销售部门经理使用，该汽车原价为180 000元，预计使用年限为4年，预计净残值为0，采用直线法计提折旧。请计算每月应计提的折旧额，并编制相关会计分录。

【解析】每月折旧额=180 000÷（4×12）=3 750（元）

编制会计分录如下：

计提折旧时：

借：销售费用　　3 750
　贷：应付职工薪酬——非货币性福利　　3 750

同时：

借：应付职工薪酬——非货币性福利　　3 750
　贷：累计折旧　　3 750

（3）向职工提供企业支付了补贴的商品或服务的账务处理要点

如果合同规定职工在取得住房等商品或服务后至少应提供服务的年限，企业应当将出售商品或服务的价格与其成本间的差额，作为长期待摊费用处理，在合同规定的服务年限内平均摊销，根据受益对象分别计入相关资产成本或当期损益。

如果合同没有规定职工在取得住房等商品或服务后必须服务的年限，企业应当将出售商品或服务的价格与其成本间的差额，直接计入相关资产成本或当期损益。

【做中学8-18】某企业以80万元的价格向职工出售一套成本为100万元的住房，合同规定职工取得住房后须在企业服务满4年。请计算每年应摊销的长期待摊费用金额，并编制购入住房、出售住房以及每年摊销时的会计分录。

【解析】长期待摊费用金额=100-80=20（万元）

每年应摊销的长期待摊费用金额=20÷4=5（万元）

编制会计分录如下：

❶购入住房时。

借：固定资产　　1 000 000

　贷：银行存款　　1 000 000

❷出售住房时。

借：银行存款　　800 000

　　长期待摊费用　　200 000

　贷：固定资产　　1 000 000

❸每年摊销时（假设该职工为行政管理人员）。

借：管理费用　　50 000

　贷：长期待摊费用　　50 000

三、任务实施

步骤1：工资发放账务处理

计算：经核算，基本工资、加班工资和绩效奖金总计1 946 000元，代扣个人所得税80 000元。

编制会计分录。

计提工资时：

借：生产成本——工资（生产车间）　　1 050 000

　　研发支出——工资（研发部门）　　440 000

　　销售费用——工资（销售部门）　　300 000

　　管理费用——工资（管理部门）　　156 000

　贷：应付职工薪酬——工资　　1 946 000

发放工资时：

借：应付职工薪酬——工资　　1 946 000

　贷：银行存款　　1 866 000

　　　其他应付款——代扣个人所得税　　80 000

步骤2：社保及公积金计提与缴纳账务处理

计算：社保按工资总额1 946 000元的16%计算；公积金按工资总额的12%计算。

（1）已知工资总额为1 946 000元。

社保费用=1 946 000×16%=311 360（元）

公积金费用=1 946 000×12%=233 520（元）

接下来进行各部门费用分配。

❶生产车间：

社保费用分配金额=311 360×（1 050 000÷1 946 000）=168 000（元）

公积金费用分配金额=233 520×（1 050 000÷1 946 000）=126 000（元）

❷研发部门：

社保费用分配金额=311 360×（440 000÷1 946 000）=70 400（元）

公积金费用分配金额=233 520×（440 000÷1 946 000）=52 800（元）

❸销售部门：

社保费用分配金额=311 360×（300 000÷1 946 000）=48 000（元）

公积金费用分配金额=233 520×（300 000÷1 946 000）=36 000（元）

❹管理部门：

社保费用分配金额=311 360×（156 000÷1 946 000）=24 960（元）

公积金费用分配金额=233 520×（156 000÷1 946 000）=18 720（元）

编制会计分录如下：

计提：

借：生产成本——社会保险费（生产车间）　　168 000

——住房公积金（生产车间） 126 000
研发支出——社会保险费（研发部门） 70 400
——住房公积金（研发部门） 52 800
销售费用——社会保险费（销售部门） 48 000
——住房公积金（销售部门） 36 000
管理费用——社会保险费（管理部门） 24 960
——住房公积金（管理部门） 18 720
贷：应付职工薪酬——社会保险费 311 360
——住房公积金 233 520

缴纳：

借：应付职工薪酬——社会保险费 311 360
——住房公积金 233 520
贷：银行存款 544 880

步骤3：职工福利账务处理（以中秋福利发放为例）

计算：中秋福利按每人500元发放，共360人（200+80+50+30），福利总额为180 000元。

编制会计分录如下：

计提：

借：生产成本——职工福利（生产车间） 100 000
研发支出——职工福利（研发部门） 40 000
销售费用——职工福利（销售部门） 25 000
管理费用——职工福利（管理部门） 15 000
贷：应付职工薪酬——职工福利 180 000

发放：

借：应付职工薪酬——职工福利 180 000
贷：银行存款 180 000

步骤4：应付职工薪酬核算要点分析

梳理薪酬组成：清晰界定基本工资、加班工资、绩效奖金等各项薪酬的确认条件和计算规则。

分析支付方式：现金支付通过“库存现金”科目核算，银行转账通过“银行存款”科目核算，账务处理时需要关注资金流向和凭证留存。

确保核算准确合规：仔细核对费用计提比例是否符合规定，原始凭证如考勤记录、发票等是否真实有效，保证核算符合会计准则和相关法规。

8.3课证融通练习题

任务四 应交税费的核算

一、任务情景

（一）任务场景

ABC公司是一家化妆品生产企业，产品主要面向国内市场销售。2024年10月，公司业务涉及多种税费的计算与缴纳。在原材料采购环节，公司从供应商处采购了一批价值500 000元（不含税）的原材料，取得增值税专用发票，增值税税率为13%。在产品销售方面，当月销售化妆品一批，开具的增值税专用发票上注明的销售额为800 000元（不含税），增值税税率为13%。由于化妆品属于消费税应税商品，消费税税率为15%。此外，公司预计本季度应纳税所得额为200 000元，企业所得税税率为25%。同时，按照规定，城市维护建设税税率为7%，教育费附加征收率为3%，地方教育附加征收率为2%，均以增值税和消费税的合计数为计税依据。在税费核算过程中，公司不仅要严格遵循税收法规，还要确保账务处理的准确性，以便及时、足额地缴纳各项税费，避免税务风险。

（二）任务布置

1.针对ABC公司采购原材料取得增值税专用发票，以及销售化妆品开具增值税专用发票的业务，进行相应的账务处理，清晰展示“应交税费——应交增值税（进项税额）”“应交税费——应交增值税（销项税额）”“原材料”“主营业务收入”等会计科目的变动情况，体现增值税进项与销项税额的核算过程以及与相关业务的对应关系。

2.根据化妆品消费税的计税依据和税率，计算ABC公司销售化妆品应缴纳的消费税。编制计提消费税和缴纳消费税时的账务处理分录，明确“税金及附加”“应交税费——应交消费税”“银行存款”等科目之间的关系，准确反映消费税的核算与缴纳过程。

3.假设ABC公司在年末核算全年应纳税所得额，根据适用的企业所得税税率计算应缴纳的企业所得税。编制计提企业所得税和实际缴纳时的账务处理分录，展示“所得税费用”“应交税费——应交企业所得税”“银行存款”等科目在企业所得税核算中的变动情况，体现企业所得税的核算与缴纳流程。

4.按照规定的计税依据和税率，计算ABC公司应缴纳的城市维护建设税、教育费附加、地方教育费附加等附加税费。编制计提和缴纳附加税费的账务处理分录，明确“税金及附加”“应交税费——应交城市维护建设税”“应交税费——应交教育费附加”“应交税费——应交地方教育费附加”“银行存款”等科目之间的关系，准确反映附加税费的核算与缴纳。

5.结合ABC公司的实际业务，分析应交税费核算过程中的关键要点，包括不同税种的计税依据、税率的确定方法，增值税进项税额抵扣的条件与范围，消费税的纳税环节与特殊规定，企业所得税的纳税调整事项，以及附加税费与主税种的关联关系。同时，探讨在税费计算、申报和缴纳过程中，如何确保应交税费核算的准确性和合规性，避免税务风险。

二、任务准备

（一）知识准备

1.应交税费概述

企业在生产经营进程中，依据国家税法规定，须缴纳各类税费。这些税费依照性质可大致分为流转税、所得税、财产税、行为税等。流转税以商品或劳务的流转额为计税依据。增值税、消费税便是典型代表，它们在商品生产、流通环节发挥关键作用，直接影响企业的资金流转与成本核算。所得税以企业的生产经营所得和其他所得为计税依据。企业所得税促使企业在追求利润的同时，合理规划经营活动，注重成本控制与收益提升。财产税针对企业拥有的房产、土地等财产征收，如房产税，其征收目的在于调节财产拥有者的收益，同时为地方财政提供稳定收入来源。行为税则是对特定行为征税。例如，印花税是对经济活动和经济交往中订立、领受具有法律效力的凭证的行为征税，虽然税额通常较小，但涉及面广，涵盖企业各类合同签订、产权转移等行为。

应交税费是企业对国家的一项法定负债，准确核算和按时缴纳税费，是企业履行法定义务的基本要求。若企业未能准确计算应纳税额，可能导致少缴税款，面临税务机关的罚款、滞纳金等处罚，影响企业的信誉和财务状况；反之，多缴税款则会占用企业资金，增加企业成本。企业必须依据税收法规，详细审查各项业务，准确计算应纳税额，如实进行账务处理，并在规定的申报期限内及时申报缴纳。这不仅要求企业财务人员具备扎实的税务知识，还需要建立完善的税务管理流程，确保税务处理的准确性和合规性。

【学中做8-14】某企业在一个月内涉及销售商品、采购原材料、拥有房产以及签订合同等业务。请列举可能涉及的应交税费种类。

【解析】销售商品环节，如果销售的是一般商品，必然涉及增值税；若销售的是烟、酒、化妆品等应税消费品，除增值税外，还需要缴纳消费税。采购原材料时，取得增值税专用发票，其中注明的增值税税额可作为进项税额，用于抵扣销售商品产生的销项税额。拥有房产的企业，须根据房产的用途和价值，按照当地规定的房产税税率计算缴纳房产税。签订合同方面，依据合同的类型，如购销合同、租赁合同、借款合同等，按照对应的印花税税率缴纳印花税。通过分析企业不同业务活动，清晰判断对应的应交税费种类，这是企业进行税务管理的基础。

2.应交增值税

（1）增值税概述

增值税是以商品（含应税劳务、应税行为）在流转过程中产生的增值额作为计税依据而征收的一种流转税。从理论上讲，增值额是企业在生产经营过程中新创造的价值，即商品价值中扣除生产经营过程中消耗的生产资料价值后的余额。它具有多环节征税、税不重征的特点。多环节征税意味着增值税在商品生产、批发、零售和劳务提供等各个环节都进行征收，全面覆盖商品和劳务的流转过程；税不重征则是通过税款抵扣机制实现的，企业在购进货物、劳务、服务、无形资产或不动产时支付的增值税（进项税额），在销售货物、劳务、服务、无形资产或不动产时可以从收取的增值税（销项税额）中扣除，避免了对同一增值额的重复征税。

增值税是一种价外税，即税款独立于商品价格之外，消费者在购买商品或接受服务时，支付的价款中包含了商品的价格和增值税税款。这一特点使得增值税的税负最终由消费者承担，企业只是增值税的代收代缴者。在商品生产、批发、零售和劳务提供等各个环节层层抵扣，使得税收负担在各个环节合理分配，有利于促进专业化分工和协作，提高经济效率。

（2）应交增值税的确定

❶进项税额

进项税额是企业购进货物、劳务、服务、无形资产或不动产时支付或负担的增值税税额。企业要取得合法的增值税扣税凭证，才能将进项税额用于抵扣。常见的增值税扣税凭证包括增值税专用发票、海关进口增值税专用缴款书、农产品收购发票、农产品销售发票以及税收缴款凭证等。其中，增值税专用发票是最主要的扣税凭证，企业在采购货物或接受劳务时，应向销售方索取增值税专用发票，并仔细核对发票上的信息，确保其真实、准确、完整。

❷销项税额

销项税额是企业销售货物、劳务、服务、无形资产或不动产时按照销售额和适用税率计算并向购买方收取的增值税税额。销售额是指企业销售货物、劳务、服务、无形资产或不动产向购买方收取的全部价款和价外费用，但不包括收取的销项税额。适用税率根据销售的货物、劳务、服务、无形资产或不动产的类型不同而有所差异，目前我国增值税税率主要有13%、9%、6%和零税率。应纳税额=销项税额-进项税额，当销项税额大于进项税额时，企业需要缴纳增值税；当销项税额小于进项税额时，不足抵扣的部分可以结转下期继续抵扣。

（3）应交增值税的账务处理方法

企业通过“应交税费——应交增值税”科目对应交增值税进行核算，该科目下设置多个专栏，以清晰反映增值税的计算和缴纳过程。“进项税额”专栏记录企业购进货物、劳务、服务、无形资产或不动产而支付的、准予从销项税额中抵扣的增值税税额；“销项税额”专栏记录企业销售货物、劳务、服务、无形资产或不动产应收取的增值税税额；“进项税额转出”专栏记录企业购进货物、劳务、服务、无形资产或不动产等发生非正常损失以及其他原因而不应从销项税额中抵扣、按规定转出的进项税额；“已交税金”专栏记录企业当月已缴纳的增值税税额。

【学中做8-15】某电器生产企业本月采购原材料一批，取得的增值税专用发票上注明价款800 000元，增值税税额104 000元；销售电器一批，开具增值税专用发票，注明销售额1 200 000元，增值税税额156 000元。请计算该企业本月应缴纳的增值税，并编制相关会计分录。

【解析】本月进项税额为104 000元，销项税额为156 000元，应缴纳增值税52 000元（156 000-104 000）。

❶采购原材料时。

	借方	贷方
借：原材料	800 000	
应交税费——应交增值税（进项税额）	104 000	
贷：银行存款		904 000

❷销售电器时。

借：银行存款 1 356 000

贷：主营业务收入 1 200 000

应交税费——应交增值税（销项税额） 156 000

3.应交消费税

（1）消费税概述

消费税是对特定的消费品和消费行为在特定的环节征收的一种流转税。其目的具有多重性，一方面在于调节消费结构，引导消费方向。通过对烟、酒、化妆品、高档手表、高尔夫球及球具等特定消费品征收消费税，提高这些商品的价格，从而抑制消费者对这些商品的过度消费，促进资源的合理配置和消费结构的优化。另一方面，消费税也是保证国家财政收入的重要手段，这些应税消费品通常具有较高的消费需求和利润空间，对其征税能够为国家筹集可观的财政资金。

消费税的征收范围具有严格的选择性，并非对所有的消费品和消费行为都征收消费税。只有列入消费税税目的商品和行为才需要缴纳消费税，目前我国消费税税目包括烟、酒、高档化妆品、贵重首饰及珠宝玉石、鞭炮、焰火、成品油、摩托车、小汽车、高尔夫球及球具、高档手表、游艇、木制一次性筷子、实木地板、电池、涂料等。消费税征收环节相对单一，主要集中在生产销售环节、进口环节，部分消费品在批发环节（如卷烟）、零售环节（如金银首饰、超豪华小汽车）也有征收。这使得消费税的征收管理相对集中，便于税务机关进行监管和征收。

（2）应交消费税核算的账户设置

企业通过“应交税费——应交消费税”科目核算消费税的计提和缴纳情况。计提消费税时，贷记该科目，表示企业应承担的消费税负债增加；缴纳消费税时，借记该科目，反映企业实际支付的消费税，减少了消费税负债。期末贷方余额表示尚未缴纳的消费税，企业应及时关注该余额，按时缴纳税款，避免逾期产生滞纳金和罚款。

（3）应交消费税的账务处理方法

生产销售应税消费品时，企业按应缴纳的消费税税额，借记“税金及附加”科目，贷记“应交税费——应交消费税”科目。“税金及附加”科目用于核算企业经营活动发生的消费税、城市维护建设税、资源税、教育费附加、房产税、城镇土地使用税、车船税、印花税等相关税费，将消费税记入该科目，表明消费税是企业经营成本的一部分。

【学中做 8-16】某白酒生产企业本月销售白酒一批，取得不含税销售额500 000元，白酒消费税税率为20%加0.5元/500克，已知本月销售白酒重量为10 000千克。请计算该企业本月应缴纳的消费税，并编制计提消费税的会计分录。

【解析】从价计征部分消费税=500 000×20%=100 000（元）

从量计征部分消费税=10 000×1 000÷500×0.5=10 000（元）

本月应缴纳消费税=100 000+10 000=110 000（元）

计提消费税的会计分录为：

借：税金及附加 110 000

贷：应交税费——应交消费税 110 000

4.其他应交税费

（1）城市维护建设税

城市维护建设税是以增值税和消费税为计税依据征收的一种附加税，它在国家税收体系中占据着重要地位。其设立的目的是加强城市的维护建设，为城市基础设施建设和维护提供有力的资金支持。城市的发展离不开完善的基础设施，如道路的修建与维护、桥梁的建造、排水系统的更新等，这些都需要大量的资金投入，而城市维护建设税就为这些项目提供了稳定的资金来源。

纳税人所在地不同，适用的城市维护建设税税率也有所差异。纳税人所在地在市区的，税率为7%；在县城、镇的，税率为5%；不在市区、县城或镇的，税率为1%。这种税率设置充分体现了根据地区差异进行税收调节的原则。市区通常是经济、文化和商业的中心，经济相对发达，人口密集，对城市建设和维护的资金需求较大，如需要建设更多的公共交通设施、大型公园等，所以适用较高的税率，以筹集更多资金满足城市发展需求。而县城、镇及其他地区的经济规模和资金需求相对较小，根据自身实际情况适用相对较低的税率，既保证了地方建设有一定资金支持，又不会给当地企业和居民造成过重负担。

【学中做8-17】某市区的一家企业，本月缴纳增值税50 000元，消费税10 000元。请计算该企业本月应缴纳的城市维护建设税。另外，若该企业下个月因业务拓展，在县城开设了一家分厂，分厂当月缴纳增值税30 000元，无消费税，计算分厂应缴纳的城市维护建设税。

【解析】首先，计算市区企业应缴纳的城市维护建设税，计税依据为增值税和消费税的合计数，即60 000元（50 000+10 000）。市区适用税率为7%，所以应缴纳城市维护建设税4 200元（60 000×7%）。

其次，对于县城的分厂，计税依据仅为缴纳的增值税30 000元，县城适用税率为5%，则分厂应缴纳城市维护建设税1 500元（30 000×5%）。

通过上面的案例可以看出，企业在不同地区开展业务，由于税率不同，缴纳的城市维护建设税也会有所差异。

（2）教育费附加

教育费附加同样以增值税和消费税为计税依据，征收率一般为3%，地方教育附加征收率一般为2%。教育是国家发展的基石，教育费附加和地方教育附加的征收，为地方教育事业的发展提供了至关重要的资金来源。这些资金被广泛用于改善教育设施，比如，新建现代化的教学楼、配备先进的教学设备等；提高教育质量，如开展教师培训、引进优秀教育人才等；培养高素质人才，设立奖学金、助学金等。教育事业的发展对地方经济和社会发展具有深远意义，能够提升劳动力素质，为地方产业升级和创新发展提供智力支持，促进地方经济的可持续增长。

【学中做8-18】某企业本月缴纳增值税80 000元，消费税20 000元。请计算该企业本月应缴纳的教育费附加和地方教育附加分别是多少。若下个月企业享受税收优惠，增值税缴纳金额减少到50 000元，消费税不变，计算下个月教育费附加和地方教育附加的变化情况。

【解析】本月增值税和消费税合计=80 000+20 000=100 000（元）

教育费附加=100 000×3%=3 000（元）

地方教育附加=100 000×2%=2 000（元）

下个月增值税变为50 000元，消费税20 000元，合计70 000元。

下个月教育费附加=70 000×3%=2 100（元）

相比本月减少了900元（3 000−2 100）。

下个月地方教育附加=70 000×2%=1 400（元）

相比本月减少了600元（2 000−1 400）。

通过这个案例可以清晰地看到，企业缴纳的增值税和消费税金额的变化会直接影响教育费附加和地方教育附加的缴纳金额。

（3）资源税

资源税是对在我国境内开采应税矿产品或者生产盐的单位和个人征收的一种税。应税资源包括原油、天然气、煤炭、其他非金属矿原矿、黑色金属矿原矿、有色金属矿原矿和盐等。资源是国家发展的重要物质基础，资源税的征收具有多重意义。一方面，它可以调节资源级差收入。不同地区的资源条件存在差异，有些地区的煤炭资源埋藏浅、品质高，开采成本低，企业可能获得较高的利润，而有些地区资源条件较差，开采难度大、成本高。通过征收资源税，可以对这种因资源条件差异导致的超额利润进行调节，使不同资源条件的企业在公平的基础上开展竞争。另一方面，资源税的征收有助于保护国家资源，实现资源的可持续利用。通过经济手段促使企业合理开发利用资源，避免过度开采和浪费，保障资源的长期稳定供应。

【学中做8-19】某煤矿企业本月开采并销售煤炭10 000吨，每吨售价500元（不含税），资源税税率为5%。请计算该企业本月应缴纳的资源税。若下个月企业改进开采技术，开采量增加到12 000吨，但由于市场价格波动，每吨售价降为450元，计算下个月应缴纳的资源税变化情况。

【解析】本月应缴纳资源税=10 000×500×5%=250 000（元）

下个月应缴纳资源税=12 000×450×5%=270 000（元）

下个月相比本月资源税增加了20 000元（270 000−250 000）。

从这个案例可以看出，资源税的应纳税额会受到开采量和销售价格的影响，企业在经营过程中需要综合考虑这些因素，合理安排生产和销售，以准确计算资源税并进行成本控制。

（4）土地增值税

土地增值税是对转让国有土地使用权、地上建筑物及其附着物并取得收入的单位和个人，就其转让房地产所取得的增值额征收的一种税。征收土地增值税的目的主要是规范土地、房地产市场交易秩序，合理调节土地增值收益，维护国家利益。土地资源是有限且宝贵的，随着经济发展和城市化进程加快，土地增值收益显著。征收土地增值税，可以对这种增值收益进行合理分配，防止房地产市场的过度投机行为，促进房地产市场的健康稳定发展。

土地增值税按照纳税人转让房地产所取得的增值额和规定的税率计算征收。增值额是纳税人转让房地产所取得的收入减除规定扣除项目金额后的余额。扣除项目包括取得土地使用权所支付的金额、开发土地的成本费用、新建房及配套设施的成本费用，或者旧房及建筑物的评估价格、与转让房地产有关的税金等。土地增值税实行四级超率累进税率，增值额未超过扣除项目金额50%的部分，税率为30%；增值额超过扣除项目金额50%、未超过扣除项目金额100%的部分，税率为40%；增值额超过扣除项目金额100%、未超过扣除项目金额200%的部分，税率为50%；增值额超过扣除项目金额200%的部分，税率为60%。

【学中做8-20】某房地产开发企业转让一幢新建办公楼，取得不含税收入8 000万元。该企业为取得土地使用权支付地价款及相关税费1 000万元，房地产开发成本为2 000万元，房地产开发费用中的利息支出为300万元（能够按转让房地产项目计算分摊并提供金融机构证明），与转让房地产有关的税金为400万元。已知该地区规定的房地产开发费用扣除比例为5%。请计算该企业应缴纳的土地增值税。

【解析】计算扣除项目的金额。

取得土地使用权所支付的金额=1 000万元

房地产开发成本=2 000万元

房地产开发费用=300+（1 000+2 000）×5%=450（万元）

与转让房地产有关的税金=400万元

加计扣除=（1 000+2 000）×20%=600（万元）

扣除项目金额合计=1 000+2 000+450+400+600=4 450（万元）

增值额=8 000−4 450=3 550（万元）

增值率=3 550÷4 450×100%≈79.78%

增值额超过扣除项目金额50%，未超过扣除项目金额100%，适用土地增值税税率为40%，速算扣除系数为5%。

应缴纳土地增值税=3 550×40%−4 450×5%=1 420−222.5=1 197.5（万元）

（5）房产税、城镇土地使用税和车船税

❶房产税

房产税是以房屋为征税对象，以房屋的计税余值或租金收入为计税依据，向产权所有人征收的一种财产税。征收房产税可以调节房产所有者的收入，促进房产资源的合理利用，同时为地方政府提供稳定的财政收入来源。从价计征的房产税，依照房产原值一次减除10%～30%后的余值计算缴纳，税率为1.2%；从租计征的房产税，以房产租金收入为计税依据，税率为

12%。

❷城镇土地使用税

城镇土地使用税是国家在城市、县城、建制镇和工矿区范围内，对使用土地的单位和个人，以其实际占用的土地面积为计税依据，按照规定的税额计算征收的一种税。其目的在于促进土地资源的合理配置和节约使用，提高土地使用效益。城镇土地使用税采用定额税率，不同地区根据当地经济发展水平和土地位置等因素确定不同的税额标准。

❸车船税

车船税是对在中华人民共和国境内属于《中华人民共和国车船税法》所附《车船税税目税额表》规定的车辆、船舶的所有人或者管理人征收的一种税。征收车船税有助于加强对车船的管理，调节财富分配，同时为地方政府筹集财政资金。车船税的税额根据车船的种类、排气量、核定载客人数、净吨位等因素确定。

【学中做8-21】某企业拥有一处房产，房产原值为500万元，当地规定的减除比例为30%。另外，该企业占用土地面积为5 000平方米，当地城镇土地使用税的税额为每平方米5元。企业还拥有一辆乘用车，根据当地车船税税目税额表，该乘用车每年应缴纳车船税600元。请计算该企业每年应缴纳的房产税、城镇土地使用税和车船税。

【解析】房产税=5 000 000×（1-30%）×1.2%=42 000（元）

城镇土地使用税=5 000×5=25 000（元）

车船税=600元

（6）个人所得税

个人所得税是国家对本国公民、居住在本国境内的个人的所得和境外个人来源于本国的所得征收的一种所得税。征收个人所得税具有多方面重要意义，可以调节个人收入分配，缩小贫富差距，体现社会公平；同时也是国家财政收入的重要来源之一。个人所得税的应税项目包括工资、薪金所得，劳务报酬所得，稿酬所得，特许权使用费所得，经营所得，利息、股息、红利所得，财产租赁所得，财产转让所得，偶然所得。不同的应税项目适用不同的税率和扣除标准。

【学中做8-22】某居民个人2024年每月取得工资收入10 000元，每月减除费用5 000元，专项扣除每月1 500元，专项附加扣除每月1 000元。另外，该居民在2024年取得劳务报酬收入20 000元。请计算该居民2024年应缴纳的个人所得税。

【解析】综合所得应纳税所得额=（10 000×12+20 000×（1-20%））-5 000×12-1 500×12-1 000×12

=（120 000+16 000）-60 000-18 000-12 000

=136 000-90 000=46 000（元）

对照个人所得税税率表，适用税率为10%，速算扣除数为2 520元。

应缴纳个人所得税=46 000×10%-2 520=2 080（元）

5.不通过“应交税费”账户核算的税费

不通过“应交税费”账户核算的税费主要有车辆购置税、印花税和耕地占用税。

（1）车辆购置税

车辆购置税是对在我国境内购置规定车辆的单位和个人征收的一种税。这里的购置行为涵盖购买、进口、自产、受赠、获奖或以其他方式取得并自用应税车辆的情况。

车辆购置税实行一次性征收，购置已征车辆购置税的车辆，不再重复征收。其应纳税额按照应税车辆的计税价格乘以税率计算，当前车辆购置税税率为10%。计税价格依据不同情形确定：纳税人购买自用应税车辆的计税价格，为实际支付给销售者的全部价款，不包含增值税税款；纳税人进口自用应税车辆的计税价格，为关税完税价格加上关税和消费税；纳税人自产自用应税车辆的计税价格，按照生产的同类应税车辆的销售价格确定，不包含增值税税款；纳税人以受赠、获奖或其他方式取得自用应税车辆的计税价格，按照购置应税车辆时相关凭证载明的价格确定，不包含增值税税款。

企业缴纳车辆购置税时，不通过“应交税费”账户核算，原因在于车辆购置税是一次性缴纳且直接构成资产成本。例如，某企业购置一辆自用的商务车，实际支付给销售者的全部价款（不含增值税）为300 000元，则应缴纳的车辆购置税为30 000元（300 000×10%）。会计分录为：

借：固定资产　　30 000

　贷：银行存款　　30 000

【学中做8-23】某企业从国外进口一辆应税小汽车，关税完税价格为200 000元，关税税率为25%，消费税税率为10%。请计算该企业应缴纳的车辆购置税，并编制相关会计分录。

【解析】关税税额=200 000×25%=50 000（元）

消费税税额=（200 000+50 000）÷（1−10%）×10%≈27 777.78（元）

组成计税价格=关税完税价格+关税税额+消费税税额=200 000+50 000+27 777.78=277 777.78（元）

车辆购置税=277 777.78×10%=27 777.78（元）

会计分录为：

借：固定资产　　27 777.78

　贷：银行存款　　27 777.78

企业在购置车辆时，务必准确计算车辆购置税，在购车预算中预留足够资金。同时，要妥善保存购车发票、车辆购置税完税证明等相关凭证，以便后续车辆登记、转让等业务的办理。若企业购置的车辆符合国家规定的减免税条件，如新能源汽车在规定时期内享受车辆购置税免征政策，企业应及时了解政策并按要求办理减免税手续，降低购车成本。

（2）印花税

印花税是对经济活动和经济交往中订立、领受具有法律效力的凭证的行为所征收的一种税，有着悠久的历史和重要的财政、经济调节作用。其征税范围极为广泛，涵盖了企业日常经营的各个方面。购销合同体现了企业的商品买卖交易，加工承揽合同反映了企业委托加工业务的开展，建设工程勘察设计合同和建筑安装工程承包合同关乎建筑行业的运作，财产租赁合同用于规范企业对各类资产的租赁使用，货物运输合同保障货物运输环节的权益，仓储保管合同明确仓储业务的责任义务，借款合同记录企业的融资活动，财产保险合同为企业资产提供风险保障，技术合同促进技术的交易与创新，产权转移书据涉及企业产权的变动，营业账簿反映企业的财务核算情况，权利、许可证照则是企业合法经营的凭证。

企业缴纳印花税时，借记“税金及附加”科目，贷记“银行存款”等科目，不通过“应交税费”账户核算。这是因为印花税一般在应税凭证生效时一次性缴纳，不存在与税务机关结算或清算的后续事宜。例如，一家制造企业签订一份设备购销合同，合同金额为800 000元，印花税税率为0.3‰，则应缴纳印花税240元（800 000×0.3‰）。

会计分录为：

借：税金及附加　　240

　贷：银行存款　　240

在实际操作中，企业需要注意印花税的纳税申报期限，及时足额缴纳税款，避免因逾期产生罚款。同时，对于一些特殊的凭证，如贴息贷款合同等，可能享受印花税的减免政策，企业应准确把握政策，合理降低税务成本。

（3）耕地占用税

耕地占用税是对占用耕地建房或从事其他非农业建设的单位和个人，依据实际占用耕地面积、按照规定税额一次性征收的一种税。耕地是宝贵的自然资源，关乎国家粮食安全和生态平衡。征收耕地占用税旨在从经济层面限制非农业建设对耕地的过度占用，激励企业节约集约用地，保护有限的耕地资源。

企业缴纳耕地占用税时，借记“在建工程”等科目，贷记“银行存款”科目，不通过“应交税费”账户核算，原因在于耕地占用税是一次性缴纳且直接构成相关资产成本。

例如，某企业占用5 000平方米耕地建设新厂房，当地规定的耕地占用税税额为每平方米20元，则应缴纳耕地占用税100 000元（5 000×20）。

会计分录为：

借：在建工程　　100 000

　贷：银行存款　　100 000

企业在进行涉及耕地占用的项目时，要提前了解当地的耕地占用税政策，准确计算应纳税额，并在项目预算中充分考虑这部分成本。同时，若企业因建设项目需要临时占用耕地，在规定期限内恢复耕地原状的，可部分或全部退还已缴纳的耕地占用税，企业应及时办理相关手续，争取税收优惠。

（二）任务要领

1.应交增值税账务处理要点

（1）进项税额的账务处理

微课8.4增值税一般纳税人相关账务处理

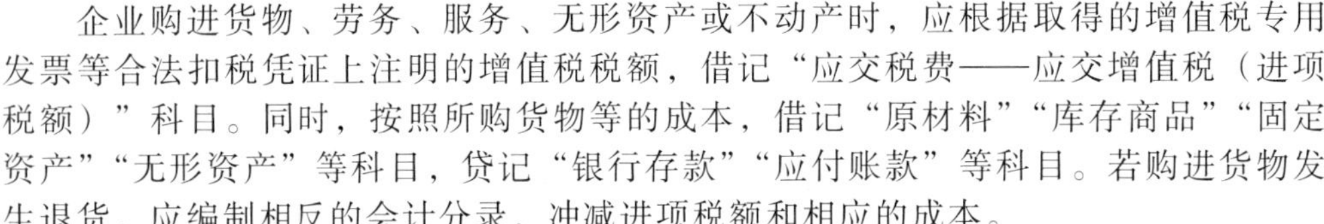

企业购进货物、劳务、服务、无形资产或不动产时，应根据取得的增值税专用发票等合法扣税凭证上注明的增值税税额，借记“应交税费——应交增值税（进项税额）”科目。同时，按照所购货物等的成本，借记“原材料”“库存商品”“固定资产”“无形资产”等科目，贷记“银行存款”“应付账款”等科目。若购进货物发生退货，应编制相反的会计分录，冲减进项税额和相应的成本。

【做中学8-19】某企业购入一批原材料，取得的增值税专用发票上注明价款50 000元，增值税税额6 500元，款项已通过银行转账支付。请编制会计分录。

【解析】编制会计分录如下：

借：原材料　　50 000

　　应交税费——应交增值税（进项税额）　　6 500

　贷：银行存款　　56 500

若该企业后续因原材料质量问题退货，会计分录为：

借：银行存款　　56 500

　贷：原材料　　50 000

　　　应交税费——应交增值税（进项税额）　　6 500

（2）销项税额的账务处理

企业销售货物、劳务、服务、无形资产或不动产时，按照销售额和适用税率计算并向购买方收取的增值税税额，贷记“应交税费——应交增值税（销项税额）”科目。同时，按照确认的销售收入，借记“银行存款”“应收账款”“应收票据”等科目，贷记“主营业务收入”“其他业务收入”等科目。

【做中学8-20】某企业销售一批商品，开具增值税专用发票，注明销售额80 000元，增值税税额10 400元，款项尚未收到。请编制会计分录。

【解析】编制会计分录如下：

借：应收账款　　90 400

　贷：主营业务收入　　80 000

　　　应交税费——应交增值税（销项税额）　　10 400

（3）出口退税的账务处理

实行“免、抵、退”办法的生产企业自营或委托外贸企业代理出口自产货物时，在货物出口销售后，按当期出口货物免抵退税不得免征和抵扣税额，借记“主营业务成本”科目，贷记“应交税费——应交增值税（进项税额转出）”科目；按当期免抵税额，借记“应交税费——应交增值税（出口抵减内销产品应纳税额）”科目，贷记“应交税费——应交增值税（出口退税）”科目；按当期应退税额，借记“其他应收款——应收出口退税款”科目，贷记“应交税费——应交增值税（出口退税）”科目。收到退税款时，借记“银行存款”科目，贷记“其他应收款——应收出口退税款”科目。

【做中学8-21】某实行“免、抵、退”办法的生产企业本月出口货物销售额为100 000元，征税率为13%，退税率为10%。当期内销货物销售额为50 000元，销项税额为6 500元，进项税额为8 000元。请编制相关会计分录。

【解析】当期出口货物免抵退税不得免征和抵扣税额=100 000×（13%-10%）=3 000（元）

编制会计分录如下：

借：主营业务成本　　3 000

　贷：应交税费——应交增值税（进项税额转出）　　3 000

当期应纳税额=6 500-（8 000-3 000）=1 500（元）

当期免抵退税额=100 000×10%=10 000（元）

当期免抵税额=10 000-0=10 000（元）（因为应纳税额大于0，所以应退税额为0）

借：应交税费——应交增值税（出口抵减内销产品应纳税额）　　10 000

　贷：应交税费——应交增值税（出口退税）　　10 000

（4）缴纳增值税的账务处理

企业缴纳当月应交的增值税，借记“应交税费——应交增值税（已交税金）”科目，贷记“银行存款”科目；若缴纳以前期间未交的增值税，借记“应交税费——未交增值税”科目，贷记“银行存款”科目。

【做中学8-22】某企业本月缴纳当月应交增值税5 000元，缴纳上月未交增值税3 000元。请编制会计分录。

【解析】❶缴纳当月增值税。

借：应交税费——应交增值税（已交税金）　　5 000

　贷：银行存款　　5 000

❷缴纳上月未交增值税。

借：应交税费——未交增值税　　3 000

　贷：银行存款　　3 000

（5）结转应交未交或多交的增值税

月度终了，企业应将当月应交未交或多交的增值税自“应交税费——应交增值税”科目转入“未交增值税”明细科目。对于当月应交未交的增值税，借记“应交税费——应交增值税（转出未交增值税）”科目，贷记“应交税费——未交增值税”科目；对于当月多交的增值税，借记“应交税费——未交增值税”科目，贷记“应交税费——应交增值税（转出多交增值税）”科目。

【做中学8-23】某企业本月销项税额为12 000元，进项税额为8 000元，已交税金为3 000元。请编制结转增值税的会计分录。

【解析】当月应交增值税=12 000-8 000=4 000（元）

已交税金为3 000元，因此：

当月应交未交增值税=4 000-3 000=1 000（元）

编制会计分录如下：

借：应交税费——应交增值税（转出未交增值税）　　1 000

　贷：应交税费——未交增值税　　1 000

2.应交消费税账务处理重点

（1）销售产品应交消费税的账务处理

当企业销售应税消费品时，应根据销售额和适用的消费税税率计算出应缴纳的消费税。销售额为纳税人销售应税消费品向购买方收取的全部价款和价外费用，但不包括应向购货方收取的增值税税款。

微课8.5 应交消费税的账务处理

适用税率依据应税消费品的具体类别而定，如高档化妆品消费税税率为15%，白酒消费税采用复合计税，比例税率20%加定额税率0.5元/500克。按照计算出的消费税税额，借记“税金及附加”科目；贷记“应交税费——应交消费税”科目，表示企业对消费税的负债确认。实际缴纳消费税时，借记“应交税费——应交消费税”科目，贷记“银行存款”科目，完成税款的支付。

【做中学8-24】某化妆品生产企业销售一批高档化妆品，开具增值税专用发票注明销售额为100 000元，增值税税额13 000元，款项已收。已知高档化妆品消费税税率为15%，请编制相关会计分录。

【解析】应缴纳的消费税税额=100 000×15%=15 000（元）

❶销售产品确认收入时。

借：银行存款　　113 000

　贷：主营业务收入　　100 000

　　应交税费——应交增值税（销项税额）　　13 000

❷计提消费税时。

借：税金及附加　　15 000

　贷：应交税费——应交消费税　　15 000

❸缴纳消费税时。

借：应交税费——应交消费税　　15 000

　贷：银行存款　　15 000

（2）自产自用产品应交消费税的账务处理

企业将自产的应税消费品用于在建工程、职工福利、对外投资等非生产性用途时，须视同销售计算缴纳消费税。用于在建工程的，应将消费税计入在建工程成本，借记“在建工程”科目，贷记“应交税费——应交消费税”科目，因为该消费税是因构建固定资产而产生的必要支出，应资本化计入资产成本；用于职工福利的，借记“应付职工薪酬——非货币性福利”科目，贷记“应交税费——应交消费税”科目，同时确认收入和结转成本，体现职工福利的发放及相关税费的处理；用于对外投资的，借记“长期股权投资”等科目，贷记“应交税费——应交消费税”科目，将消费税视为投资成本的一部分。无论哪种用途，都是按照同类应税消费品的销售价格计算消费税税额，若没有同类消费品销售价格，则按组成计税价格计算。

【做中学8-25】某企业将自产的一批应税消费品用于职工福利，该批消费品成本为20 000元，市场售价为30 000元（不含税），消费税税率为10%。请编制相关会计分录。

【解析】应缴纳的消费税税额=30 000×10%=3 000（元）

❶确认发放福利时。

借：应付职工薪酬——非货币性福利　　33 900

　贷：主营业务收入　　30 000

　　应交税费——应交增值税（销项税额）（30 000×13%）　　3 900

　　　　——应交消费税　　3 000

❷结转成本时。

借：主营业务成本　　20 000

　贷：库存商品　　20 000

三、任务实施

步骤1：增值税账务处理

采购原材料取得增值税专用发票，假设原材料不含税价格为500 000元，增值税税率为13%，则进项税额为65 000元（500 000×13%）。

会计分录：

借：原材料　　500 000

　　应交税费——应交增值税（进项税额）　　65 000

　贷：银行存款　　565 000

销售化妆品开具增值税专用发票，销售额800 000元，增值税税率为13%，销项税额为104 000元（800 000×13%）。

会计分录：

借：银行存款 904 000
　贷：主营业务收入 800 000
　　　应交税费——应交增值税（销项税额） 104 000

步骤2：消费税账务处理

高档化妆品消费税税率15%，销售额800 000元，应缴纳消费税为120 000元（800 000×15%）。

计提消费税的会计分录为：.

借：税金及附加 120 000
　贷：应交税费——应交消费税 120 000

缴纳消费税的会计分录为：

借：应交税费——应交消费税 120 000
　贷：银行存款 120 000

步骤3：企业所得税账务处理

假设全年应纳税所得额为500 000元，企业所得税税率为25%，应缴纳企业所得税125 000元（500 000×25%）。

计提企业所得税的会计分录为：

借：所得税费用 125 000
　贷：应交税费——应交企业所得税 125 000

缴纳企业所得税的会计分录：

借：应交税费——应交企业所得税 125 000
　贷：银行存款 125 000

步骤4：附加税费账务处理

增值税应纳税额=104 000−65 000=39 000（元）

增值税和消费税合计数=39 000+120 000=159 000（元）

城市维护建设税应纳税额=159 000×7%=11 130（元）

教育费附加应纳税额=159 000×3%=4 770（元）

地方教育附加应纳税额 = 159 000×2%=3 180（元）

计提附加税费的会计分录为：

借：税金及附加 19 080
　贷：应交税费——应交城市维护建设税 11 130
　　　　　　——应交教育费附加 4 770
　　　　　　——应交地方教育附加 3 180

缴纳附加税费的会计分录为：

借：应交税费——应交城市维护建设税 11 130
　　　　　——应交教育费附加 4 770
　　　　　——应交地方教育附加 3 180
　贷：银行存款 19 080

步骤5：应交税费核算要点分析

在本次业务中，增值税以增值额（销项税额减去进项税额）为计税依据，准确核算进销项税额是关键，如取得合法的增值税专用发票用于进项税额抵扣。

消费税以化妆品销售额为计税依据，且在生产销售环节纳税，要注意税率的准确运用。

企业所得税以应纳税所得额为计税依据，计算时须考虑各项纳税调整事项，确保应纳税所得额计算准确。

附加税费以增值税和消费税合计数为计税依据，要准确把握税率和计算基数。

为确保核算准确性和合规性，企业须严格审核各类票据，准确计算税额，按时申报纳税，避免逾期纳税产生滞纳金和罚款等税务风险。

8.4课证融通练习题

【职业课堂】流动负债核算：秉持严谨诚信，筑牢资金周转稳定之基

某企业为快速发展的服装制造企业，业务扩张使资金周转压力增大。为维持运营，企业赊购原材料、申请短期借款，流动负债规模剧增，准确核算流动负债成财务管理关键。财务主管李华负责此项工作。面对复杂的应付账款，如“2/10，N/30”的现金折扣条件，以及涉及浮动利率、按季付息的短期借款，李华深感责任重大。他带领团队梳理应付账款和短期借款明细，严格按合同核算应付账款，既享受现金折扣又维护供应商关系；仔细研究借款合同，准确计算利息并及时进行账务处理。为确保数据准确，每笔核算都多次核对，还建立了完善的财务档案。在与供应商和银行的沟通中，李华始终秉持诚信原则，如实告知企业的财务状况和还款能力。当企业面临短期资金紧张，可能无法按时支付部分应付账款时，李华主动与供应商沟通，说明情况并协商解决方案，赢得了供应商的理解和信任。最终，李华团队成功化解流动负债带来的财务压力，保障了企业资金周转和稳定发展。

请思考：在流动负债核算业务中，会计人员应具备何种素养？

【解析】在流动负债核算中，会计人员应具备严谨和诚信的职业素养。严谨体现在对每一笔应付账款和短期借款的细致核算上，会计人员应严格遵循合同条款，准确计算付款金额、利息支出等，对数据进行多次核对，建立完善的财务档案。诚信则体现在与供应商和银行的沟通中，会计人员应如实告知企业财务状况，在面临困难时主动协商，不隐瞒、不欺诈。只有秉持严谨和诚信的态度，才能准确核算流动负债，维护企业与各方的良好合作关系，保障企业的财务稳定。

项目小结

在企业财务体系中，流动负债的核算意义重大，它直接关系到企业短期偿债能力与资金运作。流动负债主要包含短期借款、应付与预收款项、应付职工薪酬以及应交税费等。短期借款核算时，要精确记录借款本金、利息计算与支付，依据合同合理安排还款，保障资金链稳定。应付与预收款项方面，应付账款需按合同及时支付，维护与供应商的关系；预收账款则应在满足收入确认条件时及时结转，确保财务数据准确。核算应付职工薪酬，企业应依法依规计算、计提和发放，涵盖工资、奖金、福利等，并做好账务处理，保障职工权益。应交税费核算涵盖增值税、消费税等，企业要依据税收法规，精准计算应纳税额，按时申报缴纳，规范账务处理，规避税务风险。总之，精准核算流动负债是企业稳健运营的关键。

技能锤炼

业务处理题（一）

江苏瑞兴科技有限公司3月1日借入180 000元生产经营用短期借款，期限6个月，年利率6%，本金到期一次偿还，利息按季支付，企业按月预提利息费用。

要求：编制借款业务的会计分录。

业务处理题（二）

广东瑞丰科技有限公司（简称“瑞丰公司”）2025年3月发生如下与应付账款有关的经济业务：

（1）3月8日，从C公司购入一批铝合金材料并作为原材料验收入库。取得的增值税专用发票上注明的价款为150 000元，增值税税额为19 500元。供货方规定若瑞丰公司10天内付清货款，可按材料价款获得1.5%的现金折扣（计算现金折扣不考虑增值税），瑞丰公司于3月15日付清款项。

（2）3月20日，收到供电公司的电费增值税专用发票，注明企业2月电费35 000元，增值税税额4 550元，款项已通过银行转账支付。

（3）3月31日，一笔应付D公司的货款6 000元，由于D公司宣告破产未进行追索，成为

无法支付的应付账款。

（4）3月31日，计算出本月应付电费48 000元，其中生产车间电费42 000元，企业行政管理部门电费6 000元。

要求：请编制瑞丰公司上述业务的会计分录。

业务处理题（三）

2025年3月1日，江苏锦程贸易有限公司（简称“锦程公司”）与乙公司签订短期办公房租赁合同，租入办公房一间，每月租金15 000元（不含税，增值税税率为9%），按季支付，租赁合同于签订当日生效。合同生效当日锦程公司另转账支付办公房保证金25 000元。

要求：请编制锦程公司支付保证金、计提租金、支付租金的会计分录。

业务处理题（四）

广东红日科技有限公司（简称“红日公司”）6月发生以下经济交易或事项：

（1）15日，销售一批商品，价款80 000元，按规定应收取增值税10 400元，提货单和增值税专用发票已交付买方，款项暂未收到。

（2）22日，接受乙公司委托加工一批零件，收取加工费60 000元，并按13%开具增值税专用发票。加工费已收到并存入银行。

要求：请编制红日公司上述业务的会计分录。

项目综合评价

项目八综合评价参考表见表8-5：

表8-5　　项目八综合评价参考表

项目名称	流动负债的核算		
评价内容		学生自评（50%）	教师评价（50%）
素养目标	1.树立正确职业道德观，如实记录，依法核算（10分）		
	2.培养严谨细致态度，严格依准则和法规（10分）		
	3.培养会计人员完善核算流程与监督机制，日清月结，保障财务信息质量（10分）		
知识目标	1.熟悉短期借款分类、合同条款、利息计算与偿还要求（5分）		
	2.熟知应付与预收款项核算范围、确认条件和计量方法，了解其经营作用（10分）		
	3.掌握应付职工薪酬构成及计提、发放、账务处理规定（10分）		
	4.了解应交税费征收范围、计税依据、税率和优惠政策，明确会计核算方法（10分）		
	5.理解流动负债核算与企业财务状况、经营成果的关系，认识其对资金链和风险控制的重要性（10分）		
技能目标	1.准确判断、纠正短期借款利息和应付账款支付问题（5分）		
	2.熟练进行各类流动负债业务账务处理（10分）		

续表

项目名称	流动负债的核算		
技能目标	3.掌握流动负债报表项目编制和财务分析指标运用，提供准确财务信息（10分）		
项目评价成绩（100分）			

项目综合评价：

教师签名：

日期：

项目九　非流动负债的核算

素养目标

1. 培养创新突破精神，在非流动负债核算中积极探索新方法、新策略，以适应不断变化的市场环境和企业发展需求。

2. 秉持严格守法精神，严格遵守国家法律法规和企业会计准则，确保非流动负债核算工作合法合规。

3. 树立底线思维，培养风险意识，对非流动负债可能带来的财务风险保持敏锐洞察，提前制定应对措施，保障企业财务安全。

知识目标

1. 掌握长期借款、应付债券、长期应付款等非流动负债的定义、特征。
2. 熟悉各类非流动负债的形成原因及相关分类标准。
3. 精通不同类型非流动负债在初始计量、后续计量和终止确认环节的核算原则与方法。
4. 了解非流动负债利息费用资本化和费用化的区分标准及账务处理方式。
5. 掌握长期借款、应付债券、长期应付款等非流动负债核算的账户设置。

技能目标

1. 能精准识别非流动负债业务中的违规行为和潜在风险点。
2. 能熟练进行长期借款、应付债券、长期应付款等非流动负债的账务处理。
3. 掌握非流动负债利息计算、摊销及相关账务处理的方法和要领。

项目导图

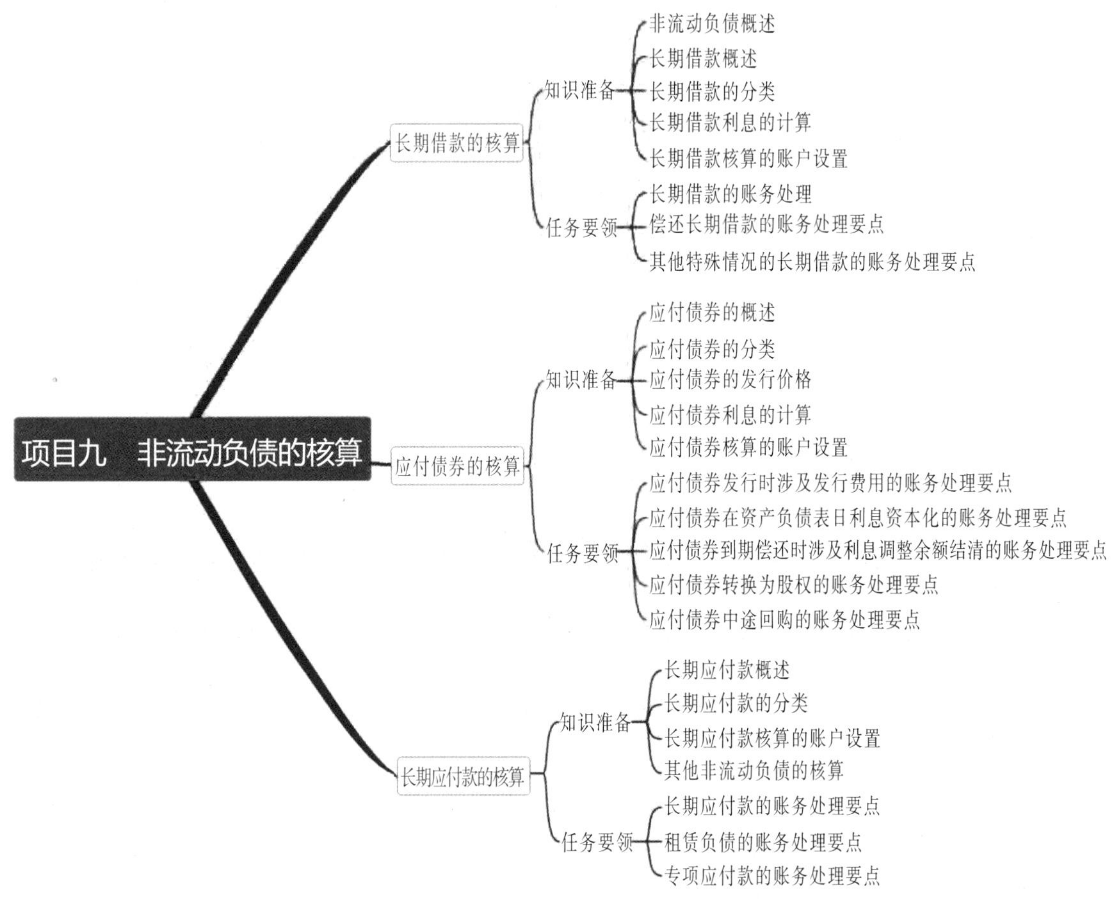

价值引领

财务核算之考：非流动负债的难题与破局

新兴制造是一家高端装备制造企业，计划新建智能化工厂。该项目预计投资8 000万元，自有资金2 000万元，由于资金缺口较大，于是通过向银行申请长期借款和发行公司债券筹资。

企业向银行申请3 000万元长期借款，期限5年，年利率5%，每年年末付息，到期一次还本；发行3 000万元公司债券，期限6年，票面年利率6%，每年年末付息，到期还本，因发行时市场利率为5%，债券按面值发行。

财务主管小张负责非流动负债核算，因对债券利息调整计算方法理解不足，前期债券利息费用计算有偏差。同时，公司将部分用于工厂建设的长期借款调整为研发新技术，须准确区分资本化和费用化界限。债券存续期间，企业经营良好，但市场利率波动大，核算债券和长期借款利息费用受影响，小张明白这些问题对企业财务数据准确性、财务决策及市场形象都很关键。

请思考：在非流动负债核算过程中，财务人员需要具备怎样的职业素养？

【解析】从案例可知，小张因对债券利息调整计算理解不足致利息费用算错，这表明财务人员须具备扎实专业知识，精准核算确保数据准确。长期借款用途变更，准确区分资本化与费用化界限至关重要，财务人员应严谨负责，依会计准则处理，避免影响资产和利润计量。市场利率波动影响利息核算，财务人员要敏锐洞察市场，及时调整核算方法以如实反映财务状况。此外，整个核算过程中，财务人员要严守财务纪律，秉持廉洁诚信价值观，杜绝篡改数据，维护财务信息真实可靠。面对复杂财务问题，财务人员要有探索钻研精神，助力企业稳定发展。

任务一　长期借款的核算

一、任务情景

（一）任务场景

Y公司是一家专注于新能源汽车零部件生产的企业，随着市场对新能源汽车需求的持续增长，公司计划扩大生产规模，新建一条现代化的生产线。该项目预计总投资5 000万元，由于企业自有资金有限，无法满足项目建设需求。为解决资金缺口，Y公司决定向银行申请长期借款。

经过与银行的多轮沟通和协商，Y公司与银行签订了借款合同。合同约定，借款金额为3 000万元，借款期限为5年，年利率为5%，每年年末支付当年利息，到期一次性偿还本金。借款成功后，Y公司将资金用于生产线的建设，包括购置设备、建设厂房、支付工程款项等。在借款期间，公司需要按照会计准则对长期借款进行准确核算，如实反映借款的取得、使用、利息支付及本金偿还情况，确保财务数据的真实性和完整性，为企业的决策提供可靠的财务信息支持。

（二）任务布置

1. 针对Y公司从银行取得长期借款的业务，进行相应的账务处理，清晰展示银行存款增加与长期借款增加之间的对应关系，明确会计科目的借贷方向，体现企业资金流入和债务增加的经济实质。

2. 根据借款合同约定的利率和支付方式，计算Y公司每年应支付的利息。编制每年年末利息计提和支付时的账务处理分录，明确“财务费用”“应付利息”“银行存款”等科目在利息核算过程中的变动情况，准确反映长期借款利息支出的确认和支付过程。

3. 对于Y公司到期偿还长期借款本金和最后一年利息的业务，进行相应的账务处理，清晰展示“长期借款”“应付利息”“银行存款”科目在还款时的变动情况，准确反映企业债务清偿的全过程，体现企业资金流出和债务减少的财务变动。

4. 结合Y公司的实际业务情况，分析长期借款核算过程中的关键要点。包括借款利息的计算方法，如单利与复利的应用；借款期限的确认，以及借款期限对利息计算和财务报表的影响；不同付息方式（如每年付息、到期一次还本付息等）的账务处理差异；在借款取得、使用和偿还过程中，如何遵循会计准则和相关法规，确保长期借款核算的准确性和合规性，防范财务风险。

二、任务准备

（一）知识准备

1. 非流动负债概述

非流动负债是指偿还期限在一年或者超过一年的一个营业周期的债务。它是企业筹集长期资金的重要方式，与流动负债相对应，是企业负债的重要组成部分。对于企业而言，非流动负债可以满足其长期资产购置、项目投资、业务拓展等方面的资金需求，有助于企业实现战略目标和长期发展。

（1）非流动负债的特点

❶偿还期限长

这是非流动负债的显著特征，其偿还期超过一年或一个营业周期，企业有相对较长的时间来安排资金的筹集和偿还，有利于企业进行长期的资金规划和战略布局。例如，企业为了建造一座大型工厂而借入的长期借款，可能需要在未来5年甚至更长时间内逐步偿还，这使得企业有足够的时间利用工厂的生产运营产生的收益来偿还债务。

❷债务金额大

非流动负债通常是为了满足企业重大的资金需求，如购置固定资产、进行大型项目投资等，因此债务金额一般较大。比如企业发行的长期债券，募集资金可能达到数千万元甚至上亿元，以支持企业大规模的业务扩张或技术改造。

❸财务风险高

由于偿还期限长和金额大，非流动负债会给企业带来较高的财务风险。在债务存续期间，企业需要按照约定支付利息和偿还本金，如果企业经营不善或市场环境发生不利变化，可能导致企业无法按时足额偿还债务，从而面临违约风险，影响企业的信誉和正常经营。例如，企业在经济不景气时可能销售收入下降，但仍需要支付高额的长期借款利息，这会给企业的资金周转带来巨大压力。

❹利息费用高

非流动负债一般需要支付利息，且由于借款期限长，利息总额相对较高。利息费用作为企业的一项财务成本，会对企业的利润产生影响。企业需要合理安排资金，确保有足够的收益来覆盖利息支出。例如，企业发行的长期债券，根据债券的票面利率和发行金额，每年的利息可能是一笔不小的开支。

（2）非流动负债的分类

❶长期借款

长期借款是指企业向银行或其他金融机构借入的期限在一年以上（不含一年）的各项借款。它具有筹资速度快、借款弹性较大等优点。企业可以根据自身的资金需求和还款能力，与银行协商借款金额、借款期限、还款方式和利率等条款。例如，企业为了扩大生产规模，向银行申请了一笔3年期的长期借款，用于购置新的生产设备。

❷应付债券

应付债券是指企业为筹集长期资金而发行的债券。债券是企业依照法定程序发行，约定在一定期限内还本付息的有价证券。企业通过发行债券，可以从社会上广泛筹集资金。债券的发行方式有面值发行、溢价发行和折价发行三种。例如，某企业发行了一批5年期的债券，债券面值为100元，票面利率为5%，向投资者募集资金用于新项目的开发。

❸长期应付款

长期应付款是指企业除长期借款和应付债券以外的其他各种长期应付款项，主要包括以分期付款方式购入固定资产和无形资产发生的应付账款、应付融资租入固定资产的租赁费等。这种负债形式可以使企业在资金不足的情况下，通过分期付款或融资租赁等方式获得所需的资产，满足企业生产经营的需要。例如，企业采用分期付款方式购入一套大型生产设备，合同约定分5年付款，每年年末支付一定金额的款项。

❹其他非流动负债

其他非流动负债涵盖租赁负债、专项应付款等。租赁负债是承租人在租赁期开始日按租赁付款额现值确认的负债。它让企业以分期支付租金方式获得资产使用权，资金压力小，如科技公司租赁办公设备。专项应付款是企业获得的政府特定用途的拨款，须专款专用，如新能源企业获得研发新型电池的拨款。这些负债各有特点和用途，企业可按需借助它们解决资金难题、达成特定发展目标。

（3）非流动负债的作用

❶满足企业长期资金需求

非流动负债为企业提供了长期稳定的资金来源，使企业能够进行大规模的固定资产投资、技术研发和业务拓展等活动。例如，企业可以利用长期借款或发行债券筹集的资金建设新的生产基地、购置先进的设备，从而提高企业的生产能力和市场竞争力。

❷优化企业资本结构

合理安排非流动负债和权益资本的比例，可以优化企业的资本结构，降低企业的综合资本成本。适当增加非流动负债的比重，可以利用债务的财务杠杆作用，提高股东的收益水平。但同时也需要注意控制财务风险，避免过度负债导致企业陷入财务困境。

❸促进企业战略实施

非流动负债的筹集和使用与企业的战略规划密切相关。企业可以根据自身的发展战略，有针对性地筹集资金，用于支持重点项目的建设和发展。例如，企业为了实现产业升级和转型，通过发行债券筹集资金投入到新兴产业的研发和生产中，推动企业的战略目标实现。

【学中做9-1】Y企业计划建设一个新的生产基地，预计需要资金4 000万元。企业通过向银行申请5年期的长期借款2 000万元和发行5年期债券2 000万元来筹集资金。分析该筹资方式对企业建设生产基地的作用。

【解析】企业通过长期借款和发行债券共筹集到4 000万元资金，满足了建设新生产基地的资金需求。这笔资金可以用于购买土地、建造厂房、购置设备等，有助于企业扩大生产规模，提高生产能力，增强市场竞争力，推动企业的长期发展。

2.长期借款概述

长期借款是企业向银行或其他金融机构借入的期限在一年以上（不含一年）的各项借款。它是企业筹集长期资金的重要方式之一，在企业的资金运作中扮演着关键角色。

从宏观角度看，相关行业报告显示，在制造业企业的长期资金来源中，长期借款占比约为30%。在企业的日常运营中，长期借款通常用于固定资产购置、技术改造、项目建设等大型长期投资活动。例如，一家汽车制造企业计划新建一座现代化的生产工厂，预计总投资达5亿元，企业自有资金仅有2亿元，资金缺口巨大。此时，企业向银行申请3亿元的长期借款，借款期限为8年。通过这笔长期借款，企业能够顺利启动工厂建设项目，扩大生产规模，提升自身在市场中的竞争力。

从企业的资金运作角度来看，长期借款可以为企业提供稳定的资金支持，助力企业扩大生产规模、提升竞争力，但同时也意味着企业未来需要承担按时偿还本金和利息的义务，对企业的现金流管理提出了较高要求。企业需要合理规划资金使用，确保在借款期限内有足够的资金用于偿还本息，避免出现财务风险。

【学中做9-2】某企业计划新建一座厂房，预计总投资为800万元，企业自有资金300万元，资金缺口500万元。该企业向银行申请了一笔500万元的借款，借款期限为3年。请判断这笔借款是否属于长期借款，并说明理由。

【解析】这笔借款属于长期借款。理由是借款期限为3年，超过了一年，符合长期借款期限在一年以上（不含一年）的定义，且用于新建厂房这一长期投资项目，符合长期借款的用途特点。

3.长期借款的分类

（1）按借款用途分类

按借款用途分类，长期借款可分为固定资产投资借款、更新改造借款、科技开发和新产品试制借款等。

固定资产投资借款主要用于购建固定资产，如购买土地、建造厂房、购置设备等。在房地产开发行业，开发商为了建设住宅小区，通常会向银行申请固定资产投资借款，用于支付土地出让金、建筑工程费用等。

更新改造借款用于企业现有固定资产的技术改造和更新，以提高生产效率和产品质量。例如，一家传统制造业企业，为了提升生产自动化水平，降低人工成本，向银行申请更新改造借款，用于购置先进的生产设备和对现有生产线进行升级改造。

科技开发和新产品试制借款则用于企业的科研项目和新产品研发，推动企业的技术创新。一些高科技企业，如半导体芯片研发企业，为了研发新一代芯片，会向金融机构申请科技开发和新产品试制借款，用于支付研发人员工资、购买研发设备和实验材料等。

（2）按提供贷款的机构分类

按提供贷款的机构分类，长期借款可分为政策性银行贷款、商业银行贷款和其他金融机构贷款。

政策性银行贷款通常具有政策导向性，利率相对较低，贷款期限较长，主要支持国家重点扶持的产业和项目。例如，国家开发银行对一些基础设施建设项目，如高速公路、铁路等，提供长期的政策性贷款，助力国家基础设施的完善。

商业银行贷款是企业获取长期借款的常见渠道，其贷款条件相对较为严格，利率根据市场情况和企业信用状况而定。企业在申请商业银行贷款时，银行会对企业的财务状况、信用记录、还款能力等进行全面评估。

其他金融机构贷款包括信托投资公司、财务公司等提供的贷款，其贷款方式和条件较为灵活。

比如，一些小型企业由于无法满足商业银行的贷款条件，但具有一定的发展潜力，可能会选择向信托投资公司申请贷款，信托投资公司会根据企业的具体情况，设计个性化的贷款方案。

【学中做9-3】某企业为研发一款新型电子产品，向一家政策性银行申请了一笔借款，用于支付研发人员工资、购买研发设备等。判断这笔借款属于哪种类型的长期借款，并说明依据。

【解析】这笔借款属于科技开发和新产品试制借款，同时也是政策性银行贷款。依据是借款用途明确为研发新型电子产品，符合科技开发和新产品试制借款的定义；借款来源是政策性银行，所以也属于政策性银行贷款。

4.长期借款利息的计算

（1）单利计算法

利息=本金×年利率×借款期限

在单利计算方式下，利息仅基于初始本金计算，不考虑前期利息产生的利息。这种计算方式相对简单直观，在一些短期借款或者利率波动较小的长期借款场景中较为常用。

例如，企业借入100万元长期借款，年利率为6%，借款期限为3年，按单利计算，

3年应支付的利息=100×6%×3=18（万元）

单利计算法的优点是计算简便，易于理解和操作，企业可以清晰地计算出每一期的利息支出，便于财务预算和成本控制。

（2）复利计算法

复利是指在每经过一个计息期后，都要将生成的利息加入本金再计利息。复利终值（本利和）计算公式为：

$$F = P(1 + r)^n$$

其中，F为终值（本利和），P为本金，r为年利率，n为计息期数。

利息=终值-本金

复利计算法更能反映资金的时间价值，随着时间的推移，利息的累积效应会逐渐显现。

例如，企业借入100万元长期借款，年利率为6%，借款期限为3年，按复利计算，

3年后的本利和=100×(1 + 6%)^3=119.1016（万元）

利息=119.1016-100=19.1016（万元）

在实际的金融市场中，许多长期投资项目和贷款业务都采用复利计算，因为它能更准确地衡量资金的实际收益和成本。

【学中做9-4】某企业向银行借入长期借款200万元，年利率为5%，借款期限为4年。分别用单利和复利计算该企业应支付的利息。

【解析】❶单利计算。

利息=2 000 000×5%×4=400 000（元）

❷复利计算。

本利和=2 000 000×(1 + 5%)^4=2 431 012.5（元）

利息=2 431 012.5-2 000 000=431 012.5（元）

5.长期借款核算的账户设置

企业应设置“长期借款”账户来核算长期借款的借入、归还等情况。该账户贷方登记借入的长期借款本金和按规定计算的应付利息（到期一次还本付息情况下的应计利息）；借方登记偿还的长期借款本金和利息；期末贷方余额反映企业尚未偿还的长期借款本息。

该账户可按贷款单位和贷款种类，设置“本金”“利息调整”“应计利息”等明细科目进行明细核算。“本金”明细科目核算借入的长期借款本金，清晰地记录了企业实际借入的资金数额，是计算利息和还款计划的基础。“利息调整”明细科目核算借款实际利率与合同利率差异导致的利息调整金额，当企业以折价或溢价方式取得长期借款时，就会产生利息调整。

例如，企业以折价方式取得长期借款，实际收到的款项小于借款本金，差额部分记入“利息调整”借方，在后续期间内逐步摊销，调整每期的利息费用。“应计利息”明细科目用于核算到期一次还本付息长期借款的利息，在这种还款方式下，利息随着时间的推移不断累积，通过“应计利息”科目进行核算，能准确反映企业的负债情况。

【学中做9-5】某企业借入一笔500万元的长期借款，期限为5年，年利率为5%，到期一次还本付息。请编制借入时和每年年末计提利息时的会计分录。

【解析】❶借入时。

借：银行存款　　5 000 000

　贷：长期借款——本金　　5 000 000

❷每年年末计提利息25万元（500×5%）。

借：在建工程（假设用于符合资本化条件的项目）　　250 000

　贷：长期借款——应计利息　　250 000

（二）任务要领

1.长期借款的账务处理

（1）取得长期借款的账务处理要点

企业与银行或其他金融机构签订借款合同，取得长期借款时，按实际收到的借款金额，借记“银行存款”科目，表明企业的银行存款增加，可用于经营活动的资金增多；贷记“长期借款——本金”科目，确认企业的长期负债增加。需要注意的是，若借款合同约定的利率与实际利率存在差异，且该差异具有重要性，还需要考虑“利息调整”明细科目的核算。

微课9.1 长期借款的核算

【做中学9-1】某企业向银行申请长期借款，合同约定借款金额为800万元，银行按合同约定将款项足额发放至企业账户。请编制会计分录。

【解析】编制会计分录如下：

借：银行存款　　8 000 000

　贷：长期借款——本金　　8 000 000

（2）长期借款利息的账务处理要点

❶分期付息、到期还本的长期借款利息处理

在资产负债表日，企业应按照借款合同约定的利率计算确定的利息费用，借记“在建工程”（若借款用于符合资本化条件的资产购建，如建造厂房等，利息在资本化期间应计入相关资产成本）和“财务费用”（若借款用于日常经营周转等，利息费用计入当期损益）等科目；同时，贷记“应付利息”科目，表示企业对当期应支付利息的负债确认。实际支付利息时，借记“应付利息”科目，贷记“银行存款”科目。

❷到期一次还本付息的长期借款利息处理

在资产负债表日，企业按照借款合同约定的利率计算利息费用，借记“在建工程”“财务费用”等科目；贷记“长期借款——应计利息”科目，因为利息要在到期时一次性支付，随着时间推移，利息不断累积，通过该科目进行核算。

【做中学9-2】某企业取得一笔500万元的长期借款，用于生产线建设，借款期限为3年，年利率为6%，分期付息、到期还本。请编制第一年资产负债表日计提利息以及支付利息时的会计分录。

【解析】第一年应计提利息=500×6%=30（万元）

❶计提利息时。

借：在建工程　　300 000

　贷：应付利息　　300 000

❷支付利息时。

借：应付利息　　300 000

　贷：银行存款　　300 000

【做中学9-3】若【做中学9-2】中借款为到期一次还本付息，其他条件不变，请编制第一年资产负债表日计提利息的会计分录。

【解析】第一年应计提利息=500×6%=30（万元）

计提利息时：

借：在建工程　　300 000

　贷：长期借款——应计利息　　300 000

2.偿还长期借款的账务处理要点

（1）到期偿还本金和利息（分期付息已支付完毕）

企业在长期借款到期时，应按长期借款的本金金额，借记“长期借款——本金”科目，表明企业的长期负债减少；同时，按尚未支付的最后一期利息，借记“应付利息”（若有）或“长期借款——应计利息”（到期一次还本付息情况）科目，贷记“银行存款”科目，反映企业资金的流出，完成债务的清偿。

（2）提前偿还长期借款

企业若有足够资金提前偿还长期借款，账务处理与到期偿还类似，但需注意提前偿还可能涉及的违约金等额外支出。若有违约金，借记“营业外支出”科目，再按上述本金和利息的偿还方式进行账务处理。

【做中学9-4】某企业3年前取得的500万元长期借款到期，该借款分期付息、到期还本，年利率6%，已按时支付利息。请编制偿还本金时的会计分录。

【解析】编制会计分录如下：

借：长期借款——本金　　5 000 000

　贷：银行存款　　5 000 000

【做中学9-5】若【做中学9-4】中企业提前1年偿还借款，支付违约金10万元，其他条件不变，请编制相关会计分录。

【解析】编制会计分录如下：

借：长期借款——本金　　5 000 000

　　营业外支出　　100 000

　贷：银行存款　　5 100 000

3.其他特殊情况的长期借款的账务处理要点

（1）长期借款用途变更的账务处理要点

当企业取得长期借款后，因经营策略调整等原因需要变更借款用途时，须先向贷款机构提出申请，经批准后进行相应账务处理。若原借款用于在建工程，现变更为日常经营周转，需要将原记入“在建工程”的利息支出在用途变更当期，根据已发生的利息资本化金额，借记“财务费用”（变更后的费用化处理），贷记“在建工程”（冲减原资本化金额）。后续利息按新用途进行账务处理，若用于日常经营，利息记入“财务费用”科目。

【做中学9-6】某企业取得300万元长期借款用于厂房建设，年利率5%，已资本化利息20万元，现因厂房建设暂停，经银行同意，将借款用途变更为日常经营周转。请编制用途变更时的会计分录。

【解析】编制会计分录如下：

借：财务费用　　200 000

　贷：在建工程　　200 000

后续计提利息：

借：财务费用（3 000 000×5%） 150 000

　贷：应付利息（假设分期付息） 150 000

（2）长期借款展期的账务处理要点

企业因资金周转困难等原因无法按时偿还长期借款，与贷款机构协商并获得借款展期时，无须调整“长期借款——本金”科目余额。但在展期期间，若借款利率发生变化，须按照新的利率计算利息。若原借款为到期一次还本付息，展期期间仍按“长期借款——应计利息”核算利息；若为分期付息，按新利率计提利息时，借记“在建工程”或“财务费用”，贷记“应付利息”。

【做中学9-7】某企业有一笔200万元长期借款到期，因资金紧张申请展期1年，原年利率为6%，展期后年利率调整为7%，借款为分期付息。请编制展期当年计提利息的会计分录。

【解析】编制会计分录如下：

借：财务费用（2 000 000×7%） 140 000

　贷：应付利息 140 000

（3）长期借款外币业务的账务处理要点

若企业取得的是外币长期借款，在初始确认时，按照借款当日的即期汇率将外币金额折算为记账本位币金额，借记“银行存款（外币户）”（按折算后的本位币金额），贷记“长期借款——本金（外币户）”（按折算后的本位币金额）。在资产负债表日，按照资产负债表日的即期汇率对外币长期借款的本金和利息进行折算，折算后的记账本位币金额与原记账本位币金额之间的差额，作为汇兑损益处理。筹建期间的汇兑损益，记入“长期待摊费用”科目；生产经营期间的汇兑损益，记入“财务费用”科目；与购建固定资产有关且在其达到预定可使用状态之前的汇兑损益，记入“在建工程”科目。

【做中学9-8】某企业取得100万美元长期借款，借款当日即期汇率为1美元=6.5元人民币，资产负债表日即期汇率为1美元=6.6元人民币，该借款用于日常经营。请编制取得借款和资产负债表日的会计分录。

【解析】编制会计分录如下：

❶取得借款时：

借：银行存款——美元户（1 000 000×6.5） 6 500 000

　贷：长期借款——本金（美元户） 6 500 000

❷资产负债表日：

汇兑损益=1 000 000×（6.6－6.5）=100 000（元）

借：财务费用——汇兑损益 100 000

　贷：长期借款——本金（美元户） 100 000

三、任务实施

步骤1：长期借款取得的账务处理

Y公司从银行取得3 000万元长期借款时，银行存款增加，同时长期借款增加。编制会计分录如下：

借：银行存款 30 000 000

　贷：长期借款——本金 30 000 000

步骤2：长期借款利息计算与账务处理

每年应支付利息= 30 000 000×5% = 1 500 000（元）

每年年末计提利息时：

因用于生产线建设，利息符合资本化条件，计入在建工程成本。编制会计分录如下：

借：在建工程 1 500 000

　贷：应付利息 1 500 000

每年年末支付利息时：

借：应付利息　　1 500 000

　贷：银行存款　　1 500 000

步骤3：长期借款偿还的账务处理

到期偿还本金和最后一年利息时，长期借款本金减少，应付利息减少，银行存款减少。

编制会计分录如下：

借：长期借款——本金　　30 000 000

　　应付利息　　1 500 000

　贷：银行存款　　31 500 000

步骤4：长期借款核算的要点分析

借款利息计算方法：本案例采用单利计算。

利息=本金×年利率×期限

若采用复利计算，需要考虑前期利息滚动计入本金后产生的利息。

借款期限确认：借款期限为5年，准确记录借款起始和到期时间，这影响利息计算周期和财务报表中负债的列示。

付息方式账务处理差异：本案例每年付息，若到期一次还本付息，计提利息时，应贷记"长期借款——应计利息"科目，而不是"应付利息"，支付时直接减少"长期借款——应计利息"。

遵循会计准则和法规：在借款取得时，确保借款合同条款与账务处理一致；使用过程中，区分利息资本化和费用化，符合资本化条件的利息计入相关资产成本，不符合的计入财务费用；偿还时，准确记录还款金额和时间，保证账务处理准确合规，防范财务风险。

9.1课证融通练习题

任务二　应付债券的核算

一、任务情景

（一）任务场景

ABC公司是一家在行业内颇具影响力的电子设备制造企业，为了扩大生产规模，提升产品的市场占有率，计划新建一条现代化的生产线。经评估，该项目预计需要投入资金5 000万元，公司自有资金仅能覆盖2 000万元，存在较大的资金缺口。考虑到企业长期发展的资金需求，ABC公司决定通过发行公司债券的方式筹集资金。

经过一系列的筹备和审批流程，ABC公司成功发行了期限为5年、面值总额为3 000万元的公司债券。债券票面年利率为5%，每年年末支付当年利息，到期一次性偿还本金，债券利息符合资本化条件。债券发行后，吸引了众多投资者认购，筹集的资金顺利到账。在债券存续期间，ABC公司将资金合理投入到生产线建设中，同时按照会计准则的要求，对发行的债券进行准确的核算与管理，确保财务数据的真实可靠，为企业的稳定运营和发展提供了有力支持。

（二）任务布置

1. 针对ABC公司发行公司债券的业务，进行相应的账务处理，清晰展示"银行存款""应付债券——面值"以及可能涉及的"应付债券——利息调整"等会计科目的变动情况，体现资金筹集与债券负债增加的对应关系，明确债券发行价格与面值不同时的账务处理。

2. 根据债券发行合同约定的利率和支付方式，计算ABC公司每年应支付的利息，并编制每年年末利息计提和支付时的账务处理分录。明确"财务费用""应付利息""应付债券——利息调整"等科目之间的变动情况，准确反映利息支出在债券存续期间的核算过程，以及实际利率法下利息调整的摊销计算。

3. 对于ABC公司到期偿还应付债券本金和最后一年利息的业务，进行相应的账务处理，清晰展示“应付债券——面值”“应付利息”“银行存款”科目在还款时的变动情况，准确反映企业债务清偿的全过程，体现企业资金流出和债务减少的财务变动。

4. 结合ABC公司的实际业务情况，分析应付债券核算过程中的关键要点，包括债券发行价格的确定方法（如按面值发行、溢价发行、折价发行）及其对账务处理的影响；借款期限对利息计算和财务报表的影响；不同付息方式（如每年付息、到期一次还本付息等）的账务处理差异；在债券发行、存续和偿还过程中，如何遵循会计准则和相关法规，确保应付债券核算的准确性和合规性，防范财务风险。

二、任务准备

（一）知识准备

1. 应付债券的概述

应付债券是企业为筹集长期资金而发行的一种书面凭证，是企业的一项长期负债。企业通过发行债券，向债券投资者承诺在未来特定日期偿还本金，并按约定利率定期支付利息。从企业融资结构来看，应付债券是企业重要的融资方式之一。

与股权融资相比，债券融资具有成本相对固定的特点，在市场环境稳定的情况下，企业能够较为准确地预估未来的利息支出，便于财务预算与成本控制。而且债券融资不分散企业控制权，原有股东能够保持对企业的掌控力，继续按照既定战略运营企业。但同时，企业需要承担到期还本付息的刚性义务，若经营不善，资金链紧张，可能面临偿债风险，一旦违约，不仅会损害企业信誉，还可能引发一系列法律问题，影响企业的后续发展。

【学中做9-6】某企业为扩大生产规模，计划筹集资金5 000万元。经过评估，决定发行债券。该企业向投资者发行了期限为5年的债券。请判断该企业发行的债券是否属于应付债券，并说明原因。

【解析】该企业发行的债券属于应付债券。原因是企业为筹集长期资金发行债券，且期限为5年，符合应付债券作为企业筹集长期资金工具且期限较长的特点。

2. 应付债券的分类

（1）按是否记名分类

按是否记名分类，应付债券可分为记名债券和无记名债券。

记名债券是指在券面上记载债券持有人姓名或名称的债券，转让时需办理过户手续。这一过程需要债券持有人向发行企业提供相关证明文件，企业进行登记备案后，才能完成所有权的转移。这种方式使得债券的所有权变更有迹可循，安全性较高，能有效防止债券被盗用或非法转让。

无记名债券则不记载持有人姓名或名称，转让时无须过户，仅凭债券交付即可完成转让。这使得无记名债券在市场上的流通更加便捷，流动性相对较强，投资者可以更灵活地进行交易。

（2）按有无担保分类

按有无担保分类，应付债券可分为有担保债券和无担保债券。

有担保债券以企业的特定资产作为担保，如固定资产、存货等。当企业无法按时偿还债券本息时，债券持有人有权按照相关法律程序处置担保资产以获得清偿。例如，企业以其核心生产设备作为担保发行债券，若企业违约，债券持有人可通过法院等机构对该设备进行拍卖，以拍卖所得偿还债券本息，风险相对较低。

无担保债券则仅凭借企业的信用发行，没有特定担保。这类债券的发行主要依赖于企业的信誉、经营状况和盈利能力。由于没有担保资产兜底，一旦企业经营出现问题，债券持有人面临的损失风险较高，所以通常利率也会高于有担保债券，以补偿投资者承担的额外风险。

【学中做9-7】某企业发行了一批债券，债券上未记载持有人姓名，且企业以其名下的一处房产作为债券担保。请判断该债券属于哪种类型的应付债券，并说明依据。

【解析】该债券属于无记名债券中的有担保债券。依据是债券上未记载持有人姓名，符合无记名债券的特征；同时企业以房产作为担保，所以又属于有担保债券。

3.应付债券的发行价格

应付债券的发行价格取决于债券面值、票面利率、市场利率以及债券期限等因素。

当票面利率高于市场利率时，债券溢价发行，溢价是对企业未来多支付利息的预先补偿。这是因为投资者在市场上能获得的平均收益低于该债券的票面利率，所以愿意以高于面值的价格购买，以获取更高的利息收益。

当票面利率低于市场利率时，债券折价发行，折价是对投资者未来少获得利息的补偿。因为投资者购买该债券获得的利息低于市场平均水平，所以需要通过较低的购买价格来弥补利息收益的不足。

当票面利率等于市场利率时，债券按面值发行，此时债券的收益与市场平均收益一致，投资者按面值购买即可。

【学中做9-8】某企业发行面值为1 000元的债券，票面利率为6%，市场利率为5%，期限为3年。判断该债券应溢价、折价还是按面值发行，并说明理由。

【解析】该债券应溢价发行。因为票面利率6%高于市场利率5%，投资者愿意以高于面值的价格购买，以获取更高的利息收益，所以债券溢价发行。

4.应付债券利息的计算

利息计算主要依据债券面值、票面利率和付息方式。计算公式为：

每期利息=债券面值×票面利率

若为分期付息债券，按付息周期计算并支付利息，这种方式可以使企业在债券存续期内逐步支付利息，减轻到期时的资金压力，同时也让投资者能定期获得现金回报，增强投资的流动性。

若为到期一次还本付息债券，利息在到期时一次性计算并支付，在债券存续期内企业无须支付利息，资金可用于其他经营活动，但到期时需要一次性支付高额本息，对企业的资金储备和现金流管理要求较高。

【学中做9-9】某企业发行面值为500万元的债券，票面利率为5%，每年付息一次。计算每年应支付的利息。

【解析】每年应支付利息=500×5%=25（万元）

5.应付债券核算的账户设置

（1）债券的发行

发行债券是企业筹集长期资金的重要方式，在这一过程中，涉及多个账户的设置与运用，主要通过“应付债券”账户进行核算，该账户属于负债类账户，用于准确记录与债券发行相关的经济业务。

“应付债券”账户下通常设置“面值”和“利息调整”等明细科目。

当企业按面值发行债券时，实际收到的款项等于债券面值，借记“银行存款”科目，贷记“应付债券——面值”科目。

若债券溢价发行，实际收到的款项大于债券面值，溢价部分记入“应付债券——利息调整”科目的贷方，即借记“银行存款”科目，贷记“应付债券——面值”和“应付债券——利息调整”科目。

若债券折价发行，实际收到的款项小于债券面值，折价部分记入“应付债券——利息调整”科目的借方，即借记“银行存款”和“应付债券——利息调整”科目，贷记“应付债券——面值”科目。

【学中做9-10】某企业发行面值为800万元的债券，发行价格为830万元，期限为4年，每年付息一次，票面年利率为6%。请分析发行时涉及的账户及账务处理。

【解析】此为溢价发行情况。发行时，实际收到款项830万元，银行存款增加830万元，

“应付债券——面值”增加800万元，溢价的30万元记入“应付债券——利息调整”贷方。账务处理为：

借：银行存款　　8 300 000

　贷：应付债券——面值　　8 000 000

　　　　　　——利息调整　　300 000

（2）资产负债表日计息

在资产负债表日，企业需要根据债券的实际情况进行利息计算和账务处理。

对于分期付息、一次还本的债券，按票面利率计算确定的应付未付利息，贷记“应付利息”科目；按摊余成本和实际利率计算确定的利息费用，借记“在建工程”（若符合资本化条件，如为建造固定资产而发行的债券，在资产达到预定可使用状态前的利息）、“财务费用”（若用于日常经营活动）等科目。两者之间的差额，借记或贷记“应付债券——利息调整”科目。

若为一次还本付息的债券，按票面利率计算确定的应付未付利息，贷记“应付债券——应计利息”科目，利息费用的计算及与“应付债券——利息调整”的处理方式与分期付息债券类似。

【学中做9-11】某企业发行面值500万元的债券，发行价格480万元，期限为3年，每年付息一次，票面年利率为5%，实际利率为6%。请计算第一年资产负债表日的利息费用、应付利息及利息调整摊销额，并进行账务处理。

【解析】应付利息=债券面值×票面利率=500×5%=25（万元）

利息费用=期初摊余成本×实际利率=480×6%=28.8（万元）

利息调整摊销额=利息费用-应付利息=28.8-25=3.8（万元）

账务处理为：

借：财务费用　　288 000

　贷：应付利息　　250 000

　　　应付债券——利息调整　　38 000

（3）债券到期

当债券到期时，企业需要履行偿还本金和利息的义务，这一过程同样涉及特定的账务处理。

对于分期付息、一次还本的债券，在到期偿还本金时，借记“应付债券——面值”科目，贷记“银行存款”科目，以此反映企业偿还债券本金，负债减少的情况。由于之前已逐期支付利息，所以此时无须再对利息进行额外处理。

而对于一次还本付息的债券，到期时不仅要偿还本金，还要支付全部累积的利息。此时，借记“应付债券——面值”和“应付债券——应计利息”科目，贷记“银行存款”科目。其中，“应付债券——面值”减少的金额为债券的票面本金，“应付债券——应计利息”减少的金额为债券存续期间按票面利率计算累积的利息总额，“银行存款”的减少体现企业资金的流出。

【学中做9-12】某企业发行面值为300万元的一次还本付息债券，期限为5年，票面年利率为4%。债券到期时，请分析涉及的账户及账务处理。

【解析】到期时应计利息=300×4%×5=60（万元）

债券到期时，“应付债券——面值”减少300万元，“应付债券——应计利息”减少60万元，“银行存款”减少360万元。

账务处理为：

借：应付债券——面值　　3 000 000

　　　　　——应计利息　　600 000

　贷：银行存款　　3 600 000

（二）任务要领

1.应付债券发行时涉及发行费用的账务处理要点

企业发行债券时，往往会产生诸如承销费、律师费、印刷费等发行费用。这些费用会直接影响债券的初始入账金额。账务处理时，应将发行费用从发行债券实际收到的款项中扣除，按照扣除后的净额借记“银行存款”科目。按照债券面值贷记“应付债券——面值”科目，按照实际收到的全部价款（扣除发行费用）与债券面值之间的差额，借记或贷记“应付债券——利息调整”科目。

例如，若企业按面值发行债券，每年支付利息时，需考虑发行费用增加的成本，对利息调整进行合理摊销，以准确反映债券的实际利息支出。

【做中学9-9】某企业按面值发行500万元债券，发行费用为10万元，款项已收付。请编制相关会计分录。

【解析】编制相关会计分录如下：

借：银行存款　　4 900 000

　　应付债券——利息调整　　100 000

　贷：应付债券——面值　　5 000 000

在这个案例中，企业实际收到的银行存款为490万元，比债券面值少10万元，这10万元的发行费用记入“应付债券——利息调整”的借方，后续在债券存续期内进行摊销。

2.应付债券在资产负债表日利息资本化的账务处理要点

如果企业发行债券筹集的资金用于符合资本化条件的资产购建，如建造固定资产、研发无形资产等，在资产达到预定可使用状态或可销售状态之前，债券利息应予以资本化，计入相关资产成本。在资产负债表日，按摊余成本和实际利率计算确定的利息费用，借记“在建工程”“研发支出”等科目，按票面利率计算确定的应付未付利息，贷记“应付利息”（分期付息债券）或“应付债券——应计利息”（到期一次还本付息债券）科目，按其差额，借记或贷记“应付债券——利息调整”科目。

【做中学9-10】某企业发行3年期、面值800万元的债券，票面年利率为5%，用于建造厂房。该厂房建造期为2年，每年付息一次。假设实际利率与票面利率相同，每年年末计提利息。请编制第一年资产负债表日的会计分录。

【解析】编制相关会计分录如下：

每年利息 = 800×5% = 40（万元）

借：在建工程　　400 000

　贷：应付利息　　400 000

在这个案例中，由于厂房处于建造期，每年40万元的利息应资本化计入在建工程成本，同时确认应付利息，待实际支付利息时，再借记“应付利息”，贷记“银行存款”。

3.应付债券到期偿还时涉及利息调整余额结清的账务处理要点

应付债券到期时，除了要偿还债券本金，还需要结清“应付债券——利息调整”科目的余额。

企业折价发行债券时，实际收到的款项低于债券面值，差额记入“应付债券——利息调整”科目的借方。在债券存续期间，要采用实际利率法把“应付债券——利息调整”的借方余额分期摊销到各期的利息费用里。实际利率法下，每期的利息费用等于期初摊余成本乘以实际利率，而每期支付的票面利息是固定的（面值乘以票面利率），两者的差额就是当期利息调整的摊销额。随着摊销的进行，“应付债券——利息调整”的借方余额会逐渐减少。债券到期时，“应付债券——利息调整”的借方余额要全部结清。偿还本金时，借记“应付债券——面值”，贷记“银行存款”。

企业溢价发行债券时，实际收到的款项高于债券面值，差额记入“应付债券——利息调整”科目的贷方。在债券存续期间，同样采用实际利率法将“应付债券——利息调整”的贷方余额分期摊销到各期的利息费用中。每期利息费用小于票面利息，差额为当期利息调整的摊销额。随着摊销的进行，"应付债券——利息调整"的贷方余额会逐渐减少。债券到期时，"应付债券——利息调整"的贷方余额要全部结清。偿还本金时，借记"应付债券——面值"，贷记"银行存款"。

【做中学9-11】某企业发行4年期、面值600万元的债券，发行时折价40万元，每年付息一次，到期一次还本。假设该债券用于日常经营活动，按实际利率计算确定的债券利息费用为30万元，按票面利率计算确定的应付未付的利息为20万元。请编制相关会计分录。

【解析】编制会计分录如下：

❶债券发行时。

	借方	贷方
借：银行存款	5 600 000	
应付债券——利息调整	400 000	
贷：应付债券——面值		6 000 000

❷每年年末计提并支付利息时。

按实际利率计算确定的债券利息费用30万元应记入"财务费用"；按票面利率计算确定的应付未付利息20万元记入"应付利息"；两者的差额是对利息调整的摊销，因为是折价发行，摊销时贷记"应付债券——利息调整"。

	借方	贷方
借：财务费用	300 000	
贷：应付利息		200 000
应付债券——利息调整		100 000
借：应付利息	200 000	
贷：银行存款		200 000

❸债券到期偿还本金时。

由于在存续期间"应付债券——利息调整"已经逐步摊销，到期时其余额已摊销完毕（每年摊销10万元，4年刚好摊销完40万元）。

	借方	贷方
借：应付债券——面值	6 000 000	
贷：银行存款		6 000 000

4.应付债券转换为股权的账务处理要点

若企业发行的是可转换债券，在满足转换条件时，债券持有人可将债券转换为企业股权。此时，账务处理需要体现债券负债的减少和股权的增加。按债券面值，借记"应付债券——面值"，按利息调整余额（若有）借记或贷记"应付债券——利息调整"，按转换的股权公允价值贷记"股本"（或实收资本）、"资本公积——股本溢价"（或资本溢价）等科目，差额贷记"资本公积——其他资本公积"（若有）。这一过程涉及复杂的金融工具转换核算，须准确确定股权公允价值，考虑利息调整余额的处理，以确保企业所有者权益和负债的准确调整。

【做中学9-12】某企业按面值发行可转换债券，面值300万元。债券持有人将其全部转换为股权，转换后股权公允价值为290万元。假设转换的股权按面值确认股本200万元。请编制转换时的会计分录。

【解析】编制相关会计分录如下：

	借方	贷方
借：应付债券——面值	3 000 000	
贷：股本		2 000 000
资本公积——股本溢价		900 000
——其他资本公积		100 000

在这个案例中，债券面值300万元，与股权公允价值290万元的差额，记入"资本公积——其他资本公积"。

5.应付债券中途回购的账务处理要点

企业在债券到期前，出于调整债务结构、降低财务成本等目的，可能回购部分或全部债券。回购时，按回购价格借记"应付债券——面值"（回购部分的面值），按"应付债券——利息调整"余额（回购部分对应的余额）借记或贷记该科目，按实际支付的回购款，贷记"银行存款”，差额借记或贷记“投资收益”。这一过程需要准确核算回购部分债券的账面价值和实际支付金额，反映企业债务结构的变化和可能产生的投资收益或损失。

【做中学9-13】某企业发行5年期债券，面值500万元，利息调整贷方余额为50万元（溢价发行）。在第3年回购100万元面值的债券，回购价格为105万元。请编制回购时的会计分录。

【解析】编制相关会计分录如下：

回购部分对应的利息调整余额=50×（100÷500）=10（万元）

借：应付债券——面值　　1 000 000

　　　　　　——利息调整　　100 000

　贷：银行存款　　1 050 000

　　　投资收益　　50 000

在这个案例中，回购100万元面值债券，对应利息调整贷方余额为10万元，实际支付回购款105万元，差额5万元记入“投资收益”贷方。

三、任务实施

步骤1：应付债券发行的账务处理

ABC公司成功发行3 000万元公司债券，假设按面值发行，收到款项时：

借：银行存款　　30 000 000

　贷：应付债券——面值　　30 000 000

若债券发行价格与面值不同，产生溢价或折价，如溢价发行，实际收到3 100万元：

借：银行存款　　31 000 000

　贷：应付债券——面值　　30 000 000

　　　　　　　——利息调整　　1 000 000

步骤2：应付债券利息计算与账务处理

每年应支付利息=3 000×5%=150（万元）

每年年末计提利息时（按实际利率法，假设实际利率与票面利率相同）：

借：在建工程　　1 500 000

　贷：应付利息　　1 500 000

每年年末支付利息时：

借：应付利息　　1 500 000

　贷：银行存款　　1 500 000

若实际利率与票面利率不同，涉及利息调整摊销，如实际利率为4%，摊余成本为3 100万元，则：

实际利息费用=3 100×4% = 124（万元）

利息调整摊销额= 150−124 = 26（万元）

计提利息时：

借：在建工程　　1 240 000

　　应付债券——利息调整　　260 000

　贷：应付利息　　1 500 000

支付利息时：

借：应付利息　　1 500 000

　贷：银行存款　　1 500 000

步骤3：应付债券偿还的账务处理

到期偿还本金和最后一年利息时：

借：应付债券——面值　　30 000 000

　　应付利息　　1 500 000

贷：银行存款　　31 500 000

步骤4：应付债券核算要点分析

债券发行价格确定：按市场利率与票面利率关系确定，市场利率低于票面利率溢价发行，反之折价发行，相等则按面值发行，不同发行价格账务处理有差异，溢价和折价通过“应付债券——利息调整”核算。

借款期限的影响：借款期限影响利息累计金额和财务报表负债列示，长期债券利息对企业成本和利润影响更持久。

不同付息方式的账务处理差异：每年付息通过“应付利息”核算，到期一次还本付息通过“应付债券——应计利息”核算。

9.2课证融通练习题

遵循准则法规：发行时确保手续合规，存续期准确核算利息和利息调整，偿还时准确记录，保证账务处理准确合规，防范财务风险。

任务三　长期应付款的核算

一、任务情景

（一）任务场景

ABC公司是一家专注于高端电子产品研发与制造的企业。为了提升产品竞争力，计划引进一套先进的生产设备，该设备总价为600万元。由于企业自有资金有限，经过与设备供应商协商，供应商同意ABC公司采用分期付款方式购买设备，期限为5年，每年年末支付120万元，并按照年利率5%支付利息。此外，ABC公司为了扩大生产规模，还与租赁公司签订了一份为期3年的融资租赁协议，租赁一台大型生产机器。租赁期开始日，该机器的公允价值为300万元，ABC公司需要在租赁期内每年年末支付租金110万元，租赁内含利率为6%。在进行这些业务的过程中，ABC公司需要按照会计准则准确核算长期应付款，确保财务数据的真实、准确，以合理反映企业的财务状况和经营成果。

（二）任务布置

1. 针对ABC公司采用分期付款方式购买设备以及融资租赁大型生产机器这两项业务，进行相应的账务处理。清晰展示“固定资产”（或“在建工程”，若设备需要安装）、“未确认融资费用”、“长期应付款”等会计科目的变动情况，体现资产增加与长期应付款形成的对应关系，以及未确认融资费用的初始计量。

2. 根据合同约定的利率和支付方式，以第一年为例，分别计算ABC公司分期付款购买设备和融资租赁机器每年应确认的融资费用，并编制每年年末融资费用计提和支付时的账务处理分录。明确“财务费用”（或“在建工程”，若符合资本化条件）、“未确认融资费用”、“长期应付款”以及“银行存款”等科目之间的变动情况，准确反映融资费用的核算过程。

3. 结合ABC公司的实际业务情况，分析长期应付款核算的关键要点，包括融资费用的计算方法（如实际利率法的应用）、长期应付款期限的确认、不同付款方式（如分期付款、融资租赁等）的账务处理差异，以及在长期应付款形成、使用和偿还过程中如何确保核算的准确性和合规性，避免财务风险。

二、任务准备

（一）知识准备

1. 长期应付款概述

长期应付款是企业财务核算中一个重要的负债项目，它指的是企业除长期借款和应付债券以外的其他各种长期应付款项。在企业的生产经营活动里，由于资金状况以及业务需求的多样性，企业常常会采用一些特殊的融资或交易方式，而长期应付款就是在这些情况下应运而生的一种长期负债形式。

长期应付款的存在对于企业来说具有重要意义。一方面，它使得企业在资金不足的情况下，能够通过分期付款、融资租赁等方式获取所需的资产，满足企业生产经营的需要。企业可以借助这些资产提升自身的生产能力、技术水平，从而增强市场竞争力。例如，一家小型制造业企业通过分期付款购入了一台高精度的数控机床，使得产品的加工精度和生产效率大幅提高，进而在市场上获得了更多的订单和利润。另一方面，企业也需要按照合同约定的期限和金额进行还款，这对企业的资金流和财务状况会产生一定的影响。如果企业不能合理安排资金，按时偿还长期应付款，可能会导致企业信用受损，甚至面临法律诉讼等风险。同时，长期应付款的利息支出也会增加企业的财务成本，影响企业的盈利能力。因此，企业在处理长期应付款相关业务时，需要谨慎评估自身的财务状况和还款能力，制订合理的资金计划。

【学中做9-13】某企业采用分期付款方式购入一台大型设备，合同约定分5年付款，每年年末支付100万元。请判断该业务形成的负债是否属于长期应付款，并说明理由。

【解析】该业务形成的负债属于长期应付款。理由是企业采用分期付款方式购入固定资产，且付款期限超过一年，符合长期应付款的定义，即企业除长期借款和应付债券以外的其他各种长期应付款项。

2.长期应付款的分类

（1）分期付款购入资产应付款

在企业的日常经营中，当企业需要购买固定资产、无形资产等资产时，由于这些资产的价值往往较高，企业可能会面临资金短缺的问题。为了解决这一问题，企业通常会与供应商协商采用分期付款的方式进行支付。这种付款方式允许企业在一定的期限内，按照合同约定的金额和时间分期向供应商支付资产的价款。

当企业采用分期付款方式购入资产时，在取得资产的同时，就形成了对供应商的长期应付款项。这是因为企业虽然已经获得了资产的使用权或所有权，但款项并未一次性付清，而是需要在未来的一段时间内逐步偿还。例如，企业购买一套大型生产设备，设备价款为500万元，合同约定分3年付款，每年支付166.67万元（不考虑利息）。在这种情况下，企业在购入设备时，就应将这500万元确认为长期应付款。随着时间的推移，企业每支付一笔款项，长期应付款的余额就相应减少。

从企业的财务角度来看，分期付款购入资产这种方式具有一定的优势。它可以缓解企业的资金压力，使企业能够在不影响正常资金周转的情况下，及时获得所需的资产。同时，这种方式也为企业提供了一定的资金灵活性，企业可以根据自身的经营状况和资金流情况，合理安排还款计划。然而，企业也需要注意，分期付款可能会产生一定的利息费用，这会增加企业的采购成本。因此，企业在选择分期付款方式时，需要综合考虑自身的财务状况、资金成本以及资产的使用效益等因素。

（2）应付融资租入固定资产租赁费

融资租入固定资产是一种特殊的租赁方式，指的是企业向经中国人民银行批准经营融资租赁业务的单位租入固定资产。在融资租赁交易中，租赁期通常较长，一般接近或等于资产的使用寿命。在租赁期内，企业虽然没有取得固定资产的所有权，但拥有其使用权，并承担与资产所有权有关的全部风险和报酬。

从风险和报酬的角度来看，企业在融资租入固定资产后，需要负责资产的日常维护、保养和修理等工作，承担资产因技术进步、市场变化等原因导致的贬值风险。同时，企业也可以通过使用该资产获得相应的收益，如生产产品、提供服务等。例如，企业融资租入一台设备，租赁期为5年，每年支付租金20万元，租赁期满设备归企业所有。在这5年的租赁期内，企业需要对设备进行妥善的管理和维护，确保设备的正常运行。如果设备在租赁期内出现故障或损坏，企业需要承担维修费用。而通过使用这台设备，企业可以生产出更多的产品，提高销售收入和利润。

由于融资租入固定资产的上述特点，企业应将应付的融资租赁费确认为长期应付款。这是因为企业在租赁期内有义务按照合同约定的金额和时间向租赁公司支付租金，这种支付义务具有长期性和确定性。通过将融资租赁费确认为长期应付款，企业可以准确反映自身的负债情况，便于财务报表使用者了解企业的财务状况和偿债能力。

【学中做9-14】某企业租入一台设备，租赁期为3年，每年支付租金80万元，租赁期满设备归企业所有。同时，企业购入一项专利技术，合同约定分4年付款，每年支付50万元。请分别判断这两项业务形成的负债属于哪种类型的长期应付款。

【解析】租入设备形成的负债属于应付融资租入固定资产租赁费，因为租赁期较长且租赁期满设备归企业所有，符合融资租赁的特征。购入专利技术形成的负债属于分期付款购入资产应付款，因为企业采用分期付款方式购入无形资产。

3.长期应付款核算的账户设置

为了准确核算企业除长期借款和应付债券以外的其他各种长期应付款项，企业应设置“长期应付款”账户。该账户属于负债类账户，其性质决定了它的记账规则。在会计核算中，负债类账户的贷方登记负债的增加，借方登记负债的减少。因此，“长期应付款”账户的贷方登记企业发生的长期应付款项，当企业采用分期付款方式购入资产或融资租入固定资产时，形成的长期应付款就应贷记该账户。而借方登记企业偿还的长期应付款项，当企业按照合同约定支付款项时，就应借记该账户。期末贷方余额反映企业尚未偿还的长期应付款项，这一余额可以直观地展示企业在某一时点上承担的长期负债金额。

为了更清晰地反映不同种类的长期应付款以及对应的债权人，该账户可按长期应付款的种类和债权人进行明细核算。例如，企业可以分别设置“长期应付款——分期付款购入固定资产应付款”“长期应付款——应付融资租入固定资产租赁费”等明细科目，并在每个明细科目下按照债权人进行进一步的细分。这样的明细核算方式有助于企业准确掌握各项长期应付款的具体情况，便于进行财务管理和财务分析。

4.其他非流动负债的核算

（1）租赁负债

使用权资产的初始计量：使用权资产是指承租人可在租赁期内使用租赁资产的权利。在租赁期开始日，承租人应当按照成本对使用权资产进行初始计量。该成本包括租赁负债的初始计量金额、在租赁期开始日或之前支付的租赁付款额（扣除已享受的租赁激励相关金额）、承租人发生的初始直接费用以及承租人为拆卸及移除租赁资产、复原租赁资产所在场地或将租赁资产恢复至租赁条款约定状态预计发生的成本。

【学中做9-15】某企业租赁一项设备，租赁期为3年，每年年末支付租金10万元，租赁内含利率为5%。在租赁期开始日，企业支付了初始直接费用2万元。请计算使用权资产的初始计量金额。

【解析】计算租赁负债的初始计量金额，根据年金现值公式：

租赁负债初始计量金额=10×（P/A，5%，3）=10×2.7232=27.232（万元）

使用权资产的初始计量金额=27.232+2=29.232（万元）

租赁负债的初始计量：租赁负债应按照租赁期开始日尚未支付的租赁付款额的现值进行初始计量。在计算租赁付款额的现值时，承租人应当采用租赁内含利率作为折现率；无法确定租赁内含利率的，应当采用承租人增量借款利率作为折现率。租赁付款额包括固定付款额及实质固定付款额，存在租赁激励的，应扣除租赁激励相关金额；取决于指数或比率的可变租赁付款额；购买选择权的行权价格，前提是承租人合理确定将行使该选择权；行使终止租赁选择权需要支付的款项，前提是租赁期反映出承租人将行使终止租赁选择权；根据承租人提供的担保余值预计应支付的款项。

【学中做9-16】某企业租赁一项资产，租赁期为5年，每年年末支付租金15万元，租赁内含利率为6%。请计算租赁负债的初始计量金额。

【解析】租赁负债初始计量金额=15×（P/A，6%，5）=15×4.2124=63.186（万元）

租赁负债的后续计量：在租赁期开始日后，承租人应当按照固定的周期性利率计算租赁负债在租赁期内各期间的利息费用，并计入当期损益，但按照《企业会计准则第17号——借款费用》等其他准则规定应当计入相关资产成本的，从其规定。承租人应当按照以下原则对租赁负债进行后续计量：确认租赁负债的利息时，增加租赁负债的账面金额；支付租赁付款额时，减少租赁负债的账面金额；因重估或租赁变更等原因导致租赁付款额发生变动时，重新计量租赁负债的账面价值。

【学中做9-17】承【学中做9-16】，在租赁期第2年末，企业支付租金15万元。请计算第2年末租赁负债的账面金额及应确认的利息费用（假设不考虑其他因素）。

【解析】第1年末租赁负债账面金额=63.186×（1+6%）−15=51.977（万元）

第2年末应确认的利息费用=51.977×6%=3.119（万元）

第2年末租赁负债账面金额=51.977×（1+6%）−15=40.096（万元）

（2）专项应付款

专项应付款是指企业取得政府作为企业所有者投入的具有专项或特定用途的款项。这些款项通常是政府为了支持企业特定项目的发展，如技术改造、新产品研发、环保项目等而给予的资金支持。企业在收到专项应付款后，需要按照政府规定的用途使用资金，并接受政府的监督和检查。

账户设置：企业应设置“专项应付款”账户，用于核算企业取得政府作为企业所有者投入的具有专项或特定用途的款项。该账户属于负债类账户，贷方登记企业收到的专项应付款项，借方登记企业使用专项应付款项的金额，期末贷方余额反映企业尚未转销的专项应付款项。该账户可按专项应付款的种类进行明细核算。

账务处理：企业收到专项应付款时，借记“银行存款”等科目，贷记“专项应付款”科目。企业使用专项应付款进行工程项目建设时，借记“在建工程”等科目，贷记“银行存款”“应付职工薪酬”等科目。工程项目完工形成长期资产的部分，借记“专项应付款”科目，贷记“资本公积——资本溢价”科目；对未形成长期资产需要核销的部分，借记“专项应付款”科目，贷记“在建工程”等科目；拨款结余需要返还的，借记“专项应付款”科目，贷记“银行存款”科目。

【学中做9-18】某企业收到政府给予的一项专项拨款200万元，用于新产品研发项目。企业在项目研发过程中，共发生研发费用180万元，其中150万元形成了无形资产，30万元未形成长期资产需要核销。项目结束后，拨款结余20万元返还给政府。请编制相关会计分录。

【解析】编制会计分录如下：

❶收到专项拨款时。

	借方	贷方
借：银行存款	2 000 000	
贷：专项应付款		2 000 000

❷发生研发费用时。

	借方	贷方
借：研发支出——资本化支出	1 500 000	
——费用化支出	300 000	
贷：银行存款		1 800 000

❸形成无形资产时。

	借方	贷方
借：无形资产	1 500 000	
贷：研发支出——资本化支出		1 500 000

❹核销未形成长期资产的部分。

	借方	贷方
借：专项应付款	300 000	
贷：研发支出——费用化支出		300 000

❺返还拨款结余时。

	借方	贷方
借：专项应付款	200 000	
贷：银行存款		200 000

同时，将形成长期资产部分转入资本公积。

	借方	贷方
借：专项应付款	1 500 000	

贷：资本公积——资本溢价　1 500 000

（二）任务要领

1.长期应付款的账务处理要点

（1）分期付款购入资产的账务处理

企业采用分期付款方式购入资产，需要按照一定的原则进行账务处理。按照购买价款的现值，借记“固定资产”“无形资产”等科目，这是因为在会计核算中，资产的入账价值通常应按照其公允价值或现值来确定。购买价款的现值反映了资产在当前市场条件下的实际价值。按应支付的金额，贷记“长期应付款”科目，体现了企业因购入资产而形成的负债义务。按其差额，借记“未确认融资费用”科目。未确认融资费用实际上是企业因采用分期付款方式而承担的融资成本，需要在付款期间内按照实际利率法进行摊销，计入财务费用。

实际利率法是一种精确计算融资费用的方法，以每期期初长期应付款的摊余成本乘以实际利率来确定当期应确认的融资费用。随着长期应付款的偿还，摊余成本逐渐减少，每期确认的融资费用也会相应减少。例如，企业采用分期付款方式购入一台设备，设备价款为600万元，合同约定分3年付款，每年年末支付200万元。该设备的现值为540万元。在购入设备时，企业应编制如下会计分录：

借：固定资产　5 400 000

　　未确认融资费用　600 000

　贷：长期应付款　6 000 000

在后续的付款期间内，企业需要按照实际利率法计算并摊销未确认融资费用，将其计入财务费用。

（2）融资租入固定资产的账务处理

融资租入固定资产的账务处理相对较为复杂。在租赁期开始日，按租赁资产公允价值与最低租赁付款额现值两者中较低者，加上初始直接费用，借记“固定资产——融资租入固定资产”科目。选择两者中较低者作为入账价值，体现了会计核算的谨慎性原则。初始直接费用是指企业在租赁谈判和签订租赁合同过程中发生的、可直接归属于租赁项目的费用，如手续费、律师费等。按最低租赁付款额，贷记“长期应付款——应付融资租赁款”科目，最低租赁付款额是指在租赁期内，企业应支付或可能被要求支付的款项（不包括或有租金和履约成本），加上企业或与其有关的第三方担保的资产余值。按发生的初始直接费用，贷记“银行存款”等科目。按其差额，借记“未确认融资费用”科目。

同样，未确认融资费用在租赁期内也需要按照实际利率法进行摊销，计入财务费用。这是因为融资租入固定资产本质上也是一种融资行为，企业需要为使用租赁资产而承担一定的融资成本。通过实际利率法摊销未确认融资费用，可以更准确地反映企业在租赁期内的财务费用支出情况。

【做中学9-14】某企业采用分期付款方式购入一台设备，设备价款为600万元，合同约定分3年付款，每年年末支付200万元。该设备的现值为540万元。请编制购入设备时的会计分录。

【解析】编制会计分录如下：

借：固定资产　5 400 000

　　未确认融资费用　600 000

　贷：长期应付款　6 000 000

2.租赁负债的账务处理要点

（1）租赁期开始日的账务处理

在租赁期开始日，承租人应按租赁付款额的现值确认租赁负债，同时确认使用权资产。租赁付款额包括固定付款额、取决于指数或比率的可变租赁付款额、购买选择权的行权价格（若承租人合理确定将行使该选择权）、行使终止租赁选择权需要支付的款项（若租赁期反映承租人将行使该选择权）等。按租赁付款额的现值，借记“使用权资产”科目；按尚未支付的租赁付款额，贷记“租赁负债——租赁付款额”科目；按两者的差额，贷记或借记“租赁负债——未确认融资费用”科目。

【做中学9-15】甲公司于2×25年1月1日与乙租赁公司签订一项设备租赁合同，租赁期为4年，每年年末支付租金150万元。租赁内含利率为8%，（P/A，8%，4）=3.3121。请编制甲公司租赁期开始日的会计分录。

【解析】租赁付款额 = 150×4 = 600（万元）

租赁付款额的现值 = 150×3.3121 = 496.815（万元）

未确认融资费用 = 600 − 496.815 = 103.185（万元）

会计分录如下：

借：使用权资产　　4 968 150

　　租赁负债——未确认融资费用　　1 031 850

　贷：租赁负债——租赁付款额　　6 000 000

（2）租赁期间的账务处理

确认租赁负债利息：在租赁期间，承租人应按照固定的周期性利率计算租赁负债在各期间的利息费用，并计入当期损益（一般为财务费用）。同时，增加租赁负债的账面金额。借记“财务费用”等科目，贷记“租赁负债——未确认融资费用”科目。

支付租赁付款额：支付租赁付款额时，减少租赁负债的账面金额，借记“租赁负债——租赁付款额”科目，贷记“银行存款”等科目。

【做中学9-16】承【做中学9-15】，编制甲公司2×25年年末确认利息费用和支付租金的会计分录。

【解析】2×25年应确认的利息费用 = 496.815×8% = 39.7452（万元）

确认利息费用的会计分录：

借：财务费用　　397 452

　贷：租赁负债——未确认融资费用　　397 452

支付租金的会计分录：

借：租赁负债——租赁付款额　　1 500 000

　贷：银行存款　　1 500 000

（3）租赁期满的账务处理

租赁期满时，若承租人行使购买选择权，按支付的购买价款，借记“固定资产”等科目，贷记“银行存款”等科目；同时，将租赁负债和使用权资产的余额予以转销。若承租人未行使购买选择权且租赁资产归还出租人，将使用权资产的账面价值予以转销。

【做中学9-17】承【做中学9-16】，假设2×28年年末租赁期满，甲公司行使购买选择权，支付购买价款10万元。此时租赁负债和使用权资产的余额已经转销。请编制甲公司相关会计分录。

【解析】编制会计分录如下：

借：固定资产　　100 000

　贷：银行存款　　100 000

3. 专项应付款的账务处理要点

（1）收到专项拨款的账务处理

企业收到政府作为企业所有者投入的具有专项或特定用途的款项时，借记“银行存款”科目，贷记“专项应付款”科目。这体现了企业负债的增加，因为企业有义务按照政府规定的用途使用这笔资金。

【做中学9-18】某公司于2×25年3月1日收到政府给予的一项专项拨款500万元，用于新型环保产品的研发项目。请编制丙公司收到拨款时的会计分录。

【解析】编制会计分录如下：

借：银行存款　　5 000 000

　　贷：专项应付款　　5 000 000

（2）使用专项拨款的账务处理

在使用专项拨款时，需要区分形成资产和费用化两种情况。

形成资产的情况：如果专项拨款用于购置固定资产、无形资产等长期资产，在资产达到预定可使用状态时，应按照实际成本，借记“固定资产”“无形资产”等科目，贷记“银行存款”等科目；同时，借记“专项应付款”科目，贷记“资本公积——资本溢价”科目。这意味着企业将专项拨款转为所有者权益，因为这部分资金形成了企业的资产，且是由政府投入形成的。

费用化的情况：若专项拨款用于支付研发费用、人员薪酬等费用化支出，应借记“研发支出——费用化支出”“管理费用”等科目，贷记“银行存款”等科目；同时，借记“专项应付款”科目，贷记“营业外收入”（旧准则）或直接冲减相关费用科目（新准则）。以新准则为例，这种处理体现了专项拨款对费用的抵减，降低了企业的实际费用负担。

【做中学9-19】承【做中学9-18】，某公司使用专项拨款进行新型环保产品研发，发生以下支出：购买研发设备200万元，支付研发人员薪酬150万元，其他研发费用50万元。研发设备已达到预定可使用状态，研发人员薪酬和其他研发费用均为费用化支出。请编制相关会计分录。

【解析】编制会计分录如下：

❶购买研发设备。

借：固定资产　　2 000 000

　　贷：银行存款　　2 000 000

借：专项应付款　　2 000 000

　　贷：资本公积——资本溢价　　2 000 000

❷支付研发人员薪酬和其他研发费用。

借：研发支出——费用化支出　　2 000 000

　　贷：银行存款　　2 000 000

借：专项应付款　　2 000 000

　　贷：研发支出——费用化支出　　2 000 000

（3）专项拨款项目结束的账务处理

项目结束后，需要对专项应付款进行清算。如果专项拨款有结余，且按照规定需要返还给政府，应借记“专项应付款”科目，贷记“银行存款”科目；如果不需要返还，应将结余部分转入“资本公积——资本溢价”科目。

【做中学9-20】承【做中学9-19】，新型环保产品研发项目结束，经核算专项拨款结余100万元，根据规定，这部分结余不需要返还给政府。请编制丙公司相关会计分录。

【解析】编制会计分录如下：

借：专项应付款　　1 000 000

　　贷：资本公积——资本溢价　　1 000 000

三、任务实施

步骤1：长期应付款形成的账务处理

（1）分期付款购买设备

设备总价600万元，每年年末支付120万元，共5年，按年利率5%计算每年利息。首先计算未来现金流量现值（假设不考虑其他因素），每年支付120万元，共5年，年利率5%，通过年金现值系数计算得出设备现值约为519.54万元，与设备总价600万元的差额为未确认融资费用。

编制会计分录如下：

借：固定资产——设备　　5 195 400

　　未确认融资费用　　804 600

　贷：长期应付款——设备款　　6 000 000

（2）融资租赁大型生产机器

租赁期开始日机器公允价值为300万元，每年年末支付租金110万元，租赁内含利率为6%，通过计算，最低租赁付款额现值为294.03万元，未确认融资费用为35.97万元。

编制会计分录如下：

借：固定资产——融资租入固定资产　　2 940 300

　　未确认融资费用　　359 700

　贷：长期应付款——应付融资租赁款　　3 300 000

步骤2：长期应付款利息计算与账务处理

（1）分期付款购买设备

第一年应确认融资费用=519.54×5% = 25.98（万元）

编制会计分录如下：

❶计提。

借：财务费用　　259 800

　贷：未确认融资费用　　259 800

❷支付。

借：长期应付款——设备款　　1 200 000

　贷：银行存款　　1 200 000

（2）融资租赁大型生产机器

第一年应确认融资费用=294.03×6% = 17.64（万元）

编制会计分录如下：

❶计提。

借：财务费用　　176 400

　贷：未确认融资费用　　176 400

❷支付。

借：长期应付款——应付融资租赁款　　1 100 000

　贷：银行存款　　1 100 000

步骤3：长期应付款核算要点分析

融资费用计算：在分期付款购买设备和融资租赁业务中，均采用实际利率法计算融资费用。实际利率法能准确反映各期实际承担的融资成本，在计算时需依据初始确认的长期应付款现值、实际利率以及各期还款情况逐年调整。

期限确认：明确长期应付款的还款期限，如分期付款购买设备的5年期限和融资租赁机器的3年期限，这影响到融资费用的分摊期间以及长期应付款的列报。

付款方式账务差异：分期付款购买设备和融资租赁虽都形成长期应付款，但账务处理有差异。如固定资产入账价值的确定，分期付款按未来现金流量现值入账，融资租赁按租赁资产公允价值与最低租赁付款额现值两者中较低者入账。同时，两者在未确认融资费用分摊和长期应付款明细科目设置上也有所不同。

准确性与合规性：在长期应付款形成时，财务人员应准确确定未确认融资费用；在使用过程中，财务人员应严格按实际利率法分摊融资费用；偿还时，财务人员应确保长期应付款和银行存款等科目记录准确，遵循会计准则要求，保证财务信息真实可靠，防范财务风险。

9.3课证融通练习题

【职业课堂】创新核算引领非流动负债管理新风尚

鑫源能源公司是一家处于快速扩张期的能源企业，为了布局新能源项目、提升产能，计划进行大规模的融资活动，主要通过发行可转换公司债券和取得长期银行贷款来获取资金。这使得非流动负债的核算与管理变得极为复杂且关键，直接关系到企业的资金成本、财务风险和战略发展。

李经理深知此次任务的重要性。可转换公司债券涉及复杂的权益成分和负债成分的拆分，以及转股价格、转股期限等特殊条款的处理；同时，公司过往的非流动负债核算方法较为传统，难以适应此次复杂的业务需求。

面对挑战，李经理没有局限于传统思维和方法。她组织团队深入研究最新的金融市场动态和会计准则变化，大胆创新，引入了期权定价模型，准确地拆分了可转换公司债券的权益成分和负债成分。对于长期银行贷款，她创新设计了一种基于市场利率指数的浮动还款计划，实时监控利率变化对还款金额的影响，有效降低了企业的财务风险。在这个过程中，李经理还鼓励团队成员提出新的想法和建议，营造了良好的创新氛围。

最终，在李经理的带领下，鑫源能源公司顺利完成了融资活动，非流动负债的核算准确且高效，为企业节省了大量的资金成本。这种创新的核算和管理方式也得到了同行业的关注和认可。

请思考：创新突破对财务人员的重要性体现在哪些方面？

【解析】创新突破对财务人员极为重要。在鑫源能源公司非流动负债核算这类复杂业务中，传统方法往往难以胜任。财务人员创新突破，引入新理念和方法，如李经理引入期权定价模型、设计浮动还款计划，可精准处理业务，提升核算准确性与效率，降低财务风险，能在市场和政策变化时及时调整策略，为企业争取有利财务安排。此外，创新能力可提升财务人员竞争力，为企业战略决策提供更有价值支持，推动企业持续发展。

项目小结

本项目聚焦非流动负债的核算，构建了系统的知识框架。在长期借款核算中，掌握了取得借款、计提利息及偿还本金等环节的账务处理，明确了不同还款方式对财务的影响。应付债券核算方面，学会了区分债券发行的不同情况，能准确计算利息调整额并进行摊销，清晰其对企业资金成本的作用。长期应付款核算中，熟悉了分期付款购入资产和融资租入固定资产等业务的核算要点，能合理确定资产入账价值与未确认融资费用。对于其他非流动负债核算，了解了相关特殊业务的处理原则。通过学习，深刻认识到非流动负债核算对企业财务状况和经营成果的重要性，为精准处理财务工作、防范财务风险奠定了坚实基础。

技能锤炼

业务处理题（一）

甲公司于2×20年1月1日向银行借入一笔5年期长期借款，本金100万元，年利率6%，按年付息，到期还本。2×25年1月1日，甲公司如期偿还该笔借款本金及当年利息。

要求：请编制甲公司偿还长期借款本金和利息的会计分录。

业务处理题（二）

乙公司2×24年1月1日发行可转换公司债券，面值总额200万元，发行价220万元，票面年利率3%，一年后可转换为普通股。2×25年1月1日，债券持有人将全部债券转换为普通股，转股价格为每股10元，每股面值1元。

要求：请编制乙公司债券转换为股权的会计分录（不考虑其他因素）。

业务处理题（三）

丙公司采用分期付款方式购入一台设备，合同约定购买价款为150万元，分3年于每年年末等额支付。该设备现销价格为130万元，实际利率为8%。

要求：请编制丙公司购入设备时确认长期应付款以及第一年年末支付款项并分摊未确认融资费用的会计分录。

项目综合评价

项目九综合评价参考表见表9-1：

表9-1 项目九综合评价参考表

项目名称	认识企业财务会计		
评价内容		学生自评（50%）	教师评价（50%）
素养目标	1.帮助学生树立创新精神，适应市场新环境（10分）		
	2.秉持严格守法精神，确保核算工作合法合规（10分）		
	3.树立底线思维，对非流动负债可能带来的财务风险保持敏锐洞察。（10分）		
知识目标	1.掌握长期借款、应付债券、长期应付款等非流动负债的定义、特征（5分）		
	2.熟悉各类非流动负债的形成原因及相关分类标准（10分）		
	3.精通不同类型非流动负债在初始计量、后续计量和终止确认环节的核算原则与方法（10分）		
	4.了解非流动负债利息费用资本化和费用化的标准及账务处理方式（10分）		
	5.掌握长期借款、应付债券、长期应付款等非流动负债核算的账户设置（10分）		
技能目标	1.能精准识别非流动负债业务中的违规行为和风险点（5分）		
	2.能熟练进行长期借款、应付债券、长期应付款等非流动负债的账务处理（10分）		
	3.掌握非流动负债利息计算、摊销及相关账务处理的方法和要领（10分）		
项目评价成绩（100分）			
项目综合评价： 教师签名： 日期：			

项目十　所有者权益的核算

素养目标

1. 树立对所有者权益核算的职业责任感，严谨对待每笔账务，重视核算对企业和股东权益的影响。

2. 培养团队协作精神，在处理复杂核算问题时与成员有效沟通，理解岗位协作的重要性。

3. 增强风险防范意识，关注政策和核算失误风险，学会提前预判并解决问题。

知识目标

1. 了解所有者权益的概念、特点。
2. 理解实收资本、资本公积、留存收益的概念、来源及相互关系。
3. 掌握实收资本的核算方法及范围。
4. 熟悉资本公积核算范围及留存收益的计提、分配规则。

技能目标

1. 熟练掌握实收资本的账务处理。
2. 熟练掌握资本公积的账务处理。
3. 熟练掌握留存收益的账务处理。

项目导图

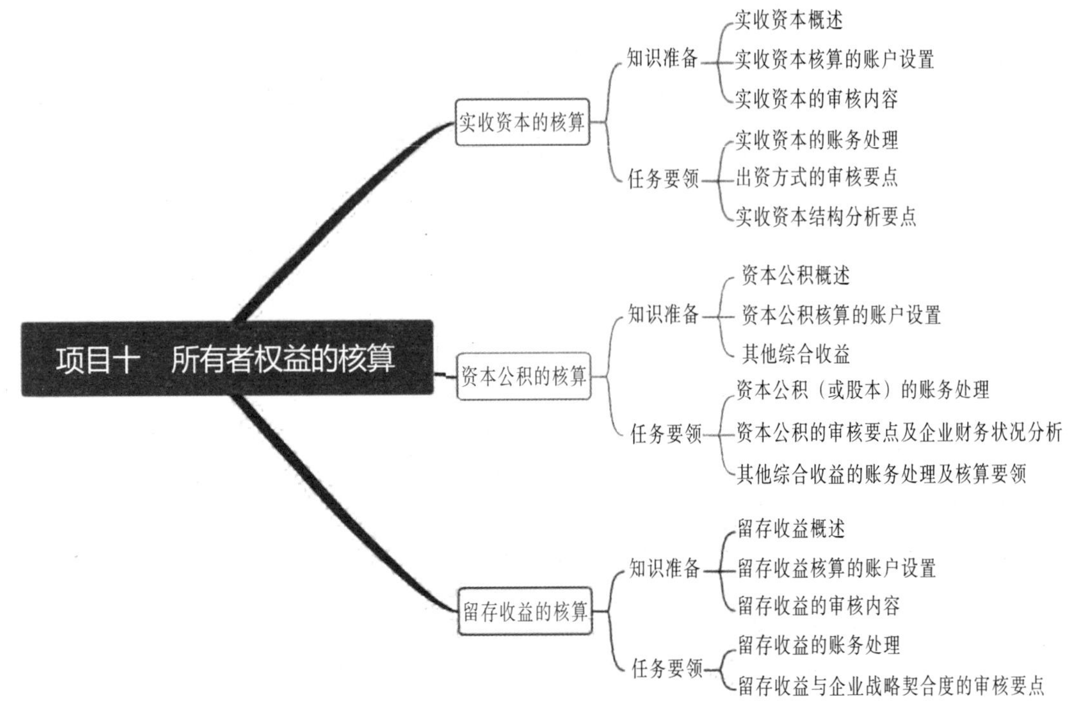

价值引领

××科技公司创新发展保障所有者权益

××科技公司创立初期，面临资金短缺、技术人才匮乏的困境。公司管理层凭借专业素养，制定了发展战略，与高校科研团队开展产学研合作，引入前沿技术，降低研发成本，提升研发效率。在资金管理上，管理层严格规划资金流向，保障核心技术研发投入，杜绝浪费。随着业务拓展，面对激烈的市场竞争，公司没有打价格战，而是凭借专业知识开展市场调研，依据客户需求，加大产品创新与用户体验优化投入，推出个性化软件产品，快速抢占市场。这不仅彰显了公司的技术实力，更体现了以客户为中心、追求卓越品质的职业精神。发展进程中，管理层意识到融资与股权结构优化的重要性，凭借专业的金融知识和沟通能力，拓展融资渠道，引入战略投资者。公司遵循诚信原则，如实披露信息，优化股权结构，保障各方权益。同时，公司定期向股东汇报经营状况与财务数据，保障股东知情权，维护所有者权益。

请思考：企业如何保障所有者权益？

【解析】从所有者权益角度，××科技公司在创立初期，管理层合理规划资金与引入前沿技术，维护了所有者权益；面对竞争，以专业能力推动创新，实现所有者权益增值；融资与股权优化时，凭借专业素养与诚信原则，保障权益多元化与稳定性；坚持信息透明。该案例体现了创新、诚信、责任在企业保障和提升所有者权益中的重要性。也只有通过科学决策、诚信经营等实现可持续发展，才能保障所有者权益。

任务一　实收资本的核算

一、任务情景

（一）任务场景

勤立公司是一家专注于软件开发的企业，在激烈的市场竞争中，实收资本的核算与管理对于公司的稳定发展起着至关重要的作用。公司成立初期，股东们的出资成为公司启动和运营的基础。在公司运营过程中，随着业务拓展、规模扩大，涉及增资扩股、股权变更等一系列与实收资本密切相关的业务活动，这些活动不仅影响着公司的资金结构，也对公司的股权架构和股东权益产生深远影响。

公司成立时，两位创始人甲和乙分别以现金出资50万元和30万元，作为公司的初始实收资本，用于购置办公设备、招聘人员、开展前期研发等工作，为公司的起步奠定了资金基础。随着公司业务逐渐走上正轨，为了进一步拓展市场、提升技术实力，公司决定引入战略投资者丙。丙以现金出资20万元，同时以其持有的一项软件技术专利作价10万元入股公司，公司的实收资本相应增加，这一过程不仅为公司带来了新的资金和技术资源，也改变了公司原有的股权结构。

（二）任务布置

1.针对公司成立时甲和乙的现金出资业务，进行相应的账务处理，清晰展示银行存款与实收资本两个会计科目的变动情况，体现资金注入与实收资本增加的对应关系。

2.对于公司引入战略投资者丙的业务，进行相应的账务处理，明确现金出资和无形资产（软件技术专利）出资在“银行存款”、“无形资产”与“实收资本科目”之间的变动关系，准确反映企业实收资本的增加以及资产形态的变化。

3.结合公司的实际业务情况，分析实收资本核算过程中的关键要点，如股东出资的确认、计量原则，不同出资方式（现金、实物、无形资产等）的账务处理差异，以及在增资扩股、股权变更等业务中如何确保实收资本核算的准确性和合规性。

4.分析实收资本变动对公司股权结构和股东权益的影响，阐述如何通过实收资本的核算来清晰反映股东权益的变化情况，为公司的股权管理和决策提供准确的财务信息支持。

二、任务准备

（一）知识准备

1.实收资本概述

（1）实收资本定义

实收资本作为企业的核心资本，是企业设立和运营的起点，是企业依照章程、合同或协议的约定，接收投资者投入的法定资本。实收资本明确了企业的产权归属，界定了股东在企业中的原始权益，是企业开展各项经营活动的资金基石。在不同的企业组织形式中，实收资本的表现形式和确认方式各有不同。实收资本的规模大小、构成结构，不仅决定了企业的初始财务实力，还深刻影响着企业未来的发展空间和战略走向。

有限责任公司实收资本：实收资本是指投资者按照企业章程或合同、协议的约定，实际投入有限责任公司的资本。它代表了股东对公司的初始投入和权益份额，是公司成立和运营的基础资金来源。例如，A有限责任公司由股东甲、乙共同出资设立，甲出资50万元，乙出资30万元，这80万元即为公司的实收资本。

股份有限公司股本：对于股份有限公司而言，通过发行股票筹集的资本称为股本。股本是公司在注册登记时的法定资本总额，每股股票的面值乘以发行的股份总数即为股本金额。如B股份有限公司发行每股面值为1元的股票100万股，那么公司的股本就是100万元。

（2）实收资本会计核算原则

真实性原则：真实性是实收资本核算的根本要求，每一笔实收资本的增减变动都必须以实际发生的股东出资业务为依据，确保所有的出资凭证、协议、合同等文件真实可靠，使实收资本的核算建立在坚实的事实基础之上，如实反映企业资本的实际情况。

合法性原则：企业在进行实收资本核算时，必须严格遵循国家相关法律法规以及会计准则的规定。从出资方式的选择，到资本的增减变动，再到财务信息的披露，每一个环节都要符合法律规范，保障股东和企业的合法权益，维护市场秩序和交易安全。

完整性原则：在实收资本核算过程中，企业要全面、系统地记录与实收资本相关的所有经济业务，无论是股东的初始出资、后续的增资扩股、减资，还是股权的转让、赠与等，都应完整地纳入核算体系，确保实收资本信息的全面性和准确性，为企业财务分析和决策提供完整的数据支持。

【学中做10–1】一家汽车零部件制造企业股东以生产线出资。按真实性、合法性和完整性原则，企业须先收集购买发票、运输单据、安装调试与验收报告，证明生产线真实及其价值；再查阅公司法、会计准则和行业法规，确认评估程序、出资比例等合规性；若企业后续增资扩股，应按完整性原则梳理新股东出资方式、金额、股权变化等核算记录事项，并与生产线出资核算对比。

【解析】收集购买发票明确生产线成本与来源，运输单据展示运输费用，安装调试和验收报告确认质量及可用性，以此保证真实性。查阅法规明确非货币资产出资的评估要求、机构资质、出资比例及行业规定，确保合法性。增资扩股时，须评估作价、办理产权转移，核算金额，记录股权变化，确保完整性。

（3）实收资本价值计量

历史成本计量：历史成本计量是指以股东出资时的实际成本作为实收资本的入账价值，具有操作简便、数据稳定、可靠性高的特点。现金出资直接按实际收到的金额计量；非货币资产出资，如固定资产、无形资产、存货等，按出资时经专业评估或合同约定的公允价值计量，如实反映出资的原始投入成本，便于核算和比较不同时期的资本状况。

公允价值计量：在企业发生资产重组、引入战略投资者、进行股权交易、企业改制等特殊情形时，对非货币资产出资采用公允价值计量。公允价值是在公平交易环境下，交易双方基于对资产的充分了解，自愿达成的交易价格，能更准确地反映资产当前的实际价值以及企业的真实价值状况，为投资者和利益相关者提供更相关的决策信息，但评估过程相对复杂，主观性较强，数据稳定性较差。

（4）实收资本结构

实收资本结构反映了企业实收资本中不同股东出资的比例关系以及股权的分布状态。合理的实收资本结构对企业至关重要，能够有效提升企业的决策效率，降低内部管理成本，增强企业在市场波动中的稳定性和抗风险能力。股权过度集中，可能导致大股东权力过大，决策缺乏有效制衡，中小股东权益容易受到侵害；而股权过于分散，则容易引发内部决策效率低下，甚至出现控制权争夺的问题，影响企业的正常运营和发展。

【学中做10–2】选取一家在行业内具有代表性的上市公司，收集其近五年的股权结构数据，包括大股东持股比例、前十大股东持股比例之和、股权制衡度等指标。结合公司的战略决策、经营业绩、重大事件等，分析其实收资本结构的合理性。假设你是该公司的战略顾问，根据公司当前的发展阶段和市场竞争环境，为其制定一份优化实收资本结构的建议方案，阐述调整股权比例、引入新股东或股东结构变化的理由和预期效果，以及可能面临的风险和应对措施。

【解析】分析股权结构时，大股东持股比例过高，易缺乏监督，可能损害公司和中小股东利益；前十大股东持股比例之和反映股权集中程度；股权制衡度体现股东制约关系，制衡度低，大股东易独断专行。公司扩张期，股权过度集中限制发展，可引入战略投资者，但要防范新旧股东冲突，应完善章程和决策机制。股权分散可能导致决策效率低，可协议转让股权提升效率，同时做好股东沟通，阐明调整对公司发展的积极意义。

（5）实收资本与企业财务状况关系

实收资本对偿债能力的影响：实收资本是企业所有者权益的重要组成部分，实收资本的增加意味着企业净资产增加，在一定程度上增强了企业的偿债能力。因为净资产的增加可以为企业的债务提供更多的保障，使债权人对企业的还款能力更有信心。例如，企业在面临贷款申请时，较高的实收资本可能更容易获得银行的信任和贷款额度。

实收资本对企业运营和发展的作用：充足的实收资本为企业的运营提供了基础资金，支持企业开展各项业务活动，如购置设备、研发投入、市场拓展等。同时，实收资本的规模也反映了企业的实力和抗风险能力，对于企业吸引合作伙伴、获取资源等方面具有重要意义。例如，在企业参与大型项目投标时，一定规模的实收资本是参与投标的基本条件之一。

实收资本变动与企业战略的关联：企业战略调整如扩张、并购、重组等，可能导致实收资本的变动。分析这种关联可以了解企业战略实施的进展和效果。例如，企业通过吸收新股东增资，可能是为了获取资金用于新业务拓展或技术研发，反映了企业的扩张战略。

2.实收资本核算的账户设置

（1）有限责任公司实收资本

当企业收到股东出资时，根据出资方式借记相应资产科目。股东以现金出资，借记“银行存款”；以固定资产出资，借记“固定资产”，并按评估价值或合同约定价值入账；以无形资产出资，借记“无形资产”，同样按评估价值或合同约定价值入账，同时贷记“实收资本”科目。若出资额超出注册资本份额，超出部分贷记“资本公积——资本溢价”科目。

例如，C有限责任公司原注册资本为200万元，股东丙以一项评估价值为80万元的专利技术出资，其中50万元记入“实收资本”，30万元记入“资本公积”。会计分录为：

借：无形资产——专利技术　　800 000

　贷：实收资本——丙　　500 000

　　资本公积——资本溢价　　300 000

（2）股份有限公司股本

股份有限公司通过发行股票筹集股本。在平价发行股票时，按实际收到的股款借记“银行存款”等科目，按股票面值和发行股份总数的乘积贷记“股本”科目；若溢价发行股票，按实际收到的股款借记“银行存款”等科目，按股票面值和发行股份总数的乘积贷记“股本”科目，溢价部分贷记“资本公积——股本溢价”科目。发行股票过程中发生的手续费、佣金等交易费用，溢价发行的，从溢价中抵扣，冲减“资本公积——股本溢价”；平价发行或溢价金额不足以抵扣的，依次冲减盈余公积和未分配利润。

例如，D股份有限公司溢价发行每股面值1元的股票100万股，发行价格为每股5元，支付手续费、佣金等20万元，会计分录为：

借：银行存款（5×1 000 000-200 000）　　4 800 000

　贷：股本　　1 000 000

　　资本公积——股本溢价　　3 800 000

3.实收资本的审核内容

（1）审核原始凭证的真实性和完整性

检查与实收资本形成、变动相关的原始凭证，如投资协议、公司章程、资产评估报告、银行收款回单等，确保其真实有效，无伪造篡改，且内容完整，包含必要信息。例如，审核投资协议中投资金额、出资方式、股权比例等条款是否明确，银行收款回单的金额、账户信息是否准确。

（2）复核计算过程的准确性

对实收资本的计算过程进行复核，检查股东出资额的计算是否正确，股份有限公司股本的计算是否基于准确的股票面值和发行数量，防止因计算错误导致实收资本金额核算不准确。例如，在计算有限责任公司股东出资超出注册资本份额计入资本公积的金额时，要仔细核对。

（3）审查实收资本变动的合规性

确认实收资本的增减变动是否符合法定程序，有无审批文件，是否符合公司章程规定。如企业增资须经过股东会决议通过，减资须按照法定程序通知债权人等。例如，审核企业减资时是否发布公告，是否妥善处理债务清偿或提供担保。

（二）任务要领

1.实收资本的账务处理

（1）初始出资的账务处理任务要领

微课10.1
实收资本的
账务处理

明确不同出资方式对应的资产科目。现金出资对应“银行存款”科目；固定资产出资，要先对资产进行评估，按评估价值借记“固定资产”；无形资产出资同理，按评估价值借记“无形资产”。

准确贷记“实收资本”（有限责任公司）或“股本”（股份有限公司）科目，若出资额超出注册资本份额，超出部分贷记“资本公积——资本溢价（或股本溢价）”。

（2）增资的账务处理任务要领

对于接受新股东投资，处理方式与初始出资类似，根据出资方式借记对应资产科目，贷记“实收资本”或“股本”及“资本公积”（若有溢价）。

资本公积转增资本时，借记“资本公积”，贷记“实收资本”或“股本”；盈余公积转增资本，借记“盈余公积”，贷记“实收资本”或“股本”。

（3）减资的账务处理任务要领

减资须严格按法定程序进行，一般借记“实收资本”（有限责任公司）或“股本”（股份有限公司），贷记“银行存款”等资产科目。

若减资涉及资本公积、盈余公积调整，应按规定进行相应账务处理，保证财务数据准确合规。

【做中学10-1】假设一家有限责任公司由两位股东创立，股东甲以现金80万元出资，股东乙以一套评估价值50万元的房产出资。按章程，甲占注册资本80%、乙占20%。请编制初始出资的会计分录，并说明若公司章程规定注册资本为100万元，如何处理超出部分。

【解析】编制会计分录如下：

借：银行存款　　800 000
　　固定资产——房产　　500 000
　贷：实收资本——股东甲　　800 000
　　　　　　　——股东乙　　200 000
　　　资本公积——资本溢价　　300 000

因为总出资130万元超出注册资本100万元，超出的30万元记入“资本公积——资本溢价”，体现了股东出资超出注册资本份额的处理方式，保证了会计记录如实反映企业资本构成。

【做中学10-2】某股份有限公司原股本为500万股，每股面值1元。现公司决定以资本公积100万元转增股本，请编制会计分录，并分析该业务对公司财务状况的影响。

【解析】编制会计分录如下：

借：资本公积　　1 000 000
　贷：股本　　1 000 000

此业务使股本增加100万元，资本公积减少100万元，属于所有者权益内部结构调整，总额不变。它不影响公司资产和负债，却改变了股本规模，在公司股权结构和市值计算上有体现，比如每股净资产可能因股本增加而变化 。

【做中学10-3】一家有限责任公司因经营战略调整决定减资50万元，以银行存款支付给股东。假设减资前公司资本公积有20万元，盈余公积有30万元，且无其他特殊情况，请编制减资的会计分录，并说明若减资额超过实收资本，如何进行账务处理。

【解析】编制会计分录如下：

借：实收资本　　500 000
　贷：银行存款　　500 000

若减资额超过实收资本，先冲减资本公积，若资本公积不足冲减，再冲减盈余公积，最后冲减未分配利润。

若减资80万元，编制会计分录如下：

借：实收资本　　500 000
　　资本公积　　200 000
　　盈余公积　　100 000
　贷：银行存款　　800 000

2.出资方式的审核要点

(1)审核出资的合法性

确保所有出资方式符合法律法规和公司章程的规定。例如，某些行业可能对无形资产出资的比例有限制，需要核实是否超出规定范围。

(2)评估非货币资产的真实性和价值合理性

对于固定资产、无形资产等非货币资产出资，要审查评估机构的资质和评估报告的真实性。关注评估方法是否合理，评估价值是否与市场行情相符。

【做中学10-4】某公司股东以一项专利技术出资，评估价值为100万元。请思考需要从哪些方面审核该项出资。

【解析】首先，查看公司法以及公司章程中对专利技术出资的相关规定，确认出资比例是否合规。其次，审查评估该专利技术的机构是否具备相应资质，评估报告是否完整、规范，有无虚假信息。再者，通过市场调研，了解同类专利技术的市场价值范围，判断100万元的评估价值是否合理。通过这些审核要点，保证专利技术出资的合法性和价值合理性，维护公司和其他股东的利益。

3.实收资本结构分析要点

(1)理解股权比例与控制权关系要领

明确不同股东的股权比例对公司控制权的影响。一般来说，持股比例超过50%通常拥有相对控制权，超过三分之二拥有绝对控制权，但在一些特殊股权结构下，控制权的界定可能更为复杂。

(2)分析股权结构对公司决策的影响

股权结构会影响公司决策的效率和方向。过于集中的股权可能导致缺乏制衡，而过于分散的股权可能使决策难以达成一致。

【做中学10-5】假设有一家公司，三位股东持股比例分别为40%、30%、30%。分析这种股权结构下公司决策可能面临的问题，并提出改进建议。

【解析】这种股权结构下，可能出现决策僵局。因为没有单一股东拥有绝对控制权，当三位股东意见不一致时，可能难以达成有效决策，影响公司运营效率。改进建议是引入战略投资者，调整股权结构；或者在公司章程中明确特殊决策机制，如针对重大事项采用加权投票等方式，打破可能出现的决策僵局，保障公司决策的顺利进行，提升公司运营效率。

三、任务实施

步骤1：初始出资账务处理

(1)收集原始凭证。在公司创立初期，全面收集股东甲和乙的现金出资证明，例如银行开具的现金缴存单，现金缴存单上详细标明甲缴存50万元，乙缴存30万元，款项存入公司的验资账户，这些凭证是账务处理的重要依据。

(2)审核原始凭证。对现金缴存单展开细致审核，确认缴存银行、账户信息、缴存金额、日期以及缴存人等关键信息准确无误，同时严格查验凭证的真实性和完整性，确保出资款项来源合法合规，为后续账务处理筑牢基础。

(3)编制会计分录。依据审核通过的原始凭证，按照会计核算规则，编制如下会计分录：

借：银行存款　　800 000

　贷：实收资本——甲　　500 000

　　　　　　——乙　　300 000

步骤2：引入新投资者账务处理

(1)获取相关凭证。针对新投资者丙的出资，分别获取银行出具的现金缴存证明、专业评估机构出具的专利评估报告以及双方签订的入股协议，这些凭证从不同角度记录了丙的出资情况。

(2)审核各项凭证。仔细审核现金缴存证明，确保金额、账户等信息准确；认真核查专利评估报告，确认评估机构资质、评估方法合理性以及专利价值评估的准确性；严谨审核入股协议，明确双方权利义务、出资方式、股权比例等关键条款，保障业务合规。

（3）完成分录编制。依据审核通过的原始凭证，按照会计记账原则，编制如下会计分录：

借：银行存款　　200 000

　　无形资产——软件技术专利　　100 000

　贷：实收资本——丙　　300 000

步骤 3：实收资本核算要点分析

广泛收集公司自成立以来所有涉及实收资本的业务资料，包括股东出资协议、公司章程、历次出资凭证、验资报告等，为深入分析提供充足的数据支持。

梳理分析要点：

（1）股东出资确认。严格依据出资协议和公司章程，明确股东出资的时间、方式、金额等关键要素，精准判断资金是否按时足额到位。

（2）计量原则。以实际收到的货币资金金额、非货币资产的评估价值作为实收资本的入账金额，确保计量准确。

（3）账务处理差异对比。深入对比现金、实物、无形资产等不同出资方式的账务处理，系统总结各自的特点和核算要点。

（4）关键业务流程梳理。全面梳理公司增资扩股、股权变更的业务流程，深入分析在这些业务中实收资本核算的关键控制点，确保核算准确合规。

（5）形成专业报告。将分析结果精心整理成报告，详细阐述实收资本核算的要点、存在的问题及改进建议，为公司财务管理提供参考。

步骤 4：股权结构变动分析

（1）整理股权数据。全面收集公司引入丙之前和之后的股权结构数据，包括股东姓名、出资额、出资比例等关键信息，为后续分析提供数据基础。

（2）计算比例变化。运用数学方法准确计算引入丙后，甲、乙、丙各自的出资比例，对比引入丙之前的股权结构，分析股权比例的变化情况。

（3）分析权益影响。深入分析实收资本变动对股东权益的影响，如股东表决权、分红权等方面的变化，通过具体实例说明如何通过实收资本核算清晰反映股东权益的变化。

（4）提出管理建议。根据股权结构变动分析结果，结合公司发展战略，为公司股权管理和决策提出切实可行的建议，如在后续融资、股权交易中如何优化股权结构，保障股东权益。

10.1 课证融通练习题

任务二　资本公积的核算

一、任务情景

（一）任务场景

Tech 创新公司是一家专注于软件开发和人工智能应用的高新技术企业。公司成立初期，创始人团队 A、B、C 分别以现金 300 万元、200 万元和 150 万元出资，公司注册资本为 650 万元。随着业务的迅猛发展，公司吸引了战略投资者 D 的关注，D 以现金 500 万元入股，其中 150 万元记入“实收资本”，350 万元记入“资本公积”。

在运营过程中，Tech 创新公司对一家专注于算法研究的初创企业 E 进行了长期股权投资，持股比例为 35%，采用权益法核算。企业 E 因成功研发一项核心算法，所有者权益增加了 300 万元。同时，Tech 创新公司为了激励核心技术团队，实施了以权益结算的股份支付计划，在等待期内，经计算确定第一年应确认的成本费用为 120 万元。此外，公司还计划将部分资本公积转增资本，以优化资本结构。

（二）任务布置

1. 针对Tech创新公司引入战略投资者D的业务，进行相应的账务处理，明确“银行存款”、“实收资本”和“资本公积——资本溢价”科目的具体变动金额，展示资本溢价的形成过程，并分析该业务对公司股权结构的影响。

2. 根据Tech创新公司对企业E的长期股权投资业务，计算并编制因企业E所有者权益变动，Tech创新公司应确认的“资本公积——其他资本公积”金额及相关会计分录，阐述该业务对Tech创新公司长期股权投资账面价值和资本公积的影响。

3. 依据Tech创新公司实施的股份支付计划，编制第一年等待期内确认“资本公积——其他资本公积”的会计分录，并说明在后续等待期内及行权时资本公积的变化和账务处理方法。

4. 假设你是一名审计人员，负责对Tech创新公司资本公积转增资本业务进行审核，请列出需要审核的关键内容，如原始凭证的真实性和完整性、计算过程的准确性、审批程序的合规性等，并说明审核方法和依据，确保资本公积转增资本业务的合规性和准确性。

二、任务准备

（一）知识准备

1. 资本公积概述

（1）资本公积的定义

资本公积是企业所有者权益的重要组成部分，是企业收到投资者超出其在注册资本（或股本）中所占份额的投资，以及直接计入所有者权益的利得和损失。它与企业的经营利润无关，却反映了企业资本的增值情况，对企业的财务结构和发展具有重要意义。例如，企业在吸收新投资者时，新投资者为获取企业权益，投入的资金可能超过其按比例应享有的注册资本份额，超出部分就形成资本公积。

【学中做10-3】假设一家初创企业的注册资本为50万元，A、B两位股东各出资25万元。运营一段时间后，企业发展前景良好，C投资者希望加入，经协商，C投资者投入30万元，占企业注册资本的20%。请分析该业务中资本公积的形成及金额。

【解析】C投资者加入后，企业注册资本变为62.5万元（50÷（1−20%）），C投资者应享有的注册资本份额为12.5万元（62.5×20%），而C投资者实际投入30万元，超出应享份额的部分17.5万元（30−12.5）就形成了资本公积。

（2）资本公积的主要来源

资本（或股本）溢价：这是资本公积的主要来源。在有限责任公司中，新投资者加入时，为获取企业已有的经营优势和未来发展潜力，往往会投入高于按比例计算的出资额，超出部分即为资本溢价；在股份有限公司，溢价发行股票时，股票发行价格超过面值的差额形成股本溢价。例如，某股份有限公司发行股票，每股面值1元，发行价格为每股5元，那么每股4元的差价就是股本溢价。

其他资本公积：其他资本公积的来源较为多样。采用权益法核算的长期股权投资，当被投资单位除净损益、其他综合收益和利润分配以外的所有者权益发生其他变动时，投资企业应按持股比例计算应享有的份额，记入“其他资本公积”科目；以权益结算的股份支付，在等待期内，企业根据计算确定的金额，将取得的职工或其他方提供的服务计入成本费用，同时增加其他资本公积。

【学中做10-4】甲公司对乙公司进行长期股权投资，采用权益法核算，持股比例为30%。乙公司因接受捐赠设备，导致所有者权益增加100万元。请计算甲公司应确认的其他资本公积金额，并编制相关会计分录。

【解析】甲公司应确认的其他资本公积金额为30万元（100×30%）。会计分录为：

借：长期股权投资——其他权益变动　　300 000

　贷：资本公积——其他资本公积　　300 000

（3）资本公积的核算原则

真实性原则：资本公积的核算必须以实际发生的经济业务为依据，如实记录和反映资本公积的增减变动情况，确保所有相关凭证和文件真实可靠。

合法性原则：企业应严格遵循国家相关法律法规和会计准则的规定进行核算，从资本公积的形成、使用到披露，都要符合法律规范，保障投资者和企业的合法权益。

准确性原则：企业应准确计算和记录资本公积的金额，避免出现计算错误或账务处理不当的情况，保证财务信息的准确性。

（4）资本公积与企业财务状况分析

资本公积对偿债能力的影响：资本公积作为所有者权益的一部分，其增加会使企业净资产增加，在一定程度上增强企业偿债能力。虽然资本公积不像实收资本那样是企业的基本资金来源，但它同样为企业债务提供了额外的保障。例如，在分析企业资产负债率时，资本公积的增加会使资产负债率降低，表明企业长期偿债能力增强。

资本公积对企业财务结构的优化作用：合理的资本公积规模有助于优化企业财务结构。比如，资本公积转增资本可以调整企业的股权结构和资本构成，使企业的资本结构更加合理，有利于企业的长期发展。同时，资本公积也可以作为企业应对风险的缓冲资金，增强企业财务的稳定性。

资本公积变动与企业战略的关联：企业战略活动如引入战略投资者、实施股权激励计划等，常常会导致资本公积的变动。分析这种关联，可以了解企业战略实施的效果和对财务状况的影响。例如，企业引入战略投资者产生资本溢价，不仅增加了企业资金，还可能带来先进技术、管理经验等资源，推动企业战略目标的实现。

2.资本公积核算的账户设置

企业应设置“资本公积”账户用于核算资本公积的增减变动情况。该账户属于所有者权益类账户，贷方登记资本公积的增加额，主要来源是投资者投入资本超过其在注册资本中所占份额的部分，以及其他资本公积的增加；借方登记资本公积的减少额，如用资本公积转增资本等情况。期末余额一般在贷方，表示企业资本公积的结余数额。企业还会根据资本公积的来源，设置“资本溢价（或股本溢价）”“其他资本公积”等明细账户，以更清晰地反映资本公积的构成和变动细节。

【学中做10-5】某上市公司首次公开发行股票，股票面值为1元/股，共发行1 000万股，每股发行价格为5元。请分析该业务中“资本公积——股本溢价”的金额以及“资本公积”账户的登记情况。

【解析】该公司发行股票，股本按照面值计算为1 000万元（1×1 000万股），而实际收到的款项为5 000万元（5×1 000万股）。那么，“资本公积——股本溢价”的金额为4 000万元（5 000−1 000），记入“资本公积——股本溢价”贷方，以反映资本公积的增加。

3.其他综合收益

（1）其他综合收益的概念

其他综合收益是指企业依据会计准则规定，未在当期损益中确认的各项利得和损失。作为所有者权益的重要组成部分，它反映企业经营活动中除净利润外的其他权益变动情况，虽未直接计入当期利润，却对企业净资产产生影响。

其他综合收益涵盖两类项目。

以后会计期间不能重分类进损益的其他综合收益项目：包括重新计量设定受益计划净负债或净资产导致的变动、指定为以公允价值计量且其变动计入其他综合收益的非交易性权益工具投资（其他权益工具投资）公允价值变动、按照权益法核算的在被投资单位以后会计期间不能重分类进损益的其他综合收益中所享有的份额等。

以后会计期间在满足规定条件时将重分类进损益的其他综合收益项目：包括其他权益工具投资公允价值变动形成的利得或损失、债权投资重分类为其他债权投资形成的利得或损失、自用房地产或存货转换为采用公允价值模式计量的投资性房地产产生的其他综合收益、按照权益法核算的在被投资单位以后会计期间在满足规定条件时将重分类进损益的其他综合收益中所享有的份额、现金流量套期工具产生的利得或损失中属于有效套期的部分、外币财务报表折算差额等。

（2）其他综合收益的范围

❶以后会计期间不能重分类进损益的其他综合收益项目

重新计量设定受益计划净负债或净资产导致的变动：企业在对设定受益计划进行会计处理时，精算假设和经验调整等会导致设定受益计划净负债或净资产的重新计量。这些变动直接计入其他综合收益，且以后期间不能重分类进损益。

指定为以公允价值计量且其变动计入其他综合收益的非交易性权益工具投资（其他权益工具投资）公允价值变动：企业将非交易性权益工具投资指定为此类金融资产后，其公允价值变动形成的利得或损失（除持有期间的股利收入外）计入其他综合收益，且在终止确认时，累计的利得或损失转入留存收益，不重分类进损益。

按照权益法核算的在被投资单位不能重分类进损益的其他综合收益变动中所享有的份额：投资企业采用权益法核算长期股权投资时，如果被投资单位存在不能重分类进损益的其他综合收益变动（如重新计量设定受益计划净负债或净资产导致的变动、其他权益工具投资公允价值变动等），投资企业应按持股比例计算其应享有的份额，并计入自身的其他综合收益。该部分以后也不能重分类进损益。

❷以后会计期间在满足规定条件时将重分类进损益的其他综合收益项目

其他债权投资公允价值变动形成的利得或损失：其他债权投资的公允价值发生变动时，其变动金额计入其他综合收益。当该金融资产终止确认时，之前计入其他综合收益的累计利得或损失应从其他综合收益中转出，计入当期损益。

债权投资重分类为其他债权投资形成的利得或损失：当企业将债权投资重分类为其他债权投资时，重分类日该投资的账面价值与公允价值之间的差额计入其他综合收益。在其他债权投资发生减值或终止确认时，再将这部分其他综合收益重分类进损益。

自用房地产或存货转换为采用公允价值模式计量的投资性房地产产生的其他综合收益：企业将自用房地产或存货转换为采用公允价值模式计量的投资性房地产时，转换日公允价值大于原账面价值的差额，计入其他综合收益。在处置该投资性房地产时，原计入其他综合收益的部分转入当期损益。

此外，以后会计期间在满足规定条件时将重分类进损益的其他综合收益项目还包括套期保值（现金流量套期和境外经营净投资套期）形成的利得或损失、与计人所有者权益项目相关的所得税影响所形成的利得和损失等内容。

（3）其他综合收益核算的账户设置

“其他综合收益” 属于所有者权益类账户，核算未在当期损益确认的利得和损失。贷方登记利得，如其他债权投资公允价值上升、自用房地产或存货转换为公允价值模式计量的投资性房地产时公允价值大于账面价值的差额。借方登记损失和处置资产时转出的其他综合收益，如其他债权投资公允价值下降，或处置因公允价值上升积累其他综合收益的资产。

期末贷方余额反映累计收益，借方余额反映累计损失。为精准核算，“其他综合收益” 账户应按项目设置明细账户：① 不能重分类进损益的其他综合收益，核算重新计量设定受益计划变动、其他权益工具投资公允价值变动等；② 将重分类进损益的其他综合收益，核算其他债权投资公允价值变动、外币报表折算差额、现金流量套期储备等。

【学中做10-6】甲公司持有一项其他债权投资，初始成本为100万元，年末该资产的公允价值上升至120万元。请分析该业务对 “其他综合收益” 账户的影响及金额。

【解析】其他债权投资以公允价值计量且其变动计入其他综合收益，当公允价值上升时，产生的利得应计入其他综合收益。此资产公允价值上升了20万元（120−100），所以应在 “其他综合收益” 账户的贷方登记20万元，以此反映其他综合收益的增加。

(4) 其他综合收益与资本公积的区别

微课 10.2 资本公积 VS其他综合收益

资本公积和其他综合收益都会引起企业所有者权益发生增减变动，资本公积不会影响 企业的损益，而部分其他综合收益项目则在满足企业会计准则规定的条件时，可以重分类为损益，从而成为企业利润的一部分，具体区别如下：

❶概念和来源不同

资本公积主要来源于投资者投入资本超过注册资本（或股本）的部分，以及权益法核算长期股权投资时因被投资单位所有者权益其他变动产生的份额、以权益结算的股份支付等；而其他综合收益是企业未在当期损益中确认的各项利得和损失。

❷核算内容不同

资本公积核算的是资本溢价、股本溢价以及其他资本公积相关业务；其他综合收益核算的是特定的利得和损失，且根据是否能重分类进损益进行分类核算。

❸对企业财务报表的影响不同

资本公积主要影响所有者权益中的资本部分，在转增资本等情况下会改变企业的股权结构和资本构成；其他综合收益在资产负债表中作为所有者权益的一部分列示，在满足条件重分类进损益时会影响利润表中的损益金额 。

（二）任务要领

1.资本公积（或股本）的账务处理

(1) 资本（或股本）溢价的账务处理

在收到投资者投入资本时，若产生资本（或股本）溢价，按实际收到的金额借记“银行存款”等科目，按投资者在注册资本（或股本）中所占份额贷记“实收资本”（或“股本”）科目，按其差额贷记“资本公积——资本溢价（或股本溢价）”科目。

(2) 其他资本公积的账务处理

❶权益法核算长期股权投资

当投资企业采用权益法核算长期股权投资时，需要密切关注被投资单位所有者权益的其他变动情况。一旦被投资单位发生除净损益、其他综合收益和利润分配以外的所有者权益变动，投资企业应按持股比例计算应享有的份额。对于权益法核算的长期股权投资因被投资单位所有者权益其他变动产生的其他资本公积，当被投资单位所有者权益增加时，借记“长期股权投资——其他权益变动”科目，贷记“资本公积——其他资本公积”科目；反之，当被投资单位所有者权益减少时，做相反的会计分录。

【做中学 10-6】甲公司对乙公司持股比例为25%，采用权益法核算。乙公司因接受捐赠新设备一台，导致所有者权益增加200万元，请为甲公司作账务处理。

【解析】账务处理如下：

借：长期股权投资——其他权益变动（2 000 000×25%）　　500 000

　贷：资本公积——其他资本公积　　500 000

❷以权益结算的股份支付

以权益结算的股份支付，在等待期内的每个资产负债表日，企业应当以可行权权益工具数量的最佳估计为基础，按照权益工具授予日的公允价值，将当期取得的服务计入相关成本或费用和资本公积。在等待期内，按计算确定的金额，借记“管理费用”等科目，贷记“资本公积——其他资本公积”科目。

【做中学 10-7】某上市公司实施一项股权激励计划，授予员工股票期权。在等待期第一年，经计算确定应确认的成本费用为50万元，请作账务处理。

【解析】账务处理如下：

借：管理费用　　500 000

　贷：资本公积——其他资本公积　　500 000

在行权时，根据实际行权的权益工具数量，计算确定应转入股本和股本溢价的金额，借记“资本公积——其他资本公积”科目，按记入股本的金额贷记“股本”科目，按其差额贷记

“资本公积——股本溢价”科目。

【做中学10-8】A公司为有限责任公司，原注册资本500万元，由股东甲、乙各出资250万元。现丙股东加入，投入现金300万元，其中200万元为注册资本，其余计入资本公积。同时，A公司对B公司进行长期股权投资，持股比例30%，采用权益法核算。B公司因一项专利技术增值，所有者权益增加150万元。请分别编制丙股东投资和A公司确认B公司权益变动的会计分录。

【解析】❶丙股东投资的会计分录。

借：银行存款　　3 000 000

　贷：实收资本——丙　　2 000 000

　　　资本公积——资本溢价　　1 000 000

❷A公司确认B公司权益变动的会计分录。

借：长期股权投资——其他权益变动（1 500 000×30%）　　450 000

　贷：资本公积——其他资本公积　　450 000

（3）注意特殊情况的处理

当企业发生资产重组、债务重组等特殊交易涉及资本公积时，要依据相关准则判断资本公积的变动及处理方式。比如，在资产重组中的资产置换业务，以换出资产公允价值加上支付的补价（或减去收到的补价）作为换入资产成本，换出资产公允价值与账面价值的差额可能计入资本公积。在债务重组的债转股业务中，债务人应将债权人放弃债权而享有股份的面值总额确认为股本，股份的公允价值总额与股本之间的差额记入“资本公积——股本溢价”；重组债务的账面价值与股份的公允价值总额之间的差额，计入当期损益。

总之，在进行资本公积账务处理时，一定要严格遵循会计准则，精准把握业务实质，确保账务处理的准确性和规范性，同时妥善做好原始凭证的收集和整理，为账务处理提供坚实可靠的依据。

2.资本公积的审核要点及企业财务状况分析

（1）资本公积的审核要点

❶审核原始凭证的真实性和完整性

检查与资本公积形成、变动相关的原始凭证，如投资协议、资产评估报告、股票发行文件等，确保其真实有效，无伪造篡改，且内容完整，包含必要信息。

❷复核计算过程的准确性

对资本溢价、其他资本公积计算过程进行复核，检查计算依据是否合理，公式运用是否正确，防止因计算错误导致资本公积金额不准确。

❸审查资本公积使用的合规性

确认资本公积转增资本等使用是否符合法定程序，有无审批文件，是否符合公司章程规定，防止违规使用资本公积。

【做中学10-9】审计人员在审核戊公司资本公积时，发现一笔资本公积转增资本业务。请列出需要审核的关键内容并说明原因。

【解析】需要审核的关键内容有：转增资本的决议文件，确认是否经股东大会等有权机构批准，因为这是法定程序要求；转增资本的计算过程，确保金额准确，防止多转或少转影响股东权益；相关原始凭证，如增资协议等，保证业务真实发生。

（2）资本公积与企业财务状况分析要领

资本公积对企业偿债能力的影响：资本公积作为所有者权益的一部分，其增加可以增强企业的偿债能力，因为它代表了企业的净资产增加。例如，在计算资产负债率时，资本公积的增加会使分母（负债与所有者权益之和）增大，在负债不变的情况下，资产负债率降低，表明企业长期偿债能力增强。

资本公积对企业盈利能力的潜在影响：虽然资本公积本身不直接体现企业的盈利能力，但它可以为企业的发展提供资金支持，如通过资本公积转增资本，扩大企业的生产经营规模，从而间接影响企业未来的盈利能力。

【做中学10-10】某股份有限公司溢价发行股票1 000万股，每股面值1元，发行价格为每股5元，支付发行手续费等200万元。请编制发行股票的会计分录，并分析该业务对企业财务状况的影响。

【解析】发行股票收到的款项为5000万元（1 000×5），扣除手续费200万元后，实际收到4 800万元。会计分录为：

借：银行存款　　48 000 000

　贷：股本　　10 000 000

　　　资本公积——股本溢价　　38 000 000

该业务使企业的银行存款增加4 800万元，股本增加1 000万元，资本公积增加3 800万元，企业的资产和所有者权益同时增加，偿债能力增强。

3. 其他综合收益的账务处理及核算要领

（1）其他综合收益的账务处理

发生时的账务处理：根据业务类型，借记或贷记相关资产、负债科目，贷记或借记“其他综合收益”科目。例如，其他债权投资公允价值上升时，借记“其他债权投资 ——公允价值变动”科目，贷记“其他综合收益——其他债权投资公允价值变动”科目；若公允价值下降，则做相反分录。

【做中学10-11】丙公司持有一项其他债权投资，年末公允价值上升 50 万元。请分析该业务对其他综合收益的影响，并编制相关会计分录。

【解析】该业务使其他综合收益增加 50 万元。会计分录为：

借：其他债权投资 ——公允价值变动　　500 000

　贷：其他综合收益——其他债权投资公允价值变动　　500 000

重分类进损益时的账务处理：当满足重分类条件时，将其他综合收益从“其他综合收益”科目转入相关损益科目。例如，其他债权投资处置时，将持有期间累计计入“其他综合收益——其他债权投资公允价值变动”的金额转出，贷记（或借记）“投资收益”科目 。即：

借：其他综合收益——其他债权投资公允价值变动

　贷：投资收益（若为损失则做相反分录）。

【做中学10-12】ABC公司于2024年1月1日购入一项其他债权投资，成本为100万元。2024年12月31日，该资产公允价值上升至120万元。2025年6月30日，ABC公司将该项投资以130万元的价格处置。请编制其他债权投资公允价值上升和处置时的会计分录。

【解析】❶公允价值上升时：

2024年12月31日，公允价值上升20万元（120－100），此时应将公允价值变动计入其他综合收益。会计分录为：

借：其他债权投资——公允价值变动　　200 000

　贷：其他综合收益——其他债权投资公允价值变动　　200 000

❷处置时：

2025年6月30日处置时，之前计入其他综合收益的20万元要重分类进损益，即转入投资收益。会计分录为：

借：其他综合收益——其他债权投资公允价值变动　　200 000

　贷：投资收益　　200 000

同时，确认处置时的投资收益，售价130万元与账面价值120万元的差额10万元计入投资收益。

借：银行存款　　1 300 000

　贷：其他债权投资——成本　　1 000 000

　　　　　　　　——公允价值变动　　200 000

投资收益　　100 000

（2）其他综合收益的核算要领

其他综合收益的账务处理细节：除了公允价值变动导致的其他综合收益核算，还要注意外币财务报表折算差额等其他综合收益项目的账务处理。例如，企业境外子公司财务报表折算时，因汇率变动产生的折算差额，应借记或贷记“其他综合收益”科目，同时调整相关资产、负债项目。

其他综合收益的列报与披露：在财务报表中，其他综合收益应在利润表和所有者权益变动表中准确列报。利润表中，区分以后不能重分类进损益和以后将重分类进损益的其他综合收益项目分别列示；所有者权益变动表应反映其他综合收益的期初余额、本期发生额、期末余额等信息。披露时，要详细说明其他综合收益各项目的性质、金额及增减变动原因。

其他综合收益对财务分析的影响：在进行财务分析时，要考虑其他综合收益对企业净资产收益率、每股收益等指标的潜在影响。例如，若企业其他综合收益金额较大且后续可重分类进损益，可能会对未来期间的净利润产生影响，进而影响净资产收益率和每股收益的计算。

【做中学10-13】××公司有一家境外子公司，在期末进行财务报表折算时，产生外币财务报表折算差额50万元（为正数）。请编制相关会计分录，并说明在财务报表中的列报位置。

【解析】会计分录为：

借：相关资产或负债　　500 000

　贷：其他综合收益——外币财务报表折算差额　　500 000

在利润表中，该项目应列示在“以后将重分类进损益的其他综合收益项目”下；在所有者权益变动表中，“其他综合收益”栏目应反映该项目的本期发生额50万元，以及对期初、期末余额的影响。

三、任务实施

步骤1：资本（股本）溢价的账务处理

（1）收集原始凭证。获取战略投资者D与Tech创新公司签订的投资协议，明确投资金额、股权比例、占有注册资本份额和计入资本公积的金额等关键信息；收集银行出具的收款回单，确认500万元现金已到账，且收款账户为Tech创新公司指定账户。

（2）审核原始凭证。仔细审核投资协议，检查协议条款是否清晰、合法，各方签字盖章是否完整；核对银行收款回单，确认收款金额、收款账户、付款方等信息准确无误，确保资金来源合法合规。

（3）编制会计分录。根据审核无误的原始凭证，编制如下会计分录：

借：银行存款　　5 000 000

　贷：实收资本——D　　1 500 000

　　　资本公积——资本溢价　　3 500 000

（4）股权结构影响分析。引入战略投资者D后，公司注册资本增加，原股东A、B、C的股权比例相应稀释。通过分析股权结构变化，可评估对公司控制权和决策的影响。

步骤2：权益法核算长期股权投资的资本公积的处理

（1）获取相关信息。取得企业E所有者权益变动的报告，确认其因核心算法研发成功所有者权益增加300万元；明确Tech创新公司对企业E的持股比例为35%。

（2）计算应享份额。按照持股比例计算Tech创新公司应享有的份额，即105万元（300×35%）。

（3）编制会计分录。根据计算结果，编制如下会计分录：

借：长期股权投资——其他权益变动　　1 050 000

　贷：资本公积——其他资本公积　　1 050 000

（4）影响阐述。该业务使Tech创新公司长期股权投资账面价值增加105万元，同时“资本公积——其他资本公积”增加105万元，反映了被投资单位权益变动对投资企业的影响。

步骤3：以权益结算的股份支付的资本公积的处理

（1）确定计算依据。依据企业内部计算等待期内成本费用的方法和数据，确定第一年应确认的成本费用为120万元。

（2）编制第一年会计分录。在第一年等待期内，编制如下会计分录：

借：管理费用　　1 200 000

　贷：资本公积——其他资本公积　　1 200 000

（3）后续等待期及行权时处理说明。在后续等待期内，每年按照计算确定的金额，同样借记“管理费用”等科目，贷记“资本公积——其他资本公积”科目。行权时，假设员工行权，企业收到员工缴纳的认股款，借记“银行存款”科目，按行权的权益工具数量计算确定的金额，借记“资本公积——其他资本公积”科目，按计入实收资本或股本的金额，贷记“实收资本”或“股本”科目，按其差额，贷记“资本公积——资本溢价（或股本溢价）”科目。

步骤4：资本公积转增资本的审核

（1）审核原始凭证。收集资本公积转增资本的决议文件、增资协议等原始凭证，检查文件的真实性、完整性，确认签字盖章是否齐全，内容是否符合公司实际情况。

（2）复核计算过程。检查转增资本的计算依据，如资本公积金额的准确性、转增比例的合理性等。重新计算转增金额，与企业账务记录对比，确保计算无误。

（3）审查审批程序。查阅公司章程，确认资本公积转增资本是否符合章程规定的程序；检查是否经过股东会等有权机构批准，审批文件是否齐全、合规。

10.2课证融通练习题

（4）审核依据说明。依据《中华人民共和国公司法》、企业会计准则以及公司章程等相关规定，对资本公积转增资本业务进行审核，确保业务合法合规，保护股东权益。

任务三　留存收益的核算

一、任务情景

（一）任务场景

阳光科技有限公司是一家专注于智能硬件研发与生产的企业。今年年初，公司留存收益余额为500万元，其中盈余公积200万元，未分配利润300万元。本年度公司实现销售收入8 000万元，发生各项成本费用共计6 500万元，其中原材料采购成本3 000万元、员工薪酬1 500万元、研发费用1 000万元、销售和管理费用1 000万元。另外，公司收到政府补助500万元，按照相关规定，该补助属于与收益相关的政府补助，用于补偿企业已发生的相关费用，直接计入当期损益。本年度公司按照净利润的10%提取法定盈余公积，并决定向股东分配现金股利800万元。

（二）任务布置

1. 计算阳光科技有限公司本年度的净利润，列出详细的计算过程。

2. 根据净利润计算结果，编制提取法定盈余公积的会计分录。

3. 编制向股东分配现金股利的会计分录，展示利润分配的账务处理过程。

4. 综合考虑年初留存收益余额、本年度净利润、提取的法定盈余公积以及分配的现金股利，计算年末留存收益的余额，包括盈余公积和未分配利润各自的余额。

二、任务准备

（一）知识准备

1.留存收益概述

（1）留存收益的定义

留存收益是指企业从历年实现的利润中提取或留存于企业的内部积累。留存收益来源于企业的生产经营活动所实现的净利润，属于所有者权益的范畴。留存收益体现了企业通过自身经营积累资金的能力，对企业的持续发展和财务稳健具有重要意义。

【学中做 10-7】ABC公司过去五年累计实现净利润5 000万元，其间未向股东分配利润，也未发生亏损弥补等情况，那么这5 000万元净利润全部形成留存收益。思考：如果公司第六年实现净利润800万元，提取法定盈余公积80万元，向股东分配现金股利200万元，此时留存收益会如何变化？

【解析】第六年提取法定盈余公积不影响留存收益总额，因为提取盈余公积属于留存收益内部变动。向股东分配现金股利会使留存收益减少200万元。所以留存收益变为5 600万元(5 000+800- 200)。这表明留存收益会随着企业净利润的增减、利润分配等活动而变动。

（2）留存收益的构成

留存收益主要由盈余公积和未分配利润两部分组成。

盈余公积是企业按照规定从净利润中提取的积累资金，包括法定盈余公积和任意盈余公积。法定盈余公积是企业按照法律规定的比例（通常为净利润的10%）从净利润中提取的；任意盈余公积则是企业经股东大会或类似机构批准，按照规定的比例从净利润中提取的。

❶盈余公积的计提

法定盈余公积的计提：法定盈余公积是法律规定必须计提的，通常按照当年净利润的10%提取。这里的净利润是指企业在扣除各项成本、费用、税金后的剩余收益。例如，某企业本年度实现净利润800万元，那么该企业应计提的法定盈余公积为80万元（800×10%）。计提时，借记“利润分配——提取法定盈余公积”80万元，贷记“盈余公积——法定盈余公积”80万元。需要注意的是，当法定盈余公积累计金额达到企业注册资本的50%以上时，可以不再提取 。假设该企业注册资本为1 000万元，当法定盈余公积累计达到500万元，在后续盈利年度，若没有其他特殊情况，可不再计提法定盈余公积。

任意盈余公积的计提：任意盈余公积的计提由企业股东大会或类似权力机构自行决定，计提比例也由企业自主确定。这给予企业一定的灵活性，企业可根据自身的财务状况、发展战略和资金需求来安排。比如，企业为了应对未来可能的重大投资项目或风险，经股东大会批准，决定本年度按净利润的8%计提任意盈余公积。若该企业本年度净利润为600万元，则计提的任意盈余公积为48万元。借记“利润分配——提取任意盈余公积”48万元，贷记“盈余公积——任意盈余公积”48万元。企业在计提任意盈余公积时，需要综合考虑自身的盈利状况、资金储备计划以及未来的发展规划，确保计提金额既能满足企业的战略需求，又不会对企业的正常运营造成过大资金压力。

【学中做 10-8】X公司本年度实现净利润600万元，公司决定按照规定计提法定盈余公积，同时经股东大会批准，按净利润的6%计提任意盈余公积。请计算本年度X公司应计提的法定盈余公积和任意盈余公积金额。

【解析】法定盈余公积按照净利润的10%计提，所以

本年度应计提法定盈余公积=600×10%=60（万元）

任意盈余公积经股东大会批准按净利润的6%提取，所以

本年度应计提任意盈余公积= 600×6%=36（万元）

❷盈余公积的使用

盈余公积主要用于弥补亏损、转增资本以及扩大企业生产经营等方面。

弥补亏损：当企业经营出现亏损时，可动用盈余公积进行弥补。这一举措有助于稳定企业财务状况，增强投资者信心。账务处理方面，借记“盈余公积”科目，贷记“利润分配——盈余公积补亏”科目。例如，丁公司上年度亏损300万元，本年度决定用盈余公积弥补亏损。会计分录为：借“盈余公积”300万元，贷“利润分配——盈余公积补亏”300万元 。这一操作，一方面减少了盈余公积的账面金额，另一方面增加了可供分配利润，调整了企业的利润结构。

转增资本：企业将盈余公积转增资本，能增加注册资本，提升企业实力和信誉。但需要注意，转增资本后，盈余公积余额不得低于转增前注册资本的25% 。账务处理方面，借记“盈余公积”科目，贷记“实收资本”或“股本”科目。比如，戊公司决定将200万元盈余公积转增资本，若该公司为有限责任公司，会计分录为：借“盈余公积”200万元，贷“实收资本”200万元；若为股份有限公司，则贷记“股本”科目。转增资本后，企业的股权结构和资本构成发生变化，股东的持股比例可能会相应调整。

扩大企业生产经营：盈余公积可用于购置设备、投入研发、拓展市场等生产经营活动，为企业发展提供资金支持，助力企业扩大规模、提升竞争力。虽然在账务处理上，这一过程并不直接涉及特定的分录，但它体现了盈余公积对企业经营活动的重要支撑作用。例如，公司利用盈余公积购置了先进生产设备，提高了生产效率，从而增加了产品产量和市场份额，助力企业持续发展。

未分配利润是企业留待以后年度进行分配的结存利润，是企业历年实现的净利润经过弥补亏损、提取盈余公积和向投资者分配利润后留存在企业的、历年结存的利润。

【学中做10-9】甲企业本年度实现净利润1 500万元，按规定提取法定盈余公积150万元，经股东大会批准提取任意盈余公积100万元。计算提取后法定盈余公积、任意盈余公积和未分配利润的金额（假设年初未分配利润为0）。

【解析】提取后法定盈余公积为150万元，任意盈余公积为100万元。

未分配利润=1 500 −150−100=1 250（万元）

2.留存收益核算的账户设置

留存收益核算主要涉及“盈余公积”和“利润分配”两个账户，它们是留存收益核算的关键载体，合理运用这两个账户，能清晰反映留存收益的变动与结存。

“盈余公积”账户：这是所有者权益类账户，用于核算企业从净利润中提取的盈余公积。贷方登记企业提取的法定盈余公积和任意盈余公积，体现盈余公积的增加。比如企业提取法定盈余公积50万元，会计分录为：借“利润分配——提取法定盈余公积”50万元，贷“盈余公积——法定盈余公积”50万元。借方登记盈余公积的减少，如用盈余公积弥补亏损或转增资本。期末贷方余额表示企业累计提取的盈余公积结存数。该账户通常设置“法定盈余公积”和“任意盈余公积”两个明细账户，分别核算不同类型盈余公积的增减变动，方便企业对盈余公积进行分类管理和核算。

“利润分配”账户：“利润分配”账户同样属于所有者权益类账户，核算企业利润的分配和历年分配后的余额。贷方登记年末从“本年利润”账户转入的全年净利润，以及用盈余公积弥补亏损等增加利润分配的事项。例如，企业将本年净利润800万元结转，会计分录为：借“本年利润”800万元，贷“利润分配——未分配利润”800万元 。借方登记利润分配的具体内容，如提取盈余公积、向投资者分配利润。该账户年末贷方余额为历年累计的未分配利润；借方余额则是历年累计的未弥补亏损。“利润分配”账户通常设置多个明细账户，如“提取法定盈余公积”“提取任意盈余公积”“应付现金股利或利润”“盈余公积补亏”“未分配利润”等 。通过这些明细账户，企业可详细记录利润分配的各个环节，清晰反映留存收益的分配去向和结存情况。

3.留存收益的审核内容

审核提取依据和比例：检查企业提取盈余公积的依据是否符合法律法规和公司章程的规定，提取比例是否正确。例如，法定盈余公积的提取比例是否为净利润的10%，任意盈余公积的提取是否经过股东大会或类似机构的批准，且提取比例是否符合决议规定。

审核使用合规性：审查企业盈余公积的使用是否符合规定用途，如弥补亏损、转增资本等是否经过合法的审批程序。用盈余公积转增资本时，转增后的盈余公积余额是否符合规定要求（一般不得低于转增前注册资本的25%）。

审核未分配利润的真实性：核实未分配利润的计算是否准确，检查是否存在虚增或虚减未分配利润的情况。关注企业是否正确进行了净利润的结转和利润分配的账务处理，防止通过调整未分配利润来操纵利润。

【学中做10-10】审计人员对丙公司留存收益进行审计，发现法定盈余公积提取比例为净利润的8%，且任意盈余公积提取未经股东大会批准。请指出问题并说明如何整改。

【解析】问题在于法定盈余公积提取比例不符合规定，任意盈余公积提取程序不合法。整改措施为补提法定盈余公积，按净利润的10%计算。

补提金额=净利润×（10%-8%）

对于任意盈余公积，应补充召开股东大会进行审批，若审批通过，按规定比例补提并调整账务；若审批未通过，冲回已提取的任意盈余公积。

（二）任务要领

1.留存收益的账务处理

（1）盈余公积的账务处理

微课10.3
留存收益的账务处理

盈余公积的提取：企业按规定从净利润中提取盈余公积时，借记“利润分配——提取法定盈余公积”“利润分配——提取任意盈余公积”科目，贷记“盈余公积——法定盈余公积”“盈余公积——任意盈余公积”科目。

【做中学10-14】甲公司2024年实现净利润1 000万元，按10%提取法定盈余公积，编制会计分录。

【解析】编制会计分录如下：

借：利润分配——提取法定盈余公积　　1 000 000
　贷：盈余公积——法定盈余公积　　1 000 000

盈余公积的使用：用于弥补亏损时，借记“盈余公积”科目，贷记“利润分配——盈余公积补亏”科目；转增资本时，借记“盈余公积”科目，贷记“实收资本”或“股本”科目；用盈余公积派送新股时，按派送新股计算的金额，借记“盈余公积”科目，按股票面值和派送新股总数计算的股票面值总额，贷记“股本”科目。

【做中学10-15】乙公司以前年度亏损50万元，本年度决定用盈余公积弥补。请编制会计分录。

【解析】编制会计分录如下：

借：盈余公积　　500 000
　贷：利润分配——盈余公积补亏　　500 000

（2）未分配利润的账务处理

期末结转：年度终了，若企业盈利，将全年净利润自“本年利润”科目转入“利润分配——未分配利润”科目，借记“本年利润”，贷记“利润分配——未分配利润”；若亏损则做相反分录。同时，把“利润分配”下其他明细科目余额转入“利润分配——未分配利润”明细科目。

利润分配：向投资者分配利润时，借记“利润分配——应付现金股利或利润”科目，贷记“应付股利”科目；实际支付时，借记“应付股利”科目，贷记“银行存款”等科目。

【做中学10-16】丙公司2024年末“本年利润”科目贷方余额800万元，进行利润分配结转。请编制会计分录。

【解析】编制会计分录如下：

借：本年利润　　8 000 000
　贷：利润分配——未分配利润　　8 000 000

2. 留存收益与企业战略契合度的审核要点

在企业实战中，留存收益的规模和使用方向应与企业的战略规划紧密相连。审核时，审核人员需要关注留存收益是否助力企业达成战略目标。

例如，企业若制定了扩张市场份额的战略，留存收益应优先投入到市场拓展、产品研发或产能提升等关键领域。若留存收益大量闲置或被用于与战略无关的投资，就可能存在问题。比如企业计划三年内推出三款新产品，通过审核留存收益在研发费用上的投入情况，就能判断其是否为战略实施提供了足够支持。

【做中学10-17】某服装制造企业计划在未来两年内拓展线上销售渠道，以扩大市场份额。然而，审核人员在审核其留存收益使用情况时发现，过去一年留存收益中有大部分被用于购买低风险的理财产品，仅有少量资金投入到电商平台建设和线上营销团队组建中。请对此进行分析。

【解析】从企业战略角度看，该企业留存收益的使用与拓展线上销售渠道的战略目标不匹配。留存收益应更多地分配到与线上业务发展直接相关的环节，如电商平台开发、线上营销推广等，以保障战略的有效执行。而过多投资理财产品，虽然能获取一定收益，但无法推动企业战略目标的实现，可能导致企业错过市场拓展的最佳时机。

三、任务实施

步骤1：计算本年度净利润

本年度利润总额=销售收入+政府补助-各项成本费用=8 000+500- 6 500=2 000（万元）

由于没有提及所得税相关事项，假设不考虑所得税影响，净利润即为2 000万元。

步骤2：编制提取法定盈余公积的会计分录

按净利润的10%提取法定盈余公积，即200万元（2 000×10%），会计分录如下：

借：利润分配——提取法定盈余公积　　2 000 000

　贷：盈余公积——法定盈余公积　　2 000 000

步骤3：编制向股东分配现金股利的会计分录

借：利润分配——应付现金股利　　8 000 000

　贷：应付股利　　8 000 000

步骤4：计算年末留存收益余额

提取法定盈余公积后：

盈余公积余额=年初盈余公积+本年度提取的法定盈余公积=200+200=400（万元）

分配现金股利后：

未分配利润余额=年初未分配利润+本年度净利润-提取的法定盈余公积-分配的现金股利
=300+2 000-200-800=1 300（万元）

年末留存收益余额=年末盈余公积余额+年末未分配利润余额= 400+1 300=1 700（万元）

10.3课证融通练习题

【职业课堂】高新技术创业公司的财务攻坚之路

随着业务快速拓展，某高新技术创业公司急需引入战略投资者推动企业迈上新台阶。这一过程中，所有者权益的准确界定与合理规划，成为关乎企业生死存亡与未来走向的关键。

财务主管王琳肩负重任，面对公司复杂的知识产权、技术专利等无形资产，以及前期多轮次的种子轮、天使轮投资形成的复杂股权结构，她丝毫不敢懈怠。为精准核算所有者权益，王琳带领团队日夜奋战。

在评估公司核心技术的价值时，传统的评估方法难以适用，市场上也缺乏可直接借鉴的成熟案例。但王琳没有被困难吓倒，她组织团队深入研究国内外行业动态，积极与专业评估机构沟通交流，同时邀请高校的财务专家进行指导。经过反复的论证和尝试，最终创新性地采用了收益法与市场法相结合的方式，对公司的无形资产进行了科学评估，合理确定了其在所有者权益中的占比。不仅如此，在与投资者谈判时，王琳凭借扎实的专业知识和清晰的逻辑阐述，让投资者充分了解公司所有者权益的构成和发展潜力，成功促成了投资合作。

请思考：当其他财务人员遇到类似复杂权益核算场景，可从王琳团队的做法中借鉴什么？

【解析】财务人员在处理所有者权益相关事务时，需要像王琳一样具备坚韧不拔的毅力和勇于探索的精神。每一个数据、每一项权益的确认，都如同工匠打造精品，容不得半点马虎。王琳及其团队展现出的敬业精神、对专业的执着追求以及面对困难时的创新思维，都是值得学习的品质。王琳及其团队在保障企业财务健康的同时，也为企业的发展注入了强大的精神动力。财务人员应将这种工匠精神融入日常工作，以高度的责任感和使命感，为企业的稳健运营保驾护航，在实现个人价值的同时，也为行业发展贡献力量。

项目小结

所有者权益作为企业财务的关键构成，反映了企业所有者对企业净资产的权益，对企业的运营和发展起着基础性作用。实收资本是企业生存与发展的基石，核算投资者投入的各类资产价值，为企业运营提供初始资金保障。资本公积则是企业发展的“助推器”，记录着投资者超额投入以及特殊利得损失，精准反映企业资本的额外增值，使企业在扩张、并购等活动中拥有坚实的资本后盾。留存收益是企业过去盈利的积累，盈余公积用于应对风险、转增资本，未分配利润则是未来发展的潜力储备。准确把握和核算所有者权益各项目，不仅能为企业管理者提供决策依据，也能让投资者深入了解企业的财务实力和发展潜力，保障企业稳健前行。

技能锤炼

业务处理题（一）

2024年3月，阳光科技有限公司发生如下与实收资本相关的业务。

（1）3月5日，公司收到股东甲投入的货币资金500 000元，款项已存入公司银行账户。

（2）3月12日，股东乙以一项专利技术投资入股，经评估该专利技术价值300 000元。

（3）3月20日，股东丙投入一批原材料，增值税专用发票上注明价款200 000元，增值税税额26 000元，材料已验收入库。

要求：根据上述资料，编制阳光科技有限公司收到各股东投资时的会计分录。

业务处理题（二）

星辰贸易有限公司原由A、B两位股东各自出资100 000元设立，注册资本为200 000元。经过两年经营，公司留存收益为100 000元。2024年5月，有新投资者C加入该公司，经协商C愿意出资150 000元，占公司注册资本的三分之一。

要求：（1）计算星辰贸易有限公司接受C投资者投资后，C投资者投入资金中应记入“实收资本”和“资本公积”账户的金额。

（2）编制星辰贸易有限公司收到C投资者投资时的会计分录。

业务处理题（三）

月光制造有限公司2024年度实现净利润800 000元。公司按净利润的10%提取法定盈余公积，按净利润的5%提取任意盈余公积，并决定向股东分配现金股利200 000元。

要求：（1）计算月光制造有限公司应提取的法定盈余公积、任意盈余公积的金额。

（2）编制月光制造有限公司提取盈余公积和分配现金股利的会计分录。

项目综合评价

项目十综合评价参考表见表10-1：

表 10-1 项目十综合评价参考表

项目名称	所有者权益		
评价内容		学生自评（50%）	教师评价（50%）
素养目标	1.树立对所有者权益核算的职业责任感（10分）		
	2.在处理复杂核算问题时与成员有效沟通，理解岗位协作的重要性。（10分）		
	3.增强风险防范意识，学会提前预判并解决问题（10分）		
知识目标	1.理解实收资本、资本公积、留存收益内涵及相关性（10分）		
	2.掌握实收资本的核算方法及范畴（10分）		
	3.熟悉资本公积核算范围（10分）		
	4.掌握留存收益的计提分配规则（10分）		
技能目标	1.熟练掌握实收资本的账务处理（10分）		
	2.熟练掌握资本公积的账务处理（10分）		
	3.熟练掌握留存收益的账务处理（10分）		
项目评价成绩（100分）			
项目综合评价： 教师签名： 日期：			

项目十一　收入的核算

素养目标

1. 培养客观公正、诚实守信的职业理念。
2. 塑造严谨认真、注重细节的职业品质，强化对收入核算的责任感。
3. 严格遵守国家法律法规和企业会计准则，确保收入核算工作合法合规。

知识目标

1. 熟悉收入的特征、类别以及确认计量的基本步骤。
2. 掌握合同成本的账务处理。
3. 掌握在某一时点履行履约义务收入确认条件及各类业务账务处理。
4. 掌握在某一时段内履行履约义务收入确认条件、履约进度确定方法及账务处理。

技能目标

1. 能准确判断合同，并根据合同性质判断是否确认收入。
2. 能在实际工作中准确判断履约义务类型，正确核算不同类型收入。
3. 能够熟练运用会计准则，准确进行收入相关业务的账务处理工作。

项目导图

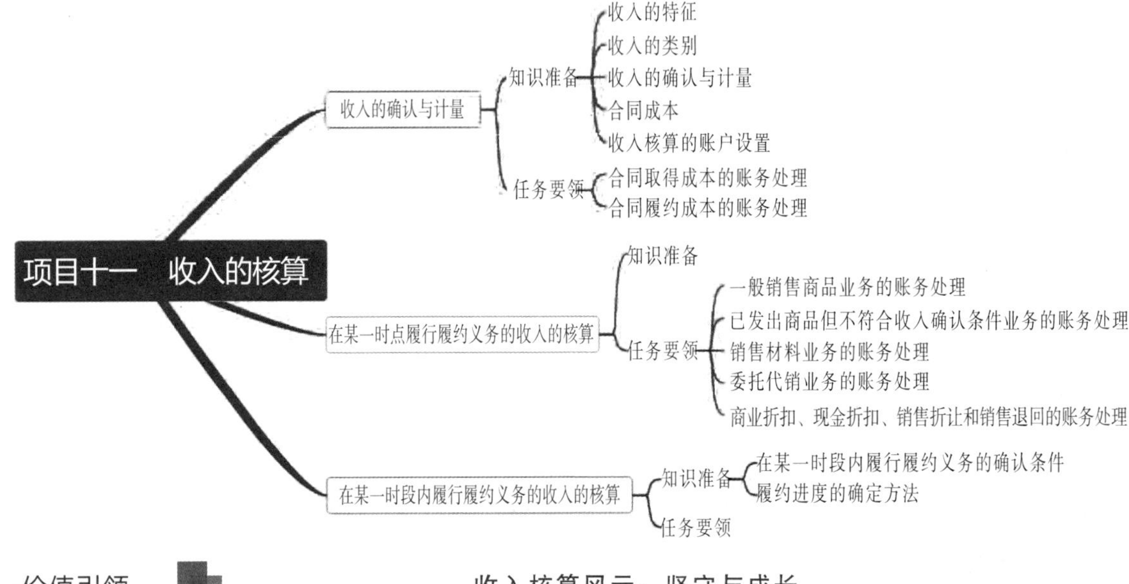

价值引领　　**收入核算风云：坚守与成长**

小林是一家新兴电商公司的财务人员，该公司业务发展迅猛，收入来源多样，涵盖线上商品销售、广告投放以及与供应商的合作分成。

在一次季度财务核算时，小林遇到了难题。线上销售部分，因促销活动复杂，不同折扣、满减规则叠加，订单收入确认难度大。同时，广告投放收入按合同应在广告投放周期内分摊确认，但部分广告商临时调整投放计划，使得收入核算变得混乱。而与供应商的合作分成，因数据对接延迟，难以准确匹配收入和成本。

面对这些挑战，小林没有退缩。她凭借扎实的专业知识，仔细梳理每一笔销售订单，与业务部门反复沟通促销细节；针对广告投放问题，积极与广告商协商，重新确定收入确认方式；为解决数据对接问题，主动与供应商建立更紧密的数据共享机制。在这个过程中，小林始终保持严谨、负责的态度，对每一个数据都严格把关，确保收入核算准确无误。

请思考：在收入核算方面，财务人员会面临哪些挑战？需要具备怎样的职业素养？

【解析】小林面临业务复杂导致的收入确认难题，反映出财务人员在收入核算时，常因业务创新、合作模式多样而陷入困境。要应对这些挑战，财务人员须具备扎实的专业知识，熟悉各类收入准则，同时保持严谨细致、负责的职业态度，确保数据准确。此外，财务人员还要培养自己良好的沟通协作能力，与客户、合作方有效沟通，才能及时解决核算中的问题，保障财务工作顺利进行。

任务一　收入的确认与计量

一、任务情景

（一）任务场景

广兴公司是一家软件与信息技术服务公司，主要业务是为各行业提供定制化软件解决方案、信息技术支持和服务。卓达公司是一家业务多元化的企业，随着业务规模的不断扩大，传统的管理模式和现有的软件系统已经无法满足其日益复杂的业务需求，各部门之间信息流通不畅，数据处理效率低下。因此，卓达公司急需一套定制化的企业管理软件来整合业务流程、提高数据的准确性和及时性。广兴公司在软件开发领域拥有丰富的经验和专业的技术团队，经过多轮商务洽谈和技术方案交流，本年1月，双方达成合作意向并签订了软件开发及维护服务合同。合同约定，广兴公司为卓达公司开发一款定制化企业管理软件，开发周期为6个月，开发完成后交付软件并提供初始培训；在软件交付后的3年内，广兴公司提供技术支持和软件更新服务。合同总价款为212万元（含税），其中软件开发服务的单独售价为132万元（不含税），软件维护服务的单独售价为88万元（不含税）。本年7月份，广兴公司完成软件开发并交付卓达公司，同时提供了初始培训。之后三年，广兴公司按合同约定向卓达公司提供软件维护服务，预计合同价款均可收回。

（二）任务布置

1. 请根据合同成立的条件，分析广兴公司与卓达公司签订的合同何时符合收入确认的条件。

2. 请对广兴公司与卓达公司签订的合同进行评估，识别该合同所包含的各单项履约义务。

3. 请计算合同的总交易价格（不含税），并说明是否包含可变对价或重大融资成分。

4. 请根据单独售价比例，将交易价格分摊至各单项履约义务，分别计算软件开发服务和软件维护服务的分摊金额。

5. 请编制本年7月软件开发服务收入确认的会计分录，并说明软件维护服务收入的确认方法。

二、任务准备

（一）知识准备

收入，是指企业在日常活动中形成的、会导致所有者权益增加的、与所有者投入资本无关的经济利益的总流入。

动画4 新收入准则解读

1.收入的特征

收入是企业日常活动形成的经济利益流入。

收入必然导致所有者权益的增加。

收入不包括所有者投入的资本。

【学中做11-1】企业代收的款项是否属于收入？

【解析】企业代收的款项不属于企业的收入。代收款项是企业暂时为第三方收取的资金，最终需要支付给相关方，如代税务机关收取的税款，企业只是代收代缴，税款最终归税务机关所有，企业无权支配这些资金，因此不能将其确认为收入。同理，代收的水电费、运费，旅行社代客户购买门票、飞机票等收取的票款等也是如此，这些款项最终需要支付给相应的服务提供方，企业只是中间环节，应将其作为暂收应付款记入相关的负债类科目，而不能作为收入处理。

2.收入的类别

（1）主营业务收入

主营业务收入，是指企业通过为完成其经营目标而从事的主要经营活动实现的收入。不同行业的企业，主营业务收入的来源也不相同，如制造业企业的主营业务收入主要来源于生产并销售产品，商业企业的主营业务收入主要来源于销售商品，商业银行的主营业务收入主要来源于存贷款和办理结算，医疗保健机构的主营业务收入主要来源于提供医疗服务等。主营业务收入发生频繁，一般在收入中占有较大的比重。

（2）其他业务收入

其他业务收入，是指企业通过除主要经营业务以外的其他经营活动实现的收入，如工业企业出租固定资产、出租无形资产、出租周转材料、销售不需用的原材料等实现的收入。其他业务收入属于企业日常活动中次要交易实现的收入，是企业收入的补充来源，稳定性弱，一般占企业总收入的比重较小。

3.收入的确认与计量

按照《企业会计准则第14号——收入》的相关规定，收入确认和计量的基本步骤大致分为以下5步：❶识别与客户订立的合同；❷识别合同中的单项履约义务；❸确定交易价格；❹将交易价格分摊至各单项履约义务；❺履行各单项履约义务时确认收入。其中，第一步、第二步和第五步主要与收入的确认有关，第三步和第四步主要与收入的计量有关。

（1）识别与客户订立的合同

合同，指双方或多方之间订立有法律约束力的权利义务的协议。合同有书面形式、口头形式以及其他形式（如隐含于商业惯例或企业以往的习惯做法中等）。

客户，指与企业订立合同以向该企业购买其日常活动产出的商品或服务（以下简称“商品”）并支付对价的一方。

❶收入确认的原则

企业应当在履行了合同中的履约义务，即在客户取得相关商品控制权时确认收入。取得相关商品控制权，指能够主导该商品的使用并从中获得几乎全部的经济利益，也包括有能力阻止其他方主导该商品的使用并从中获得经济利益。

❷收入确认的前提条件

企业与客户之间的合同同时满足下列条件的，企业应当在客户取得相关商品控制权时确认收入：一是合同各方已批准该合同并承诺将履行各自义务；二是该合同明确了合同各方与所转让的商品相关的权利和义务；三是该合同有明确的与所转让的商品相关的支付条款；四是该合同具有商业实质，即履行该合同将改变企业未来现金流量的风险、时间分布或金额；五是企业因向客户转让商品而有权取得的对价很可能收回。

【学中做11-2】A公司与B公司签订了一份设备销售合同，合同约定A公司向B公司销售一台定制设备，合同总价为100万元。合同签订后，B公司支付了30%的预付款，即30万元。然而，在设备生产过程中，A公司发现由于技术原因，无法按照合同约定的规格完成设备的生产，且无法确定何时能够解决技术问题。因此，A公司无法确定是否能够履行合同义务，也无法确定B公司是否会接受设备。根据收入确认的条件，A公司应如何对已收取的30万元预付款进行账务处理？

【解析】收入确认的前提条件之一是企业因向客户转让商品而有权取得的对价很可能收回。在本例中，A公司无法确定是否能够交付设备，B公司可能会要求退款，因此对价的收回存在不确定性。由于A公司无法确定是否能够履行合同义务，且对价的收回存在不确定性，因此不能将已收取的30万元预付款确认为收入。根据会计准则，A公司应将30万元作为负债进行账务处理，直到合同义务履行完毕或合同取消且无须退款时，才能将其确认为收入。

❸合同合并与合同变更

合同合并，指企业与同一客户（或该客户的关联方）同时订立或在相近时间内先后订立的两份或多份合同，在满足条件时，应当合并为一份合同进行账务处理。

合同变更，指经合同各方同意对原合同范围或价格（或两者）做出的变更。

（2）识别合同中的单项履约义务

履约义务，指合同中企业向客户转让可明确区分商品的承诺。

合同开始日，企业应当对合同进行评估，识别该合同所包含的各单项履约义务，并确定各单项履约义务是在某一时段内履行，还是在某一时点履行，然后，在履行了各单项履约义务时分别确认收入。企业应当将下列向客户转让商品的承诺作为单项履约义务：

❶企业向客户转让可明确区分商品（或者商品或服务的组合）的承诺

企业向客户承诺的商品同时满足下列条件的，应当作为可明确区分商品：一是客户能够从该商品本身或者从该商品与其他易于获得的资源一起使用中受益，即该商品能够明确区分；二是企业向客户转让该商品的承诺与合同中其他承诺可单独区分，即转让该商品的承诺在合同中是可明确区分的。

❷企业向客户转让一系列实质相同且转让模式相同的、可明确区分商品的承诺

企业应当将实质相同且转让模式相同的一系列商品作为单项履约义务，即使这些商品可明确区分。转让模式相同，指每一项可明确区分商品均满足在某一时段内履行履约义务的条件，

且采用相同方法确定其履约进度。

（3）确定交易价格

交易价格，指企业因向客户转让商品而预期有权收取的对价金额。企业代第三方收取的款项（代税务机关收取的税款等）以及企业预期将退还客户的款项，应当作为负债进行账务处理，不计入交易价格。合同标价并不一定代表交易价格，企业应当根据合同条款，并结合以往的习惯做法等确定交易价格。

❶可变对价

企业与客户的合同中约定的对价金额可能会因折扣、价格折让、返利、退款、奖励积分、激励措施、业绩奖金、索赔等因素而变化。此外，根据一项或多项或有事项的发生而收取不同对价金额的合同，也属于可变对价。合同中存在可变对价的，企业应当对计入交易价格的可变对价进行估计，估计时重点关注以下两方面：

一是可变对价最佳估计数的确定。企业应当按照期望值或最可能发生金额确定可变对价的最佳估计数。期望值是指按照各种可能发生的对价金额及相关概率计算确定的金额。如果企业拥有大量具有类似特征的合同，并估计可能产生多个结果，通常按照期望值估计可变对价金额。最可能发生金额是一系列可能发生的对价金额中最可能发生的单一金额，即合同最可能产生的单一结果。当合同仅有两个可能结果时，通常按照最可能发生金额估计可变对价金额。

二是计入交易价格的可变对价金额的限制。企业按照期望值或最可能发生金额确定可变对价金额之后，计入交易价格的可变对价金额还应该满足限制条件，即包含可变对价的交易价格，应当不超过在相关不确定性消除时，累计已确认的收入极可能不会发生重大转回的金额。企业在评估是否极可能不会发生重大转回时，应当同时考虑收入转回的可能性及其比重。其中，"极可能"发生的概率应远高于"很可能"，但不要求达到"基本确定"（"基本确定"即可能性超过95%，"很可能"即可能性超过50%）。

【学中做11-3】A公司与B公司签订了一份合同，约定A公司为B公司开发一套定制化软件，合同约定的固定价款为150万元，开发周期为6个月。合同中约定，如果A公司能够提前1个月完成软件开发并通过验收，B公司将额外支付A公司15万元的奖励。A公司根据以往经验和项目评估，估计提前1个月完工的概率为95%。根据可变对价相关理论，A公司应如何确定该合同的交易价格？

【解析】根据可变对价相关理论，A公司需要估计合同中可变对价的最佳估计数，并将其计入交易价格。本例中，A公司估计提前1个月完工的概率为95%，因此预计有权收取15万元的奖励，即合同中可变对价的最佳估计数为15万元。因此，交易价格为165万元，包括固定金额150万元和可变金额15万元。

【学中做11-4】A公司向B公司销售800台空调，每台价格为3 000元，合同价款合计240万元（假设不考虑增值税）。A公司与B公司约定，如果在未来4个月内，同类空调售价下降，则A公司按照合同价格与最低售价之间的差额向B公司支付差价。A公司根据以往执行类似合同的经验，预计未来4个月内，不降价的概率为60%；每台降价300元的概率为30%；每台降价600元的概率为10%。根据，A公司应如何估计该合同的交易价格？

【解析】根据可变对价最佳估计数的确定原则，A公司需要按照期望值估计可变对价金额，并将其计入交易价格。合同中约定的固定价款为240万元，可变对价为未来4个月内可能支付的差价。A公司根据以往经验，预计未来4个月内：不降价的概率为60%，即每台价格为3 000元；每台降价300元的概率为30%，即每台价格为2 700元；每台降价600元的概率为10%，即每台价格为2 400元。

每台空调的期望价格=3 000×60%+2 700×30%+2 400×10%=2 850（元）

合同总交易价格的期望值=2 850×800=2 280 000（元）

因此，交易价格为228万元，A公司应在空调交付时确认收入228万元。

每一资产负债表日，企业应重新估计应计入交易价格的可变对价金额，重新评估将估计的可变对价计入交易价格是否受到限制，如实反映报告期末存在的情况以及报告期内发生的情况变化。

❷合同中存在的重大融资成分

当合同各方在合同中（或者以隐含的方式）约定的付款时间为客户或企业就该交易提供了重大融资利益时，合同中即包含了重大融资成分，如企业以赊销的方式销售商品等。合同中存在重大融资成分的，企业应当按照假定客户在取得商品控制权时即以现金支付的应付金额（即现销价格）确定交易价格。企业确定的交易价格与合同承诺的对价金额之间的差额，应当在合同期间内采用实际利率法摊销。

实务中，如果在合同开始日，企业预计客户取得商品控制权与客户支付价款间隔不超过一年的，可以不考虑合同中存在的重大融资成分。

❸非现金对价

非现金对价，主要包括实物资产、无形资产、股权、客户提供的广告服务等，企业应当按照非现金对价在合同开始日的公允价值确定交易价格。非现金对价公允价值不能合理估计的，应当参照其承诺向客户转让商品的单独售价间接确定交易价格。

❹应付客户对价

企业存在应付客户对价的，应当将该应付对价冲减交易价格，并在确认相关收入与支付（或承诺支付）客户对价两者孰晚的时点冲减当期收入，但应付客户对价是为了自客户取得其他可明确区分商品的除外。应付客户对价可能以现金、折扣、优惠券、兑换券、积分、返利等形式存在。

【学中做 11-5】某公司与客户签订了一份销售合同，约定向客户销售一批电子产品，合同总价为 100 万元。同时，合同约定，如果客户在一年内累计采购金额超过 500 万元，则该公司将向客户支付 5% 的返利。请对这一业务的交易价格进行分析。

【解析】该公司向客户销售商品的同时，承诺在未来可能支付返利，这部分返利属于应付客户对价。该公司需要在销售商品时，根据返利的可能性估计应付客户对价，并将其从交易价格中扣除，以准确反映企业的收入和经济实质。

（4）将交易价格分摊至各单项履约义务

当合同中包含两项或多项履约义务时，企业应当在合同开始日，按照各单项履约义务所承诺商品的单独售价的相对比例，将交易价格分摊至各单项履约义务。

单独售价，指企业向客户单独销售商品的价格。单独售价优先按照企业在类似环境下向类似客户单独销售某商品的价格确定。单独售价无法直接观察的，企业可采用市场调整法、成本加成法、余值法等方法合理估计单独售价。企业商品近期售价波动幅度巨大，或者因未定价且未曾单独销售而使售价无法可靠确定的，可采用余值法估计其单独售价。

【学中做 11-6】某公司与客户签订了一份销售合同，约定向客户销售 X、Y、Z 三种产品，不含增值税的合同总价款为 15 000 元。X、Y、Z 产品的不含增值税单独售价分别为 6 000 元、4 000 元和 10 000 元，合计 20 000 元。合同约定，只有当三种商品全部交付之后，甲公司才有权收取 15 000 元的合同对价。假定三种商品分别构成单项履约义务，其控制权在交付时转移给客户。请按照 X、Y、Z 三种产品单独售价的相对比例分摊合同价款。

【解析】按照 X、Y、Z 三种产品单独售价的相对比例分摊合同价款：

X 产品应当分摊的交易价格 =6 000÷20 000×15 000=4 500（元）

Y 产品应当分摊的交易价格 =4 000÷20 000×15 000=3 000（元）

Z 产品应当分摊的交易价格=10 000÷20 000×15 000=7 500（元）

❶分摊合同折扣

合同折扣，指合同中各单项履约义务所承诺商品的单独售价之和高于合同交易价格的金额。企业应当将合同折扣在各项履约义务之间按比例分摊；如果有确凿证据表明合同折扣仅与合同中一项或多项（而非全部）履约义务相关，企业应当将该合同折扣分摊至相关的一项或多项履约义务。

❷分摊可变对价

合同中包含可变对价的，该可变对价可能与整个合同相关，也可能仅与合同中的某一特定组成部分有关。对于可变对价及可变对价的后续变动额，企业应当以合同开始日确定的单独售价为基础，将其分摊至与之相关的一项或多项履约义务，或者构成单项履约义务的一系列可明确区分商品中的一项或多项商品。对于已履行的履约义务，应当调整变动当期的收入。

【学中做11-7】甲公司与客户签订合同，将其拥有的两项品牌使用权A和B授权给客户使用。合同约定，授权使用A的价格为120万元，授权使用B的价格为客户使用该品牌所生产的商品销售额的2%。A和B的单独售价分别为120万元和150万元。甲公司估计其就授权使用B而有权收取的服务费为150万元。假定两项授权均构成单项履约义务，不考虑增值税等税费。请思考，该合同涉及的可变对价应如何分摊？

【解析】该合同包含固定对价和可变对价。其中，授权使用A的价格为固定对价，且与其单独售价一致。授权使用B的价格为客户使用该品牌所生产的商品销售额的2%，属于可变对价，该可变对价全部与授权使用B有关，且甲公司估计基于实际销售情况收取的品牌使用费的金额接近B的单独售价。因此，甲公司应将可变对价部分的服务费金额全部分摊至B品牌使用权。

❸交易价格的后续变动

交易价格发生后续变动的，企业应当按照在合同开始日所采用的基础将该后续变动金额分摊至合同中的履约义务。企业不得因合同开始日之后单独售价的变动而重新分摊交易价格。对于合同变更导致的交易价格后续变动，应当按照有关合同变更的要求进行账务处理。

（5）履行每一单项履约义务时确认收入

企业应当在履行了合同中的履约义务，即客户取得相关商品控制权时确认收入。取得相关商品控制权，指客户能够主导该商品的使用并从中获得几乎全部经济利益，也包括有能力阻止其他方主导该商品的使用并从中获得经济利益。当企业将商品转移给客户，客户取得了相关商品的控制权，意味着企业履行了合同履约义务，此时，企业应确认收入。

企业将商品控制权转移给客户，可能是在某一时段内（即履行履约义务的过程中）发生，也可能在某一时点（即履约义务完成时）发生。企业应当根据实际情况，判断履约义务是否满足在某一时段内履行的条件，如不满足，则该履约义务属于在某一时点履行的履约义务。对于在某一时段内履行的履约义务，企业应当选取恰当的方法来确定履约进度；对于在某一时点履行的履约义务，企业应当综合分析控制权转移的迹象，判断其转移时点。

4.合同成本

合同成本，指企业在与客户建立合同关系过程中发生的成本，主要包括合同取得成本和合同履约成本。

（1）合同取得成本

企业为取得合同发生的增量成本预期能够收回的，应当作为合同取得成本确认为一项资产。增量成本，是指企业不取得合同就不会发生的成本，例如销售佣金等。实务中如果该资产摊销期限不超过一年，可以在发生时计入当期损益。企业为取得合同发生的、除预期能够收回的增量成本之外的其他支出，例如，无论是否取得合同均会发生的差旅费、投标费、为准备投标资料发生的相关费用等，应当在发生时计入当期损益，除非这些支出明确由客户承担。

【学中做11-8】A公司是一家建筑设计公司，与客户签署了项目合同，A公司发生下列相关支出：聘请外部专业顾问进行项目可行性分析支出20 000元；因投标发生差旅费8 000元；销售人员佣金6 000元，A公司预期这些支出未来能够收回。请思考，以上支出哪些应确认为合同取得成本？

【解析】聘请外部专业顾问的支出（20 000元）和投标差旅费（8 000元），无论是否取得合同都会发生，不属于增量成本，因此应在发生时直接计入当期损益。销售人员佣金（6 000元），属于为取得合同发生的增量成本，因为如果不取得该合同，这笔佣金就不会发生，因此A公司应将其作为合同取得成本确认为一项资产。

（2）合同履约成本

企业为履行合同可能会发生各种成本。企业在确认收入的同时应当对这些成本进行分析，属于存货、固定资产、无形资产等企业会计准则规范范围的，应当按照相关准则进行账务处理；不属于存货、固定资产、无形资产等企业会计准则规范范围且同时满足下列条件的，应当作为合同履约成本确认为一项资产：

一是该成本与一份当前或预期取得的合同直接相关。与合同直接相关的成本包括直接人工（如支付给直接为客户提供所承诺服务的人员的工资、奖金等）、直接材料（如为履行合同耗用的原材料、辅助材料、构配件、零件、半成品的成本和周转材料的摊销及租赁费用等）、制造费用或类似费用（如组织和管理生产、施工、服务等活动发生的费用，包括管理人员的职工薪酬、劳动保护费、固定资产折旧费及修理费、物料消耗、取暖费、水电费、办公费、差旅费、财产保险费、工程保修费、临时设施摊销费等）、明确由客户承担的成本以及仅因该合同而发生的其他成本（如支付给分包商的成本、机械使用费、设计和技术援助费用、施工现场二次搬运费、生产工具和用具使用费、检验试验费、工程定位复测费、工程点交费用、场地清理费等）。

二是该成本增加了企业未来用于履行（或持续履行）履约义务的资源。

三是该成本预期能够收回。

企业应当在下列支出发生时，将其计入当期损益：管理费用，除非这些费用明确由客户承担；非正常消耗的直接材料、直接人工和制造费用（或类似费用），这些支出为履行合同发生，但未反映在合同价格中；与履约义务中已履行（包括已全部履行或部分履行）部分相关的支出，即该支出与企业过去的履约活动相关；无法在尚未履行与已履行（或已部分履行）的履约义务之间区分的相关支出。

【学中做11-9】A公司与客户签订一份合同，为客户的数据中心提供运维服务，合同期限为6年。在履行合同前，A公司设计并搭建了一个自动化运维平台供其内部使用，该平台由相关的硬件设备和软件系统组成。A公司需要提供设计方案，将该自动化运维平台与客户现有的IT基础设施对接，并进行相关测试。该平台并不会转让给客户，但将用于为客户提供服务。A公司为该平台的设计、购买硬件设备和软件系统以及数据中心的测试支付了成本。除此之外，A公司专门指派一名员工，负责向客户提供服务。请思考，以上支出哪些应确认为合同履约成本？

【解析】A公司购买硬件设备和软件系统的成本，应分别按照固定资产、无形资产进行账务处理。设计服务成本和数据中心的测试成本，不属于存货、固定资产、无形资产等企业会计准则规范范围，但与履行合同直接相关，这些成本增加了A公司未来用于履行履约义务（即提供运维服务）的资源，如果A公司预期这些成本可通过未来提供服务收取的对价收回，则应将其确认为合同履约成本，作为一项资产。A公司指派员工的工资费用，虽与为客户提供服务有关，但并未增加A公司未来用于履行履约义务的资源，因此应在发生时计入当期损益。

5.收入核算的账户设置

企业为核算与客户之间的合同产生的收入及相关的成本费用，一般需要设置以下账户。

（1）“主营业务收入”账户

该账户属于损益类账户，核算企业确认的销售商品、提供服务等主营业务的收入。贷方登记企业主营业务活动实现的收入，借方登记期末转入“本年利润”账户的主营业务收入，结转后该账户应无余额。

（2）“其他业务收入”账户

该账户属于损益类账户，核算企业确认的除主营业务活动以外的其他经营活动实现的收入，如出租固定资产、出租无形资产、出租包装物和商品、销售材料等实现的收入。贷方登记企业其他业务活动实现的收入，借方登记期末转入“本年利润”账户的其他业务收入，结转后该账户应无余额。

（3）“主营业务成本”账户

该账户属于损益类账户，核算企业确认销售商品、提供服务等主营业务收入时应结转的成本。借方登记企业根据销售各种商品、提供各种服务等实际成本，计算的应结转的主营业务成本，贷方登记期末转入“本年利润”账户的主营业务成本，结转后该账户应无余额。

（4）“其他业务成本”账户

该账户属于损益类账户，核算企业除主营业务活动以外的其他经营活动所发生的成本，包括销售材料的成本、出租固定资产的折旧额、出租无形资产的摊销额、出租包装物的成本或摊销额。借方登记企业结转或发生的其他业务成本，贷方登记期末转入“本年利润”账户的其他业务成本，结转后该账户应无余额。

（5）“合同取得成本”账户

该账户属于资产类账户，核算企业取得合同发生的、预计能够收回的增量成本。借方登记发生的合同取得成本，贷方登记摊销的合同取得成本；期末借方余额，反映企业尚未结转的合同取得成本。

（6）“合同履约成本”账户

该账户属于资产类账户，核算企业为履行当前或预期取得的合同所发生的、不属于其他企业会计准则规范范围且按照收入准则应当确认为一项资产的成本。借方登记发生的合同履约成本，贷方登记摊销的合同履约成本；期末借方余额，反映企业尚未结转的合同履约成本。

（7）“合同资产”账户

该账户属于资产类账户，核算企业已向客户转让商品而有权收取对价的权利，且该权利取决于时间流逝之外的其他因素（如合同中的其他履约义务）。借方登记因已转让商品而有权收取的对价金额，贷方登记取得无条件收款权的金额；期末借方余额，反映企业已向客户转让商品而有权收取的对价金额。

（8）“合同负债”账户

该账户属于负债类账户，核算企业已收或应收客户对价而应向客户转让商品的义务。贷方登记企业在向客户转让商品之前已收或应收的金额，借方登记企业向客户转让相关商品时减少的合同负债；期末贷方余额，反映企业已收或应收客户对价而应向客户转让商品的义务的数额。

此外，合同发生减值的，还应当设置“合同履约成本减值准备”“合同取得成本减值准备”“合同资产减值准备”等账户进行核算。

（二）任务要领

1.合同取得成本的账务处理

企业发生合同取得成本时（如销售提成、佣金），借记“合同取得成本”账户，贷记“银行存款”“应付职工薪酬”等账户；如果发生的相关费用不属于合同取得成本，借记“管理费用”（如差旅费、投标费等）、“销售费用”（如销售奖金等）账户，贷记“银行存款”等账户。对合同取得成本进行摊销时，借记“销售费用”等账户，贷记“合同取得成本”账户。

【做中学11-1】A公司是一家软件开发公司，与客户签署了服务期5年的合同，合同约定该客户每年支付软件开发及维护费1 590 000元（含税，增值税税率为6%），所开发的软件产品的著作权、所有权一并转让给客户。为取得该合同，A公司聘请外部技术顾问进行项目评估支出50 000元，为投标而发生差旅费12 000元，支付销售专员佣金60 000元，A公司预期这些支出未来能够收回。此外，A公司根据其年度项目目标、整体盈利情况及个人绩效等向项目部门经理支付年度奖金20 000元。请作账务处理。

【解析】❶销售专员佣金60 000元为增量成本，确认为资产；外部技术顾问支出50 000元和差旅费12 000元为非增量成本，计入当期损益；项目部门经理年度奖金20 000元，与合同无直接关系，计入当期损益。支付相关费用时编制会计分录如下：

借：合同取得成本　　60 000
　　管理费用　　62 000
　　销售费用　　20 000
　贷：银行存款　　142 000

❷每月确认服务收入、摊销销售佣金时。

每月不含税收入=1 590 000÷（1+6%）÷12=125 000（元）

每月增值税=125 000×6%=7 500（元）

每月销售佣金摊销额= 60 000÷60 = 1 000（元）

借：应收账款　　132 500
　　销售费用　　1 000
　贷：合同取得成本　　1 000
　　　主营业务收入　　125 000
　　　应交税费——应交增值税（销项税额）　　7 500

2. 合同履约成本的账务处理

企业发生合同履约成本时，借记“合同履约成本”账户，贷记“银行存款”“应付职工薪酬”“原材料”等账户；对合同履约成本进行摊销时，借记“主营业务成本”“其他业务成本”等账户，贷记“合同履约成本”账户；确认收入时，借记“银行存款”账户，贷记“主营业务收入”“应交税费——应交增值税（销项税额）”账户。

【做中学 11-2】乙公司经营一家度假村，为增值税一般纳税人，适用的增值税税率为6%，该度假村是乙公司的自有资产。本月，乙公司计提与度假村经营直接相关的酒店、别墅以及别墅内的家具等折旧150 000元、度假村土地使用权摊销费用80 000元。经计算，当月确认房费、餐饮费含税收入530 000元，全部存入银行。请作账务处理。

【解析】❶确认资产折旧费、摊销费为合同履约成本时。

借：合同履约成本　　230 000
　贷：累计折旧　　150 000
　　　累计摊销　　80 000

❷确认收入时。

借：银行存款　　530 000
　贷：主营业务收入　　500 000
　　　应交税费——应交增值税（销项税额）　　30 000

❸摊销合同履约成本时。

借：主营业务成本　　230 000
　贷：合同履约成本　　230 000

三、任务实施

步骤1：识别与客户订立的合同

根据收入确认条件，合同须满足以下条件：一是合同各方已批准该合同并承诺将履行各自义务；二是该合同明确了合同各方与所转让的商品相关的权利和义务；三是该合同有明确的与所转让的商品相关的支付条款；四是该合同具有商业实质，即履行该合同将改变企业未来现金流量的风险、时间分布或金额；五是企业因向客户转让商品而有权取得的对价很可能收回。广兴公司与卓达公司签订的合同，明确规定了广兴公司和卓达公司各自的权利和义务，有明确的支付条款，履行该合同将改变公司未来现金流量，且预计合同价款均可收回，符合收入确认的条件。

步骤2：识别合同中的单项履约义务

广兴公司和卓达公司签订的合同包含两项履约义务：一是软件开发服务，包括软件设计、开发、测试及初始培训，属于可明确区分的单项履约义务；二是软件维护服务，包括技术支持和软件更新服务，属于可明确区分的单项履约义务。

步骤3：确定交易价格

根据广兴公司和卓达公司签订的合同信息，合同总价款为含税金额212万元，增值税税率为6%。则：

不含税交易价格＝212÷（1＋6%）＝200（万元）

合同中未提及可变对价或重大融资成分，因此交易价格为固定金额200万元（不含税）。

步骤4：将交易价格分摊至各单项履约义务

当合同中包含两项或多项履约义务时，应当按照各单项履约义务所承诺商品的单独售价的相对比例，将交易价格分摊至各单项履约义务。在本案例中，软件开发服务的单独售价为132元，软件维护服务的单独售价为88万元。则：

各单项履约义务的分摊比例为：

软件开发服务=132÷（132+88）=60%

软件维护服务=88÷（132+88）=40%

各单项履约义务的分摊金额为：

软件开发服务=200×60%=120（万元）

软件维护服务=200×40%=80（万元）

步骤5：履行各单项履约义务时确认收入

企业应当在履行了合同中的履约义务，即客户取得相关商品控制权时确认收入。本年7月份，广兴公司完成软件开发并交付给卓达公司，并提供了初始培训，应确认软件开发服务的收入120万元：

借：应收账款　1 272 000

　贷：主营业务收入　1 200 000

　　应交税费——应交增值税（销项税额）　72 000

之后三年，广兴公司将按合同约定向卓达公司提供软件维护服务，维护服务期限为36个月，应按月确认收入。

每月确认收入= 800 000÷36≈22 222.22（元）

每月确认收入时：

借：应收账款　23 555.55

　贷：主营业务收入　22 222.22

　　应交税费——应交增值税（销项税额）　1 333.33

11.1课证融通练习题

任务二　在某一时点履行履约义务的收入的核算

一、任务情景

（一）任务场景

天源公司是一家工业制造领域的企业，主要生产和销售用于汽车零部件加工的精密数控机床设备，并为客户提供设备安装调试、售后维修保养等一系列相关服务。生产精密数控机床设备的主要原材料为特种钢材、高精度轴承以及数控系统芯片等。公司在生产过程中，由于对原材料采购量的预估和实际生产消耗存在一定差异，会产生部分剩余原材料。近期，天源公司发生以下两笔业务：

（1）销售机械设备给海胜公司。海胜公司是一家新兴的汽车零部件制造企业，随着业务订单的不断增加，现有的机床设备已无法满足其生产需求，急需采购一批高精度的数控机床设备以提高生产效率和产品质量。10月5日，天源公司与海胜公司签订销售合同，向海胜公司销售一台精密数控机床设备，合同总价为100 000元（不含税），增值税税率为13%，现金折扣条件为“2/10，N/30”。天源公司于10月6日根据合同约定发货，海胜公司在收到设备后进行检验，确认设备符合要求。由于海胜公司资金周转较为灵活，且希望通过享受现金折扣降低采购成本，所以在10月12日付款。该批机械设备的成本为80 000元。

（2）销售剩余原材料给卓盛公司。卓盛公司是一家小型机械加工厂，主要生产一些简单的机械配件。10月20日，天源公司与卓盛公司签订销售合同，向卓盛公司销售一批生产过程中剩余的特种钢材，合同总价为20 000元（不含税），增值税税率为13%。天源公司于10月21日发货，卓盛公司当天收到货物并验收合格后立即付款。该批原材料的成本为15 000元。

（二）任务布置

1. 请根据销售商品（机械设备）的合同约定、发货时间、控制权转移等因素，判断天源公司是否应确认收入，计算销售收入的金额，编制确认销售收入和结转销售成本的会计分录。

2. 请分析现金折扣的处理方式，以及对财务费用的影响，并对海胜公司享受的现金折扣进行账务处理。

3. 根据销售原材料的交易情况，说明销售原材料成本结转的依据和方法，编制确认销售收入、结转销售成本的会计分录。

二、任务准备

（一）知识准备

对于在某一时点履行的履约义务，企业应当在客户取得相关商品控制权时点确认收入。企业在判断客户是否已取得商品控制权时，应当考虑是否有以下迹象：

（1）企业就该商品享有现时收款权利，即客户就该商品负有现时付款义务

例如，甲公司是一家电子产品制造商，与客户签订了一份电子产品销售合同，合同约定客户有权根据市场需求自主确定销售价格，并在收到商品并验收入库后15日内支付货款。在客户收到该企业开具的发票、商品验收入库后，客户能够自主确定商品的销售价格或商品的使用情况，此时甲企业享有收款权利，客户负有现时付款义务。

（2）企业已将该商品的法定所有权转移给客户，即客户已拥有该商品的法定所有权

例如，甲公司是一家汽车销售公司，与客户签订了一份汽车销售合同，合同约定客户购买一辆商务用车。甲公司交付汽车并开具增值税专用发票，客户支付全部货款并取得车辆的所有权证书，表明此时甲公司已将该汽车的法定所有权转移给客户。

（3）企业已将该商品实物转移给客户，即客户已实物占有该商品

例如，甲公司是一家家具制造企业，与客户签订了一份家具销售合同，合同约定丙公司购买一批办公家具。甲公司将家具运送至客户指定地点，客户验收合格并支付全部货款，表明此时甲公司已将该商品实物转移给客户，即客户已占有该商品实物。实务中，企业有时根据合同已经向客户收款或取得了收款权利，但由于客户缺乏足够的仓储空间等原因，在将该商品交付给客户之前，企业仍然继续持有该商品实物，这种情况通常称为“售后代管商品”安排，在满足条件的情况下，“售后代管商品”也表明客户取得了商品的控制权。

【学中做11-10】客户占有了某项商品的实物，是否意味着客户就一定取得了该商品的控制权？

【解析】客户占有了某项商品的实物并不意味着其一定取得了该商品的控制权。例如，在采用支付手续费方式的委托代销安排中，尽管企业作为委托方已将商品发送给受托方，但受托方并未真正取得该商品的控制权。因此，企业不应在向受托方发货时确认销售商品的收入，而应依据控制权是否转移来判断收入确认的时点。通常情况下，企业应在受托方将商品售出时确认销售商品收入；受托方则应在商品销售后，按照合同或协议约定的方法计算并确认手续费收入。

【学中做11-11】甲公司与乙公司签订合同，向其销售一台工业机器和专用配件。假定企业向客户转让机器和配件为两个单项履约义务，且都属于在某一时点履行的履约义务。甲公司在完成机器和配件的生产之后，交付给乙公司，乙公司支付了该机器和配件的合同价款，并对其进行了验收。乙公司运走了机器，但是考虑到其自身的仓储能力有限，且其工厂紧邻甲公司

的仓库，因此要求将配件存放于甲公司的仓库中，并且要求甲公司按照其指令随时安排发货。甲公司在其仓库内的单独区域内存放这些配件，配件可明确识别为属于乙公司的物品，并且应乙公司的要求可随时发货，甲公司不能使用这些配件，也不能将其提供给其他客户使用。请思考，甲公司是否应当确认销售机器和配件的相关收入？

【解析】对于销售机器这一单项履约义务，甲公司在完成机器和配件的生产之后，已将机器交付给乙公司，该机器的控制权转移给乙公司，因此甲公司应当确认销售机器的相关收入。对于销售配件这一单项履约义务，甲公司已经收取合同价款，但是应乙公司的要求尚未发货，乙公司已拥有配件的法定所有权并且对其进行了验收，虽然这些配件实物尚由甲公司持有，但是其满足“售后代管商品”安排中客户取得商品控制权的条件，这些配件的控制权也已经转移给了乙公司。因此甲公司也应当确认销售配件的相关收入。

(4) 企业已将该商品所有权上的主要风险和报酬转移给客户，即客户已取得该商品所有权上的主要风险和报酬

例如，甲汽车销售公司向客户销售一辆汽车，并将该汽车的法定所有权转移给客户后，该汽车价格上涨或下跌带来的利益或损失全部由客户承担，表明此时客户已取得该汽车所有权上的主要风险和报酬。需要注意的是，企业在判断客户是否已取得该商品所有权上的主要风险和报酬时，不应当考虑保留的除转让商品之外产生其他履约义务的风险的情形。例如，企业将开发的软件系统销售给客户，并承诺提供后续维护服务，销售产品和维护服务均构成单项履约义务，企业保留的因维护服务而产生的风险并不影响企业有关主要风险和报酬转移的判断。

(5) 客户已接受该商品

企业在判断是否已经将商品的控制权转移给客户时，应当考虑客户是否已接受该商品。例如，甲公司是一家医疗器械制造企业，与某医院签订了一份定制医疗设备销售合同，合同约定甲公司为该医院定制生产一台高端影像诊断设备。甲公司将设备运送至医院指定地点，医院收到并验收合格后办理入库手续，表明客户已接受该商品。

(6) 其他表明客户已取得商品控制权的迹象

需要注意的是，在上述迹象中，并没有哪一个或哪几个迹象是决定性的，企业应当根据合同条款和交易实质进行分析，综合判断其是否以及何时将商品的控制权转移给客户，从而确定收入确认的时点。

(二) 任务要领

1. 一般销售商品业务的账务处理

在一般销售商品业务中，在符合收入确认条件时，企业应按照已收或应收合同或协议价款的公允价值确定销售商品收入的金额，并结转对应的销售成本。

确认本期实现的商品销售收入时，应按实际收到或应收的价款，借记“银行存款”“应收账款”“应收票据”等账户，按实现的销售收入，贷记“主营业务收入”账户，按增值税专用发票上注明的增值税税额，贷记“应交税费——应交增值税（销项税额）”账户；或在月末结转对应的销售成本，借记“主营业务成本”“存货跌价准备”账户，贷记“库存商品”账户。

【做中学11-3】甲公司向乙公司销售一批高性能芯片，增值税专用发票上标明的售价为80万元（不含税），增值税税率为13%。产品已经通过物流发出，甲公司代垫了运输费用3 000元，相关款项尚未从乙公司收回。这批高性能芯片的成本为60万元。乙公司已经完成了对该批芯片的验收入库。请作账务处理。

【解析】账务处理如下：

❶确认商品销售收入。

	借方	贷方
借：应收账款	904 000	
贷：主营业务收入		800 000
应交税费——应交增值税（销项税额）		104 000

❷核算代垫的运输费用。

借：应收账款　3 000

　贷：银行存款　3 000

❸结转已销售商品的成本。

借：主营业务成本　600 000

　贷：库存商品　600 000

2.已发出商品但不符合收入确认条件业务的账务处理

企业向客户转让商品的对价如果未达到“很可能收回”这一收入确认条件，在发出商品时，企业不应确认收入，而应将发出商品的成本记入“发出商品”账户。“发出商品”账户核算企业商品已经发出但客户没有取得商品的控制权的商品成本。

发出商品时，按照发出商品的成本，借记“发出商品”账户，贷记“库存商品”账户；当发出商品符合销售商品收入确认条件时，借记“银行存款”“应收账款”“应收票据”等账户，贷记“主营业务收入”账户；同时结转已销商品成本，借记“主营业务成本”账户，贷记“发出商品”账户。需要注意的是，尽管发出的商品不符合收入确认条件，如果销售该商品的纳税义务已经发生，在发出商品时应确认应交的增值税销项税额，借记“应收账款”等账户，贷记“应交税费——应交增值税（销项税额）”账户。

【做中学11-4】甲公司为增值税一般纳税人，本月采用托收承付结算方式向乙公司销售一批商品，开出的增值税专用发票上注明售价为300 000元，增值税税额为39 000元，该批商品成本为220 000元。甲公司在销售该批商品时已得知乙公司资金流转发生暂时困难，但为了减少存货积压，甲公司仍将商品发出，并办妥托收手续。一个月后，甲公司得知乙公司经营情况逐渐好转，并且乙公司承诺近期付款。假定甲公司发出该批商品时其增值税纳税义务已经发生。请作账务处理。

【解析】账务处理如下：

❶发出商品时。

借：发出商品　220 000

　贷：库存商品　220 000

❷确认增值税销项税额。

借：应收账款——乙公司　39 000

　贷：应交税费——应交增值税（销项税额）　39 000

❸乙公司承诺付款时确认收入。

借：应收账款——乙公司　300 000

　贷：主营业务收入　300 000

❹结转已销商品成本。

借：主营业务成本　220 000

　贷：发出商品　220 000

❺假如收到乙公司支付的货款。

借：银行存款　339 000

　贷：应收账款——乙公司　339 000

3.销售材料业务的账务处理

企业在日常经营中，除了销售商品外，还可能涉及对外销售不需用的原材料、随同商品销售但单独计价的包装物等业务。这些销售行为的收入确认和计量的原则参照销售商品。企业通过销售原材料、包装物等存货所实现的收入以及相应的成本结转，应通过“其他业务收入”和“其他业务成本”账户进行。

【做中学11-5】某公司销售一批不需用的原材料，开具的增值税专用发票上注明销售金额为20 000元，增值税税额为2 600元，款项已经通过银行转账方式全额收到。这批原材料的成本价为18 000元。请作账务处理。

【解析】账务处理如下：

❶确认原材料销售收入时。

借：银行存款　22 600

　贷：其他业务收入　20 000

　　　应交税费——应交增值税（销项税额）　2 600

❷结转原材料成本时。

借：其他业务成本　18 000

　贷：原材料　18 000

4.委托代销业务的账务处理

委托代销业务，是指委托方根据协议，委托受托方代销商品的一种销售方式，通常分为视同买断和支付手续费两种方式。

（1）视同买断方式

视同买断方式，是指委托方和受托方双方签订协议，委托方按协议价格收取所代销的货款，实际售价可由受托方自定，实际售价与协议价之间的差额归受托方所有的销售方式。

如果委托方和受托方之间的协议明确标明，受托方在取得代销商品后，无论能否卖出、是否获利，均与委托方无关，则可认为受托方实际上已经承担了对受托代销商品无条件付款的义务，委托方和受托方之间的代销商品交易与委托方直接销售商品给受托方没有实质区别。委托方应于受托方取得代销商品控制权时确认销售收入，受托方应将取得的代销商品作为购进商品处理。

委托方的账务处理如下：发出代销商品时，按协议价确认收入，借记“应收账款”账户，贷记“主营业务收入”“应交税费——应交增值税（销项税额）”账户，同时按商品的成本，借记“主营业务成本”账户，贷记“库存商品”账户；收到代销清单及货款时，借记“银行存款”账户，贷记“应收账款”账户。

受托方的账务处理如下：收到代销商品时，按协议价借记“库存商品”“应交税费——应交增值税（进项税额）”账户，贷记“应付账款”账户；实际销售商品时，借记“银行存款”账户，贷记“主营业务收入”“应交税费——应交增值税（销项税额）”账户，同时结成本，借记“主营业务成本”账户，贷记“库存商品”账户；实际支付给委托方货款时，借记“应付账款”账户，贷记“银行存款”账户。

但是，如果委托方和受托方之间的协议明确标明，将来受托方没有将商品售出时可以将商品退回委托方，或受托方因代销商品出现亏损时可以要求委托方补偿，说明受托方并没有承担对受托代销商品无条件付款的义务，此时，委托方在发出商品时不确认收入，发出的商品通过“委托代销商品”账户核算，受托方在收到商品时也不作为商品购进处理，收到的代销商品通过“受托代销商品”账户核算。当受托方将受托代销的商品售出后，按实际售价确认销售收入，并向委托方开具代销清单；委托方收到代销清单时，根据代销清单所列的已销商品确认销售收入。

【做中学11-6】甲公司为增值税一般纳税人，9月15日，甲公司采用视同买断方式委托乙公司销售电脑200台，每台成本为600元，协议价格每台1 000元。协议约定，乙公司在取得代销商品后，无论是否能够卖出、是否获利，均与甲公司无关，代销商品的实际售价由乙公司自行决定。11月1日，乙公司将商品按230 000元的价格实际售出，开具的增值税专用发票上注明增值税税额29 900元。11月10日，甲公司收到乙公司开来的代销清单以及按合同协议价支付的款项。请分别作出委托方和受托方的账务处理。

【解析】（1）委托方甲公司的账务处理：

❶发出委托代销商品时。

借：应收账款　226 000

　贷：主营业务收入　200 000

应交税费——应交增值税（销项税额） 26 000

借：主营业务成本 120 000

贷：库存商品 120 000

❷收到受托方开具的代销清单及货款时。

借：银行存款 226 000

贷：应收账款 226 000

（2）受托方乙公司的账务处理：

❶收到受托代销商品时。

借：库存商品 200 000

应交税费——应交增值税（进项税额） 26 000

贷：应付账款 226 000

❷售出代销商品时。

借：银行存款 259 900

贷：主营业务收入 230 000

应交税费——应交增值税（销项税额） 29 900

借：主营业务成本 200 000

贷：库存商品 200 000

❸支付给委托方货款时。

借：应付账款 226 000

贷：银行存款 226 000

（2）支付手续费方式

支付手续费方式，是指委托方和受托方签订协议，委托方根据协议约定向受托方支付代销手续费，受托方按照协议价格销售代销商品的销售方式。在委托方将代销商品发送至受托方时，受托方虽已承担代销商品的实物保管责任，但并没有取得这些商品的控制权，商品所有权上的主要风险和报酬也并未转移给受托方。因此，委托方发出商品时，不应确认收入，而应在受托方将代销商品销售给最终客户时确认收入，同时将应支付的代销手续费计入销售费用；受托方应在代销商品销售后，将代销手续费确认为劳务收入。

微课11.1 特定交易的收入确认和计量

委托方的账务处理如下：发出商品时，按库存商品的成本，借记“委托代销商品”账户，贷记“库存商品”账户；收到代销清单时，借记“应收账款”账户，贷记“主营业务收入”“应交税费——应交增值税（销项税额）”账户，同时结转成本，借记“主营业务成本”账户，贷记“委托代销商品”账户，并按照计算的代销手续费，借记“销售费用”“应交税费——应交增值税（进项税额）”账户，贷记“应收账款”账户；收到账款时，借记“银行存款”账户，贷记“应收账款”账户。

受托方的账务处理如下：收到代销商品时，按收到商品价值，借记“受托代销商品”账户，贷记“受托代销商品款”账户；实际销售商品时，借记“银行存款”账户，贷记“受托代销商品”“应交税费——应交增值税（销项税额）”账户；开出代销清单取得委托方增值税发票时，借记“应交税费——应交增值税（进项税额）”账户，贷记“应付账款”账户，同时结转代销商品价值，借记“受托代销商品款”账户，贷记“应付账款”账户；支付货款并计算代销手续费时，借记“应付账款”账户，贷记“银行存款”“其他业务收入”“应交税费——应交增值税（销项税额）”账户。

【做中学11-7】甲公司为增值税一般纳税人，8月1日，甲公司与乙公司签订代销协议，委托乙公司销售电脑500台，协议价为每台1 200元，成本每台800元，增值税税率为13%。按照协议约定，乙公司按销售价格（不含税）的5%收取代销手续费，代销手续费适用的增值税税率为6%。9月15日，乙公司销售完全部商品，向买方开具了增值税专用发票，并向甲公司开具了代销清单，实际售价为每台1 200元。9月20日，甲公司收到代销清单，并向乙公司开具了增值税专用发票。9月25日，甲公司收到货款，支付代销手续费。请分别做出委托方和受托方的账务处理。

【解析】(1) 委托方甲公司的账务处理：

❶发出委托代销商品时。

借：委托代销商品　400 000

　贷：库存商品　400 000

❷收到受托方开具的代销清单时。

借：应收账款　678 000

　贷：主营业务收入　600 000

　　应交税费——应交增值税（销项税额）　78 000

借：主营业务成本　400 000

　贷：委托代销商品　400 000

借：销售费用　30 000

　应交税费——应交增值税（进项税额）　1 800

　贷：应收账款　31 800

❸收到受托方贷款时。

借：银行存款　646 200

　贷：应收账款　646 200

(2) 受托方乙公司的账务处理：

❶收到受托代销商品时。

借：受托代销商品　600 000

　贷：受托代销商品款　600 000

❷售出代销商品时。

借：银行存款　678 000

　贷：受托代销商品　600 000

　　应交税费——应交增值税（销项税额）　78 000

❸开出代销清单并取得委托方增值税发票时。

借：应交税费——应交增值税（进项税额）　78 000

　贷：应付账款　78 000

借：受托代销商品款　600 000

　贷：应付账款　600 000

❹支付货款并确认代销手续费收入时。

借：应付账款　678 000

　贷：银行存款　646 200

　　其他业务收入　30 000

　　应交税费——应交增值税（销项税额）　1 800

5. 商业折扣、现金折扣、销售折让和销售退回的账务处理

(1) 商业折扣

商业折扣，是指企业为促进商品销售而在商品标价的基础上给予的价格折扣。企业应当按照扣除商业折扣后的净额确认商品销售收入。

【做中学11-8】甲公司为增值税一般纳税人，向乙公司销售300台洗衣机，每台售价5 000元，每台成本3 500元。根据销售合同，乙公司可享受15%的商业折扣。该批产品已经发出，乙公司已将产品验收入库，暂未付款。请作账务处理。

【解析】销售收入=5 000×85%×300=1 275 000（元）

借：应收账款　1 440 750

　贷：主营业务收入　1 275 000

应交税费——应交增值税（销项税额） 165 750

借：主营业务成本 1 050 000

贷：库存商品 1 050 000

（2）现金折扣

现金折扣，是指销售方为鼓励购买方在规定的期限内付款或提前付款，而向购买方提供的价格扣除，即购买方如果愿意提早付款，则实际支付价款可比合同约定的价款少。现金折扣一般用“折扣率/付款期限”来表示，如“2/15，N/30”表示：销售方允许购买方最长的付款期限为30天，如果购买方在15天内付款，销售方可按商品售价给予购买方2%的折扣；如果购买方在16天至30天内付款，将不能享受现金折扣。

企业销售商品涉及现金折扣的，应当按照扣除现金折扣前的金额确定销售商品收入金额。现金折扣实际上是企业为了尽快回笼资金而发生的融资费用，应在实际发生时计入当期财务费用。

【做中学11-9】甲公司为增值税一般纳税人，增值税税率为13%。7月1日，甲公司向乙公司销售500台空调，每台售价6 000元，每台成本4 500元。销售合同约定的现金折扣条件为“2/15，N/30”，即乙公司应在30天内付款，若在15天内付款，可享受2%的现金折扣。7月10日，乙公司支付了全部货款并享受了现金折扣。假定现金折扣不考虑增值税，请作账务处理。

【解析】账务处理如下：

❶销售商品时。

借：应收账款 3 390 000

贷：主营业务收入 3 000 000

应交税费——应交增值税（销项税额） 390 000

借：主营业务成本 2 250 000

贷：库存商品 2 250 000

❷收到货款并确认现金折扣时。

现金折扣=3 000 000 ×2% = 60 000（元）

借：银行存款 3 330 000

财务费用 60 000

贷：应收账款 3 390 000

（3）销售折让

销售折让，是指企业因售出商品的质量等不符合要求而在售价上给予的减让。通常情况下，销售行为在先，购买方发现商品在质量等方面不符合要求，希望售价减让在后。因此销售折让一般发生在销售收入已经确认之后。销售折让发生时，企业应当直接冲减当期销售收入。

【做中学11-10】甲公司为增值税一般纳税人，8月15日，甲公司赊销一批商品给乙客户，开出的增值税专用发票上注明的价款为80 000元，增值税税额为10 400元，该批商品的成本为50 000元。8月20日客户收到商品后，发现部分商品质量不符合合同要求，但尚可使用，故提出8%的折让要求，甲公司经调查协商后，同意给予折让，并开出红字增值税专用发票。8月23日，甲公司收到货款。请作账务处理。

【解析】账务处理如下：

❶销售商品时。

借：应收账款 90 400

贷：主营业务收入 80 000

应交税费——应交增值税（销项税额） 10 400

借：主营业务成本 50 000

贷：库存商品 50 000

❷发生销售折让时。

销售折让金额=80 000×8% = 6 400（元）

借：主营业务收入　　6 400

　　应交税费——应交增值税（销项税额）　　832

　贷：应收账款　　7 232

❸收到款项时。

借：银行存款　　83 168

　贷：应收账款　　83 168

（4）销售退回

销售退回，是指企业售出的商品由于质量不符合要求等原因而发生的购买方退货事项。

发生销售退回时，如果售出商品已确认收入，在收到退回的商品时，应冲减主营业务收入和增值税销项税额，借记“主营业务收入”“应交税费——应交增值税（销项税额）”账户，贷记“应收账款”“银行存款”等账户；并按退回商品的成本，借记“库存商品”账户，贷记“主营业务成本”账户。涉及现金折扣的，应同时调整相关财务费用。发生的销售退回属于资产负债表日后事项的，应按照《企业会计准则第29号——资产负债表日后事项》进行处理。

发生销售退回时，如果售出商品尚未确认收入，应按已记入“发出商品”账户的商品成本金额，借记“库存商品”账户，贷记“发出商品”账户，同时冲减增值税销项税额，借记“应交税费——应交增值税（销项税额）”账户，贷记“应收账款”等账户。

【做中学11-11】甲公司为增值税一般纳税人，5月15日向乙公司销售一批电子产品，开出的增值税专用发票上注明的售价为8 000元，增值税税额为1 040元。该批电子产品的成本为4 000元。乙公司在5月25日支付了货款。6月10日，该批电子产品因功能不符合要求被乙公司退回，甲公司当日支付有关退货款。请作账务处理。

【解析】账务处理如下：

❶销售商品时。

借：应收账款　　9 040

　贷：主营业务收入　　8 000

　　　应交税费——应交增值税（销项税额）　　1 040

借：主营业务成本　　4 000

　贷：库存商品　　4 000

❷收到货款时。

借：银行存款　　9 040

　贷：应收账款　　9 040

❸发生销售退回时。

借：主营业务收入　　8 000

　　应交税费——应交增值税（销项税额）　　1 040

　贷：银行存款　　9 040

借：库存商品　　4 000

　贷：主营业务成本　　4 000

【做中学11-12】甲公司为增值税一般纳税人，5月10日向乙公司销售一批机械设备，开出的增值税专用发票上注明的售价为300 000元，增值税税额为39 000元，设备成本为220 000元，采用托收承付结算方式。甲公司在销售该批机械设备时已了解到乙公司近期财务状况不佳，存在资金紧张的情况，但考虑到库存压力，甲公司仍决定发货，并完成了托收手续。假设甲公司发出该批机械设备时，其增值税纳税义务已经产生。7月15日，乙公司因该批设备性能不达标将货物退回，甲公司同意退货，并向乙公司开具了红字增值税专用发票，退回的设备已重新入库。请进行账务处理。

【解析】账务处理如下：

❶发出设备时。

借：发出商品　　220 000

　贷：库存商品　　220 000

❷确认增值税销项税额。

借：应收账款　　39 000

　贷：应交税费——应交增值税（销项税额）　　39 000

❸收到退回设备时。

借：库存商品　　220 000

　贷：发出商品　　220 000

❹冲减增值税销项税额。

借：应交税费——应交增值税（销项税额）　　39 000

　贷：应收账款　　39 000

三、任务实施

步骤1：销售商品的账务处理

根据天源公司和海胜公司的交易情况，天源公司于10月6日向海胜公司发货，销售机械设备一批，合同总价为100 000元。由于天源公司已将有关商品所有权的主要风险和报酬转移给购货方海胜公司，且收入金额能够可靠计量，相关经济利益很可能流入企业，成本能够可靠计量，因此，天源公司应于发货时确认销售收入。该批机械设备的成本为80 000元，天源公司应于确认收入的同时，结转相应的销售成本。

借：应收账款——海胜公司　　113 000

　贷：主营业务收入　　100 000

　　　应交税费——应交增值税（销项税额）　　13 000

借：主营业务成本　　80 000

　贷：库存商品　　80 000

步骤2：现金折扣的账务处理

现金折扣条件为“2/10，N/30”，表示在10天内付款享受2%的现金折扣，11至30天付款无折扣。现金折扣在实际发生时计入财务费用。海胜公司于10月12日付款，未超过10日，可享受2%的现金折扣，折扣金额为2 000元。天源公司应于收到款项时，确认现金折扣并冲减财务费用。

借：银行存款　　111 000

　　财务费用　　2 000

　贷：应收账款——海胜公司　　113 000

步骤3：销售材料的账务处理

根据天源公司和卓盛公司的交易情况，天源公司于10月21日向卓盛公司销售原材料一批，合同总价为20 000元。依据配比原则，销售原材料实现收入时，应将其对应的成本进行结转。因此天源公司应于发货时确认销售收入，同时结转相应的销售成本15 000元。

借：银行存款　　22 600

　贷：其他业务收入　　20 000

　　　应交税费——应交增值税（销项税额）　　2 600

借：其他业务成本　　15 000

　贷：原材料　　15 000

11.2课证融通练习题

任务三　在某一时段内履行履约义务的收入的核算

一、任务情景

（一）任务场景

锐清公司是一家专注于软件和信息技术服务的企业，拥有一支由经验丰富的软件工程师、算法专家和数据分析师组成的专业团队，能够为客户提供从需求分析、系统设计到开发测试的一站式解决方案。蓝驰公司是一家大型物流公司，决定升级其物流管理系统，希望通过引入智能化技术，实现货物运输的实时跟踪、仓储资源的优化配置以及订单处理的自动化。本年8月1日，锐清公司与蓝驰公司正式签订合同，为其开发一套智能物流管理系统，工期大约6个月，合同总价120万元（含增值税）。截至12月31日，锐清公司发生的成本均为开发团队薪酬，共48万元，预收蓝驰公司账款80万元。锐清公司预计开发系统还将发生成本32万元。锐清公司按投入法确定履约进度，不考虑其他因素。

（二）任务布置

1. 请根据锐清公司发生的实际成本，明确应付职工薪酬等相关会计账户账务处理，编制实际发生合同履约成本时的会计分录。

2. 阐述锐清公司收到蓝驰公司预付款项的一般流程，规范记录银行存款增加和合同负债确认的账务处理，确保借贷平衡，会计科目使用无误。

3. 依据投入法计算公式，结合已发生成本48万元和预计还将发生成本32万元，计算履约进度，确保计算过程清晰、准确，再依据履约进度计算应确认的收入金额，明确增值税销项税额，编制完整的账务处理分录。

二、任务准备

（一）知识准备

1. 在某一时段内履行履约义务的确认条件

满足下列条件之一的，属于在某一时段内履行的履约义务，相关收入应当在该履约义务履行的期间内确认：

第一，客户在企业履约的同时即取得并消耗企业履约所带来的经济利益。

第二，客户能够控制企业履约过程中在建的商品。

第三，企业履约过程中所产出的商品具有不可替代用途，且该企业在整个合同期间内有权就累计至今已完成的履约部分收取款项。

2. 履约进度的确定方法

对于在某一时段内履行的履约义务，企业应当在该段时间内按照履约进度确认收入，履约进度不能合理确定的除外。企业应当考虑商品的性质，采用恰当的方法确定履约进度，并且在确定履约进度时，应当扣除那些控制权尚未转移给客户的商品和服务。常用的履约进度的确定方法包括产出法和投入法。

（1）产出法

产出法主要是根据已转移给客户的商品对于客户的价值确定履约进度，如按照实际测量的完工进度、评估已实现的结果、已达到的里程碑、时间进度、已完工或交付的产品等确定履约进度。

【学中做11-12】A公司与客户签订合同，为该客户的一座桥梁更换50根钢梁，合同价格为20万元（不考虑增值税）。截至6月30日，A公司共更换钢梁30根，剩余部分预计在9月30日之前完成。该合同包含的履约义务满足在某一时段内履行的条件。请思考，截至6月30日，A公司的履约进度为多少？应确认的收入为多少？

【解析】A公司提供的更换钢梁服务属于在某一时段内履行的履约义务，因为客户在服务过程中持续获得并消耗A公司提供的服务。采用产出法，A公司按照已完成的工作量确定履约进度。截至6月30日，已完成更换钢梁30根，总工作量为50根，则：

履约进度=已完成工作量÷总工作量=30÷50=60%

已知合同总收入为20万元，则：

应确认的收入=合同总收入×履约进度=20×60%=12（万元）

（2）投入法

投入法主要是根据企业履行履约义务的投入确定履约进度，如按照投入的材料数量、花费的人工工时或机器工时、发生的成本和时间进度等投入指标确定履约进度。实务中，企业可按照累计实际发生的成本占预计总成本的比例（即成本法）确定履约进度，累计实际发生的成本包括企业向客户转移商品过程中所发生的直接成本和间接成本，如直接人工、直接材料、分包成本等。

【学中做11-13】9月1日，A公司与客户签订合同，为客户装修一栋商业大厦，合同总金额为200万元。A公司预计的合同总成本为160万元（不考虑增值税）。截至12月31日，A公司累计发生成本80万元。假定该装修服务构成单项履约义务，并属于在某一时段内履行的履约义务；A公司采用投入法确定履约进度。请思考，截至12月31日，A公司的履约进度为多少？应确认的收入和成本分别为多少？

【解析】A公司提供的装修服务属于在某一时段内履行的履约义务，因为客户在服务过程中持续获得并消耗A公司提供的服务。A公司采用投入法确定履约进度，截至12月31日，累计发生成本80万元，预计总成本为160万元，则：

履约进度=已发生成本÷预计总成本=80÷160=50%

截至12月31日，

应确认的收入=合同总收入×履约进度=200×50%=100（万元）

应确认的成本为80万元。

（二）任务要领

企业在某一时段内履行履约义务的收入的账务处理如下：发生合同履约成本时，借记“合同履约成本”账户，根据所发生的具体支出，贷记“银行存款”“应付职工薪酬”“原材料”等账户；分期确认收入时，借记“银行存款”“应收账款”“合同负债”等账户，贷记“主营业务收入”“其他业务收入”“应交税费——应交增值税（销项税额）”等账户；对合同履约成本进行摊销时，借记“主营业务成本”“其他业务成本”等账户，贷记“合同履约成本”账户。

【做中学11-13】甲公司设计服务适用的增值税税率为6%。10月1日，甲公司与乙公司签订一项为期6个月的设计合同，合同约定设计费用总额为800 000元，增值税税额为48 000元，设计款项分阶段根据项目进度支付。12月31日，经专业评估师评估后，确定该设计项目的完成度为30%，乙公司根据进度支付了相应的设计费用及增值税。截至12月31日，甲公司为完成此合同已累计产生设计成本200 000元（全部为设计团队薪酬），预估还将产生设计成本400 000元。假设该设计服务为一项单独的履约义务，且在一段时间内逐步完成。请作账务处理。

【解析】账务处理如下：

❶ 发生合同履约成本时。

借：合同履约成本	200 000	
贷：应付职工薪酬		200 000

❷ 确认设计收入并结转成本。

12月31日应确认的设计收入=800 000×30%=240 000（元）

借：银行存款	254 400	
贷：主营业务收入		240 000
应交税费——应交增值税（销项税额）		14 400
借：主营业务成本	200 000	
贷：合同履约成本		200 000

三、任务实施

步骤1：发生合同履约成本的账务处理

锐清公司在开发智能物流管理系统过程中发生了48万元的成本，均为开发人员薪酬。因为开发智能物流管理系统属于履行与蓝驰公司的合同义务，相关成本应计入合同履约成本；而应付职工薪酬是企业对员工的负债，在薪酬计提时确认。因此，薪酬计提时，应借记“合同履约成本”，贷记“应付职工薪酬”。

借：合同履约成本　　480 000
　贷：应付职工薪酬　　480 000

步骤2：预收服务款项的账务处理

预收服务款项的一般流程为，蓝驰公司将预付款项通过银行转账的方式支付给锐清公司；锐清公司的银行账户收到款项后，银行会发送到账通知；锐清公司财务人员收到通知后，首先核对款项金额、付款方等信息是否与合同约定一致；核对无误后，在财务系统中进行入账操作。锐清公司预收了蓝驰公司80万元的服务款项，根据合同和银行进账单，应将预收款项确认为“合同负债”。

借：银行存款　　800 000
　贷：合同负债　　800 000

步骤3：确认收入并结转成本的账务处理

锐清公司按投入法确定履约进度，截至12月31日，累计发生成本48万元，预计总成本为80万元，则：

履约进度=已发生成本÷预计总成本=48÷（48+32）=60%

截至12月31日，

应确认的收入=合同总收入×履约进度=120×60%=72（万元）

应确认的成本为48万元。

借：合同负债　　720 000
　贷：主营业务收入　　679 245
　　应交税费——应交增值税（销项税额）　　40 755
借：主营业务成本　　480 000
　贷：合同履约成本　　480 000

11.3课证融通练习题

【职业课堂】秦邦礼：革命需要什么，就经营什么

1938年夏秋之交，一家名为“联和行”的商贸公司在香港开业，老板是秦邦礼。公司公开的业务是经营南北杂货，实质上是秘密采购陕甘宁边区急缺的物资。从西药到医疗设备、从电子管到X光机、从鞋袜到军毯、从运输车到发电机，党需要什么，联和行就经营什么。1947年，联和行改名为“联和进出口公司”。

1948年，秦邦礼40岁。他从14岁辍学经商开始，始终以一颗向党的红心经营着事业。这是他的初心，也是他的使命。当联和进出口公司在国内外声名鹊起时，秦邦礼心中所想的仍然是要为党、为国家、为人民贡献自己的力量。于是，他便用更改公司名称的方式，表达他对党的这份赤诚之心。经商议，联和进出口公司改名为“华润公司”。特别值得一提的是，自1948年9月至1949年初，华润公司在经营解放区货物贸易的同时，还根据中共中央指示，分四批将李济深、沈钧儒、谭平山、蔡廷锴等300多名民主人士和社会贤达安全运送到解放区，为确保中国人民政治协商会议的如期召开做出了积极贡献。

资料来源：聂文婷.秦邦礼：革命需要什么，就经营什么［EB/OL］.［2020-12-09］. https: //article.xuexi.cn/articles/index. html? art_id=17762586137218471364&t=1657267228622&reedit_timestamp=1616055142000&study_style_id=feeds_default&showmenu=false&to_audit_timestamp=2021-03-18%2016%3A12%3A22&source=share&share_to=dd&item_id=17762586137218471364&ref_read_id=77efac0d-6450-4ded-8856-722f9372395e_1737612956378.

请思考：企业在取得营业收入、获取利润的同时，如何履行社会责任？

【解析】秦邦礼经营的公司以革命需求为导向，为企业履行社会责任提供思路。企业取得营业收入、获取利润的同时，应积极响应国家政策，助力解决社会问题，如投身环保公益，参与乡村振兴等。财务人员也应当提高政治觉悟，从宏观角度审视财务工作对企业和社会的意义，合理规划资金，保障关键业务开展，支持企业参与社会公益活动。

项目小结

收入的正确核算对反映企业经营成果和财务状况起着关键作用。在收入核算中，我们需要了解收入的特征、类别，尤其是收入确认和计量的五个步骤：识别与客户订立的合同，识别合同中的单项履约义务，确定交易价格，将交易价格分摊至各单项履约义务，履行各单项履约义务时确认收入。对于合同成本的核算，我们要对合同取得成本和合同履约成本进行正确的账务处理。对于在某一时点履行履约义务的收入核算，一般销售商品、销售材料、委托代销等业务都有相应的账务处理方式，我们还要处理好商业折扣、现金折扣、销售折让和销售退回等情况下的账务处理。对于在某一时段内履行履约义务的收入核算，我们要正确确认履约进度，确保收入核算的准确性。

技能锤炼

业务处理题（一）

甲公司为增值税一般纳税人，增值税税率为13%。甲公司于5月10日向乙公司销售一批商品，售价为100万元（不含税），成本为70万元。当日商品发出，乙公司验收合格，并支付了50%的货款，剩余款项约定一个月后支付。

要求：请编制甲公司确认收入的会计分录。

业务处理题（二）

甲公司在6月5日向乙公司销售商品，售价20万元（不含税，增值税税率为13%），成本15万元。合同约定现金折扣条件为“2/10，1/20，N/30”（计算现金折扣时不考虑增值税）。乙公司于6月12日付款。

要求：请编制甲公司销售商品确认收入及收到款项时的会计分录。

业务处理题（三）

甲公司与乙公司签订一项为期18个月的建筑合同，合同总收入为300万元。截至本年7月底，已发生成本80万元，预计还将发生成本120万元。

要求：请根据上述资料，计算甲公司在本年7月底的履约进度。

项目综合评价

项目十一综合评价参考表见表11-1：

表11-1　项目十一综合评价参考表

项目名称	收入的核算		
评价内容		学生自评（50%）	教师评价（50%）
素养目标	1.培养客观公正、诚实守信的职业理念（10分）		
	2.塑造严谨认真、注重细节的职业品质，强化对收入核算的责任感（10分）		
	3.严格遵守国家法律法规和企业会计准则，确保收入核算工作合法合规（10分）		
知识目标	1.熟悉收入的特征、类别以及确认计量的基本步骤（10分）		
	2.掌握合同成本的账务处理（5分）		

续表

项目名称	收入的核算		
知识目标	3.掌握在某一时点履行履约义务收入确认及各类业务账务处理（15分）		
	4.掌握在某一时段内履行履约义务确认条件、履约进度确定方法及账务处理（10分）		
技能目标	1.能准确判断合同，并根据合同性质判断是否确认收入（10分）		
	2.能在实际工作中准确判断履约义务类型，正确核算不同类型收入（10分）		
	3.能够熟练运用会计准则，准确进行收入相关业务的账务处理（10分）		
项目评价成绩（100分）			

项目综合评价：

教师签名：

日期：

项目十二　费用的核算

素养目标

1. 培养诚实守信、廉洁自律、爱岗敬业的职业素养。
2. 培养严谨细致、实事求是的职业态度，重视费用核算的准确性。
3. 培养创新思维和分析实际问题的能力。

知识目标

1. 熟悉费用的概念、分类、特点等。
2. 掌握营业成本相关知识及账务处理。
3. 了解相关税种基本知识，掌握各税种账务处理。
4. 熟悉期间费用基本知识，掌握期间费用账务处理。

技能目标

1. 能够区分主营业务成本和其他业务成本。
2. 能够准确完成各类费用核算的账务处理工作。
3. 能够在实际工作中精准识别费用类型，正确核算不同费用项目。

项目导图

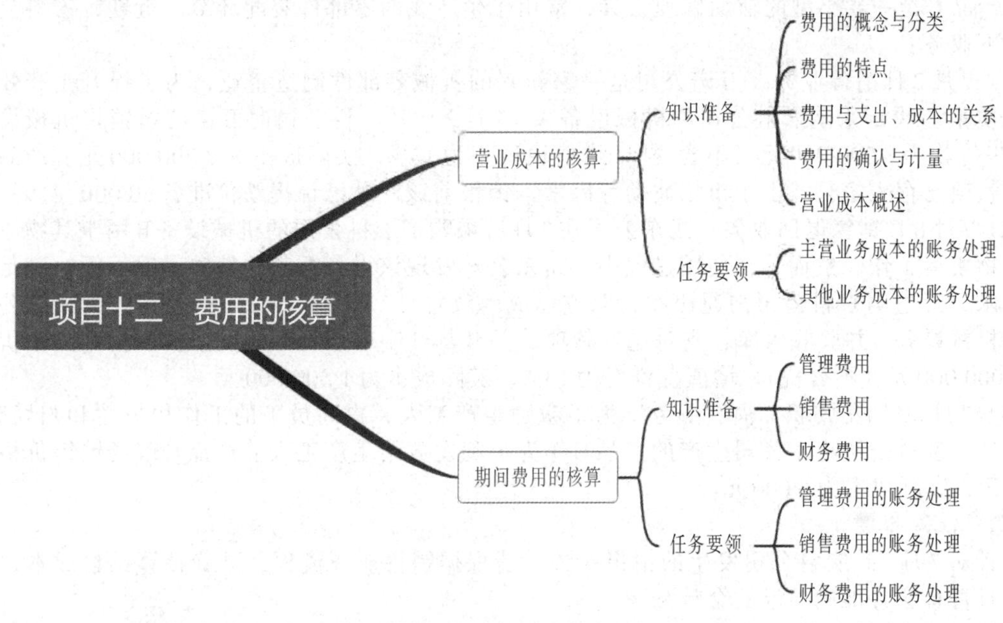

价值引领

费用核算的“荆棘之路”

小张是一家制造业企业的财务人员，最近公司接了一个大型订单，为了按时交付产品，24小时不间断生产。

在进行这个项目的费用核算时，小张遇到了诸多难题。生产设备的高强度运转导致维修频次增加，维修费用的发票开具不及时，部分维修记录也不完整，这使得费用确认困难。同时，为了激励员工加班，公司发放了高额的加班补贴，补贴计算涉及多种加班时长和不同的工资标准，计算过程烦琐且容易出错。另外，原材料采购价格因市场波动频繁调整，不同批次采购价格差异大，在核算成本时难以准确分摊。

面对这些棘手的问题，小张凭借自己的专业知识，积极与各部门沟通协调。他多次联系设备维修部门，催促补齐维修记录和发票；与人力资源部门反复核对加班补贴数据；和采购部门一同梳理原材料采购明细，制订合理的分摊方案。最终，小张准确完成了费用核算，为项目成本控制提供了有力的数据支持。

请思考：在面对各类费用账务处理的难题时，财务人员需要具备怎样的职业素养？

【解析】在案例中，小张在费用核算时，面临发票与记录缺失、补贴计算复杂、价格波动影响成本分摊等挑战。日常业务中，财务人员在费用核算时，也会因业务突发情况、部门协作不畅、市场变动等陷入困境。这就要求财务人员必须具备扎实的专业知识，熟知费用核算规则，严谨细致，不放过任何一个数据偏差，还要有良好的沟通协调能力，与各部门协同合作，才能准确完成费用核算工作。

任务一　营业成本的核算

一、任务情景

（一）任务场景

宏科公司是一家机械制造企业，专注于各类工业机械设备的研发、生产与销售。公司拥有先进的生产设备和专业的技术团队，生产的产品涵盖多种类型的机械设备，其中机械设备A是一款新型的自动化加工机床，具有高精度、高效率的特点，能够满足制造业企业对零部件精密加工的需求；机械设备B是一款中型的物料搬运设备，适用于各类工厂和物流仓库的货物搬运工作；产品C是一款小型的辅助修理工具，常用于生产线的零部件装配环节。近期，宏科公司发生以下业务：

（1）7月2日销售业务。万诺公司是一家新兴的机械零部件制造企业，为了提升生产效率和产品质量，决定采购宏科公司的机械设备A。7月2日，宏科公司向万诺公司销售机械设备A，销售价款为8 000 000元（不含税），增值税税率为13%，实际成本为7 200 000元。产品已发出，款项已存入银行。由于市场波动等因素，销售前该产品已计提跌价准备60 000元。

（2）7月8日销售退回业务。凯东公司在4月份采购了宏科公司的机械设备B用于其物流仓库的货物搬运工作。然而，在使用过程中，凯东公司发现该设备在某些特殊工况下无法满足其搬运需求，经过与宏科公司沟通协商，双方达成一致意见。7月8日，宏科公司收到凯东公司退回的机械设备B并验收入库，支付退货款项，并开具红字增值税专用发票。该批产品销售价格为3 000 000元（不含税），增值税税率为13%，实际成本为1 800 000元。

（3）7月30日发放职工福利业务。为了激励生产工人，提高员工的工作积极性和归属感，7月30日，宏科公司将本公司生产的产品C作为福利发放给生产工人。产品C市场销售价格为12 000元，实际成本为6 000元。

（二）任务布置

1.针对7月2日宏科公司发生的销售业务，请根据销售业务流程，准确核算销售成本，编制完整且符合会计准则要求的会计分录。

2.针对7月8日宏科公司发生的销售退回业务，请依据销售退回的业务流程，从产品验收入库、款项退回操作到开具红字增值税专用发票，进行相应的账务处理，明确涉及的会计科目借贷方向，确保账务处理准确无误，符合税务法规和财务制度要求。

3.针对7月30日宏科公司发放职工福利业务，请按照企业将自产产品用于职工福利的账务处理原则，从产品视同销售的收入确认、增值税计算到成本结转，正确编制会计分录，明确相关会计账户的运用依据，确保账务处理符合会计准则和税务规定。

二、任务准备

（一）知识准备

1.费用的概念与分类

费用是指企业在日常活动中发生的、会导致所有者权益减少的、与向所有者分配利润无关的经济利益的总流出。本项目讲解的费用主要包括企业为取得营业收入进行产品销售等营业活动所发生的营业成本、税金及附加和期间费用。

费用按经济用途可以分为以下类别：经营费用，指企业为完成其经营目标所从事的经常性活动以及与之相关的其他活动的经济利益的总流出，包括主营业务成本、其他业务成本、税金及附加等；期间费用，指企业当期发生的直接计入当期损益的各项费用，包括管理费用、销售费用、财务费用。

2.费用的特点

（1）费用是企业在日常活动中发生的经济利益的总流出

日常活动是指企业为完成其经营目标所从事的经常性活动以及与之相关的其他活动。费用形成于企业日常活动的特征使其与产生于非日常活动的损失相区分，非日常活动形成的经济利益的总流出属于企业的损失而不是费用。

（2）费用会导致企业所有者权益减少

费用既可能表现为资产的减少，如银行存款、库存商品的减少等，也可能表现为负债的增加，如应付职工薪酬、应交税费的增加等。根据“资产-负债=所有者权益”这一会计恒等式，费用一定会导致企业所有者权益减少。如果某项支出并不会使企业所有者权益减少，那该项支出也就不构成费用。

【学中做12-1】如何理解“费用会导致企业所有者权益减少”？请举例说明。

【解析】根据会计恒等式“资产-负债=所有者权益”，费用的发生可能表现为资产的减少或负债的增加，但无论如何，最终都会使所有者权益减少。例如，某企业支付了10万元的广告费，使用银行存款支付，此时资产（银行存款）减少10万元，负债不变，所有者权益减少10万元；某企业计提了5万元的员工工资，尚未支付，此时负债（应付职工薪酬）增加5万元，资产不变，所有者权益减少5万元；某企业发生3万元的租金，其中2万元使用银行存款支付，剩余1万元尚未支付，此时资产（银行存款）减少2万元，负债（应付账款）增加1万元，所有者权益减少3万元。以上均表明“费用会导致企业所有者权益减少”。反之，一项支出如果不会带来所有者权益的减少，那该项支出也就不构成费用，例如某企业用银行存款购买一台设备，价值20万元，资产（固定资产）增加20万元，同时资产（银行存款）减少20万元，此时资产总额不变，负债不变，所有者权益不变，则该项支出是资本性支出，不构成费用。

（3）费用与向所有者分配利润无关

向所有者分配利润或股利属于企业利润分配的内容，如支付现金股利、发放股票股利，不构成企业的费用。利润分配是企业对经营成果的分配，属于所有者权益的变动，而不是经营活动的成本。

3.费用与支出、成本的关系

（1）费用与支出的关系

支出，是企业在经营活动中发生的所有开支与耗费，可分为资本性支出、收益性支出、所得税支出、营业外支出和利润分配性支出。资本性支出是指该支出的发生不仅与本期收入有关，也与其他会计期间的收入有关，且主要是为以后各期的收入取得而发生的支出，如购置固定资产、对外投资等，应先将其资本化，之后随着它们为企业提供效益，在各个会计期间转销为费用，如固定资产折旧。收益性支出是指支出的发生仅与本期收益的取得有关，因而直接冲减当期收益，如企业发生的材料费、工资等开支。所得税支出是企业在取得经营所得与其他所得的情况下，按税法规定缴纳的税金支出。营业外支出是指与企业的生产经营业务没有直接联系的支出，如罚款、违约金、非常损失等。利润分配性支出是指在利润分配环节的开支，如支付股利等。

费用与支出的关系可以表述为：费用是支出的主要组成部分，支出中凡是与生产经营有关的部分，都可表现或转化为费用，否则不能列为费用。如收益性支出和所得税支出均可表现为费用，资本性支出中除了长期投资支出之外，其余的如购建固定资产、无形资产等支出，最终可以随着受益期折旧、摊销等转化为费用。利润分配支出和营业外支出与企业的生产经营活动没有直接关系，因而不表现或不转化为费用。

（2）费用与成本的关系

成本也有广义和狭义之分。广义的成本是指为了取得资产或达到特定目的而实际发生或应发生的价值牺牲，如为生产产品而发生的产品生产成本，为购建固定资产而发生的固定资产成本，为采购存货而发生的存货成本，为提供服务而发生的服务成本等。狭义成本是指为了生产产品或提供服务而实际发生或应发生的价值牺牲，简称生产成本。不管是广义还是狭义的概念，都可以将成本概括为对象化的耗费。

费用与成本的关系可以表述为：费用和成本都是对耗费按用途进行的分类，费用是对耗费按当期损益进行的归集，而成本是对耗费按对象进行的归集。

4.费用的确认与计量

费用的确认应当同时满足以下三个条件：一是与费用相关的经济利益很可能流出企业；二是经济利益流出企业的结果会导致资产的减少或者负债的增加；三是经济利益的流出额能够可靠计量。

费用的确认遵循权责发生制原则，即凡是属于本期发生的费用，不论其款项是否支付，均确认为本期费用；反之，不属于本期发生的费用，即使其款项已在本期支付，也不确认为本期费用。费用在确认时还应当按照配比原则，按照费用与收入的关联关系来确认费用的实现。

费用一般采用实际成本进行计量。费用的实际成本是按企业为取得商品和劳务而放弃的资源的实际价值来计量的，即按交换价值或市场价格计量的。

5.营业成本概述

营业成本，指企业为生产产品、提供劳务等发生的可归属于产品成本、劳务成本等的费用。应当在确认销售商品收入、提供劳务收入等时，将已销售商品、已提供劳务的成本等计入当期损益。营业成本包括主营业务成本和其他业务成本。

主营业务成本，指企业销售商品、提供劳务等经常性活动所发生的成本。企业一般在确认销售商品、提供劳务等主营业务收入时或在月末，将已销售商品、已提供劳务的成本转入主营业务成本。

其他业务成本，指企业除主营业务活动以外的其他经营活动所发生的支出。企业一般在确认其他业务收入时，将相关成本转入其他业务成本。其他业务成本主要包括销售材料的成本、出租固定资产的折旧额、出租无形资产的摊销额、出租包装物的成本或摊销额等。采用成本模式计量投资性房地产的，投资性房地产计提的折旧额或摊销额，也构成其他业务成本。

企业结转已销售商品成本可采用先进先出法、月末一次加权平均法、移动加权平均法、个别计价法等。一经选择，不能随意变更。

【学中做12-2】如何理解主营业务成本和其他业务成本之间的区别？

【解析】主营业务成本和其他业务成本都属于营业成本，它们的区别主要体现在业务性质、发生频率等方面。从业务性质来看，通常情况下，主营业务成本与企业核心业务直接相关，其他业务成本与企业核心业务间接相关或无关；从发生频率来看，主营业务成本发生频率高，通常是企业收入的主要来源，其他业务成本发生频率较低，通常是企业收入的补充来源。例如，某制造公司主要从事机械设备的生产和销售，同时也将部分闲置原材料对外销售，对该公司来说，机械设备的产品生产成本为主营业务成本，销售原材料的成本为其他业务成本；某咨询公司主要从事企业管理咨询服务，同时也将部分办公设备出租，对该公司来说，提供管理咨询服务的成本为主营业务成本，出租办公设备的折旧为其他业务成本。

（二）任务要领

1.主营业务成本的账务处理

企业一般在确认销售商品、提供服务等主营业务收入时或在月末，将已销售商品、已提供服务的成本转入主营业务成本。企业应设置“主营业务成本”账户，用于核算企业因销售商品、提供服务等日常活动而发生的实际成本，该账户可以按照主营业务的种类设置明细账户。企业结转已销售商品或提供服务的成本时，借记“主营业务成本”账户，贷记“库存商品”“劳务成本”“委托代销商品”“发出商品”“合同履约成本”等账户。期末，企业应将主营业务成本的余额转入“本年利润”账户，借记“本年利润”账户，贷记“主营业务成本”账户，结转后，“主营业务成本”账户无余额。

【做中学12-1】甲公司为增值税一般纳税人，向乙公司提供一项技术服务，开出的增值税专用发票上注明的价款为150 000元，增值税税额为9 000元。甲公司已收到乙公司支付的款项159 000元，并将服务验收单送交乙公司。该项服务的成本为80 000元。请作账务处理。

【解析】账务处理如下：

❶服务实现时，确认服务收入并结转成本。

借：银行存款　　159 000

　贷：主营业务收入　　150 000

　　　应交税费——应交增值税（销项税额）　　9 000

借：主营业务成本　　80 000

　贷：劳务成本　　80 000

❷期末，将主营业务成本结转至本年利润。

借：本年利润　　80 000

贷：主营业务成本　　80 000

【做中学 12-2】7月15日，甲公司向乙公司销售一批机械设备，开具的增值税专用发票上标明的销售价款为100 000元，增值税税额为13 000元。该批机械设备的实际成本为75 000元。甲公司已将提货单、增值税专用发票及机械设备交付给乙公司，并收到了乙公司开具的银行承兑汇票。请作账务处理。

【解析】账务处理如下：

❶销售实现时，确认销售收入并结转销售成本。

借：应收票据　　113 000

　贷：主营业务收入　　100 000

　　　应交税费——应交增值税（销项税额）　　13 000

借：主营业务成本　　75 000

　贷：库存商品　　75 000

❷期末，将主营业务成本结转至本年利润。

借：本年利润　　75 000

　贷：主营业务成本　　75 000

【做中学 12-3】甲公司为增值税一般纳税人，6月15日，甲公司销售给乙公司产品200件，每件售价为1 500元，单位成本为1 200元。开具的增值税专用发票上标明的销售额为300 000元，增值税税额为39 000元。产品已交付乙公司验收入库，但乙公司尚未支付此款项。假设该销售交易被视为在某一时点完成履约义务。8月30日，由于产品存在质量问题，乙公司决定退货，甲公司同意并开具了相应的红字增值税专用发票。请作账务处理。

【解析】账务处理如下：

❶销售实现时，确认销售收入并结转销售成本。

借：应收账款　　390 000

　贷：主营业务收入　　300 000

　　　应交税费——应交增值税（销项税额）　　39 000

借：主营业务成本　　240 000

　贷：库存商品　　240 000

❷ 销售退回时，冲减销售收入和成本。

借：主营业务收入　　300 000

　　应交税费——应交增值税（销项税额）　　39 000

　贷：应收账款　　390 000

借：库存商品　　240 000

　贷：主营业务成本　　240 000

【做中学 12-4】本年9月末，甲公司对其已售出的A、B、C三款产品进行成本结算，确定A产品的实际成本为80 000元，B产品的实际成本为160 000元，C产品的实际成本为240 000元。请作账务处理。

【解析】账务处理如下：

借：主营业务成本　　480 000

　贷：库存商品——A产品　　80 000

　　　　　　　——B产品　　160 000

　　　　　　　——C产品　　240 000

2.其他业务成本的账务处理

设置“其他业务成本”账户，核算企业确认的除主营业务活动以外的其他日常经营活动所发生的支出。“其他业务成本”账户可按其他业务成本的种类设置明细账户。企业发生的其他业务成本，借记“其他业务成本”账户，贷记“原材料”“周转材料”“累计折旧”“累计摊销”“应付职工薪酬”“银行存款”等账户。期末，“其他业务成本”账户余额转入“本年利润”账户，结转后，“其他业务成本”账户无余额。

【做中学12-5】甲公司为一家制造业企业，6月20日，甲公司向乙公司销售一批不需用的原材料，开具的增值税专用发票上标明的销售金额为20 000元，增值税税额为2 600元，原材料已运交乙公司，全部款项已顺利经由银行系统收讫。这批原材料在甲公司的账面成本为14 000元。请作账务处理。

【解析】账务处理如下：

❶销售实现时，确认销售收入并结转销售成本。

借：银行存款　　22 600

　贷：其他业务收入　　20 000

　　　应交税费——应交增值税（销项税额）　　2 600

借：其他业务成本　　14 000

　贷：原材料　　14 000

❷期末，将其他业务成本结转至本年利润。

借：本年利润　　14 000

　贷：其他业务成本　　14 000

【做中学12-6】12月1日，甲公司将自行开发完成的非专利技术出租给乙公司使用，该无形资产的原始成本为300 000元。根据双方达成的协议，租赁期限为10年。甲公司按月摊销无形资产成本。请作账务处理。

【解析】账务处理如下：

❶每月进行无形资产成本摊销时。

每月摊销成本=300 000÷10÷12=2 500（元）

借：其他业务成本　　2 500

　贷：累计摊销　　2 500

❷期末，将其他业务成本结转至本年利润。

借：本年利润　　2 500

　贷：其他业务成本　　2 500

【做中学12-7】A公司为增值税一般纳税人。1月1日，A公司将一台闲置的生产设备出租给B公司使用，租赁期为3年。该设备的账面原价为200 000元，预计使用寿命为10年，假设净残值为20 000元。A公司与B公司约定，每月租金为3 390元（含增值税），于每月末支付。请针对每月应确认的收入及结转的成本作账务处理。

【解析】账务处理如下：

❶每月确认租金收入时。

借：银行存款　　3 390

　贷：其他业务收入　　3 000

　　　应交税费——应交增值税（销项税额）　　390

❷每月计提固定资产折旧时（作为出租成本）。

每月折旧额 =（固定资产原值-预计净残值）÷预计使用年限÷12

　　　　　=（200 000-20 000）÷10÷12=1 500（元）

借：其他业务成本　　1 500

　贷：累计折旧　　1 500

【做中学12-8】甲公司为增值税一般纳税人。12月1日，甲公司因销售商品领用单独计价的包装物，包装物的实际成本为50 000元。甲公司开具的增值税专用发票上注明的包装物价款为120 000元，增值税税额为15 600元，款项已存入银行。销售商品领用单独计价包装物属于销售商品和销售包装物两项履约义务，且属于某一时点履行的履约义务。请针对销售包装物这一履约义务，作账务处理。

【解析】账务处理如下：

❶出售包装物时，确认销售收入并结转包装物成本。

借：银行存款　　135 600

　贷：其他业务收入　　120 000

　　　应交税费——应交增值税（销项税额）　　15 600

借：其他业务成本　　50 000

　贷：周转材料——包装物　　50 000

❷期末，将其他业务成本结转至本年利润。

借：本年利润　　50 000

　贷：其他业务成本　　50 000

三、任务实施

步骤1：销售业务的账务处理

7月2日，宏科公司向万诺公司销售机械设备A，应当按照销售价款8 000 000元，确认销售收入，贷记“主营业务收入”账户，按照13%的增值税税率计算的增值税销项税额1 040 000元，贷记“应交税费——应交增值税（销项税额）”，按照销售收入和增值税之和，借记“银行存款”账户；同时结转销售成本，按照机械设备A的实际成本7 200 000元，贷记“库存商品”账户，对于已计提存货跌价准备60 000元，借记“存货跌价准备”账户，按照成本与存货跌价准备之差，借记“主营业务成本”账户。

借：银行存款　　9 040 000

　贷：主营业务收入　　8 000 000

　　　应交税费——应交增值税（销项税额）　　1 040 000

借：主营业务成本　　7 140 000

　　存货跌价准备　　60 000

　贷：库存商品——机械设备A　　7 200 000

步骤2：销售退回的账务处理

7月8日，宏科公司收到凯东公司退回的机械设备B并验收入库，已支付退货款项，并开具红字增值税专用发票。宏科公司应当冲减销售收入和增值税，按照出售时的销售价格3 000 000元，借记“主营业务收入”账户，按照13%的增值税税率计算的增值税销项税额390 000元，借记“应交税费——应交增值税（销项税额）”，按照销售收入和增值税之和，贷记“银行存款”账户；同时冲减相应的销售成本，按照机械设备B的实际成本1 800 000元，借记“库存商品”账户，贷记“主营业务成本”账户。

借：主营业务收入　　3 000 000

　　应交税费——应交增值税（销项税额）　　390 000

　贷：银行存款　　3 390 000

借：库存商品——机械设备B　　1 800 000

　贷：主营业务成本　　1 800 000

步骤3：发放职工福利的账务处理

将自产、委托加工的货物用于集体福利或个人消费，视同销售，即按照市场销售价格确认收入，确认增值税销项税额，并结转成本。7月30日，宏科公司将本公司生产的产品C作为福利发放给生产工人，应当按照市场销售价格12 000元，贷记“主营业务收入”账户，按照13%的增值税税率计算的增值税销项税额1 560元，贷记“应交税费——应交增值税（销项税额）”，按照销售收入和增值税之和，借记“应付职工薪酬”账户；同时结转销售成本，按照实际成本为6 000元，借记“主营业务成本”账户，贷记“库存商品”账户。

借：应付职工薪酬　　13 560

　贷：主营业务收入　　12 000

　　　应交税费——应交增值税（销项税额）　　1 560

借：主营业务成本　　　　6 000

　贷：库存商品——产品C　　　　6 000

12.1课证融通练习题

任务二　期间费用的核算

一、任务情景

（一）任务场景

达新公司是一家中小型汽车零部件制造企业，专注于生产汽车发动机核心零部件，如活塞、气门等。随着公司业务的不断拓展，管理团队的规模和职责范围也在扩大。近期在正常经营过程中，发生以下业务：

（1）本月计提管理人员工资100 000元。同时，公司对办公用品的需求持续增长，通过银行存款支付办公用品费用20 000元，增值税税率13%，增值税税额2 600元，取得增值税专用发票。管理部门的固定资产长期使用，为了准确反映资产损耗，计提管理部门固定资产折旧30 000元。

（2）为了提升公司产品在市场上的知名度，拓展销售渠道，通过银行存款支付广告费50 000元，用于在行业媒体、汽车展销会等平台进行宣传推广。销售部门员工为了开拓客户、维护客户关系，频繁出差，支付销售部门差旅费15 000元。

（3）公司为了扩大生产规模、购置先进设备，向银行申请了贷款，本月通过银行存款支付银行贷款利息10 000元。同时，公司在银行的日常存款产生了利息收入，收到银行存款利息收入5 000元。

（二）任务布置

1. 请根据公司本月发生的管理人员工资、办公用品费用、管理部门固定资产折旧，准确核算相关管理费用，编制完整的工资计提会计分录。

2. 请准确核算广告费和销售部门差旅费支出，明确广告费用和销售部门差旅费的归属期间和核算科目，编制完整的会计分录。

3. 请规范核算银行贷款利息和银行存款利息收入，明确贷款利息和利息收入的账务处理，编制正确的会计分录，确保财务费用的准确核算。

二、任务准备

（一）知识准备

期间费用是企业当期发生的费用中的重要组成部分，是指本期发生的、不能直接或间接归入某种产品成本的、直接计入损益的各项费用，包括管理费用、销售费用和财务费用。

微课12.1 期间费用的核算内容及业务处理

1. 管理费用

管理费用，指企业为组织和管理企业生产经营所发生的各项费用，包括企业在筹建期间发生的开办费、董事会和行政管理部门在企业的经营管理中发生的或者应由企业统一负担的公司经费（包括行政管理部门职工工资及福利费、物料消耗、低值易耗品摊销、办公费和差旅费等）、工会经费、董事会费（包括董事会成员津贴、会议费等）、聘请中介机构费、咨询费（含顾问费）、诉讼费、业务招待费、技术转让费、行政管理部门等发生的固定资产修理费等。

为核算管理费用的发生和结转情况，企业应设置“管理费用”账户。该账户属于损益类账户，借方登记发生的各项费用，贷方登记期末结转到“本年利润”账户的数额，结转后期末无余额。“管理费用”账户应按费用项目设置明细账户进行明细核算。

2. 销售费用

销售费用，指企业在销售商品和材料、提供劳务的过程中发生的各种费用，包括企业在销售商品过程中发生的保险费、包装费、展览费和广告费、商品维修费、装卸费等，以及为销售本企业商品而专设的销售机构（含销售网点、售后服务网点等）的职工薪酬、业务费、折旧费、固定资产修理费等费用。销售费用是与企业销售商品活动有关的费用，但不包括销售商品本身的成本，该成本属于主营业务成本。

为核算销售费用的发生和结转情况，企业应设置“销售费用”账户。该账户属于损益类账户，借方登记企业所发生的各项销售费用，贷方登记期末转入“本年利润”科目的销售费用，结转后期末无余额。“销售费用”账户应按费用项目设置明细账户进行明细核算。

3.财务费用

财务费用，指企业为筹集生产经营所需资金等而发生的应予费用化的筹资费用，包括利息支出（减利息收入）、汇兑损益等。

为核算财务费用的发生和结转情况，企业应设置“财务费用”账户。该账户属于损益类账户，借方登记企业发生的各项财务费用，贷方登记期末转入“本年利润”账户的财务费用，结转后期末无余额。“财务费用”账户应按费用项目设置明细账户进行明细核算。

【学中做12-3】是否所有的期间费用都可以在企业所得税税前全额扣除？

【解析】在计算企业所得税的应纳税所得额时，企业可以从收入总额中扣除相关费用，但并非所有的期间费用都可以在税前全额扣除。例如，企业发生的与生产经营活动有关的业务招待费支出，按照发生额的60%扣除，但最高不得超过当年销售（营业）收入的5‰；除某些特殊行业外，企业发生的符合条件的广告费和业务宣传费支出，除国务院财政、税务主管部门另有规定外，不超过当年销售（营业）收入15%的部分，准予扣除，超过部分准予在以后纳税年度结转扣除。

（二）任务要领

1.管理费用的账务处理

企业在筹建期间发生的开办费，包括人员工资、办公费、培训费、差旅费、印刷费、注册登记费等，借记“管理费用”账户，贷记“银行存款”账户。企业行政管理部门发生的费用需要区别具体支出进行账务处理，如计提职工薪酬时，借记“管理费用”账户，贷记“应付职工薪酬”账户；发生办公费、修理费、水电费、业务招待费、咨询费、诉讼费、技术转让费、研发费用时，借记“管理费用”账户，贷记“银行存款”“研发支出”等账户；计提固定资产折旧时，借记“管理费用”账户，贷记“累计折旧”账户。期末，企业应将“管理费用”账户余额转入“本年利润”账户，借记“本年利润”账户，贷记“管理费用”账户。

【做中学12-9】甲公司委托某专业顾问公司为其新产品市场调研提供咨询服务，咨询费用为50 000元，该服务适用的增值税税率为6%，增值税税额为3 000元，甲公司已收到相应的增值税专用发票，并以银行存款支付了款项。请作账务处理。

【解析】账务处理如下：

借：管理费用	50 000	
应交税费——应交增值税（进项税额）	3 000	
贷：库存现金		53 000

【做中学12-10】甲公司的行政管理部在本年5月份，发生了多笔费用，总额为225 000元。具体明细如下：行政管理专用的电子设备折旧费用为75 000元，员工因公出差产生的差旅费合计36 000元，办公场所的水电费支出为15 000元，涉及法律诉讼的费用为64 000元，企业外部咨询服务的费用为35 000元。假设以上费用除折旧外均已通过银行转账支付。请作账务处理。

【解析】账务处理如下：

借：管理费用	225 000	
贷：累计折旧		75 000
银行存款		150 000

【做中学12-11】12月31日，假设甲公司财务结算时，“管理费用”账户余额为420 000元，须将此余额转入“本年利润”账户中。请作账务处理。

【解析】账务处理如下：

借：本年利润　　420 000

　贷：管理费用　　42 0000

2.销售费用的账务处理

企业发生销售费用时，应借记“销售费用”账户，贷记“库存现金”“银行存款”“应付职工薪酬”“累计折旧”等账户；期末，应将“销售费用”账户余额转入“本年利润”账户，借记“本年利润”账户，贷记“销售费用”账户。

【做中学12-12】甲公司发生产品广告宣传费用70 000元、行业展会展览费20 000元，并取得增值税专用发票（税率6%），注明增值税税额共计5 400元。已通过银行转账方式支付。请作账务处理。

【解析】账务处理如下：

借：销售费用——广告费　　70 000

　　　　　　——展览费　　20 000

　　应交税费——应交增值税（进项税额）　　5 400

　贷：银行存款　　95 400

【做中学12-13】甲公司通过银行存款支付专设销售机构人员的工资共计21 000元。请作账务处理。

【解析】账务处理如下：

❶计提职工薪酬。

借：销售费用　　21 000

　贷：应付职工薪酬　　21 000

❷支付职工薪酬。

借：应付职工薪酬　　21 000

　贷：银行存款　　21 000

【做中学12-14】12月31日，假设甲公司财务结算时，“销售费用”账户余额为230 000元，须将此余额转入“本年利润”账户中。请作账务处理。

【解析】账务处理如下：

借：本年利润　　230 000

　贷：销售费用　　230 000

3.财务费用的账务处理

企业发生财务费用时，借记“财务费用”账户，贷记“银行存款”等账户；企业发生利息收入、汇兑收益时，应冲减财务费用。月终，应将“财务费用”账户余额转入“本年利润”账户，借记“本年利润”账户，贷记“财务费用”账户。

【做中学12-15】甲公司向银行借入短期借款200 000元，用于资金周转，期限6个月，年利率6%。按照贷款合同约定，该笔借款本金到期后一次归还，利息分月预提，按季支付。请作账务处理。

【解析】账务处理如下：

❶每月月末预提当月应计利息。

借：财务费用——利息支出　　1 000

　贷：应付利息　　1 000

❷季度末支付利息。

借：应付利息　　3 000

　贷：银行存款　　3 000

【做中学12-16】甲公司为增值税一般纳税人。6月5日，以银行存款支付银行承兑手续费900元，取得增值税专用发票（税率为6%），增值税税额54元。6月21日，接到银行结息通知，本月存款利息为10 000元。请作账务处理。

【解析】账务处理如下：

❶支付银行手续费。

借：财务费用　　900

　　应交税费——应交增值税（进项税额）　　54

　贷：银行存款　　954

❷收到存款利息。

借：银行存款　　10 000

　贷：财务费用　　10 000

【做中学12-17】12月31日，假设甲公司财务结算时，“财务费用”账户余额为150 000元，需将此余额转入“本年利润”账户中。请作账务处理。

【解析】账务处理如下：

借：本年利润　　150 000

　贷：财务费用　　150 000

三、任务实施

步骤1：管理费用的账务处理

达新公司发生的各项管理费用应当区别具体业务类型进行账务处理：管理人员工资属于企业为组织和管理生产经营活动而发生的职工薪酬，按照权责发生制原则，本月计提的管理人员工资应计入本月管理费用；办公用品费用是企业日常办公的必要支出，应计入管理费用，取得增值税专用发票，其进项税额可以抵扣；管理部门固定资产折旧是固定资产在使用过程中逐渐损耗而转移到成本费用中的那部分价值，应计入管理费用。

❶计提管理人员工资。

借：管理费用　　100 000

　贷：应付职工薪酬　　100 000

❷支付办公用品费用。

借：管理费用　　20 000

　　应交税费——应交增值税（进项税额）　　2 600

　贷：银行存款　　22 600

❸计提管理部门固定资产折旧。

借：管理费用　　30 000

　贷：累计折旧　　30 000

步骤2：销售费用的账务处理

广告费是为了提升公司产品在市场上的知名度、拓展销售渠道而发生的费用，应计入销售费用；销售部门差旅费是销售部门员工为开拓客户、维护客户关系而发生的费用，也属于销售费用范畴。

借：销售费用　　65 000

　贷：银行存款　　65 000

步骤3：财务费用的账务处理

银行贷款利息是公司为筹集生产经营所需资金而发生的费用，属于财务费用；银行存款利息是公司银行存款产生的收益，应冲减财务费用。

❶支付银行贷款利息。

借：财务费用　　10 000

　贷：银行存款　　10 000

❷收到银行存款利息。

借：银行存款　　5 000

　贷：财务费用　　5 000

12.2课证融通练习题

【职业课堂】河南：降碳亦降本 增绿也增效

2025年河南省两会期间，绿色发展话题备受关注，与会的省人大代表和省政协委员积极建言献策，支招如何更大力度推动全面绿色转型、加快节能降碳增效。

政府工作报告提出，2024年，河南绿色发展提质增效。重点行业绿色化改造覆盖率85.6%，实施节能降碳改造项目208个，新增零碳工厂11家、超级能效工厂8家、绿色工厂301家、绿色工业园区21个，能耗强度降低5.4%。

推动全面绿色转型，算好了生态账，也算出了经济账。宁德时代洛阳基地的投产，不仅带动了当地新能源电池产业集群发展，还通过先进生产工艺和智能化管理，实现了能源高效利用和碳排放大幅降低。在推动制造业转型升级过程中，各地政府应加强数字化基础设施建设，推动工业互联网平台发展以及智能制造技术的广泛应用，提升生产效率、降低运营成本，减少能源消耗和碳排放。

资料来源：郭北晨，胡舒彤.河南：降碳亦降本，增绿也增效［EB/OL］.［2025-01-21］. https：//article.xuexi. cn/articles/index. html? art_id=17365849688621962721&t=1737426312314&showmenu=false&study_style_id=feeds_default&source=share&to_audit_timestamp=2025-01-21%2009%3A23%3A31&share_to=dd&item_id=17365849688621962721&ref_read_id=5585ca5b-4133-464d-845e-c299aa33fbba_1737615183231.

请思考：在构建绿色低碳循环经济体系这一大背景下，财务人员应如何提高自身专业素养？

【解析】在构建绿色低碳循环经济体系的大背景下，财务人员需要从多方面提升专业素养：在知识储备上，要深入学习绿色金融相关知识，熟悉碳排放权交易、绿色信贷等业务的财务核算方法；在技能提升方面，要学习运用数据分析工具，对企业的能耗数据、碳排放数据与财务数据进行关联分析，挖掘数据背后的节能降碳潜力与成本控制机会，为企业提供决策依据；在思维转变上，要树立绿色发展理念，将环境成本纳入成本核算体系，从传统财务核算思维向绿色财务管理思维转变。

项目小结

本章聚焦于费用的核算，系统介绍了各类费用的账务处理。关于费用，首先阐述了费用的概念与分类、特点，费用与支出、成本的关系，费用的确认与计量等。在营业成本核算方面，主营业务成本和其他业务成本须分别进行准确的账务处理。税金及附加核算部分介绍了消费税、城市维护建设税、教育费附加、房产税、城镇土地使用税、车船税、印花税等多个税种，企业需依据各税种特点及相关账户设置、业务特点等进行账务处理。期间费用包括管理费用、销售费用和财务费用，不同类型的期间费用在账务处理上各有规范，应严格按照要求，确保费用核算准确无误，为企业财务分析和决策提供可靠数据。

技能锤炼

业务处理题（一）

甲公司为一家服装制造企业，本年12月销售一批服装，成本为50万元，不含税售价为80万元，增值税税率为13%。当月该批服装全部交付给客户，款项已收。

要求：请编制甲公司确认主营业务成本的会计分录。

业务处理题（二）

乙公司本年1月实际缴纳增值税10万元，已知城市维护建设税税率为7%，教育费附加征收率为3%。

要求：请计算乙公司应缴纳的城市维护建设税和教育费附加金额，并编制计提税金及附加的会计分录。

业务处理题（三）

丙公司本年2月发生以下业务：支付行政管理部门水电费3万元；为销售产品支付广告费5万元；支付短期借款利息2万元。

要求：请编制丙公司确认管理费用、销售费用和财务费用的会计分录。

项目综合评价

项目十二综合评价参考表见表12-1：

表12-1　**项目十二综合评价参考表**

项目名称	费用的核算		
评价内容		学生自评（50%）	教师评价（50%）
素养目标	1.培养诚实守信、廉洁自律、爱岗敬业的职业素养（10分）		
	2.培养严谨细致、实事求是的职业态度，重视费用核算准确性（10分）		
	3.培养创新思维和分析实际问题能力，解决费用核算难题（10分）		
知识目标	1.熟悉费用概念、分类、特点等（15分）		
	2.掌握营业成本相关知识及账务处理（10分）		
	3.熟悉期间费用基本知识，掌握期间费用账务处理（15分）		
技能目标	1.能够正确区分主营业务成本和其他业务成本（10分）		
	2.能够熟练运用费用核算准则，准确完成各类费用的账务处理工作（10分）		
	3.能够在实际工作中精准识别费用类型，正确核算不同费用项目（10分）		
项目评价成绩（100分）			
项目综合评价： 教师签名： 日期：			

项目十三 利润的核算

素养目标

1. 树立正确的价值观与利益观。
2. 培养严谨细致的态度，确保利润核算数据准确可靠。
3. 增强风险与责任意识，谨慎处理复杂经济业务。

知识目标

1. 掌握利润的构成、计算及结转。
2. 掌握营业外收支的内容及核算。
3. 掌握政府补助的内容及核算。
4. 了解利润分配的一般顺序与原则。
5. 掌握提取盈余公积、分配利润的账务处理。
6. 掌握亏损弥补的核算方法。

技能目标

1. 能准确计算营业利润、利润总额、所得税费用、净利润等指标。
2. 能根据企业实际选择利润结转方法，并正确进行相应账务处理。
3. 能熟练地进行利润分配的核算。
4. 能熟练地进行年度利润结转的核算。
5. 能分析评价企业利润情况，提出相应的改进建议。

项目导图

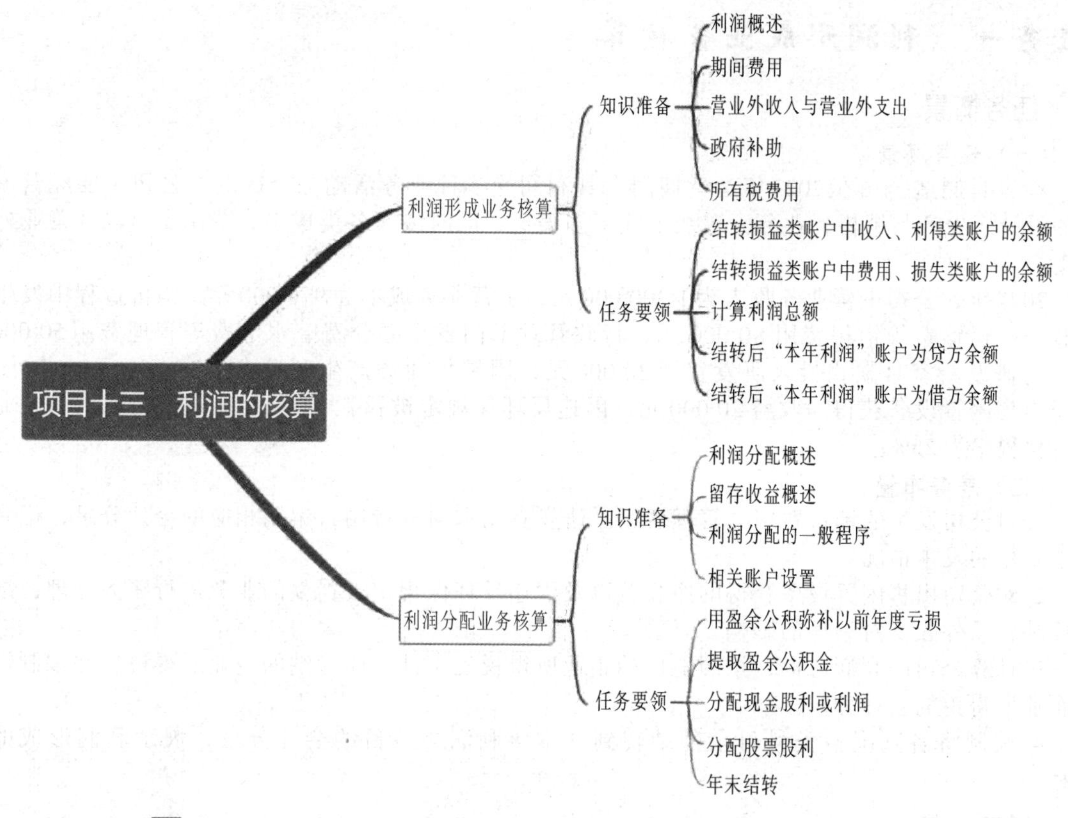

价值引领

利润核算密钥：责任、担当与权衡

××制造是一家以生产环保产品为主的企业，在追求利润增长的道路上，始终坚守着社会责任与道德底线。企业财务总监张华负责利润核算工作，深知这份工作不仅关乎企业经济效益，更承载着企业的社会担当。在核算收入时，张华严格按照会计准则，如实确认每一笔销售收入，不提前或延迟确认，确保利润数据真实可靠。在成本核算方面，对于原材料采购、生产加工、人力成本等各项支出，张华带领团队仔细甄别，杜绝不合理开支，做到精准核算，让利润数据真实反映企业的经营成果。

在利润分配环节，在张华的建议下，管理层合理提取法定盈余公积和任意盈余公积，为企业的后续发展储备资金，保障企业持续创新与扩大生产的能力。同时，企业积极响应国家乡村振兴战略，从净利润中拿出一定比例资金，投入到帮扶贫困地区发展特色产业中，助力当地农民增收致富。此外，企业还设立了环保公益基金，用于支持环保科研项目和环保宣传活动，以实际行动践行绿色发展理念。通过这些举措，××制造不仅实现了自身经济效益的稳步增长，还在社会上树立了良好的企业形象，赢得了社会各界的广泛赞誉。

请思考：利润核算工作如何与企业社会责任紧密相连？

【解析】：从××制造的案例可以看出，准确的利润核算为企业履行社会责任提供了坚实的数据基础。如实核算收入和成本，保证利润数据真实，是企业对自身经营负责，也是对社会负责的体现。在利润分配时，合理留存盈余公积保障企业发展，是企业对自身未来和员工负责的表现，为企业持续创造社会价值提供动力。而从净利润中拿出资金投入乡村振兴和环保公益事业，直接将企业利润与社会发展紧密结合，以实际行动回馈社会，解决社会问题，体现了企业的社会责任感。利润核算工作不仅是财务数据的计算，更是企业平衡经济效益与社会效益的关键环节。通过合理的利润核算与分配，企业能够在实现自身发展的同时，为社会进步贡献力量。

任务一　利润形成业务核算

一、任务情景

（一）任务场景

××家具制造公司在2024年运营期间，其利润受多种业务活动综合影响。公司主要经营家具的设计、生产与销售，业务涵盖线上线下多渠道，同时涉及各类成本、费用支出以及营业外收支。

2024年，公司主营业务收入为1 300 000元，主营业务成本为970 000元。销售过程中发生包装费、运输费等销售费用80 000元；行政管理部门发生办公费、水电费等管理费用50 000元；为研发新家具款式投入研发费用30 000元；因销售业务产生利息支出10 000元。此外，公司出售闲置设备获得净收益20 000元，因违反环保规定被罚款5 000元。该公司适用的企业所得税税率为25%。

（二）任务布置

1. 对公司发生的销售费用、管理费用、研发费用和财务费用，编制相应的会计分录，记录各项费用的发生情况。

2. 对公司出售闲置设备获得的净收益以及因违反环保规定被罚款的业务进行账务处理，准确反映营业外收支对利润的影响。

3. 计算公司的利润总额，按照适用的企业所得税税率计算应缴纳的企业所得税，并编制计提企业所得税的会计分录。

4. 编制将各项损益类科目余额结转到“本年利润”科目的会计分录，展示利润形成的过程。

二、任务准备

（一）知识准备

1. 利润概述

（1）利润的定义

微课13.1 利润形成业务核算

利润是指企业在一定会计期间的经营成果，是衡量企业经营效益、管理层业绩的重要指标。利润包括收入减去费用后的净额、直接计入当期利润的利得和损失等。企业的利润其实有三层含义：营业利润、利润总额和净利润。

（2）利润的构成

❶收入减去费用后的净额

这部分反映的是企业日常活动的业绩。企业的日常经营活动涵盖了销售商品、提供劳务、让渡资产使用权等。例如，一家制造业企业，其销售产品所获得的收入，扣除生产这些产品所耗费的原材料、人工、制造费用等成本，以及在销售过程中发生的销售费用、管理费用和财务费用等，最终得到的差额就是日常活动产生的利润。这部分利润体现了企业核心业务的盈利能力，是企业持续经营和发展的基础。在企业会计准则中，对于收入和费用的确认和计量有着严格的规定。收入的确认需要满足一系列条件，如商品所有权上的主要风险和报酬已转移给购货方、企业既没有保留通常与所有权相联系的继续管理权，也没有对已售出的商品实施有效控制等，以确保收入的真实性和可靠性。费用的确认则遵循配比原则，即与收入相关的费用应当在确认收入的同一期间予以确认，以便准确反映企业的经营成果。

❷直接计入当期利润的利得和损失

直接计入当期利润的利得是指由企业非日常活动形成的、会导致所有者权益增加的、与所有者投入资本无关的经济利益的流入。例如，企业处置固定资产、无形资产等长期资产时，若处置价格高于其账面价值，所获得的差额收益就是利得。再如，企业接受捐赠，所获得的捐赠资产也属于利得。这些利得并非企业日常经营活动所产生，但实实在在地增加了企业的经济利益。

直接计入当期利润的损失是指由企业非日常活动形成的、会导致所有者权益减少的、与向所有者分配利润无关的经济利益的流出，如盘亏损失（固定资产盘亏）、捐赠支出、罚款支出、非常损失（自然灾害）。

（3）利润相关计算公式

❶营业利润

营业利润 = 营业收入 – 营业成本 – 税金及附加 – 销售费用 – 管理费用 – 研发费用 – 财务费用 + 其他收益 + 投资收益（–投资损失）+ 净敞口套期收益（–净敞口套期损失）+ 公允价值变动收益（–公允价值变动损失）– 信用减值损失 – 资产减值损失 + 资产处置收益（–资产处置损失）

这一公式全面反映了企业在日常经营活动中的盈利状况，涵盖了企业各项经营活动的收支情况。其中：

营业收入是指企业经营业务所确认的收入总额，包括主营业务收入和其他业务收入。

营业成本是指企业经营业务所发生的实际成本总额，包括主营业务成本和其他业务成本。

❷利润总额

利润总额 = 营业利润 + 营业外收入 – 营业外支出

该公式在营业利润的基础上，考虑了企业非日常活动产生的利得和损失，更完整地体现了企业在一定期间内的总体盈利水平。

❸净利润

净利润 = 利润总额 – 所得税费用

净利润是企业最终的经营成果，扣除了按照税法规定应缴纳的所得税费用，反映了真正归属于所有者的收益。

（4）本年利润核算的账户设置

企业应设置“本年利润”账户来核算企业一定时期内实现的利润总额或发生的亏损总额以及扣除所得税费用后的净利润或净亏损数。期末结算利润时，将“主营业务收入”“其他业务收入”“营业外收入”等科目的余额合计，转到本科目的贷方；将“主营业务成本”“其他业务成本”“税金及附加”“销售费用”“管理费用”“财务费用”“营业外支出”“所得税费用”等科目的余额合计，转到本科目的借方。该科目借方与贷方相抵后的差额即为实现的利润或发生的亏损。年度终了，应将“本年利润”科目的余额（全年实现的净利润或净亏损），结转到“利润分配”科目，结转后本科目年末应无余额。

（5）结算本年利润的方法

结算本年利润的方法主要有表结法和账结法两种。

❶ 表结法

表结法是指企业在一定时期内（一般为月度、季度），通过编制利润表来计算并结转本期利润的方法。在这种方法下，各损益类科目每月月末只需要结计出本月发生额和月末累计余额，不结转到“本年利润”科目，只有在年末时才将全年累计余额结转到“本年利润”科目。但每月末要将损益类科目的本月发生额合计数填入利润表的本月数栏，同时将本月末累计余额填入利润表的本年累计数栏，通过利润表计算反映各期的利润（或亏损）。表结法下，年中损益类科目无须结转到“本年利润”科目，从而减少了转账环节和工作量，同时并不影响利润表的编制及有关损益指标的利用。

【学中做 13-1】假设某企业采用表结法进行年度利润结算，在年末结账前，各主要损益类科目的累计发生额情况见表 13-1：

表 13-1 **各主要损益类科目的累计发生额情况**

科目名称	累计发生额方向	累计发生额（万元）
主营业务收入	贷方	600

续表

科目名称	累计发生额方向	累计发生额（万元）
主营业务成本	借方	400
销售费用	借方	20
管理费用	借方	15
财务费用	借方	5
其他业务收入	贷方	10
其他业务成本	借方	8
资产减值损失	借方	2

成本费用类科目合计为450万元（400+20+15+5+8+2），收入类科目合计为610万元（600+10）。请完成年末进行利润结转时的账务处理。

【解析】❶收入类科目结转：将主营业务收入、其他业务收入等收入类科目的累计余额转入"本年利润"科目的贷方，以反映企业全年的经营成果流入。会计分录为：

借：主营业务收入　　6 000 000
　　其他业务收入　　100 000
　贷：本年利润　　6 100 000

❷成本费用类科目结转：把主营业务成本、销售费用、管理费用、财务费用、其他业务成本、资产减值损失等相关科目的累计余额转入"本年利润"科目的借方，体现经营过程中的成本与费用支出。会计分录如下：

借：本年利润　　4 500 000
　贷：主营业务成本　　4 000 000
　　　销售费用　　200 000
　　　管理费用　　150 000
　　　财务费用　　50 000
　　　其他业务成本　　80 000
　　　资产减值损失　　20 000

完成上述结转后，各损益类科目余额为零，所有收支都归集到"本年利润"科目。此时，"本年利润"科目的贷方余额为160万元（610−450），这就是企业全年实现的净利润。相反，如果"本年利润"科目最终为借方余额，则表明企业本年度经营处于亏损状态。

通过这个案例可以看出，表结法在平时简化了核算流程，年末集中处理各损益类科目的累计余额，方便企业整体把握全年的经营成果。

❷账结法

账结法是指企业每月月末均须编制转账凭证，将所有损益类科目的余额结转到"本年利润"科目，通过"本年利润"科目来核算企业当期实现的利润（或发生的亏损）。结转后"本年利润"科目的本月余额反映当月实现的利润或发生的亏损，"本年利润"科目的本年余额反映本年累计实现的利润或发生的亏损。在各月，企业均可通过"本年利润"科目获得当月及本年累计的利润（或亏损）额，但增加了转账环节和工作量。

账务处理上，每月月末，将所有的收入类科目，如"主营业务收入""其他业务收入""营业外收入"等科目的贷方余额，转入"本年利润"科目的贷方；将所有的费用类科目，如"主营业务成本""税金及附加""销售费用""管理费用""财务费用""营业外支出"等科目的借方余额，转入"本年利润"科目的借方。

【学中做13-2】假设一家企业在本月的经营活动中，产生了表13-2所列财务数据：

表 13-2　企业本月经营活动财务数据

科目名称	发生额方向	发生额（万元）
主营业务收入	贷方	80
主营业务成本	借方	50
销售费用	借方	10

请进行月末结转时的账务处理，并计算当月利润。

【解析】月末结转时的账务处理如下：

借：主营业务收入　　800 000

　贷：本年利润　　800 000

借：本年利润　　600 000

　贷：主营业务成本　　500 000

　　　销售费用　　100 000

经计算，“本年利润”借方累计60万元，贷方80万元，差额20万元即为当月利润。

年末时，按照上述方法进行当月损益类科目的结转，结转后“本年利润”科目反映的是全年的净利润或净亏损；然后将“本年利润”科目的余额转入“利润分配——未分配利润”科目，如果“本年利润”为贷方余额，借记“本年利润”，贷记“利润分配——未分配利润”；若为借方余额，则做相反分录。

账结法能够在每月月末直接通过“本年利润”科目反映企业当月及累计的经营成果，直观地体现企业的盈利或亏损状况，便于企业管理层及时了解企业的财务状况和经营成果，也有利于财务人员进行账目核对和财务分析。

账结法每月都要进行损益类科目的结转，增加了会计核算的工作量，尤其是对于业务量较大的企业，转账凭证的编制和登记会较为烦琐。

企业可根据自身的实际情况和管理需求，选择适合的结算本年利润的方法。一经确定，不得随意变更，以保持会计核算方法的一致性和可比性。

❸两者对比

表结法和账结法的区别见表13-3：

表 13-3　表结法和账结法的区别

对比项目	表结法	账结法
结转时间	月度、季度不结转，年末一次性结转全年累计余额至“本年利润”科目	每月月末结转损益类科目余额至“本年利润”科目
编制凭证	各损益类科目每月末只需要结计出本年发生额和月末累计余额，不结转到“本年利润”科目；只有在年末时才将全年累计余额结转到“本年利润”科目	每月末需要编制转账凭证，将结算出的各损益类科目的余额结转到“本年利润”科目
利润计算	年终损益类科目无须结转到“本年利润”科目	在各月，均可通过“本年利润”科目获得当月及本年累计的利润（或亏损）额
适用场景	适用于业务频繁、经营规模较大，希望简化日常核算的企业	适用于业务量较小，需要及时掌握每月经营成果的企业
核算工作量	平时工作量小，年末工作量集中	每月都有结转操作，工作量大

2. 期间费用

期间费用是企业为了组织和管理生产经营活动、销售商品以及筹集资金等目的而发生的支出，这些费用与特定产品或生产批次没有直接关联，无法直接计入产品成本。因此，它们需要在发生当期直接计入损益。在会计期末，为了计算企业的净利润，需要将各项期间费用从相应的账户结转到“本年利润”账户。通过结转，期间费用从损益类账户中转出，减少了当期的利润总额，从而准确反映企业的经营成果。

（1）管理费用结转本年利润的账务处理

“管理费用”账户属于损益类账户，借方登记企业发生的各项管理费用，贷方登记期末转入“本年利润”账户的管理费用金额，结转后该账户无余额。

日常核算：企业发生管理费用时，根据费用项目和金额，借记“管理费用”科目，贷记“银行存款”“应付职工薪酬”“累计折旧”等科目。

期末结转：会计期末（通常是月末、季末或年末），将“管理费用”账户的借方余额全部结转到“本年利润”账户。结转后，“管理费用”账户无余额。账务处理为借记”本年利润”科目，贷记“管理费用”科目。

【学中做 13-3】2024 年 12 月 31 日，甲公司进行期末账务处理，将管理费用转入本年利润。本月管理部门发生职工薪酬 40 000 元，办公设备折旧费 15 000 元，差旅费 5 000 元，水电费 3 000 元。“管理费用”科目期末余额为 63 000 元（40 000 + 15 000 + 5 000 + 3 000）。请作账务处理。

【解析】相关账务处理如下：

❶日常核算。

发生职工薪酬时：

借：管理费用　　40 000
　贷：应付职工薪酬　　40 000

计提折旧费时：

借：管理费用　　15 000
　贷：累计折旧　　15 000

报销差旅费时：

借：管理费用　　5 000
　贷：银行存款　　5 000

支付水电费时：

借：管理费用　　3 000
　贷：银行存款　　3 000

❷期末结转。

借：本年利润　　63 000
　贷：管理费用　　63 000

（2）销售费用结转本年利润的账务处理

“销售费用”账户属于损益类账户，企业通过“销售费用”账户来核算销售费用的发生和结转情况。借方登记企业发生的各项销售费用，贷方登记期末转入“本年利润”账户的销售费用金额，期末结转后无余额。

日常核算：企业在销售商品或提供劳务过程中发生销售费用时，借记“销售费用”科目，贷记“银行存款”“应付职工薪酬”“原材料”等科目。

期末结转：期末，将“销售费用”账户的借方余额结转到“本年利润”账户。结转后，“销售费用”账户无余额。账务处理为借记”本年利润”科目，贷记“销售费用”科目。

【学中做 13-4】2024 年 12 月 31 日，丙公司进行期末账务处理，将销售费用转入本年利润。为促销产品发生广告费 25 000 元，销售人员业务提成 10 000 元，销售部门运输费 5 000 元。“销售费用”科目期末余额为 40 000 元（25 000 + 10 000 + 5 000）。请作账务处理。

【解析】相关账务处理如下：

❶日常核算。

发生广告费时：

借：销售费用　　25 000

　贷：银行存款　　25 000

计提销售人员提成时：

借：销售费用　　10 000

　贷：应付职工薪酬　　10 000

支付运输费时：

借：销售费用　　5 000

　贷：银行存款　　5 000

❷期末结转。

借：本年利润　　40 000

　贷：销售费用　　40 000

（3）财务费用结转本年利润的账务处理

“财务费用”属于损益类账户，核算企业财务费用的发生和结转情况。借方登记企业发生的各项财务费用，如利息支出、手续费等；贷方登记应冲减财务费用的利息收入、汇兑收益以及期末转入“本年利润”账户的财务费用金额。期末结转后，该账户无余额。

日常核算：企业发生财务费用时，如支付利息、发生汇兑损失等，借记“财务费用”科目，贷记“银行存款”“应付利息”等科目。

期末结转：期末，将“财务费用”账户的借方余额结转到“本年利润”账户。结转后，“财务费用”账户无余额。账务处理为借记“本年利润”科目，贷记“财务费用”科目。

【学中做 13-5】2024 年 12 月 31 日，乙公司进行期末账务处理，将财务费用转入本年利润。本月支付银行短期借款利息 8 000 元，银行承兑汇票手续费 2 000 元。“财务费用”科目期末余额为 10 000 元（8 000 + 2 000）。请作账务处理。

【解析】相关账务处理如下：

❶日常核算。

支付短期借款利息时：

借：财务费　　8 000

　贷：银行存款　　8 000

支付银行手续费时：

借：财务费用　　2 000

　贷：银行存款　　2 000

❷期末结转。

借：本年利润　　10 000

　贷：财务费用　　10 000

3. 营业外收入与营业外支出

（1）营业外收入

❶营业外收入的核算内容

营业外收入是指企业发生的与其日常活动无直接关系的各项利得。主要包括非流动资产毁损报废收益、盘盈利得、捐赠利得、债务重组利得、确实无法支付而按规定程序经批准后转作营业外收入的应付款项等。例如，企业因自然灾害导致固定资产毁损，在扣除保险赔偿和残值收入后，所获得的净收益应计入营业外收入；企业在财产清查中，发现现金长款且无法查明原因，经批准后应将该长款作为营业外收入处理；企业接受其他单位或个人的捐赠，所取得的捐赠收入也属于营业外收入。

❷营业外收入核算的账户设置

为核算营业外收入的取得和结转情况，企业应设置“营业外收入”账户。该账户属于损益类账户，借方登记期末转入“本年利润”账户的营业外收入金额，贷方登记企业发生的各项营业外收入，结转后该账户无余额。在“营业外收入”账户下，企业可根据营业外收入的具体项目设置明细账户，如“营业外收入——非流动资产毁损报废收益”“营业外收入——盘盈利得”“营业外收入——捐赠利得”等。

❸营业外收入的账务处理

企业确认处置非流动资产毁损报废收益时，借记“固定资产清理”“银行存款”“待处理财产损溢”等科目，贷记“营业外收入”科目。

企业确认盘盈利得、捐赠利得时，借记“库存现金”“待处理财产损溢”等科目，贷记“营业外收入”科目。

期末，企业应将“营业外收入”科目余额转入“本年利润”科目，借记“营业外收入”科目，贷记“本年利润”科目。

【学中做13-6】乙公司现金清查盘盈450元，报经批准转营业外收入，请作账务处理。

【解析】账务处理如下：

❶发现盘盈。

借：库存现金　　450

　贷：待处理财产损溢　　450

❷批准转营业外收入。

借：待处理财产损溢　　450

　贷：营业外收入　　450

【学中做13-7】乙公司本期营业外收入总额3 100元，期末结转本年利润，请作账务处理。

【解析】账务处理如下：

借：营业外收入　　3 100

　贷：本年利润　　3 100

（2）营业外支出

❶营业外支出的核算内容

营业外支出是指企业发生的与其日常活动无直接关系的各项损失。主要包括非流动资产毁损报废损失、盘亏损失、公益性捐赠支出、非常损失、罚款支出、债务重组损失等。例如，企业因技术更新而报废的固定资产，其账面价值扣除残值收入后的差额，应作为非流动资产毁损报废损失计入营业外支出；企业在财产清查中发现存货盘亏且属于非正常损失的部分，经批准后应计入营业外支出；企业对外进行公益性捐赠所支付的款项，也属于营业外支出的核算范畴。

❷营业外支出核算的账户设置

企业通过“营业外支出”账户核算营业外支出的发生和结转情况。该账户属于损益类账户，借方登记企业发生的各项营业外支出，贷方登记期末转入“本年利润”账户的营业外支出金额，期末结转后无余额。为了详细核算各项营业外支出，企业可按支出项目设置明细账户，如“营业外支出——非流动资产毁损报废损失”“营业外支出——盘亏损失”“营业外支出——公益性捐赠支出”等。

❸营业外支出的账务处理

企业发生营业外支出时，借记“营业外支出”科目，贷记“固定资产清理”“无形资产”“待处理财产损溢”“库存现金”“银行存款”等科目。期末，将“营业外支出”科目余额转入“本年利润”科目时，借记“本年利润”科目，贷记“营业外支出”科目。

【学中做13-8】乙公司因暴雨致原材料净损失30 000元，转作营业外支出，请作账务处理。

【解析】

❶确认原材料损失时。

当企业发现原材料因自然灾害（如暴雨）发生净损失时，首先需要将原材料的账面价值从“原材料”科目转出，转入“待处理财产损溢”科目。“待处理财产损溢”科目是一个过渡性科目，用于核算企业在清查财产过程中查明的各种财产物资的盘盈、盘亏和毁损。

会计分录为：

借：待处理财产损溢——待处理流动资产损溢　30 000

　贷：原材料　30 000

❷经批准将损失转作营业外支出时。

在企业相关部门或负责人批准将原材料损失转作营业外支出后，将“待处理财产损溢”科目中的损失金额转入“营业外支出”科目。

会计分录为：

借：营业外支出——非常损失　30 000

　贷：待处理财产损溢——待处理流动资产损溢　30 000

【学中做13-9】用银行存款支付税款滞纳金10 000元，请作账务处理。

【解析】账务处理如下：

借：营业外支出　10 000

　贷：银行存款　10 000

【学中做13-10】2024年1月1日，一项非专利技术因新技术替代报废，原值1 300 000元，已摊销150 000元，未提减值准备，请作账务处理。

【解析】账务处理如下：

借：营业外支出　1 150 000

　　累计摊销　150 000

　贷：无形资产　1 300 000

【学中做13-11】本期营业外支出总额1 190 000元，期末结转本年利润，请作账务处理。

【解析】账务处理如下：

借：本年利润　1 190 000

　贷：营业外支出　1 190 000

4.政府补助

(1) 政府补助概述

政府补助，是指企业从政府无偿取得货币性资产或非货币性资产，但不包括政府作为企业所有者投入的资本。政府补助的特征包括：

❶政府补助是来源于政府的经济资源

政府主要指行政事业单位及类似机构。对企业收到的来源于其他方的补助，如有确凿证据表明政府是补助的实际拨付者，其他方只是起到代收代付的作用，则该补助也属于来源于政府的经济资源。

❷政府补助是无偿的

无偿性是政府补助的基本特征。政府向企业提供补助不属于互惠交易，政府并不因此而享有企业的所有权，企业也不需要向政府交付商品或服务等对价，因而具有无偿性。

(2) 政府补助的主要形式

❶财政无偿拨款

财政拨款是指政府为了支持企业而无偿拨付给企业的资金，通常在拨款时明确规定了资金用途。比如，财政部门鼓励企业安置职工就业而给予的奖励款项，以及拨付给企业开展研发活动的研发经费等，均属于财政无偿拨款。

❷财政贴息

财政贴息是指政府为支持特定领域或区域发展，根据国家宏观经济形势和政策目标，对承贷企业的银行贷款利息给予的补贴。

❸税收返还

税收返还是指政府向企业返还的税款，属于以税收优惠形式给予的一种政府补助，主要包括按照国家有关规定采取先征后返的所得税，以及先征后退、即征即退的增值税、消费税等流转税。增值税出口退税不属于政府补助。

（3）政府补助的分类

根据《企业会计准则第16号——政府补助》的规定，政府补助应划分为与资产相关的政府补助和与收益相关的政府补助。与资产相关的政府补助是指企业取得的、用于购建或以其他方式形成长期资产的政府补助。与收益相关的政府补助是指除与资产相关的政府补助之外的政府补助。

（4）政府补助的账务处理方法

政府补助主要是对企业成本费用或损失的补偿，或是对企业某些行为的奖励。按照《企业会计准则第16号——政府补助》的规定，企业发生的与企业日常活动相关的政府补助，应当按照经济业务实质，计入其他收益或冲减相关成本费用；与企业日常活动无关的政府补助，应当计入营业外收支或冲减损失。

政府补助有两种账务处理方法：总额法和净额法。企业应当根据经济业务的实质，判断某一类政府补助业务应当采用总额法还是净额法进行账务处理。在通常情况下，对同类政府补助业务只能选用一种方法，同时，企业对该业务应当一贯地运用该方法，不能随意变更。

❶总额法

总额法是指在确认政府补助时将政府补助全额确认为损益，而不是作为相关资产账面价值或费用的扣减。

❷净额法

净额法是指将政府补助作为相关资产账面价值或费用的扣减。

在通常情况下，若政府补助补偿的成本费用是营业利润之中的项目，或该补助与日常销售等经营行为密切相关（如增值税即征即退等），则认为该政府补助与企业日常活动相关；与企业日常活动无关的政府补助，通常因企业常规经营之外的原因所产生，具备偶发性的特征，例如政府因企业遭受不可抗力的影响发生停工、停产损失而给予补助等。

（5）政府补助的核算

❶与资产相关的政府补助

对于与资产相关的政府补助，企业应设置“递延收益”账户，核算需要分期计入损益的政府补助等。该账户属于负债类账户，贷方登记发生的递延收益，借方登记摊销或结转的递延收益，期末贷方余额反映尚未摊销或结转的递延收益。

企业应设置“其他收益”账户，核算与企业日常活动相关的政府补助。该账户属于损益类账户，期末结转后无余额。

❷与收益相关的政府补助

对于与收益相关的政府补助，企业应当选择采用总额法或净额法进行账务处理。选择总额法的，应当将政府补助计入其他收益或营业外收入；选择净额法的，应当将政府补助冲减相关成本费用或营业外支出。

与收益相关的政府补助，用于补偿企业以后期间的相关成本费用或损失的，取得时确认为递延收益，在确认相关成本费用的期间计入当期损益或冲减相关成本费用，即：取得与收益相关的政府补助，用于补偿企业以后期间相关成本费用或损失的，按收到或应收的金额，借记“银行存款”“其他应收款”等账户，贷记“递延收益”账户；在发生相关成本费用或损失的期间，按应补偿的金额，借记“递延收益”账户，贷记“营业外收入”“其他收益”或“管理费用”等账户。

与收益相关的政府补助，用于补偿企业已发生的相关成本费用或损失的，按收到或应收的金额，借记“银行存款”“其他应收款”等账户，贷记“营业外收入”“其他收益”或“管理费用”等账户。

5.所得税费用

企业的所得税费用包括当期所得税和递延所得税两部分。其中，当期所得税是指当期应交所得税。递延所得税包括递延所得税资产和递延所得税负债。递延所得税资产是指以未来期间很可能取得用来抵扣可抵扣暂时性差异的应纳税所得额为限确认的一项资产。递延所得税负债是指根据应纳税暂时性差异计算的未来期间应付所得税的金额。

（1）应交所得税的计算

应交所得税是企业按照税法规定计算确定的针对当期发生的交易和事项，应缴纳给税务部门的所得税金额。其计算公式为：

应交所得税 = 应纳税所得额（税法利润）× 所得税税率

应纳税所得额 = 税前会计利润 + 纳税调整增加额 – 纳税调整减少额

企业在确定当期所得税时，对于当期发生的交易或事项，账务处理与税收处理是不同的，应在会计利润的基础上，按照适用税收法规的要求进行调整（即纳税调整），计算出当期应纳税所得额，根据应纳税所得额与适用所得税税率计算确定当期应交所得税。

纳税调整增加额主要包括企业已计入当期费用但超过税法规定扣除标准的金额，例如：

❶ 职工福利费支出，不超过工资、薪金总额 14% 的部分准予扣除。

❷ 企业拨缴的工会经费，不超过工资、薪金总额 2% 的部分准予扣除。

❸ 除国务院财政、税务主管部门另有规定外，职工教育经费支出，不超过工资薪金总额 8% 的部分准予扣除，超过部分准予结转以后纳税年度扣除。

❹ 业务招待费支出，按照发生额的 60% 扣除，但最高不得超过当年销售（营业）收入的 5‰。

❺ 企业发生的符合条件的广告费和业务宣传费支出，除国务院财政、税务主管部门另有规定外，不超过当年销售（营业）收入 15% 的部分，准予扣除；超过部分，准予在以后纳税年度结转扣除。此外，对化妆品制造或销售、医药制造和饮料制造（不含酒类制造）企业发生的广告费和业务宣传费支出，不超过当年销售（营业）收入 30% 的部分，准予扣除；超过部分，准予在以后纳税年度结转扣除。烟草企业的烟草广告费和业务宣传费支出，一律不得在计算应纳税所得额时扣除。

❻ 公益性捐赠支出，不超过当年年度利润总额 12% 的部分，准予扣除。

❼ 税收滞纳金、罚金、罚款。

纳税调整减少额主要包括税法允许弥补的亏损和准予免税的项目，如国债利息收入、前五年内未弥补亏损等。

【学中做 13-12】甲公司是电子产品制造企业，2024 年度税前会计利润为 500 万元，当年销售（营业）收入为 1 500 万元。该公司当年发生以下业务：

❶全年发放工资薪金总额为 200 万元，职工福利费支出 30 万元，工会经费支出 5 万元，职工教育经费支出 18 万元。

❷全年业务招待费发生额为 10 万元，当年销售（营业）收入为 1 500 万元。

❸广告费和业务宣传费支出 70 万元。

❹公益性捐赠支出 65 万元。

❺支付税收滞纳金 2 万元。

❻取得国债利息收入 10 万元。

❼前五年内累计未弥补亏损为 8 万元。

要求：（1）计算纳税调整增加额；（2）计算纳税调整减少额；（3）计算当期应交所得税税额。

【解析】❶纳税调整增加额计算。

职工福利费：税法允许扣除限额 28 万元（200×14%），实际支出 30 万元，应调增 2 万元（30 – 28）。

工会经费：税法允许扣除限额 4 万元（200×2%），实际支出 5 万元，应调增 1 万元（5 – 4）。

职工教育经费：税法允许扣除限额 16 万元（200×8%），实际支出 18 万元，应调增 2 万元

（18－16）。

业务招待费：

按照发生额的60%计算，可扣除金额为6万元（10×60%）。

按照当年销售（营业）收入的5‰计算，可扣除金额为7.5万元（1 500×5‰）。

取两者较低值，即允许扣除6万元，应调增4万元（10－6）。

广告费和业务宣传费：对于电子产品制造企业，税法允许扣除限额为当年销售（营业）收入的15%，即225万元（1 500×15%），实际支出70万元，未超过限额，无须调整。

公益性捐赠，税法允许扣除限额为60万元（500×12%），实际支出65万元，应调增5万元（65－60）。

税收滞纳金2万元，不允许扣除，应调增2万元。

纳税调整增加额合计16万元（2＋1＋2＋4＋5＋2）。

❷纳税调整减少额计算。

国债利息收入10万元免税，前五年内未弥补亏损8万元可扣除，纳税调整减少额合计18万元（10＋8）。

❸当期应交所得税税额计算。

应纳税所得额为498万元（500＋16－18）。假设所得税税率为25%，当期应交所得税税额为124.5万元（498×25%）。

（2）当期所得税和递延所得税

❶当期所得税

当期所得税，是指企业按照税法规定计算确定的针对当期发生的交易和事项，应交给税务部门的所得税金额，即应交所得税。它以适用的税收法规为基础计算确定。

❷递延所得税

递延所得税，是指按照《企业会计准则第18号——所得税》规定应予确认的递延所得税资产和递延所得税负债在期末应有的金额相对于原已确认金额之间的差额，即递延所得税资产和递延所得税负债当期发生额的综合结果，但不包括计入所有者权益的交易和事项的所得税影响。

（3）计税基础

计税基础是资产负债表债务法下的重要内容，包括资产的计税基础和负债的计税基础

❶资产的计税基础

资产的计税基础是指企业收回资产账面价值的过程中，计算应纳税所得额时按照税法规定可以自应税经济利益中抵扣的金额。

资产在初始确认时，其计税基础一般为取得成本，即企业为取得某项资产支付的成本在未来期间准予税前扣除。在资产持续持有的过程中，其计税基础是指资产的取得成本减去以前期间按照税法规定已经在税前扣除的金额后的余额。如固定资产、无形资产等长期资产在某一资产负债表日的计税基础是指其成本扣除按照税法规定已在以前期间税前扣除的累计折旧额或累计摊销额后的金额。因为税法对资产的税前扣除金额与企业的会计估计经常会产生差异，所以会产生资产的账面价值与计税基础的差异，形成应纳税暂时性差异或可抵扣暂时性差异。

❷负债的计税基础

负债的计税基础是指负债的账面价值减去未来期间计算应纳税所得额时按照税法规定可予抵扣的金额。

负债的确认与偿还一般不会影响企业的损益，也不会影响其应纳税所得额，未来期间计算应纳税所得额时按照税法规定可予抵扣的金额为零，计税基础即账面价值。但是在某些情况下，负债的确认可能会影响企业的损益，进而影响不同期间的应纳税所得额，使得其计税基础与账面价值之间产生差额，如按照企业会计准则规定确认的某些预计负债。

（4）暂时性差异

暂时性差异，是指资产或负债的账面价值与其计税基础之间的差额，根据暂时性差异对未

来期间应税金额的影响，可分为应纳税暂时性差异和可抵扣暂时性差异。

❶应纳税暂时性差异

应纳税暂时性差异是指在确定未来收回资产或清偿负债期间的应纳税所得额时，将导致产生应税金额的暂时性差异。该差异在未来期间转回时，会增加转回期间的应纳税所得额，即在未来期间，该暂时性差异的转回会进一步增加转回期间的应纳税所得额和应交所得税金额。在该暂时性差异产生当期，应当确认相关的递延所得税负债。

资产的账面价值大于其计税基础，意味着该项资产未来期间产生的经济利益不能全部税前抵扣，两者之间的差额需要交税，由此产生应纳税暂时性差异。资产的账面价值代表的是企业在持续使用及最终出售该项资产时会取得的经济利益的总额，而计税基础代表的是一项资产在未来期间可予税前扣除的总金额。

负债的账面价值小于其计税基础，意味着就该项负债在未来期间可以税前抵扣的金额为负数，即未来计算所得税时应在未来期间应纳税所得额的基础上调增，增加应纳税所得额和应交所得税金额，由此产生应纳税暂时性差异。负债的账面价值是指企业预计在未来期间清偿该项负债时的经济利益流出，而其计税基础代表的是负债账面价值在扣除税法规定未来期间允许税前扣除金额之后的差额。

❷可抵扣暂时性差异

可抵扣暂时性差异是指在确定未来收回资产或清偿负债期间的应纳税所得额时，将导致产生可抵扣金额的暂时性差异。该差异在未来期间转回时，会减少转回期间的应纳税所得额，减少未来期间的应交所得税金额。在该暂时性差异产生当期，应当确认相关的递延所得税资产。

资产的账面价值小于其计税基础，说明资产在未来期间产生的经济利益少，而按照税法规定允许税前扣除的金额多，则企业在未来期间可以减少应纳税所得额并减少应交所得税金额，由此形成可抵扣暂时性差异。

负债的账面价值大于其计税基础，意味着未来期间按照税法规定构成负债的全部或部分金额可以自未来应税经济利益中扣除，减少未来期间的应纳税所得额和应交所得税金额，由此产生可抵扣暂时性差异。

（5）所得税费用的计算

企业在计算确定当期所得税（即当期应交所得税）以及递延所得税费用的基础上，应将两者之和确认为利润表中的所得税费用，但不包括直接计入所有者权益的交易或事项的所得税影响。计算公式为：

所得税费用=当期所得税+递延所得税

递延所得税，是指按照企业会计准则规定应予确认的递延所得税资产和递延所得税负债的当期发生额，但不包括直接计入所有者权益的交易或事项及企业合并的所得税影响。

递延所得税=（递延所得税负债期末余额-递延所得税负债期初余额）-（递延所得税资产期末余额-递延所得税资产期初余额）

（6）相关账户设置

❶“所得税费用”账户

“所得税费用”账户核算企业按规定从本期损益中扣除的所得税。其借方反映企业计入本期损益的所得税税额，贷方反映转入“本年利润”账户的所得税税额，期末结转本年利润后，“所得税费用”账户无余额。

❷“递延所得税资产”账户

“递延所得税资产”账户核算企业根据《企业会计准则第18号——所得税》确认的可抵扣暂时性差异产生的所得税资产，以及根据税法规定可用以后年度税前利润弥补的亏损及税款抵减产生的所得税资产。其借方反映企业应予以确认的递延所得税资产，贷方反映应减记的金额，期末借方余额反映企业已确认的递延所得税资产的余额。该账户应当按照可抵扣暂时性差异等项目设置明细账。

❸“递延所得税负债”账户

“递延所得税负债”账户核算企业根据《企业会计准则第18号——所得税》确认的应纳税暂时性差异产生的所得税负债。其贷方反映企业应予以确认的递延所得税负债，借方反映应减记的金额，期末贷方余额反映企业已确认的递延所得税负债的余额。该账户应当按照应纳税暂时性差异等项目设置明细账。

❹“应交税费——应交所得税”账户

“应交税费——应交所得税”账户核算企业按照税法规定应交纳的企业所得税。该账户体现了企业与税务机关之间的纳税义务关系，反映企业当期实际应向税务机关缴纳的所得税金额。该账户属于负债类账户，贷方登记企业根据税法计算确定的当期应交所得税金额；借方登记企业实际缴纳的所得税金额。期末余额若在贷方，反映企业尚未缴纳的所得税；若在借方，则表示企业多缴或预缴的所得税。

（二）任务要领

1.结转损益类账户中收入、利得类账户的余额

【做中学13-1】2024年12月31日，丁公司进行利润形成业务核算，相关损益类账户结转前余额见表13-4：

表13-4 **损益类科目余额** 单位：元

账户名称	借方余额	贷方余额
主营业务收入		800 000
其他业务收入		100 000
营业外收入		20 000
主营业务成本	350 000	
其他业务成本	50 000	
税金及附加	30 000	
销售费用	40 000	
管理费用	60 000	
财务费用	10 000	
营业外支出	15 000	

要求：结转损益类账户中收入、利得类账户余额，并作账务处理。

【解析】账务处理如下：

借：主营业务收入　　800 000
　　其他业务收入　　100 000
　　营业外收入　　20 000
　贷：本年利润　　920 000

2.结转损益类账户中费用、损失类账户的余额

【做中学13-2】承【做中学13-1】，结转损益类账户中费用、损失类账户的余额，并作账务处理。

【解析】账务处理如下：

借：本年利润　　555 000
　贷：主营业务成本　　350 000
　　　其他业务成本　　50 000

税金及附加　30 000
销售费用　40 000
管理费用　60 000
财务费用　10 000
营业外支出　15 000

3.计算利润总额

【做中学13-3】承【做中学13-2】，根据上述资料，计算利润总额。

利润总额＝920 000－555 000＝365 000（元）

4.结转后"本年利润"账户为贷方余额

【做中学13-4】承【做中学13-3】，根据上述资料，结转"本年利润"账户后，确认所得税费用，结转所得税费用，结转净利润。请作账务处理。

【解析】账务处理如下：

❶确认所得税费用。

假设丁公司适用企业所得税税率为25%，无纳税调整事项。

所得税费用＝365 000×25%＝91 250（元）

借：所得税费用　91 250
　贷：应交税费——应交所得税　91 250

❷结转所得税费用。

借：本年利润　91 250
　贷：所得税费用　91 250

❸结转净利润。

净利润＝365 000－91 250＝273 750（元）

借：本年利润　273 750
　贷：利润分配——未分配利润　273 750

5.结转后"本年利润"账户为借方余额

表明企业发生亏损，无须确认所得税费用，将亏损额从"本年利润"借方转入"利润分配——未分配利润"的借方，留待以后年度弥补亏损。

借：利润分配——未分配利润
　贷：本年利润

三、任务实施

步骤1：处理各项费用的账务处理

❶销售费用为80 000元。

借：销售费用　80 000
　贷：银行存款　80 000

❷管理费用为50 000元。

借：管理费用　50 000
　贷：银行存款　50 000

❸研发费用为30 000元。

借：研发费用　30 000
　贷：银行存款　30 000

❹财务费用为10 000元。

借：财务费用　10 000
　贷：应付利息　10 000

这些分录按照费用的性质和发生情况，正确记录了各项费用的发生，符合会计核算的权责发生制原则。

步骤 2：处理营业外收支的账务处理

❶出售闲置设备获得净收益20 000元。

借：固定资产清理　　20 000

　贷：营业外收入　　20 000

❷因违反环保规定被罚款5 000元。

借：营业外支出　　5 000

　贷：银行存款　　5 000

上述账务处理反映了营业外收支对公司利润的影响，遵循了企业会计准则中关于营业外收支核算的规定。

步骤 3：计算利润总额和计提企业所得税的账务处理

❶计算利润总额。

主营业务收入1 300 000元，主营业务成本970 000元，销售费用80 000元，管理费用50 000元，研发费用30 000元，财务费用10 000元，营业外收入20 000元，营业外支出5 000元。

利润总额 = 1 300 000 − 970 000 − 80 000 − 50 000 − 30 000 − 10 000 + 20 000 − 5 000 = 175 000（元）

❷计提企业所得税。

应缴纳企业所得税 = 175 000×25% = 43 750（元）

会计分录如下：

借：所得税费用　　43 750

　贷：应交税费——应交企业所得税　　43 750

此步骤按照企业所得税法的规定，正确计算并计提了企业应缴纳的所得税。

步骤 4：结转损益类科目的账务处理

❶结转收入类科目。

借：主营业务收入　　1 300 000

　　营业外收入　　20 000

　贷：本年利润　　1 320 000

❷结转成本、费用和支出类科目。

借：本年利润　　1 188 750

　贷：主营业务成本　　970 000

　　　销售费用　　80 000

　　　管理费用　　50 000

　　　研发费用　　30 000

　　　财务费用　　10 000

　　　营业外支出　　5 000

　　　所得税费用　　43 750

上述分录将所有损益类科目的余额结转到“本年利润”科目，完成了利润形成的最终核算，清晰展示了公司利润的形成过程。

13.1课证融通练习题

任务二　利润分配业务核算

一、任务情景

（一）任务场景

××家具制造公司在2024年度经营状况良好，实现了可观的利润。经过一年的运营，公司在扣除各项成本、费用以及缴纳企业所得税后，净利润达到了500 000元。公司董事会根据企业发展规划和股东利益，制订了一系列利润分配方案。公司法定盈余公积的计提比例为10%，任意盈余公积的计提比例计划为5%。此外，公司决定向股东分配现金股利150 000元，同时以10股送2股的比例进行股票股利分配，公司总股本为1 000 000股，股票面值为1元/股。

（二）任务布置

1. 根据公司的净利润，计算并计提法定盈余公积，编制相应的账务处理分录，准确体现法定盈余公积的提取过程。

2. 按照公司设定的比例，计算并计提任意盈余公积，编制相应的账务处理分录，展示任意盈余公积的计提情况。

3. 针对公司向股东分配现金股利的方案，进行相应的账务处理，清晰反映现金股利分配对公司财务状况的影响。

4. 根据公司的股票股利分配方案，计算应分配的股票股利金额，并编制账务处理分录，体现股票股利分配的账务处理流程。

5. 利润分配结束后，编制将“利润分配”科目下各明细科目的余额结转至“未分配利润”明细科目的账务处理分录，展示利润分配最终的结转过程。

二、任务准备

（一）知识准备

1. 利润分配概述

利润分配是指企业根据国家有关规定和企业章程、投资者协议等，对企业当年可供分配利润所进行的分配。企业本年实现的净利润，加上年初未分配利润，即为可供分配的利润。利润分配，一方面可以满足企业投资者获得投资回报的要求，另一方面也是企业留存收益积累的源泉。

2. 留存收益概述

（1）盈余公积

盈余公积是指企业按照规定从净利润中提取的各种积累资金，主要包括法定盈余公积和任意盈余公积。其中，法定盈余公积是企业按照国家规定的比例（一般为净利润的10%）从净利润中提取的盈余公积。当法定盈余公积累计额达到企业注册资本的50%以上时，可以不再提取。任意盈余公积是企业经股东大会或类似机构批准后，按照规定的比例从净利润中提取的盈余公积，其提取比例由企业自行决定，提取用途相对灵活。

盈余公积的主要用途包括弥补亏损、转增资本、派送新股等。其中，弥补亏损是指企业发生亏损时，可用盈余公积弥补亏损，以维持企业的正常经营和财务稳定；转增资本是指经股东大会决议，盈余公积可以转为股本或实收资本，增加企业的注册资本，有助于企业扩大经营规模等。

（2）未分配利润

未分配利润是企业净利润经过弥补亏损、提取盈余公积和向投资者分配利润后留存在企业的、历年结存的利润。

“未分配利润”是“利润分配”总账科目下的明细账户。“未分配利润”明细账户用于核算企业全年实现的净利润（或净亏损）、净利润分配和尚未分配的利润（或尚未弥补的亏损）。年度终了，企业将全年实现的净利润（或净亏损）自“本年利润”账户转入“未分配利润”明细账户；同时，将“利润分配”账户下的其他明细账户的余额转入“未分配利润”明细账户。年终结转后，其他明细账户无余额，“未分配利润”明细账户如为贷方余额，反映尚未分配的利润，如为借方余额，反映尚未弥补的亏损。

3. 利润分配的一般程序

利润分配是企业将实现的净利润按照国家财务制度规定的分配形式和分配顺序，在企业和投资者之间进行的分配。根据《中华人民共和国公司法》等有关法规的规定，企业一般应当按照如下顺序和内容进行利润分配：

（1）弥补以前年度亏损

企业在进行利润分配前，首先要检查是否存在以前年度未弥补的亏损。根据税法的规定，企业某一纳税年度发生的亏损，可以用下一年度的所得弥补，下一年度的所得不足以弥补的，可以逐年延续弥补，但最长不得超过5年。

（2）提取法定盈余公积金

企业当年实现的净利润，在弥补亏损后，应按净利润的10%提取法定盈余公积金。当法定盈余公积金累计额达到企业注册资本的50%时，可以不再提取。法定盈余公积金可用于弥补企业亏损、扩大生产经营或转增资本等。

外商投资企业应当按照法律、行政法规的规定，按净利润提取储备基金、企业发展基金、职工奖励及福利基金；按规定中外合作经营企业，在合作期内可以以利润归还投资者的投资。

（3）应付优先股股利

优先股股东在利润分配上具有优先于普通股股东的权利。应付优先股股利是指企业按照利润分配方案分配给优先股股东的现金股利。优先股通常具有固定的股息率，企业需要先向优先股股东支付股利，以保障优先股股东的权益。

（4）提取任意盈余公积

提取法定盈余公积后，经股东会或股东大会决议，企业可以从税后利润中提取任意盈余公积。提取任意盈余公积并非法律强制要求，企业可根据自身的战略规划、财务状况和发展需求自主决定提取的比例和金额。这有助于企业增加内部积累，应对未来可能出现的风险和不确定性，也能在一定程度上控制向投资者分配利润的节奏。

（5）向投资者分配利润（或现金股利）

企业弥补亏损和提取盈余公积金后，有限责任公司可按照股东的出资比例分配现金利润，股份有限公司可按照普通股股东持有的股份比例分配普通股现金股利。

（6）利润转增资本（或分配股票股利）

有限责任公司可以将利润转增资本，股份有限公司可以按照利润分配方案以分派股票股利的形式转增股本。

【学中做13-13】甲公司2024年实现净利润500万元，年初未分配利润为100万元，无其他转入。按10%提取法定盈余公积，经股东大会决议按5%提取任意盈余公积，并向股东分配现金股利200万元。

【解析】❶可供分配的利润=当年实现的净利润（或净亏损）+年初未分配利润（或－年初未弥补亏损）+其他转入

❷可供投资者分配的利润=可供分配的利润－提取的法定盈余公积－提取的任意盈余公积

❸未分配利润=可供投资者分配的利润－向投资者分配的利润

可供分配的利润=500＋100＝600（万元）

提取法定盈余公积=500×10%＝50（万元）

提取任意盈余公积=500×5%＝25（万元）

可供投资者分配的利润=600－50－25＝525（万元）

年末未分配利润=525－200＝325（万元）

通过上述分配，企业既能保证自身的积累和发展，又能合理回报投资者，实现企业和投资者的利益平衡。

4.相关账户设置

（1）利润分配的账户设置

企业应设置“利润分配”账户，核算企业利润的分配（或亏损的弥补）和历年分配（或弥补）后的余额。本科目应当设置“盈余公积补亏”“提取法定公益金”“提取储备基金”“提取企业发展基金”“提取职工奖励及福利基金”“提取任意盈余公积”“应付现金股利或利润”“转作股本的股利”“未分配利润”等明细科目。

（2）应付股利的账户设置

“应付股利”账户核算股东大会或类似机构分配给国家、其他单位、个人等投资者的现金股利。该账户属于负债类账户，贷方登记按利润分配方案计算的应付现金股利，借方登记用货币资金支付给投资者的现金股利，期末余额在贷方，代表应付未付的现金股利。

（3）盈余公积的账户设置

“盈余公积”账户用来核算企业从净利润中提取的盈余公积的增减变动及结存情况。该账户属于所有者权益类账户。贷方登记企业按照规定提取的法定盈余公积、任意盈余公积的增加额；借方登记盈余公积的减少额，如用于弥补亏损、转增资本（或股本）、发放现金股利或利润等；期末贷方余额，反映企业提取的盈余公积的结存数额。企业应当分别设置“盈余公积”总账账户以及“法定盈余公积”和“任意盈余公积”明细账户。

“法定盈余公积”明细账户核算企业按照规定的比例从净利润中提取的法定盈余公积。贷方登记按规定比例提取的法定盈余公积的增加数；借方登记法定盈余公积用于弥补亏损、转增资本等的减少数；期末贷方余额，反映企业累计提取的法定盈余公积的数额。

“任意盈余公积”明细账户核算企业经股东大会或类似机构批准按照一定比例从净利润中提取的任意盈余公积。贷方登记企业提取的任意盈余公积的增加数；借方登记任意盈余公积的减少数，如用于扩大生产经营、弥补亏损等；期末贷方余额，反映企业累计提取的任意盈余公积的结存金额。

（二）任务要领

1.用盈余公积弥补以前年度亏损

企业用盈余公积弥补以前年度亏损时，借记“盈余公积”科目，贷记“利润分配——盈余公积补亏”科目。

【做中学13-5】甲公司以前年度累计亏损50 000元，经股东大会批准，决定用盈余公积弥补该亏损。请作账务处理。

【解析】账务处理如下：

借：盈余公积　　50 000

　贷：利润分配——盈余公积补亏　　50 000

2.提取盈余公积金

企业按规定从净利润中提取法定盈余公积和任意盈余公积时，借记“利润分配——提取法定盈余公积/提取任意盈余公积”账户，贷记“盈余公积——法定盈余公积/任意盈余公积”账户。

外商投资企业按规定提取储备基金、企业发展基金、职工奖励及福利基金时，应借记“利润分配——提取储备基金/提取企业发展基金/提取职工奖励及福利基金”账户，贷记“盈余公积——储备基金/企业发展基金”“应付职工薪酬”账户。

【做中学13- 6】乙公司当年实现净利润200 000元，按规定分别提取10%的法定盈余公积和5%的任意盈余公积。另外，该公司为外商投资企业，按规定提取8%的储备基金、6%的企业发展基金和3%的职工奖励及福利基金。请作账务处理。

【解析】账务处理如下：

❶提取法定盈余公积和任意盈余公积。

法定盈余公积= 200 000×10% = 20 000（元）

任意盈余公积= 200 000×5% = 10 000（元）

借：利润分配——提取法定盈余公积　　20 000

　　　　　　——提取任意盈余公积　　10 000

　贷：盈余公积——法定盈余公积　　20 000

　　　　　　　——任意盈余公积　　10 000

❷提取储备基金、企业发展基金和职工奖励及福利基金。

储备基金= 200 000×8% = 16 000（元）

企业发展基金= 200 000×6% = 12 000（元）

职工奖励及福利基金= 200 000×3% = 6 000（元）

借：利润分配——提取储备基金　　16 000

　　　　　　——提取企业发展基金　　12 000

——提取职工奖励及福利基金　　6 000

贷：盈余公积——储备基金　　16 000

——企业发展基金　　12 000

应付职工薪酬　　6 000

3.分配现金股利或利润

企业经股东大会或类似权力机构决议，分配给股东或投资者现金股利或利润时，借记“利润分配——应付现金股利或利润”账户，贷记“应付股利”账户。

【做中学13-7】丙公司经股东大会决议，决定向股东分配现金股利80 000元。请作账务处理。

【解析】账务处理如下：

借：利润分配——应付现金股利或利润　　80 000

贷：应付股利　　80 000

4.分配股票股利

企业经股东大会或类似权力机构决议，分配给股东股票股利，应在办理增资手续后，借记“利润分配——转作股本的股利”账户，贷记“股本”账户，按其差额，贷记“资本公积——股本溢价”账户。

【做中学13-8】丁公司经股东大会决议，向股东分配股票股利，共计100 000股，每股面值1元，该股票的市场价格为每股3元。公司已办理好增资手续。请作账务处理。

【解析】账务处理如下：

股本金额＝100000× 1 = 100 000（元）

股本溢价金额＝100 000×（3－1）＝200 000（元）

借：利润分配——转作股本的股利　　300 000

贷：股本　　100 000

资本公积——股本溢价　　200 000

5.年末结转

年度终了，企业应将全年实现的净利润，自“本年利润”账户转入“利润分配”账户，即借记“本年利润”账户，贷记“利润分配——未分配利润”账户，如为亏损，作相反会计分录；同时，将“利润分配”账户下其他明细账户的余额转入“未分配利润”明细账户。结转后，除“未分配利润”明细账户外，“利润分配”的其他明细账户应无余额。

【做中学13-9】戊公司全年实现净利润150 000元，“利润分配”账户下“提取法定盈余公积”明细账户余额为15 000元，“应付现金股利或利润”明细账户余额为50 000元。请作账务处理。

【解析】账务处理如下：

❶将全年实现的净利润转入“利润分配——未分配利润”账户。

借：本年利润　　150 000

贷：利润分配——未分配利润　　150 000

❷将“利润分配”账户下其他明细账户的余额转入“未分配利润”明细账户。

借：利润分配——未分配利润　　65 000

贷：利润分配——提取法定盈余公积　　15 000

——应付现金股利或利润　　50 000

【做中学13-10】假设己公司全年发生亏损80 000元，“利润分配”账户下“提取法定盈余公积”明细账户余额为0，“应付现金股利或利润”明细账户余额为0元。请作账务处理。

【解析】账务处理如下：

借：利润分配——未分配利润　　80 000

贷：本年利润　　80 000

由于其他明细账户无余额，无须进行第二步结转操作。

三、任务实施

步骤 1：计提法定盈余公积的账务处理

法定盈余公积计提金额= 500 000×10% = 50 000（元）

会计分录如下：

借：利润分配——提取法定盈余公积　　50 000

　贷：盈余公积——法定盈余公积　　50 000

步骤 2：计提任意盈余公积的账务处理

任意盈余公积计提金额= 500 000×5% = 25 000（元）

会计分录如下：

借：利润分配——提取任意盈余公积　　25 000

　贷：盈余公积——任意盈余公积　　25 000

步骤 3：分配现金股利的账务处理

❶宣布分配现金股利时。

借：利润分配——应付现金股利　　150 000

　贷：应付股利　　150 000

❷实际支付现金股利时。

借：应付股利　　150 000

　贷：银行存款　　150 000

步骤 4：分配股票股利的账务处理

应分配的股票股利股数= 1 000 000×（2÷10）=200 000（股）

应分配的股票股利金额= 200 000×1 = 200 000（元）

宣布分配股票股利时：

借：利润分配——转作股本的股利　　200 000

　贷：股本　　200 000

步骤 5：结转利润分配明细科目的账务处理

借：利润分配——未分配利润　　425 000

　贷：利润分配——提取法定盈余公积　　50 000

　　　　　　——提取任意盈余公积　　25 000

　　　　　　——应付现金股利或利润　　150 000

　　　　　　——转作股本的股利　　200 000

通过此分录，将“利润分配”科目下各明细科目的余额进行了结转，使得“利润分配——未分配利润”科目准确反映公司的未分配利润情况，完成了整个利润分配业务的核算流程。

13.2 课证融通练习题

【职业课堂】诚信筑基，严谨护航，推动利润核算分配工作高效开展

在一家处于成长期的食品加工企业中，随着市场份额的逐步扩大，利润的形成与分配核算成为企业财务管理的核心任务之一。财务总监李琳负责统筹这项工作。

在利润形成阶段，企业的收入来源多样，包括产品销售收入、投资收益等，同时成本费用项目繁杂，如原材料采购成本、生产设备折旧、员工薪酬等。李琳带领财务团队对每一项收入和成本费用进行精准核算，严格区分收益性支出和资本性支出。对于销售收入，依据销售合同和发货凭证准确确认收入时点；对于成本费用，按照权责发生制原则进行合理分摊。面对复杂的税收政策，团队仔细研究各项税收优惠和扣除标准，确保企业在合法合规的前提下降低税负。

在利润分配环节，企业既要考虑股东的利益诉求，又要为企业的未来发展预留足够的资金。李琳组织团队综合分析企业的战略规划、资金需求和盈利状况，制订合理的利润分配方案。在与董事会和股东沟通时，详细阐述利润分配方案的依据和对企业长期发展的影响，充分

听取各方意见并进行调整优化。同时，严格按照相关法规和公司章程的规定进行利润分配的账务处理，确保每一笔分配记录准确无误。

为保证利润核算的准确性和分配的公正性，团队对每一个数据都进行反复核对，建立了完整的财务报表和分析报告体系。在工作过程中，李琳始终强调诚信原则，如实反映企业的经营成果和财务状况，不做假账、不虚报利润。

最终，李琳团队通过科学、严谨的利润形成与分配核算工作，为企业的健康发展提供了有力的财务支持，也赢得了股东和管理层的信任。

请思考：在利润的形成与分配核算业务中，会计人员应具备何种素养？

【解析】会计人员在利润的形成与分配核算中，须具备专业素养，精准掌握收入确认、成本核算、税收政策以及利润分配的相关知识和法规。会计人员要有严谨细致的工作态度，对每一项收支进行准确核算和核对，确保数据真实可靠；具备良好的沟通能力，在与董事会、股东等各方沟通利润分配方案时，能够清晰表达、有效协商；秉持诚信原则，如实反映企业经营成果，不操纵利润，维护企业财务信息的真实性和公正性，保障企业和股东的合法权益。

项目小结

利润直观反映了企业在一定会计期间的经营成果，对企业的生存与发展意义重大。利润主要源于收入减去费用后的净额、直接计入当期利润的利得和损失。企业的收入涵盖销售商品收入、提供劳务收入、让渡资产使用权收入等多种类型。确认收入时，会计人员必须严格遵循收入准则规定的条件，精准判断风险与报酬的转移情况，确保收入数据真实可靠。费用包含主营业务成本、其他业务成本、税金及附加、销售费用、管理费用、财务费用等。会计人员要合理归集和分配各项费用，准确区分不同费用的归属期间和核算科目，保证成本费用核算的准确性，避免成本费用的多计或少计，从而影响利润的真实性。直接计入当期利润的利得和损失，如处置固定资产、无形资产的净损益，债务重组利得或损失等，在核算时须严格按照会计准则要求，准确判断利得和损失的性质与金额，及时进行账务处理。利润分配兼顾企业资金需求、发展战略与股东利益。企业应对利润数据进行纵向和横向对比分析，找出影响利润的关键因素，及时调整经营策略，以实现企业利润最大化的目标。

技能锤炼

业务处理题（一）

弘扬公司2024年10月发生如下两笔业务：

（1）8日，处理报废固定资产，净损失3 000元，清理完毕后转为营业外支出。

（2）26日，接受现金捐赠2 000元。

要求：根据资料，编制上述两笔业务的会计分录。

业务处理题（二）

瑞扬公司2024年5月接受捐赠新设备一台，增值税专用发票列明价款2 800 000元，增值税税额364 000元，本公司用银行存款支付安装费12 600元，不考虑其他税费。

要求：根据资料，编制会计分录。

业务处理题（三）

瑞达公司2025年度利润总额（即税前会计利润）为850万元，其中包括本年实现的国债利息收入15万元，所得税税率为25%。假定瑞达公司全年无其他纳税调整项目。请计算瑞达公司当期应交所得税税额。按照企业所得税法的有关规定，企业购买国债的利息收入免征所得税，即在计算应纳税所得额时可将其扣除。

要求：计算瑞达公司当期应交所得税税额。

业务处理题（四）

华宇公司2025年度取得主营业务收入5 000万元，其他业务收入1 200万元，投资收益1 500万元，营业外收入200万元；发生主营业务成本3 500万元，其他业务成本800万元，税金及附加150万元，销售费用800万元，管理费用550万元，财务费用250万元，营业外支出700万元，所得税费用400万元。华宇公司按净利润的10%提取法定盈余公积，2025年度向投资者分配现金股利200万元。

要求：做出华宇公司有关利润结转和分配的下列账务处理。

（1）结转损益类账户余额；

（2）结转净利润；

（3）提取法定盈余公积；

（4）向投资者分配现金股利；

（5）结转“利润分配”各明细账户。

财务报表的编制

项目综合评价

项目十三综合评价参考表见表13-5：

表13-5　**项目十三综合评价参考表**

项目名称	利润的核算		
评价内容		学生自评（50%）	教师评价（50%）
素养目标	1.树立正确价值观与利益观（5分）		
	2.培养严谨细致态度，确保利润核算数据准确可靠（10分）		
	3.增强风险与责任意识，谨慎处理复杂经济业务（5分）		
知识目标	1.掌握利润的构成、计算及结转（10分）		
	2.掌握营业外收支的内容及核算（5分）		
	3.掌握政府补助的内容及核算（5分）		
	4.了解利润分配的一般顺序与原则（10分）		
	5.掌握提取盈余公积、分配利润的账务处理（10分）		
	6.掌握亏损弥补的核算方法（5分）		
技能目标	1.能准确计算营业利润、利润总额、所得税费用、净利润等指标（10分）		
	2.能根据企业实际选择利润结转方法，并正确进行相应账务处理（5分）		
	3.能熟练地进行利润分配的核算（5分）		
	4.能熟练地进行年度利润结转的核算（10分）		
	5.能分析评价企业利润情况，提出相应的改进建议（5分）		
项目评价成绩（100分）			

项目综合评价：

教师签名：

日期：

主要参考文献

一、普通图书

［1］企业会计准则编审委员会．企业会计准则案例讲解（2025年版）［M］．上海：立信会计出版社，2025．

［2］财政部会计财务评价中心．初级会计实务［M］．北京：经济科学出版社，2024．

［3］中国注册会计师协会．会计［M］．北京：中国财政经济出版社，2024．

［4］戴德明，林钢，赵西卜．财务会计学［M］．14版．北京：中国人民大学出版社，2024．

［5］刘永泽，陈立军．中级财务会计［M］．8版．大连：东北财经大学出版社，2024．

［6］陈德萍，高慧云．财务会计［M］．11版．大连：东北财经大学出版社，2024．

［7］国燕萍，李静荣，蒲萍．财务会计实务［M］．4版．大连：东北财经大学出版社，2024．

［8］孔德兰．企业财务会计［M］．5版．北京：高等教育出版社，2023．

［9］解媚霞，张英．财务会计实务［M］．6版．北京：高等教育出版社，2024．

［10］徐爱菲．企业财务会计［M］．北京：高等教育出版社，2024．

［11］谢国珍，李传双．财务会计［M］．7版．北京：高等教育出版社，2023．

［12］李玲玉，白玉翠．财务会计［M］．北京：北京邮电大学出版社，2022．

［13］李玲玉，白玉翠．财务会计学习指导与实训［M］．北京：北京邮电大学出版社，2022．

［14］李娜，芮鑫．财务会计项目化实训工作手册［M］．大连：东北财经大学出版社，2024．

［15］朱光明，薛春燕．企业财务会计［M］．4版．大连：东北财经大学出版社，2023．

［16］沈清文．财务会计基础［M］．大连：东北财经大学出版社，2022．

［17］高丽萍．财务会计实务［M］．4版．北京：高等教育出版社，2021．

［18］王国生．财务会计［M］．6版．北京：中国人民大学出版社，2021．

二、期刊文献

［1］李梓，刘亚宁．新金融工具准则对企业应计盈余管理的影响研究：基于金融资产分类视角［J］．北京工商大学学报（社会科学版），2023（2）：40-51．

［2］张为国，陈战光，谢诗蕾．恰当应用会计准则助推国家级战略管网建设：基于中国铁塔的案例研究［J］．财会月刊，2022（24）：3-12．